国家自然科学基金资助项目（编号：41301136）

选择·流动·聚居：
农民工居住行为与空间效应

刘保奎　著

中国建筑工业出版社

图书在版编目（CIP）数据

选择·流动·聚居：农民工居住行为与空间效应 /
刘保奎著. —北京：中国建筑工业出版社，2015.12
ISBN 978-7-112-18803-1

Ⅰ.①选… Ⅱ.①刘… Ⅲ.①农民工－居住－研究－
中国 Ⅳ.①D669.3

中国版本图书馆CIP数据核字（2015）第281457号

责任编辑：焦 扬 黄 翊
责任校对：党 蕾

选择·流动·聚居：农民工居住行为与空间效应
刘保奎 著
＊
中国建筑工业出版社出版、发行（北京海淀三里河路9号）
各地新华书店、建筑书店经销
北京嘉泰利德公司制版
北京建筑工业印刷厂印刷
＊
开本：787×1092毫米 1/16 印张：19 字数：370千字
2015年12月第一版 2015年12月第一次印刷
定价：68.00元
ISBN 978-7-112-18803-1
　　（28111）

内容摘要

　　我国的城市化过程被分离为农村人口的非农化和市民化两个阶段，农民工正是这种"半城镇化"的代表，其进城务工实现了非农化，但市民化进程中遇到了诸多障碍。其中居住问题尤为突出，已成为制约我国城镇化健康发展的瓶颈。本书采用行为主义与实证主义相结合的分析范式，从居住行为的角度研究城镇化微观机制，建立起"选择—迁居—聚居"的理论分析框架。考虑到农民工居住行为既具有空间性又具有社会性的复杂特点，尝试用"现象—抽象—演绎"的逻辑思路。本书以笔者在北京的问卷调查和访谈数据为基础，研究外来农民工居住行为的"静态—动态—空间"规律。方法上主要运用了离散选择模型、质性研究与行为分析、GIS空间分析等。本书研究了北京外来农民工居住选择的影响因素和机制、迁居的影响因素和规律，以及空间聚居特征和内在机制，尝试性地提出了农民工居住选择的双重分异机制、农民工迁居的务工生命周期理论、农民工聚居空间的梯度推移扩散和弱回波效应等创新性观点，并提出了农民工住房政策的建议。本书构建的分析框架、研究方法、研究结论可为城市规划、住房政策及城镇化政策制定提供借鉴，适合从事城市经济、行为地理、城镇化研究与工作的学者、政府部门工作人员及高校师生阅读。

前言

农民工是我国改革开放和工业化、城镇化进程中涌现的一支新型劳动大军。[1] 2013 年，我国农民工总数约为 2.69 亿人，其中外出务工的约 1.66 亿人。尽管他们已经实现了非农化，但市民化进程缓慢，严重制约了我国城镇化健康发展，而在这些问题中住房问题尤为突出，研究农民工住房问题是完善住房保障制度、提高城镇化质量的必然要求，不仅是城市政府必须面对和解决的重要课题，而且也引起了国际学术界的广泛关注。

一、城镇化进程中的农民工

农民工问题已成为关系中国经济社会发展全局的战略性问题

20 世纪 80 年代以来，大量农民离开家乡到城里打工或者经商，他们构成了有史以来和平时期最庞大的流动人口（Rachel Murphy，2002）。特别是随着中国经济的高速增长，工业化、城市化速度的进一步加快，这类人口数量逐渐增加，但由于他们是农业户口，却在城市从事着非农业的工作，因此被形象地称为"农民工"[2]。我国农民工的流动态势表现为：从内地省份向沿海地区流动，从经济不发达地区向经济较发达地区流动，从农村向城市尤其是向大中城市流动（刘梦琴，2000）。

目前我国农民工以从事制造业、建筑业和服务业为主[3]；以在大城市为主，在地级以上大中城市务工的农民工占 63.3%[4]；外出务工已经成为许多地区农民收入的主要来源之一，全国农民收入的 39.8% 来自劳务收入，农民收入增长的 41.8% 依靠外出务工，2008 年全国外出务工从城市寄回农村的资金超过 5000 亿元，外出务工已经成为中国广大农民增收的主要途径，农民工在解决三农问题中发挥了非常重要的作用。

农民工已成为城镇化和城市建设的重要推动力量。据第五次人口普查资料，

---

[1] 引自《国务院关于解决农民工问题的若干意见》。
[2] 关于农民工的定义，下文另有论述。
[3] 从事制造业的农民工所占比重最大，占 39.1%，其次是建筑业占 17.3%，服务业占 11.8%，住宿餐饮业和批发零售业各占 7.8%，交通运输仓储邮政业占 5.9%。
[4] 引自国家统计局农村司《2009 年农民工监测调查报告》。

农民工占第二产业从业人员的 57.6%，占第三产业的 52%，占加工制造业的 68%，占建筑业的 80%。正是农民工的辛苦劳作，才使得城市一座座高楼拔地而起，一条条马路不断延伸，一个个市场不断扩大。城市中脏、累、苦、险的工作岗位都是农民工在干，他们为改善城市居民的生活和工作环境而默默贡献着自己的辛勤劳动，为城镇化作出了特别的贡献。

不仅如此，农民工已经构成了中国新时代产业工人的主体，成为支撑外向型经济和推动经济发展的重要力量。美国《时代》杂志 2009 年"年度风云人物"由美联储主席伯南克与"中国工人"这组冠亚军搭档，并评论道："中国工人"（the Chinese Worker）这个群体，则是经济成长力道最强的国家（中国）最主要的支撑来源。英国《卫报》说，中国的成功正是来自数以千万计的、草根阶层的中国工人，特别是那些背井离乡到沿海地区打工的人们，是中国经济成就背后的真正功臣。

农民工住房困难已成为制约我国城镇化健康发展的重要瓶颈

推进城镇化和扩大内需是当前和今后一段时期内我国经济社会发展的重中之重。"十一五"规划纲要提出"要积极稳妥推进城镇化，逐步改变城乡二元结构"。在 2006~2009 年的中央一号文件中也均提及"城镇化"，2009 年底的中央经济工作会议要求"积极稳妥推进城镇化，要把解决符合条件的农业转移人口逐步在城镇就业和落户作为推进城镇化的重要任务，放宽中小城市和城镇户籍限制，推动有条件的城市允许有稳定职业和收入的农民工及其子女转为城镇户口"。2010 年的中央一号文件中指出"推进城镇化发展的制度创新。积极稳妥推进城镇化，提高城镇规划水平和发展质量，当前要把加强中小城市和小城镇发展作为重点。"在"十二五"规划纲要中提出"要把符合落户条件的农业转移人口逐步转为城镇居民作为推进城镇化的重要任务"。《国家新型城镇化规划（2014—2020 年）》中提出城镇化核心是要"以人为本"，并将推进农民工市民化作为重要任务之一。2014 年 9 月，李克强总理在推进新型城镇化建设试点工作座谈会上指出，城镇化核心在写好"人"字。

毫无疑问，农民工是推进城镇化发展的重要动力。在低自然增长率的情况下，城镇人口增加主要来自人口的机械增长。有研究表明，到 2020 年，新增城镇人口中约 2/3 将是农民工及其子女（简新华，2007）。根据建设部的调查，有 21% 的农民工拟在就业城市购房，"工业化创造供给，城镇化创造需求"（辜胜阻，2008），如果这部分人口有条件在城市定居下来，无疑将更有助于挖掘内需。

住房问题已成为制约农民工"城镇化"的重要瓶颈。农村剩余劳动力从"就地转移"向"异地转移"的转变[1]，形成了日益显化的住房成本，而农民工无

---

[1] 我国农业剩余劳动力转移主要经历了两次演变，即 1978~1988 年的就地转移，即"离土不离乡"，与 1989 年之后的异地转移，即"离土又离乡"。

力购买商品化自有住房，同时又无法获得保障性、政策性住房等福利性居住空间，使得居住问题已经成为农民工"城镇化"中不可逾越的经济和制度约束，从而固化了劳动力的两栖流动，形成了不完全的城镇化或"半城镇化（Peri-urbanization）"[1]（郑艳婷、刘盛和，2003；贾若祥、刘毅，2002；刘盛和、陈田等，2004；刘盛和、叶舜赞等，2005）。而建设部调查显示，农民工平均居住面积在 7 平方米，大部分农民工集中在"城中村"、城乡结合部租房，配套设施不完善，居住条件恶劣，与城市户籍居民的居住水平差距越来越大。尤其是，近年来部分城市房价上涨过快，"城中村"等农民工集聚地改造加快，城市边缘不断向远郊区扩展，使得农民工的居住成本、通勤成本快速上升，生活受到较大影响。尽管有 21% 的农民工拟在就业城市购房，但其购买力尚难以承受高房价。[2]而由于城市居民社会保障制度还是一个很强的封闭系统，"资源"的稀缺性及"本地"权益，构成了农民工获得城镇居民保障权利的重要障碍。因此，尽管人口乡城迁移已极为活跃，农民工进入城市并找到了工作，但这些人仍难以成为城市一员。

不仅如此，农民工已逐渐成为一个与农民和市民都不同质的群体，构成我国目前社会结构的第三元（李克强，1991），成为中国大城市中的一个非常特殊的社会群体（李强，2004），是一种介于回归农村与彻底城镇化之间的状态[3]（王春光，2006）。这种状态的持续，将会进一步阻碍其由"半城镇化"向"完全城镇化"的转变，其与城市系统之间的不衔接、社会生活和行动层面的不融合，在社会认同上的"内卷化（Involution）"[4]，以及系统、社会生活和行动、社会心理三个层面的相互强化，如不采取有效措施，农民工的"半城镇化"将出现长期化的趋势，这是对中国社会发展提出的一个严峻挑战。

---

[1] 半城镇化现象是一个全球性的现象。早在 20 世纪 50 年代，戈特曼在大都市带理论中就提到了这一类型地区："处于城市之间的非城市用地也并非传统意义上以农业经济活动为主的乡村地区，而是与城市完全不同的景观和产品同城市密切地联系在一起，为城市人口提供游憩场所，同时获得来自于中心城市的各种服务的所在。"改革开放以来，受外国资本涌入、大都市辐射与扩散、乡村工业化等的推动，以及城乡二元管理体制的阻碍，在我国部分地区出现了"半城镇化"（Peri-urbanization）现象，并形成了一种城乡土地利用混杂交错、社会经济结构急剧变化、似城非城的过渡性地区，即半城镇化地区（Peri-urban Area）。

[2] 拟购房的农民工中有 74.1% 能承受的单价在 3000 元 / 平方米以下，19% 能承受 3000~4000 元 / 平方米，很少能承受 4000 元 / 平方米以上；67.5% 的农民工能承受的购房总价在 20 万元以内，21.2% 能承受 20~30 万元。

[3] 与地理学者不同，社会学者的半城市化主要针对城郊型或城市内部"孤岛"地域，基本不包含农村半城市化地区。

[4] 内卷化一词源于美国人类学家吉尔茨（Chifford Geertz）《农业内卷化》（Agricultural Involution）。根据吉尔茨的定义，"内卷化"是指一种社会或文化模式在某一发展阶段达到一种确定的形式后，便停滞不前或无法转化为另一种高级模式的现象。黄宗智在《长江三角洲小农家庭与乡村发展》中，把内卷化这一概念用于中国经济发展与社会变迁的研究，他把通过在有限的土地上投入大量的劳动力来获得总产量增长的方式，即边际效益递减的方式，称为没有发展的增长即"内卷化"。

研究和解决农民工住房问题是完善住房保障制度的必然要求

城市住房政策对农民工的"排斥性"直接导致我国农民工在城市住房水平低下（Nelson，1976；Goldstein Alice，1993；Solinger Dorothy J.，1999），但这一现象尚未引起足够重视。中国的经济改革被普遍认为具有渐进性，以增量改革的方式推进（姚洋，2007；蔡昉、王德文等，2008）。作为我国总体改革的重要组成部分，住房制度改革也呈现出较为明显的"渐进性"。[1] 渐进性住房改革避免了改革过程中的整体性震荡，但是改革的结果逐步积累和强化了不同社会阶层的个体所获得住房利益的差异，促使社会各群体的利益调整和阶层分化，在住房政策上的分化特征尤为显著。分类解决各收入群体住房问题的政策框架 [2] 逐渐明晰。

然而，由于政策取向和财政能力的限制，农民工长期徘徊在住房政策的"体制"外，城市住房制度改革对农民工的考虑还不充分。这使得农民工获得住房的方式十分有限（吴维平、王汉生，2002），主要为租赁和"打工"的单位为其提供宿舍（包括建筑工地上的临时房），也有少部分农民工住在城市居民家中（其中多数是城市居民的亲戚或雇佣者），还有小部分住在旅馆、棚户区等。随着持续的城市扩张和中心区的更新，在北京、上海等大城市，外围地区成为接纳农民工的主要区域。住房城乡建设部的调查显示，农民工已经由过去的"进城挣钱、回乡发展"观念逐渐向"进入城市、发展城市、扎根城市"转变。但由于户籍等制度障碍，农民工群体尚未从根本上纳入城市住房保障体系，即使他们符合廉租房、经济适用房条件，也无法享受相应政策，高额的商品房价格，更是阻碍他们"扎根城市"的一道藩篱；国务院研究室《中国农民工调研报告》中显示，在收入方面，农民工的月工资主要集中在 500~800 元之间（2006 年），低收入决定了他们无力改善自身居住状况，更无法购买商品房。可以说，农民工单靠自身力量很难解决其在城市的居住问题。

随着农民工群体不断壮大，农民工住房问题逐渐引起关注并受到重视。国务院《关于解决农民工问题的若干意见》中提出要多渠道改善农民工居住条件，把长期在城市就业与生活的农民工居住问题纳入城市住房建设发展规划。2007年，建设部要求"将农民工纳入住房公积金系统"。2007 年 12 月，建设部等 5部委发布的《关于改善农民工居住条件的指导意见》提出了"用工单位是改善农民工居住条件的责任主体，因地制宜、循序渐进、多渠道逐步改善农民工居

---

[1] 从 1980 年在常州、郑州、沙市、四平的改革试点，到 1991 年国务院住房制度改革小组《关于全面推进城镇住房制度改革的意见》，再到 1998 年国务院作出《关于深化城镇住房制度改革的决定》。

[2] "分类解决各收入群体住房问题的政策框架"即"低收入家庭主要通过廉租住房解决，外加经济适用住房；中等收入家庭可以采取限价商品房和经济租用房的办法解决；高收入家庭主要通过市场解决"（姜伟新，2008 中国发展高层论坛上的讲话）。

住条件"的政策框架。然而，由于对农民工群体住房选择偏好特征的掌握不足，相应政策实施效果并不理想。

农民工住房问题事关经济社会发展全局，具有重要性、紧迫性和长期性。这要求无论是住房政策领域，还是城市地理领域，必须站在全局和战略的高度，从我国国情出发，顺应工业化、城镇化的客观规律，加强其制度、行为等一系列研究。逐步将"体制外"的农民工的居住问题"体制内化"，不断提高农民工居住质量，逐步解决农民工居住困难，改进落实住房保障制度，探索变革户籍制度等，是积极稳妥推进城镇化、提高城镇化质量、促进四化同步协调发展的内在要求。

二、人文地理学的转向

城镇化研究的"城市偏向"受到质疑

在我国，存在着严重的城市偏向[1]问题，即政府在投资取向、财政分配、价格制定、土地利用以及其他政策的制定上均有利于城市，城乡生活水平的差距很大。我国的城乡政策带有较为显著的城市偏向（陈锡文，2007；蔡昉，2008）[2]。由于我国渐进式改革（樊纲，1992；林毅夫等，1993）[3]和"摸着石头过河"的发展（姚洋，2008）[4]，城镇化研究多围绕发展中出现的问题展开，即问题导向型的研究，而此类研究通常花费高昂，他们不得不考虑提供经费的利益集团所关心的问题[5]，具有较为显著的政策指向性特征。问题导向型和政策指向性加大了理论研究对现实环境的依赖性，因此，政策上的城市偏向在很大程度上造成研究上的城市偏向：一是研究对象以城市相关研究为主，二是研究者多站在城市的立场或视角上进行研究。

近年来，政策上城乡平衡性有所提高，中央政府对农村发展也更加关注，学术界也逐渐开始对"城市偏向"进行反思，对农村问题的研究开始增多，这

[1] 城市偏向（urban bias）是由美国经济学家利普顿（Michael Lipton）1968 年提出。最初是指在许多发展中国家，由于受到来自城市各阶层的压力，政府所制定的税收、投资、价格及其他政策均有利于城市，在城市和农村之间不合理地偏向城市（Michael Lipton. *Why Poor People Stay Poor: Urban Bias in World Development*. Cambridge：Harvard UP，1977.）。

[2] 蔡昉，王德文，都阳. 中国农村改革与变迁：30 年历程和经验分析. 上海：格致出版社，上海人民出版社，2008.

[3] 樊纲. 关于渐进式改革的理论思考 [J]. 安徽大学学报（哲学社会科学版），1992，（4）；林毅夫，蔡昉，李周. 论中国经济改革的渐进式道路 [J]. 经济研究，1993，（9）.

[4] 姚洋. 作为制度创新过程的经济改革. 上海：格致出版社，上海人民出版社，2008：11.

[5] 美国著名批判社会学家赖特·米尔斯（C. Wright. Mills，1916—1962）在谈到社会学研究中抽象经验主义盛行的原因时说："此类研究通常花费高昂，他们不得不考虑提供经费的利益集团所关心的问题，而且这些利益集团作为总体，其问题又非常零散。于是研究者选择问题时一直无法采取让其成果真正累积起来的方式，他们难以对一系列实质性问题进行富有成效的思考。"（C. Wright. Mills. 社会学的想象力（第二版）. 北京：生活·读书·新知三联书店，2005.）

无疑将会逐渐扭转城镇化研究的城市偏向。基于以上背景，可以预见，更为中立的甚至"农村偏向"的研究视角将成为理论研究的主流。因此，本书顺应这个思潮，以农民工作为研究对象，站在一个更为中立的视角上开展研究，以问卷和访谈数据为基础，更加关注研究对象的行为和意愿，希望能有效避免研究中的"城市偏向"问题。

地理学"人本主义"的回归

随着人本主义和后现代思潮的兴起，西方人文地理学研究越来越关注人与社会的实际问题（柴彦威等译，2005）。第二次世界大战以后，人文地理学出现了从科学主义的人文地理学向"人本主义"的人文地理学转变的总趋势，研究方法也逐渐向更加具体、建立在群体或个别行动及其组合统计分析基础上的个体行为模型的转变。与此同时，人文地理学越来越关注社会系统中不同尺度上的经济、社会、政治等各层面的问题，并引入经济学、社会学、人类学等多种学科的理论与方法论（柴彦威等，2002）。长期以来，我国人文地理学研究存在一种偏见，认为只有自然科学的方法论，重视物质层面的研究才是具有科学意义的研究，对于人的各种活动及其相关社会现象的直接研究明显不足。20世纪90年代以后，在西方人文地理学社会科学化的大背景中，我国人文地理学逐渐从重视物质层面和经济层面转向关注城市社会层面的问题，关注城市中"人"的需求和生活质量，特别是城市化过程中的各种城市问题，如社会极化、移民与外来人口的生存状态等（顾朝林等，1997；孟延春、曹广忠，1997）。人文地理学发展经历了从物质环境分析走向宏观制度分析，进而发展到个体行为分析的基本过程。正是基于这一理论背景，本书将从居住选择、迁居和聚居入手，研究农民工的居住行为，进而基于居住行为提出农民工的住房政策建议。

西方行为地理学的复兴

二战以后，长期称雄于地理学界的区域分异学派逐渐走向衰落，代之以数量革命和对理论规律问题的探讨。然而，建立模型寻求一般规律的方法很快也遭到了大量批判。行为主义方法由于能够增进人们对空间的重要性、空间经验，以及与日常活动相关的空间联系的了解而受到了越来越多的重视（Timmermans et al.，1990），特别是20世纪80年代以后，西方地理学者对社会问题的关注不断增强，行为主义地理学研究出现了复兴的征兆，并且改变了过去过分强调主观认知和偏好的弊端，更加关注社会整体，并将研究重点转向人们日常生活中无意识、非探索性、反复空间的经验，由空间行为（spatial behavior）的研究转向空间中的行为（behavior in space）的研究（柴彦威等，2010）。我国城市社会正处于转型期，多元化的社会及多元化的生活方式正在形成，个性化的社会群体单元正在出现，这就要求关注空间现象的地理学研究除了关注宏观和制度层面外，还要更深入到社会的微观层面上，以便揭示出宏观制度层面变革过程中产生的个体或群体行为的规律和问题，西方行为地理学的复兴为本书选择研究农民工居住选择、迁居与聚居行为提供了重要的理论启发和方法论上的借鉴。

三、城镇化中的人文地理学

一次偶然的选择，让我从物理学转到了地理学，算起来正好有 10 个年头了，这 10 年中我经历了很多学地理的年轻人都有过的经历。起初，我们都非常迷恋数据和定量，接到一个题目，先是到图书馆扒数据，然后横着竖着一通回归、聚类、因果分析，再放到 GIS 里跑出一大通华丽的图形。这个时候，老师们往往会提醒我们，光有数据是不行的，还要有解释。于是后来，我开始关注制度，于是不管什么问题，一上来就先归结为制度问题，有条条的，也有块块的，再或者中央和地方、政府和市场。再后来，我发现许多制度分析常常都忽略了制度形成和运行中人的选择，而每个人都有自己的社会关系，有自己的偏好和局限、情感和愿望，任何一项制度的调整和政策的落实，最终都要落到具体的人上，对人的关注程度决定了政策的好坏，于是我开始关注人。可以说，从定量分析到制度分析，再到人本分析，也从另一个侧面反映了我对人文地理学认识上的变化。

这本书正是我后面一个转向的产物，在写作过程中，我不再迷恋有深度的数量分析，也不追求上档次的制度分析，只是想通过扎实的调研、细致的访谈，与研究对象亲密接触，让自己打开任何一个能接受信息的毛孔，感受他们的存在，感受他们的感受、情感和爱，再通过我的分析，告诉读者这是一个什么样的群体，他们的居住状况是什么样的，他们的居住行为有什么规律，以及在此基础上的，我们如何让他们过得更好。

"人"的城镇化与城镇化中的"人"

这是一个好的时代，自从 2011 年 7 月国家开始编制《全国促进城镇化健康发展规划》以来，关于城镇化的讨论就异常热烈。但在众说纷纭的讨论中，真正有突破的观点并不多，许多跨界学者的新发现，在内行看来，其实是本来就存在的认识。从这层意义上说，这又是一个坏的时代，尽管我们做到了"人人都可以谈城镇化"，但仍然无法做到"人人都可以城镇化"。

在这场空前的大讨论中，尽管在认识层面并没有取得显著的突破，但还是产生了一些积极效果，至少在一些方面达成了共识；其中最重要的共识是，各界都认识到了城镇化是"人的城镇化"。这个现在看来理所当然的认识，也是走了不少弯路才发现的。20 世纪 90 年代初期，在乡镇企业迅速发展的背景下，许多人认为"离土不离乡、进厂不进城"能够解决中国的三农问题，但这一认识很快就被击碎了。"入世"之后，乡镇企业受到了很大冲击，与此同时沿海地区外向型经济得到长足发展，大量农民离开家乡，到城市的工厂、工地打工，促进了我国经济的持续快速发展，然而他们长期在城市务工经商，却享受不到城市居民的公共服务，形成了中国特色的"土地城镇化"快于"人口城镇化"、"半城镇化"等现象。他们中的许多人与配偶、父母、子女长期无法团聚，造成了留守儿童、留守老人、留守妇女等新的社会问题。

　　社会各界关于城镇化的讨论中，形成了几种声音，地方政府普遍把城镇化等同于城市建设，把国家推进新型城镇化的重大战略等同于自身的发展机会，纷纷谋划新城新区，跃跃欲试地开展新一轮的城市扩张。一些右翼学者认为，城镇化是一项涉及土地、户籍、社保等多个领域的全方位改革。在研究上也相应呈现出"重物轻人"和"就政策论政策"两种倾向，之所以会出现这两方面的偏差，归根结底还是对城镇化的内涵的理解出了问题。

　　城镇化是一个农业人口转化为非农业人口、农村地域转化为非农业地域、农业活动转化为非农业活动的过程。在这个过程中，包括了土地及地域空间的转变、人口职业的转变、产业结构的转变。其中，人的转变是基础，没有人的转变，就不会有产业结构和生活方式的变化，也不会有物质实体的变化。从这层意义上看，城镇化研究的重点应该是城镇化中的"人"，而城镇化的制度变革路径、空间组织形态、城市规划管理等领域的研究也都应以城镇化中的"人"为基础，脱离了"人"，城镇化的研究就失去了应有之意。

　　新世纪以来的城镇化进程中，大量农村人口离开家乡，进入城市的工厂、建筑工地，或者各种服务业，并在我们周围默默劳作，快递小哥、水果摊主、餐厅服务员、商场导购、小区保安、美发老师等等。他们中的大多数是80后、90后，对城市生活有着不同程度的向往，但一些事实上的困难却让他们不敢去想留在城市会怎么样；尽管如此，在与他们交谈时，还是会感觉到腼腆下的渴望和努力。这些困难形式多样，有的家里有老人无法照料，有的小孩无法在城里上学，有的夫妻长期得不到团聚，有的工作频繁变动，有的就业不够稳定，但本质都是制度上的缺位，甚至在最基础的统计制度方面，都没有给予应有的关注。由于相关政策上呈现出显著的城市偏向，而从城市视角来看，这一群体在数量和流向上都呈现出不确定性，因此很难形成既能解决问题又具有效率的政策。站在国家发展的视角看，推进城镇化几乎是这个阶段最为重要的一件事，没有人的素质的提高，以及相应的生活方式和生活质量的提高，就很难实现转型升级、提质增效的总目标。于是，以城镇化中的"人"为起点，研究制定提升其发展机会和发展能力的一系列政策，对于推进其城镇化，进而增强国家发展的内生动力，尤为重要。

　　宏观城镇化与微观城镇化

　　通常情况下，谈起城镇化，几乎都是非常宏大的叙事方式，比如城镇化的制度改革和城市群的规划,将其称作宏观城镇化,也是这两年业内讨论比较多的,这也直接导致了对城镇化研究较早的地理学界、城市规划学界在此次讨论中的声音较小,而经济学家的声音比较大,几乎所有的一线经济学家都从不同角度参与了讨论并阐述了自己的观点。不过,他们的观点和认识并没有超出20世纪90年代周一星等老一辈地理学家的理解。这一现象促人思考,地理学如何更好地参与城镇化研究。

概括而言,以经济学家为代表的宏观城镇化的有关表述,更多地集中在推进城镇化的制度改革上,对城镇化中的"人"缺少应有的关切。"人"从农村进入城市的过程及其有关的行为决策,不仅取决于生产过程和生产关系,而人的情感、社会关系以及因人类学特征而异的个人偏好或群体偏好在其中也扮演着重要角色,而这些都不是拿着"望远镜"能看到的,而是需要"显微镜"式的观察。宏观城镇化的另一个欠缺是对城镇化中的"空间"缺少科学关注,人们进入城市之后,城市的规模必然随之扩大,但城市空间增长不是均质的、线性的,其空间组织模式也需要有与城市发展阶段相适应的调整,而这些都与城市自身的空间经济规律密切相关,而宏观城镇化研究对这些方面是忽略的。

事实上,宏观城镇化所忽略的"人"和"空间"恰好是人文地理学所擅长的,也是人文地理学研究的核心,可以作为地理学参与城镇化研究的主要方向,通过开展个体样本为案例的调查研究,掌握城镇化中的个体行为特征、决策机制及其在空间上的反映,这不仅可为宏观城镇化政策的制定提供科学依据,也可以为城市规划管理提供必要参考,可以称之为微观城镇化。在城镇化的相关研究中,宏观研究与微观研究应该是相辅相成的,微观研究是基础,不把微观层面的问题摆清楚,就难以形成有针对性的宏观政策,就会显得"不接地气"。

四、本书的视角

跳出"就政策论政策"的研究路径,从居住行为的角度研究住房问题。

农民工居住问题成为影响我国积极稳妥推进城镇化,乃至经济社会发展全局的战略性问题。而这一领域的理论研究相对破碎而不深入,统计资料的匮乏固然是重要原因,但长期"就政策论政策"、"就政府论政策"和"就城市论政策"的研究路径也不容忽视。理论支撑的不足导致政策设计上的偏差,各地农民工住房政策实践也长期停留在"面子工程"层面,尚不具备普遍推行的内在动力。

本书试图跳出这一研究路径,从居住行为的角度研究住房问题。这是基于,一方面,住房政策涉及组织建设、投资、运营管理、中介、分配、监督等多个环节,各个环节之间又有非常密切的关系,不能孤立地表述;而如果泛泛而谈又难以深入,并陷入"就政策论政策"的怪圈。另一方面,政策对象是政策制定的出发点和归宿，"人"是城市社会生活的主体，他们的需求和偏好应该也必须成为政策制定的依据。

然而，由于农民工学历水平、语境和表述上的制约，其对住房政策关注较少，更谈不上理解和思考。这样仅仅是"yes or no"的政策期望调查置信度偏低，只能作为一个参考。而要真正了解其偏好和期望，就必须进行行为分析，即从其行为中发现和总结规律，再根据这些规律来制定和完善相应政策。幸运的是，地理学研究的"社会转向"、"行为转向"为本书选择从"居住行为"切入提供了较好的理论思潮背景。

以"居住选择、流动和聚居"为切入点，研究农民工的居住行为。

这是由于，一方面居住行为本身也非常复杂，不可能面面俱到，只能抓住其最主要的、与住房政策密切相关的行为进行研究；另一方面，居住选择、流动（迁居）历来是社会地理学居住行为研究的重要内容，而"空间"、"集聚"、"扩散"是地理学研究的核心。因此本书将"居住选择、流动和聚居"作为切入点，研究居住行为与主体之间的对应关系、居住行为与空间的对应关系。其中，"选择"是截面上的、静态的行为，"流动"则是时间维度上的、动态的行为，"聚居"则是"选择"和"流动"在空间维度上的映射，既是不同维度上的行为表述，又具有显著的递进关系。

选取北京为研究对象，研究特大城市外来农民工的居住选择、迁居与聚居。

主要基于以下考虑：一是我国农民工的地域迁移呈现出明显的三大城市群指向，即京津冀、长三角、珠三角3大城市群是我国农民工的主要流入地；因此研究这几个城市群的外来农民工，更具代表性和现实意义。二是外来农民工占北京市总人口的比重大；据统计，截至2009年底，北京外来人口509.2万[1]，其中农民工超过300万；如此大规模的农民工群体势必对城市空间和城市发展产生更大的影响，因此以北京为例开展此项研究就显得非常迫切。三是当前城镇化政策的"收大放小"；"十二五"规划[2]提出，要把符合落户条件的农业转移人口逐步转为城镇居民作为推进城镇化的重要任务。大城市要加强和改进人口管理，中小城市和小城镇要根据实际放宽外来人口落户条件。京沪等大城市为调控房地产市场纷纷出台限购令[3]，这些政策都与农民工的"大城市指向"存在

---

[1] 数据来源：北京统计年鉴2010。

[2] 中华人民共和国国民经济和社会发展第十二个五年规划纲要。

[3] 《北京市人民政府贯彻落实国务院关于坚决遏制部分城市房价过快上涨文件的通知》（京政发[2010] 13号），对已拥有2套及以上住房的本市户籍居民家庭、拥有1套及以上住房的非本市户籍居民家庭、无法提供本市有效暂住证和连续5年（含）以上在本市缴纳社会保险或个人所得税缴纳证明的非本市户籍居民家庭，暂停在本市向其售房。

显著冲突，因此非常有必要对此开展研究，分析大城市农民工的居住行为，在理论研究的基础上对政策作出客观评估和改进。此外，作者长期在北京学习和生活，参加了北京市建设用地供需研究、北京市土地市场监测预测预报、北京市限价商品房管理办法研究、首都经济圈空间布局研究等科研课题，熟悉北京近些年的发展状况，对于相关问题已有一定认识和思考，为开展本研究提供了一定基础。

五、本书的结构

本书在章节设置上，有以下几个部分：

第一章，理论框架和数据基础。建立本书研究的理论框架和各主要章节的分析框架，交代本书的数据来源和口径、调查方法，明确研究方法和技术路线。

第二章，理论与研究综述。对国内外有关居住选择、迁居、聚居的理论和研究方法进行梳理，对国内外关于少数群体空间聚居的研究进行综述。对理论和方法进行述评。

第三章，北京外来农民工及其居住状况。对本书问卷调查的方法和实施情况做重点说明；以问卷调查数据为重点，以文献多源数据为补充，在对问卷样本基本情况分析的基础上，做进一步提升，概括农民工自身的趋势性特征、农民工的居住状况。

第四章，北京外来农民工居住选择研究。以居住选择理论为基础，采用问卷数据，运用MNL模型，将居住选择分解为住房权属选择、住房租金选择、住房区位选择、住房条件选择4个维度，构建居住选择影响因素体系，从个人、家庭、职业、经济、社会、制度6个方面设置自变量，定量分析北京外来农民工居住选择的主体差异性及其影响因素。其次，分析了每个维度上居住选择决策的权衡因素；在此基础上研究了农民工居住选择的内在逻辑，即社会制约和有限能动，并基于此归纳提出了农民工居住选择的双重分异机制。

第五章，北京外来农民工迁居研究。以社会地理学的迁居理论为基础，首先从频率、空间、决策、效果4个方面对北京外来农民迁居的总体状况进行概括；其次，研究迁居在距离、方向、圈层等角度的空间特征，并从主体差异的角度研究迁居次数和频率的差异；再次，研究迁居的动因，基于迁居的类型，对各类型的迁居决策进行行为分析；最后对迁居的阶段性进行研究，并对照家庭生命周期理论，在理论上进行尝试，提出了农民工城市内部迁居的务工生命周期理论。

第六章，北京外来农民工空间聚居影响。基于城市经济学理论和城市社会学的居住分异理论，首先，运用洛仑兹曲线、基尼系数、密度指数、比重指数、异性指数分析了北京外来农民工在空间上的聚居程度，提出其空间格局特征，

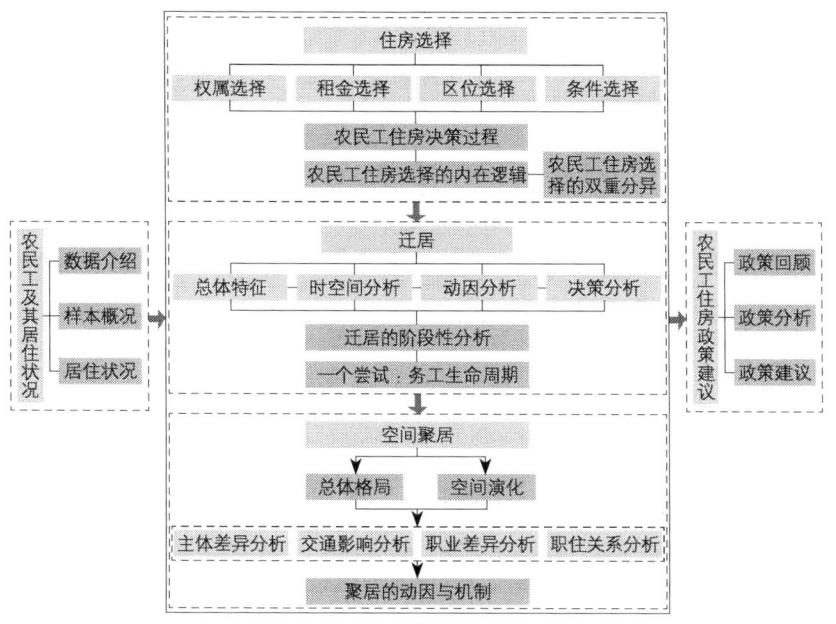

图 0-1 本书的研究内容

并与上海、广州、南京等城市进行对比。其次,回顾了 1990~2010 年北京外来农民工聚居空间在城市地域中的演化过程。再次,分别从主体差异、职业差异、交通影响、职住关系 4 个角度进行空间分析,进一步探寻农民工空间聚居的动因。最后,从制度、空间、主体的角度,提出了农民工聚居空间的形成机制,以及农民工聚居空间在城市地域中的演化机制。

第七章,农民工住房政策的启示与建议。首先,对国内各地现有政策进行梳理,对现有农民工政策体系进行重新审视,从宏观上分析当前农民工住房困境的关键所在,从微观上分析制约农民工居住条件改善的制度障碍。其次,基于本研究的发现和结论(如农民工居住选择双重分异机制、务工生命周期理论、聚居空间的梯度推移扩散和弱回波效应等),从微观上分析改善农民工居住状况的住房和规划政策途径,提出针对性的城市规划和住房政策建议。

第八章,研究结论与展望。对本研究的主要结论进行概括,总结研究不足,并展望下一步的研究方向。

六、本书的主要观点

本研究采用行为主义与实证主义相结合的分析范式,从居住行为的角度研究住房问题,建立起"选择—迁居—聚居"的理论分析框架,考虑到农民工居住行为既具有空间性又具有社会性的复杂特点,尝试用"现象—抽象—演绎"

的逻辑思路。以在北京的问卷调查和访谈数据为基础，运用离散选择模型、质性研究与行为分析、GIS 空间分析等方法，研究了外来农民工居住行为的"静态—动态—空间"规律。主要观点有：

（1）从权属、租金、区位、房屋条件 4 个维度运用 MNL 模型研究居住选择的主体差异，结果发现，个人因素如年龄、性别等对农民工居住选择影响最为显著；社会因素对农民工居住选择的影响要大于经济因素；制度因素对于农民工住房状况的改善影响有限。在决策权衡分析的基础上，研究居住选择的内在逻辑，发现农民工的居住选择是社会制约下的有限能动，其中社会制约主要包括雇主的刚性约束、租金的弹性约束和工作地的柔性约束等，在这些约束的前提下，农民工才能作出基于自身偏好的主观能动选择。农民工个体由于克服社会制约的能力不同而产生被动分异，这解释了社会因素（工种层级）与农民工居住选择较为显著的相关性；在社会制约下的个体偏好产生主动分异，解释了年龄、性别等个体因素与农民工居住选择间较强的相关性，两者共同构成了农民工居住选择的双重分异机制。

（2）以频率、决策、空间、动因和阶段性为框架分析了北京外来农民工迁居特征，发现家庭生命周期理论只能解释家庭型迁居决策，而来京务工年数与农民工迁居在各维度上都呈现出显著的规律性，随着来京务工年数的增加，迁居频率逐渐降低，住房搜索时间先增加后减少，被动型迁居的比例下降，改善型迁居的比例逐渐增加，向心迁居的比例不断增加，聚居程度有所下降。基于此，本书尝试对家庭生命周期理论进行拓展，提出农民工迁居的务工生命周期理论设想，随着务工阶段的变化，农民工社会生态位势得以提升，其克服社会制约的能力有所提升，其居住需求也呈现出阶段性变化，并通过迁居来满足居住需求。

（3）北京外来农民工聚居的时空间格局呈现近郊聚居、集聚减弱的总体特征，形态上呈"环状 + 放射"，这与上海、广州、南京等地较为一致。从主体差异、交通影响、职业差异、职住关系 4 个角度分析了北京外来农民工聚居空间特征。结果发现：聚居程度与职业关系最为显著；与主要道路、地铁站点距离衰减，道路比轨道交通影响更显著；按照职业可划分为集中分布、大分散—小集中分布、分散分布 3 种格局；职住关系上呈现出"职住近邻、离心居住"的总体特征，通勤方式以步行和公交为主，通勤时间短。

（4）对农民工聚居空间在城市中的演化进行研究发现，总体上呈"梯度推移扩散"规律，但二环内农民工聚居空间消亡的同时，近年来局部地区又在形成新的聚居空间，从就业岗位分布、农民工个体的向心性、内城居住质量的下降等对其进行解释，丰富了北京城市居住空间相关研究的观点。

（5）农民工聚居空间的产生和发展过程，是农民工所受的"社会制约"和其"破解社会制约的努力"之间互动的结果。社会制约使其聚居空间只能出现在有限的地域范围内，而农民工破解社会制约的努力则使得在有限的地域范围内的特定区域形成了聚居空间。农民工聚居空间在城市中的演化是"社会制约的重新安排"和农民工"克服社会制约能力的提高"共同作用的结果。"社会制约的重新安排"既促进了农民工聚居空间的"梯度推移扩散"，也促进了内城新聚居空间的形成，而"克服社会制约能力的提高"则在空间上表现为"向心性"，两者之间的矛盾在空间上表现为总体聚居程度下降。而重新安排后"社会制约"更加强化，农民工可选择的范围变得更为有限。

最后，对农民工住房政策进行了审视和总结，总结认为存在四个矛盾：一是"发展中小城镇"与"农民工大城市指向"的矛盾，二是"个体的暂时性"与"群体的稳定性"的矛盾，三是"业态多元化"与"单位主导解决"的矛盾，四是"先上后下"的政策与"底层住房困难"的矛盾。并基于本研究结论提出了相应的住房和规划政策启示。

本书主要在以下方面进行了有益的尝试：

（1）从"居住选择—迁居—聚居"的角度建立了农民工居住行为分析的理论框架，对农民工居住行为的"静态—动态—空间"规律进行了研究，有助于丰富行为地理学和居住空间的研究视角。

（2）基于农民工居住选择范围有限的实际特点，从"社会制约和有限能动"的角度解释农民工居住选择的一致性和差异性，并提出农民工居住选择上的双重分异机制。

（3）发现迁居的家庭生命周期理论只能解释部分农民工的迁居行为，并基于北京外来农民工迁居与其来京务工年数之间较强的规律性，尝试对家庭生命周期理论进行拓展，提出农民工迁居的务工生命周期理论设想，弥补了家庭生命周期理论对中国农民工迁居解释力较弱的问题。

（4）对农民工聚居空间在城市中演化进行研究发现，近年来二环以内农民工聚居空间消亡的同时，局部地区又在形成新的聚居空间，并从就业岗位分布、农民工个体的向心性、内城居住质量的下降等进行解释，丰富了北京城市居住空间相关研究的观点。

七、其他几个需要说明的事项

本书的数据

本书的数据主要基于 2011 年对北京外来农民工住房状况的问卷调查和访谈。问卷抽样采用了随机和分层相结合的方法，问卷由作者（部分由调查员）根据农民工的回答填写，问卷地点主要有两类：一是春运期间到北京站、北京西站、六里桥长途站、四惠长途站、马圈长途站等主要大型交通枢纽对回家过年的农民工进行调查；二是到各主要行业的市级就业集中地进行调查，主要涉及动物园、木樨园、中关村、五道口商业区，大钟寺、十里河、北沙滩建材市场集中区，四季青桥西、望和桥东的汽车商贸区，中关村电脑贸易区；另外，考虑到部分类型的农民工就业具有均质性，选取东城区、朝阳区部分地区对餐饮、个体摊主等进行补充调查。问卷内容涉及农民工的自身情况、居住情况、迁居情况、留城预期以及家庭情况等5大部分40余项内容。调查共获取有效样本1463份，其中18个样本已购房（占1.25%），本书重点关注剩余1445个未购房的样本。

本书中"农民工"的界定

与农民工相似的概念主要有流动人口、外来常住人口、外来务工人员等。其中，流动人口是指，在一定时期内，离开常住户口所在地，在另一个行政区（省、市、县等）暂时居住的暂住人口，不包括与户籍相伴随的迁移人口。已有研究中大多也不包括因会议、商务、差旅等短暂逗留的过往人口。目前已基本约定俗成的是，流动人口主要是指改革开放以后以谋生营利为目的，自发地在城市社会经济部门从事经济和业务活动的暂住人口。外来常住人口是人口普查中的概念，指居住在本地半年以上，户籍不在本地的人口。2000年第五次全国人口普查中，北京市的"流动人口"被界定为居住地发生跨省位移、在京居住半年以上、未发生户口变动的人口。外来（进城）务工人员是指，进入城市从事城市经济活动，不具有工作城市户籍、在工作地城市居住半年以上的人群。

农民工有广义和狭义两个概念，广义的是指从事非农产业活动的农业人口；狭义的是指外出、进城务工（商）的农业人口。

本书的研究对象是"北京市外来农民工的居住选择、迁居与聚居"。一是强调"以工作为目的"，即以谋生营利为目的，从事城市经济活动，排除因探亲访友、婚嫁、旅游观光、商务休闲等目的的进城农业人口。二是强调"外来"，即户籍不在北京的外地农业户口，排除了在京务工的北京市农业户口人员，主要是由于他们与"外来"者在居住行为上存在显著差异（如家住出租车司机等），且由于户籍原因面对不同的政策环境，难以纳入统一研究框架。三是强调"逗留时间"，即在京居住一个月以上，因为只有停留较长时间才会产生居住需求。

由此，本书对"北京外来农民工"的界定为：**以工作为目的、在京居住满一个月以上的外省市农业户口人员。**

需要特别说明的是，除了上述界定，本书中的农民工还暗含了以下两个假设：一是以租房的农民工为重点；尽管在问卷时尽量使样本能更好地反映总体，但在本书的分析中，对单位提供住宿、自购房等关注相对较少，而是把更多的精力用来关注从市场中租房居住的农民工。二是以中心城和近郊区为重点；在远郊区各级城镇的外来农民工的居住问题同样重要，但从空间上看，其本身是一个相对完整的城市（或区域），与中心城、近郊区不属于同一体系，因此强行放入同一框架会影响研究的准确性。

研究的尺度

本书对农民工群体的研究主要有三个尺度，一是农民工总体，即将农民工作为一个整体，看这个群体的总体特点和行为规律；二是农民工的细分群体，按照不同的角度，如年龄、性别、职业等，考察细分群体的特点和行为规律；三是农民工个体，主要是深度访谈的运用，通过有代表性的或典型性的个体来反映内在规律。

从空间上看，本书主要关注两个尺度，一是农民工聚居空间个体，分析为什么特定的地区会形成农民工聚居空间；二是以城市空间为研究面板，考察农民工聚居空间在城市地域中的演化。

本书对北京市城市空间的考察主要是六环以内及六环附近的区域，而不是北京整个辖区。这是由于，一方面居住选择、迁居等理论的前提是居住选择范围或迁居前后要在同一个市场区，这就使得延庆、怀柔、密云、平谷等远郊区县不符合这一要求；另一方面由于近年来北京中心城向郊区的道路、轨道交通等建设加快，使得通州、大兴、昌平等六环附近的区县与城区的联系越来越密切，这就使得这些区县符合要求。

目录

8 ｜ 研究结论与展望

1 数据基础与分析框架

　　农民工居住行为与空间效应的研究是一项社会地理学、行为地理学、房地产研究的交叉领域，既是对社会地理学空间理论中有关城市社会空间研究中"居住空间、行为空间"理论的深化，同时也是行为地理学居民行为中的居住行为在农民工这一亚群体中的拓展和尝试，是房地产研究中住房保障研究的重要组成部分。

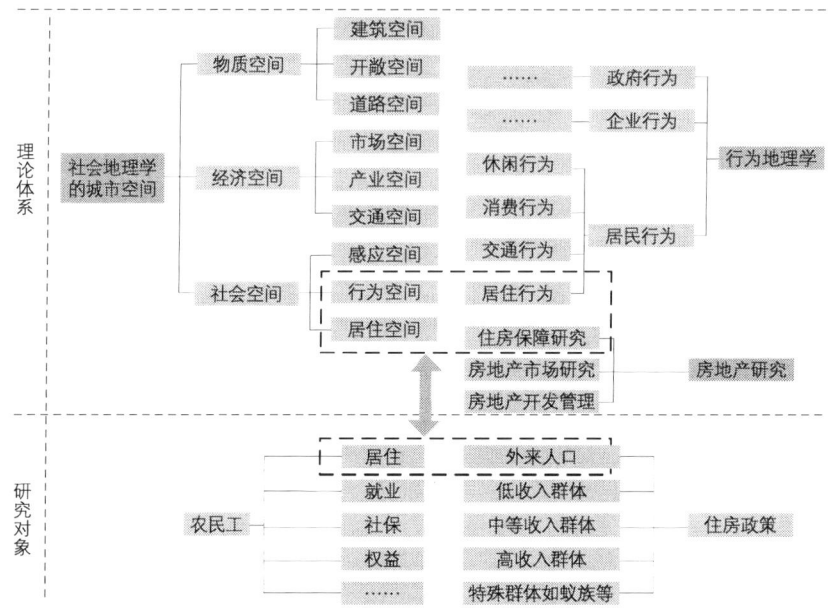

图1-1　本研究在理论体系中的位置
资料来源：部分转引自柴彦威.城市空间.北京：科学出版社，2000

从研究对象上看，一方面，以北京外来农民工的居住行为进行研究，是农民工研究（就业、社保、权益等）理论体系中的重要部分；另一方面，研究农民工这一特定群体的住房问题，并提出相关政策，也可以丰富以"分化"为特征的住房政策研究体系。

1.1　分析框架

1.1.1　总的分析框架

从总体上看，本研究采用行为主义和实证主义行为分析框架，即按照"个体—群体"、"特定地区—城市地域"的框架，通过宏观群体特征的描述、统计、分析，概括出总体规律，再通过微观的个体行为进行解释，同时，将"个体—群体"的现象与解释置于特定地域（聚居地）和城市地域进行分析，即从行为空间的视角在微观上研究特定地区形成和发展的内在机制，并从社会空间的视角在宏观上研究个体与群体、特定地区（聚居地）在城市地域上的演化特征（如图1-2所示）。

本研究采用行为主义与实证主义相结合的分析范式。长期以来，我国人文地理学研究存在一种偏见，认为只有运用自然科学的方法论，重视物质层面的

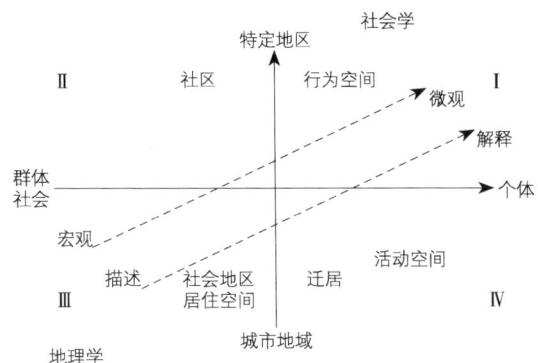

图 1-2　特定群体行为研究的分析框架
资料来源：柴彦威.北京大学《城市社会地理学》课程讲义，有改动

研究才是具有科学意义的研究，对于人的各种活动及相关社会现象的直接研究明显不足（柴彦威，2010）。20世纪末以来，我国人文地理学逐渐从重视物质层面和经济层面，转向关注社会层面，经历了从物质环境分析向宏观制度分析，进而发展到个人行为分析的基本过程。行为主义强调个人行为和感受与空间的关系及其对空间的塑造，有助于改善过去过分偏重于对制度要素、经济要素进行分析，把空间问题置于社会、政治背景中去分析的范式。正是基于这一理论发展背景，以及行为主义分析范式在特定群体空间研究上的可能优势，本书努力在研究范式上作出尝试，采用行为主义与实证主义相结合的分析范式展开农民工居住行为研究。

　　本研究采用"现象—抽象—演绎"的逻辑思路。由于地理学传统的"格局—过程—机理"的分析思路在研究农民工居住行为时存在不足：一是由于这一命题缺少连续的统计数据，因此很难通过过程来解释格局，也难以从过程中发现机理；二是由于对机理的解释往往离不开经济、制度等若干要素，这与农民工"体制外"的特点存在冲突，而既有制度框架下很难在短时间内进行调整，这与农民工居住问题的紧迫性又存在冲突。

　　正是基于这一考虑，本书没有采用"格局—过程—机理"的分析思路，而是选用了在自然科学和经济学中广泛运用的"现象—抽象—演绎"的逻辑思路。即从现象众多的表征中抽取出共同的、本质性的特征，而舍弃其非本质的特征，将复杂的现象抽象化；再从普遍性的理论知识出发，去认识个别的、特殊的现象。采用"现象—抽象—演绎"的逻辑思路，一是由于农民工居住行为的复杂性，维度众多，纷繁复杂，仅仅靠"归纳"很难把握，也很难解释；二是由于农民工居住行为研究多基于问卷数据，数据基础较为有限，特别是缺少连续的纵贯数据，仅靠"归纳"也很难获得较为精准的结论。

本书按照"截面分析—纵贯分析—空间分析"的思路，将农民工在城市的居住行为分为"选择"、"流动"、"聚居"三种行为，建立研究框架。**选择、流动、聚居即是不同维度上的行为表述，具有显著的递进关系。**"选择"是截面上、静态的行为，"流动"则是时间维度上的、动态的行为，"聚居"则是"选择"和"流动"在空间维度上的映射。时间和空间是通过行为和交互作用而生产或构建的，因此三者不可偏废。如果仅关注"选择"，则会忽略这一行为在时间序列上的差异性；而如果只关注"流动"这一过程变量，则会忽略流动的结果；而无论是"选择"还是"聚居"研究都不能脱离区位这个基本的空间载体，而"聚居"不仅对农民工具有非常重要的空间含义，聚居地在城市不同空间地域的集聚或扩散规律对于城市空间结构调整和住房建设布局同样具有重要含义。

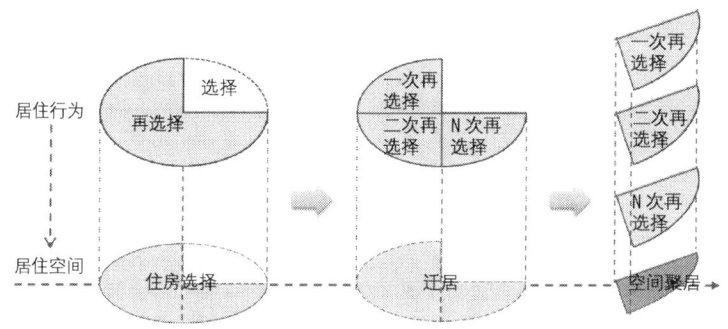

图1-3 农民工"居住选择—迁居—聚居"的理论框架

1.1.2 农民工居住选择研究的分析框架

分析农民工居住选择的内涵，从权属、租金、区位、条件四个维度构建居住选择分析框架，研究住房"选择"与主体的对应关系。首先，将居住选择分解为住房权属选择、住房租金选择、住房区位选择、房屋条件选择四个维度。这四个维度基本上涵盖了居住选择的主要方面，之间相互独立又相互联系，分别对应了房地产的几个非常重要的属性，即法律属性、经济属性、自然属性（不可移动性）、使用功能。其次，以农民工的性别、年龄、收入、婚姻状况、职业、学历等为自变量，分别对上述四个维度进行定量分析，研究农民工在每个维度的选择上的特点及其内部差异，从截面上和结果上分析农民工居住选择的特点。再次，分析农民工在其居住选择的每一维度上的决策行为，研究各个维度选择决策的主要权衡因素。最后，基于农民工居住选择的社会制约和有限能动性，演绎出农民工居住选择的双重分异机制。

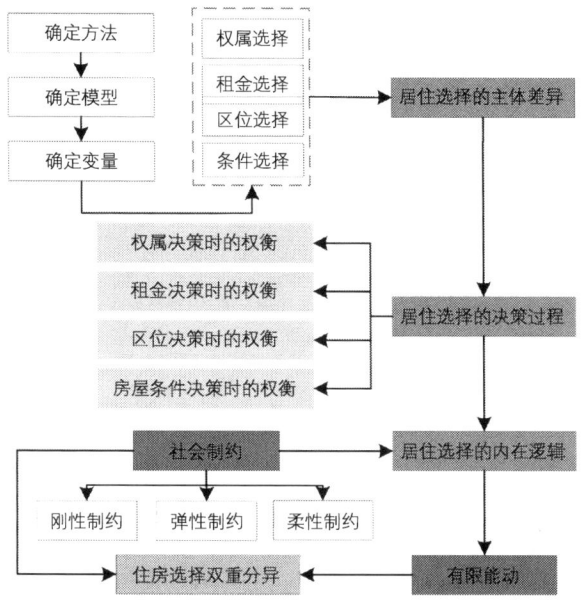

图 1-4 农民工居住选择的分析框架

1.1.3 农民工迁居研究的分析框架

从频率差异、时空特征、动因、决策、阶段性五个方面建立分析框架，研究迁居的主体差异、空间特征、决策机制和阶段性规律。首先，对北京外来农民工迁居的总体状况进行概述，包括频率、空间、决策过程和效果；其次，从年龄、性别、收入、来京务工年数、职业五个方面分析迁居频率的主体差异；运用 GIS 工具，从距离、圈层、方向分析农民工迁居的空间特征及差异性；分析迁居动因的主体差异，在此基础上，从动因和结果综合考量，将北京农民工迁居行为划分为几种类型，对每种类型的迁居决策及其居住状况和空间效果进行行为分析，最后根据农民工迁居的阶段性特征，在理论上进行尝试。

1.1.4 农民工空间聚居研究的分析框架

从农民工个体、聚居地、城市地域三个层次建立分析框架，研究个体聚居的内在动力、聚居地产生的外生与内生动力，聚居地发展规律及其在城市空间上的演化规律。试图解释北京市外来农民工在空间上的聚居程度如何，呈现出什么样的形态和格局，各群体如性别、职业、年龄等在空间上的聚居有何特征，其聚居的动因是什么，聚居地是如何形成和发展起来的，聚居地在城市空间上的集聚与扩散规律如何。

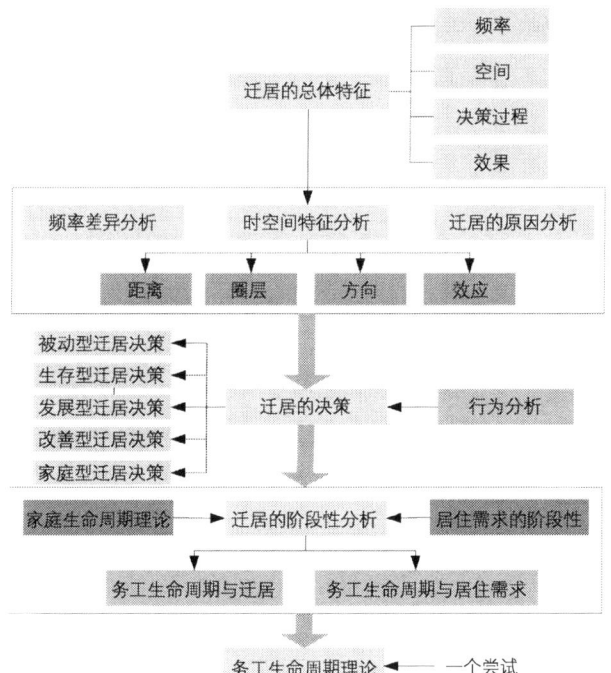

图1-5 农民工迁居研究分析框架

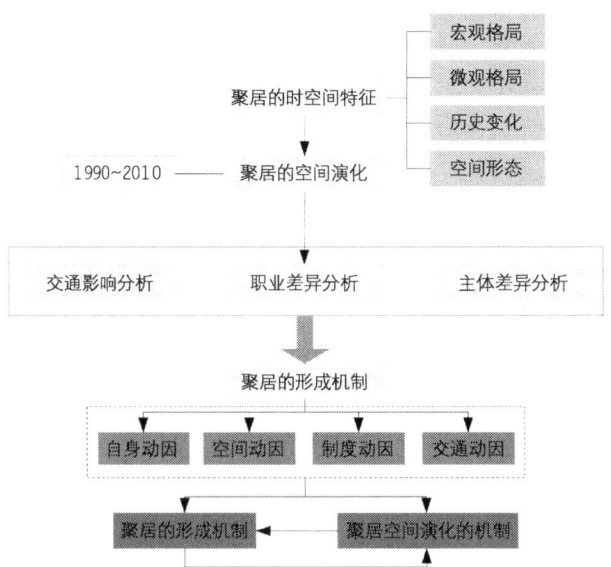

图1-6 农民工空间聚居研究分析框架

1.2 数据基础与调查方法

1.2.1 样本抽取方法介绍

由于农民工的流动性较强，统计较为困难，关于农民工居住情况的统计基础还相对薄弱，因此本书对农民工居住选择和迁居的研究采用问卷调查的方式获得一手数据。这样的好处在于：一是调查对象上的可控性，即能够适当根据研究需要调整调查对象的比例结构；二是问卷设计的针对性，即问卷设计与研究内容紧密贴合。这在很大程度上破解了数据基础薄弱的瓶颈。

在已有针对特定群体，特别是农民工的研究中，也多以问卷调查方式获取基础数据。主要的抽样方式包括：随机抽样，一般为偶遇式随机抽样（吴理财，2006）；分层抽样，多以基于职业类型的分层抽样为主（赵庚科，2006）；基于行政地域的抽样，选择城市中农民工比较集中的行政地域，在这些行政地域内进行抽样（宗成峰，2007）；基于聚居地域的整群抽样，在某几个农民工聚居地进行大面积抽样（李数苗，2006）。也有的学者将多种抽样方法综合运用，如将基于行政地域的抽样与基于职业类型的抽样相结合（卫欣，2008）。

本书的问卷调查采用了随机抽样、分层抽样相结合的方法。首先根据已有关于农民工研究中的行业结构和地域结构进行梳理，确定控制矩阵，即抽样样本在职业类型和地域分布上尽量能够反映总体样本。其次，再根据研究需要，对需要重点关注的行业和区域进行补充抽样，这使得抽样样本既能较好地反映总体样本的情况，也能有效地支撑本书的研究内容和目的。

由于本书研究的是农民工的居住行为，考虑到在居住地进行调查的方式不具有居住地点上的随机性，为了克服这一障碍，本次问卷调查的调查地点主要有两类，一是春运期间到北京站、北京西站、六里桥长途站、四惠长途站、马圈长途站等主要大型交通枢纽，对返乡农民工进行调查，各交通枢纽问卷数量根据交通枢纽的客流量进行分配；二是到各主要行业的市级就业集中地进行调查，主要涉及动物园、木樨园、中关村、五道口商业区，大钟寺、十里河、北沙滩建材市场集中区，四季青桥西、望和桥东的汽车商贸区，中关村电脑贸易区。另外，考虑到部分类型的农民工就业具有均质性，选取东城区、朝阳区等部分地区对餐饮、个体摊主等进行补充调查。样本地及样本数量如图1-7所示。

调查员主要由作者本人和部分北京大学的在校本科生、研究生构成，考虑到不同性别、学科背景、地域背景的人在选择调查对象上有不同的偏好，因此调查员队伍在性别、学科、地域特点上配置较为均衡，可避免由于调查员主观偏好而对问卷样本结果造成影响。

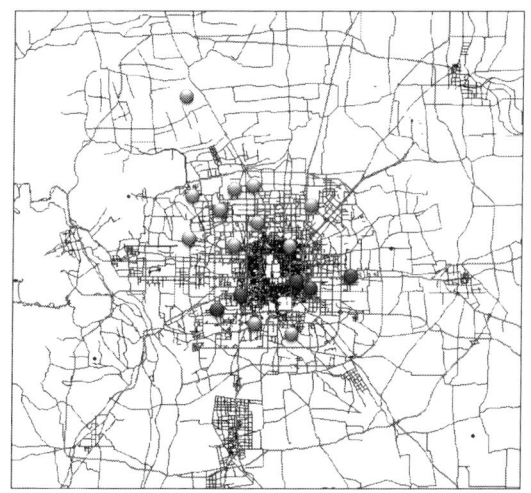

图 1-7　问卷调查点示意图

在调查前对调查员进行了系统培训，并进行了一定数量的预调查，调查中主要采用调查员填写的方式，仅有少部分是在调查员的指导下由被访者填写，所以问卷的回收率和有效率均较高，在 85% 以上。

1.2.2　问卷内容介绍

由于关于农民工这一特定群体的住房选择、城市内迁居的研究较少，问卷设计中主要参考三类文献，一是关于城市居民住房选择和迁居的文献，二是关于流动人口区域间流动的文献，三是关于农民工的其他研究文献。依据这些文献，结合研究目的设计需要调查的问题（问卷详见附件）。

具体来讲问卷主要涉及以下 7 部分内容：

（1）被调查者的基本情况。主要包括性别、年龄、户籍、源地、职业、收入、迁移特征、消费水平、家庭结构等。

（2）居住状况。主要包括:居住位置、房屋类型、结构、面积、租金、设施、工作地、通勤方式、通勤时间等。

（3）居住需求偏好。主要包括租金、区位状况、交通状况、配套设施状况、房屋状况等 2 个层次、4 个方面、22 个因素。

（4）迁居状况。主要包括在京迁居的次数、历次居住位置与时间、择居信息、择居时间、迁居效用、迁居原因等。

（5）居住满意度与期望。主要包括对当前居住状况的满意程度，对居住面积、租金、区位、邻里的期望与偏好等。

（6）对未来的打算。主要包括打不打算留在北京发展、原因；是否会到中小城市发展及其原因；子女及其就学状况；对可能的住房保障政策、土地政策的偏好与评价等。

（7）关于家庭和孩子。主要包括孩子上学情况，有无在京上学、上什么样的学校，老家的耕地和房屋状况，关于宅基地住房抵押的看法、关于农地流转的看法等。

1.2.3　深度访谈内容介绍

质性研究（Qualitative Method）是本书的重要方法之一。该方法是以研究者本人作为研究工具，在自然情境下采用多种资料收集方法对社会现象进行整体性探究，使用归纳法分析资料和形成理论，通过与研究对象互动，对其行为和意义建构获得解释性理解的一种活动（陈向明，2000）。需要注意的是，质性研究与定性研究不能完全等同。定性研究比较强调研究的结论性、抽象性和概括性，主要使用形而上的思辨方式；而质性研究更加强调研究的过程性、情境性和具体性，要求研究者在自然情境中与被研究者互动，在原始资料的基础上建构研究的结果或理论。目前在社会学中质性研究方法得到广泛应用（项飙，1995；李培林，1995；李强，1999 等），主要有基于深度访谈的个案研究（case study）、参与观察法（Participant Observation）、视觉分析法（Visual Analysis）、论述分析法（Dicourse Analysis）等；而近来社会地理学也逐渐开始使用这一方法，在研究对象缺少统计数据支撑时，纷纷转向这一方法。

深度访谈是获取质性研究基础资料的主要渠道之一。本书选择 50 个典型案例进行了深度访谈，内容涉及其个人情况、心理感受、预期等各个方面，为非结构化或半结构化访谈。本书之所以进行深度访谈，主要基于两方面考虑：一是通过深度访谈来弥补问卷数据的信息不足；出于对问卷效率的考虑，问卷中难以涉及大量的开放性问题，这就需要进一步的访谈来进行补充；二是对于一些心理感受、期望等具有隐秘性的信息，在问卷中难以获取，而经过与样本更为深入的交流，可以在获取被访者信息的同时，结合访谈者（主要是作者本人）的感官感受和思考，及时挖掘出更深层次的信息；在与被访者的互动中不断加深问题意识、不断完善理论架构、不断拓展研究思路；三是在研究中，对问卷数据统计分析后出现一些自身或既有理论难以解释的现象，则需要同农民工再度深入交流才能找到解释。因此，将深度访谈与问卷数据紧密结合起来，即从原始资料中归纳出经验概括，上升到理论，然后再通过访谈资料来证实或证伪这些判断，形成反馈，从而有效提高研究质量。

本研究所进行的访谈主要采用了目的性抽样的方法，即根据研究的目的，对于不能通过问卷反映的一些有个体差异的情况，抽取能够为研究问题提供最大信息量的典型样本。具体而言，采用了以下几种抽样方法：

（1）极端型个案抽样：抽取了居住行为与一般值存在较大偏离的极端案例进行访谈。

（2）强度抽样：抽取了居住信息的密度和强度都较大的样本，这类样本的工龄一般较长，工作和居住区位有较多的变化。

（3）典型个案抽样：抽取了能代表北京外来农民工普遍水平的样本反映总体的情况。

（4）分层目的型抽样：根据研究目的，分别选取了各职业的典型样本、新生代农民工的典型样本、女性农民工的典型样本进行访谈，以掌握其居住行为的个性化特点。

（5）滚雪球抽样：通过前期访谈认识的农民工介绍其老乡、同事或朋友接受访谈。

需要说明的是，为了避免农民工对访谈的排斥，提高结果的真实性，本研究访谈时部分采用了"第三方访谈"的方法，即通过一些相熟的农民工来介绍其朋友或亲属的情况，其带有一定的评论性，可以掌握农民工视角下的农民工居住行为，有助于掌握更准确、一般的、规律性的信息。

1.2.4　样本概况与代表性

（1）样本概况

本研究问卷供获取 1463 份有效的农民工样本[1]，其中已购房样本 18 个，占 1.25%。在本研究中，重点关注未购房的农民工，剔除农民工中已购房的样本，剩余 1445 个有效样本是本书分析的主要数据基础。对样本进行统计如表 1-1 所示。

本研究问卷样本统计　　　　　　　　　　　　表 1-1

		样本数	比例
性别	男	830	57.44%
	女	615	42.56%
年龄	90 后	239	16.54%
	80 后	764	52.87%
	70 后	263	18.20%
	60 后	142	9.83%
	50 后	37	2.56%
婚姻	已婚	651	45.05%
	未婚	794	54.95%

---

[1] 另有非户籍大学毕业生 160 个样本、其他外来城市人口 265 个样本，与本书的研究目的不符，被剔除。

		样本数	比例
学历	小学及以下	127	8.76%
	初中	546	37.79%
	高中、中专	544	37.67%
	大专及以上	228	15.78%
职业	制造业	110	7.61%
	建筑业	122	8.44%
	装修装潢	54	3.74%
	批发零售—电脑销售	129	8.93%
	批发零售—建材销售	263	18.20%
	批发零售—服装销售	248	17.16%
	批发零售—其他批发零售	68	4.71%
	住宿餐饮	182	12.60%
	保安	31	2.15%
	其他生活服务业	152	10.52%
	其他	86	5.95%
年收入	10000 元以下	325	22.49%
	10001~15000 元	206	14.26%
	15001~20000 元	343	23.74%
	20001~30000 元	297	20.55%
	30001 元以上	274	18.96%
来京务工年数	2 年以下	676	46.78%
	2~5 年	414	28.65%
	5~8 年	193	13.36%
	8~10 年	99	6.85%
	10 年以上	63	4.36%
进城模式	单人独行	863	59.73%
	兄弟姐妹同行	84	5.83%
	父（子）母（女）同行	104	7.20%
	夫妻同行	302	20.92%
	夫妻携子女（父母）同行	91	6.32%
源地	河北	308	21.30%
	河南	210	14.51%
	山东省	158	10.91%
	安徽	111	7.72%
	湖北	103	7.10%
	四川	67	4.63%
	黑龙江	58	4.01%
	……	……	……

（2）样本数据的代表性

为了说明本样本数据的代表性，将该数据样本的主要指标与国家统计局所对全国作的调查数据[1]（2004）和卫欣（2006）对北京农民工所作的问卷调查数据进行比照，结果发现，在最反应样本结构的性别、年龄、文化程度三项上均差别不大。较小的差距可能由三方面原因构成：一是比照数据是2004年和2006年的，本问卷为2011年所作，几年来经济社会发展状况发生了一些变化，特别是受到2008年北京奥运会、金融危机等大事件的影响；二是比照数据是对全国的抽样调查数据，而本研究的问卷只针对北京市所作；三是为了避免居住地抽样所导致的数据干扰，故采用交通枢纽和就业聚集地调查，也可能会形成一定偏差，但与本书的研究目标紧密相符。综上认为，本次问卷调查数据有效，可以作为本书研究的数据基础。

本书问卷数据与全国（2004）和北京（2006）数据比照　　表1-2

指标		全国（2004）%	北京（2006）%	本书问卷%
性别	男	62.6	53.1	57.44
	女	37.4	46.9	42.56
年龄	平均年龄	28.6	27.0	28.1
	20岁以下	18.3	25.7	16.54
	21~30岁	43.0	43.7	52.87
	31~40岁	23.2	21.8	18.20
	40岁以上	15.5	8.8	12.39
学历	小学及以下	18.4	18.5	8.76
	初中	65.5	51.3	37.79
	高中及中专	11.5	15.4	37.67
	大专及以上	4.6	14.9	15.78

1.3　研究方法与路径

1.3.1　研究方法

本书将计量分析（Quantitative Analysis）、行为分析（Behavior Analysis）与空间分析（Spatial Analysis）相结合：通过计量分析研究北京外来农民工居住选择的影响因素与程度；通过计量分析与行为分析相结合，研究北京外来农民工

---

[1] 2004年，为了客观反映农村劳动力外出情况和特点，为制定农民工政策提供依据，国家统计局农调总队利用农村住户调查资料及相关调查资料对农民外出务工总量、结构及其变动情况进行了分析（国务院研究室课题组，2006）。

迁居的特征、模式和阶段性；通过计量分析、行为分析、空间分析相结合，研究北京外来农民工的空间聚居程度、动力及聚居地的成因。具体而言，在研究方法上，有以下几个特点：

（1）质性研究（Qualitative Research）方法；对于分析个人的经历（如居住选择、流动等）而言，研究对象的自我讲述往往是比较好的研究起点，生活叙事本身展现了"生命的内在逻辑"。需要注意的是，这种对过去生活的自然回顾并不完全是事实本身，是述说者在现时环境的影响下对过去的建构，研究者应该用其他的经验去辅助对事实的理解和判断。本书通过对个案的深度访谈，在访谈的同时进行实地观察，通过与被访者的互动以及对语境和环境的观察判断，获取丰富翔实的内容，了解到其语言背后更为真实的动机，从而在互动中构建理论。使统计意义上的群体特征和典型案例的个体特征互为补充。本书在关于迁居的研究中大量采用了这一研究方法，这主要是由于虽然定量资料可以做到对研究对象的总体描绘，但在对观念的分析中，很多东西是无法由问卷量表来操作化的，只有通过深度访谈进入研究对象的情境，才能发现隐藏在表象之后的事实。这一方法的引入可以弥补数据定量分析的不足，提高对现象的解释力。

（2）离散选择模型（Discrete Choice Model）。离散选择模型主要包括逻辑回归模型（Logit Model）、广义极值模型（Generalition Extreme Value Model，GEV）和概率模型（Probit Model）。本书在居住选择的研究中使用的是多项逻辑回归模型（Multinomial Logit Model），并根据研究的需要，采用多层次的多项逻辑回归模型（例如农民工个体的居住选择是第一层次，某一职业类型群体农民工的居住选择是第二层次等）。

（3）事件史模型（Event-history Model）与回顾性研究（纵向研究）；事件史模型[1]是经典纵贯分析方法，其目的是研究某一事件发生的方式和它的决定因素（郭志刚，1999；刘望保，2007）。如果考察的时间在时间上是离散的，则利用离散时间风险模型（Discrete-time Harzards Model），本书在迁居的研究中使用了事件史模型，通过深度访谈进入对象的生活世界，达到对访谈对象的理解，挖掘相关信息。资料收集方面，会尽可能收集与案例相关的历史情境、家庭工作等生活轨迹、生命事件和主观感受等方面的资料。再将这一系列与迁居有关的纵贯数据进行分析，这一方法的意义是其可以超越迁居研究的微观分析和宏观分析的隔离状态，将个人因素、社会结构性变迁的因素以及住房本身的特征结合起来进行考虑，有助于从整体上把握农民工迁居的阶段性特征。

---

[1] 事件史模型主要有两种：考克斯比例风险模型（COX'S Proportional Harzrds Model）和离散时间风险模型（Discrete-time Harzards Model）。如果考察的时间是连续时间，一般应用比例风险模型；如果考察的时间为离散时间，则利用离散时间风险模型。事件史模型对于研究时间的转换有着重要意义，本书居住迁移的研究中使用了事件史模型。

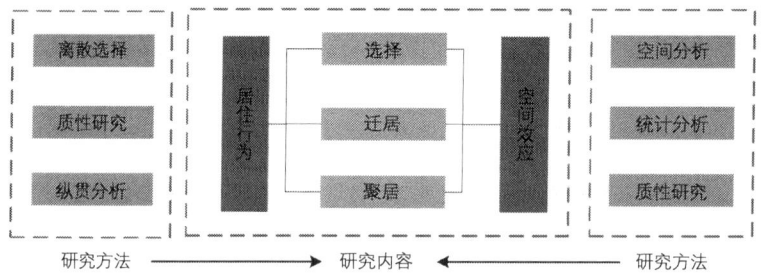

图 1-8　本书的研究方法示意图

1.3.2　技术路线

技术路线图如图 1-9 所示：

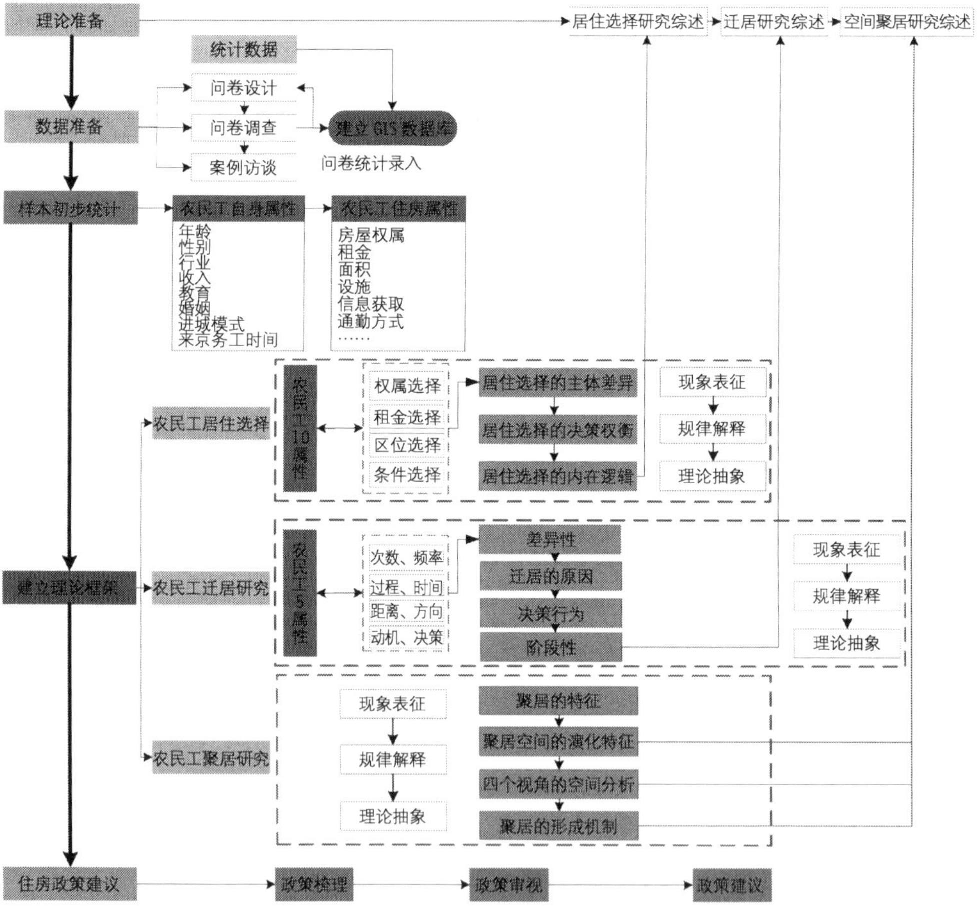

图 1-9　本研究的技术路线图

2　理论与研究综述

　　农民工居住行为的研究，有两个不同的切入角度，一是在农民工的框架下，与农民工的权益保护、保险、户籍等相平行的另一个维度；二是社会地理学关于居住选择、迁居研究中的一类少数群体，与少数族裔、女性等研究相平行的另一个维度。本书研究属于后一类，本章着重对居住行为（选择、流动、聚居）的理论和进展进行总结，并只对农民工有关住房的研究进展进行概述。

2.1　理论发展脉络

不论是国外还是国内，居住选择与迁居在研究中多不是相互孤立的，因此在对理论基础进行梳理时，需将其综合在一起进行表述。

2.1.1　主要流派

概括起来，西方国家的关于居住选择和迁居理论随每一时期的新学派的观点不同而有所差异。20 世纪 50 年代是研究从城市中居住人口的家庭情况、经济收入、社会地位等角度为出发点；20 世纪 60 年代迁居研究转至对其空间特征和数量模式的计量形式上来，接着进行了对迁居的行为研究革命；20 世纪 70 年代迁居研究重心又放在社会经济结构分析上，将其原因归结为资本主义社会的阶级斗争。它们均从不同角度发展和丰富了迁居的理论。综合起来，主要包括城市生态学派、生命周期理论、行为学派、空间分析学派、新马克思主义学派和新韦伯主义学派等。

（1）城市生态学派

Burgess 的同心圆理论。最早对居住选择和流动进行研究的是伯吉斯（Burgess）于 1923 年开始的。他基于 20 世纪初芝加哥人口迁居的变化，于 1925 年发现了城市的空间结构呈有序环状（Burgess，1925），提出了同心圆模式。并认为城市以不同的功能亚区围绕单一的中心，有规则地扩展形成同心圆结构：即中央商务区（CBD）、居住区和通勤区三个环带。该模式提到的人口迁居理论认为，新到外来移民为工作方便而居住在中心商业区。随着新来者增多，人口密度和住房压力增大，导致市中心人口向外城区移动。低收入新住户便向较高级的住宅入侵，而后者的住户则卖掉房子向外迁移，入侵更高级的住宅区。因而，迁居如层层波浪的传递。最高级住宅区位于城市边缘。伯吉斯将这种向外的运动称为入侵和演替。

此理论着重于外来移民入侵对迁居的影响。其缺陷在于它不具有延展性。因为，模型假设的限制条件太

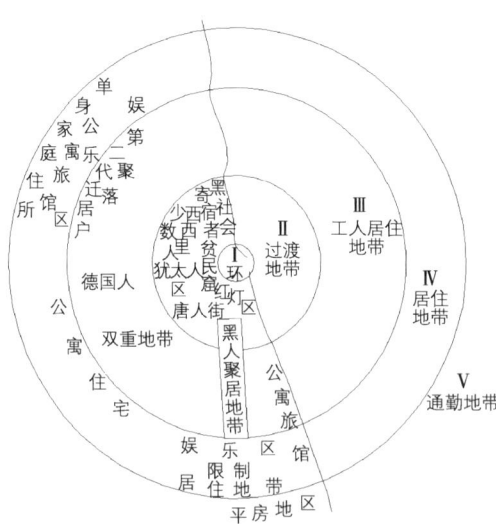

图 2-1　Burgess 的芝加哥城市土地利用的同心圆模型

少，导致结论下得过于简单，即新来移民很容易从市区迁往郊区；其次，低收入住户迁移仅是现代城市人口迁居的一部分主体，再者城镇化过程促成的迁居并不同于当时的迁居情况。

Hoyt 的扇形理论。1939 年霍·伊特（H·Hoyt）基于同心圆模式有关均质性平面的非现实假设，提出了住宅区是按居民收入的不同而分成不同类型的居民区，在环绕工商业区的地段，由于居住环境较差，住宅陈旧。高级阶层为维持其地位而购买新建的高级住宅，在高级阶层向外迁移的过程中，留下的房子被低级阶层的住户所占据，结果住房向低级阶层住户过滤，而居民向高级居住区过滤。这又被称为过滤理论（周春山，1996），但该理论过分强调地带的经济特征而忽视其他的诸如种族类型等重要的因素。扇形模型因增加了方向的概念而被认为是同心圆模型的延伸和发展。

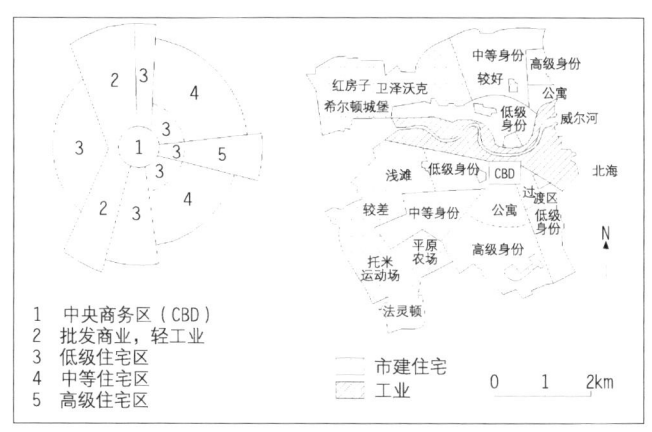

图 2-2　Hoyt 的森德兰城市土地利用的扇形模型

Harris & Ullman 的多中心模型。1945 年哈里斯和乌尔曼（Harris & Ullman）提出了多中心模式。此模式适用于多中心城市，这种城市常有多个相互分离的商业中心地，其中心商业区在规模上和重要性上占有优势。其他的商业中心次之。由此，不同等级的商业中心地随城市经济和交通运输的发展而发展，形成不同等级的商业区。城市人口依据经济状况将住宅分布于不同等级的商业中心附近。总体模式表现为，环境优美、交通便利的地段由高收入阶层所占有，并且远离重工业区，临近次级商业区。低收入住宅区分布于中心商业区、制造业区及重工业区周围。而中等收入住宅区则位于高低收入住宅区之间，位于中心商业区和次级商业区之间。人口迁居运动依据的是地域分层实现的经济效能。

多核心模型的价值在于其对城市生长多核心本质的清晰认识。由于工业、文化和社会经济价值对不同城市有不同的影响，因此哈里斯和乌尔曼认为城市

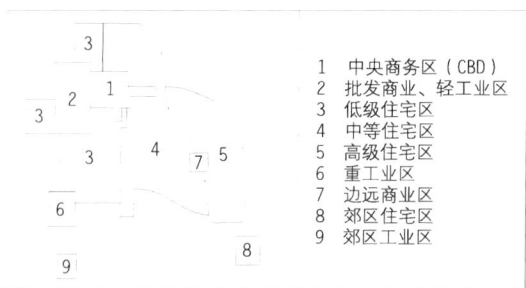

图 2-3　Harris & Ullman 的城市土地利用多核心模型

土地利用难以预知，他们还认为城市土地利用模式决定于地方的情况，而且会因不同的地方而不同。从这一点上看，多核心模型与现实更为接近。

对三大古典模型的修正。此后，Losch（1954）发现了城市的扇形分异，揭示了城市空间模式的复杂性，从复杂性约束的角度间接地阐述了城市演变过程对人口分布的作用。该理论优点在于考虑到了重工业对城市内部结构的影响，人口迁居运动的郊区化对商业中心有分离作用。缺点在于，模式中考虑到的经济部门十分有限，不可能适用于现代社会；过分强化了商业中心对人口迁居的限制作用；也未曾想到"城市中的世外桃源"住宅等经济现象。

Firey（1947）论证了作为社会空间组织基础的社会价值能够超越经济竞争，并建议使用文化生态而非城市生态的方法，以通盘考虑特殊的文化和历史因素在形成城市空间结构方面的作用。

Mann 综合同心圆模型和扇形模型对典型英国中等城市的空间结构进行研究并提出了概念模型。考虑到城市气候（上、下风）特点，最好的居住区（A）位于城市外缘的西部（上风），而其相反方向（D）则是工业扇区的城镇；工人阶级居住区（C）及主要的议会房产临近工业带；中低阶层的居住区（B）位于最好居住区的旁侧。

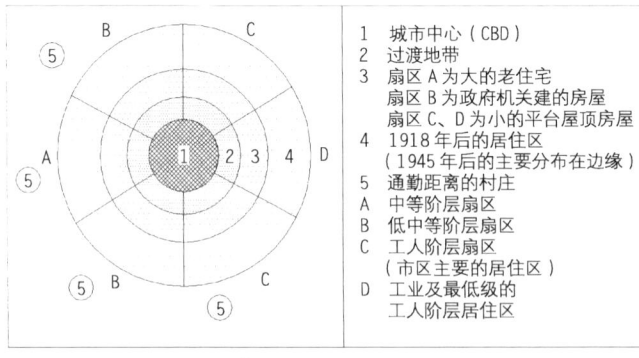

图 2-4　Mann 的典型英国中等城市的空间结构模型

Kearsley 以英国的城市为例，对伯吉斯城市土地利用模型进行修正，该模型考虑到了城镇化进程和地方政府的作用，如政府在城市发展、贫民窟清除、郊区化、经济活动空间扩散、绅士化以及种族隔离等方面的介入。尤其是在模型的基本要素方面，如内城衰退的延伸、地方与中央政府居住的最小化、低密度郊区的扩展等，展示了与北美模型的不同之处。

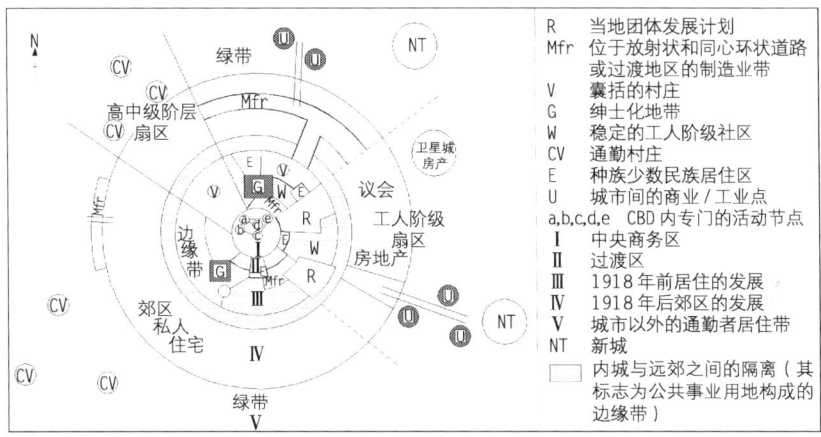

图 2-5　Kearsley 对 Burgess 城市土地利用模型的修正（英国）

White（1987）针对 20 世纪 80 年代以后，西方城市经济社会出现的许多新因素，如城市经济的逆工业化、服务经济的出现、自动化的优势、家庭规模的缩小、郊区居住区的发展、商业及工业的离心化发展以及政府在城市增长过程中不断加强的干涉等，提出了 21 世纪城市空间结构模型，该模型中包括不断发展变化

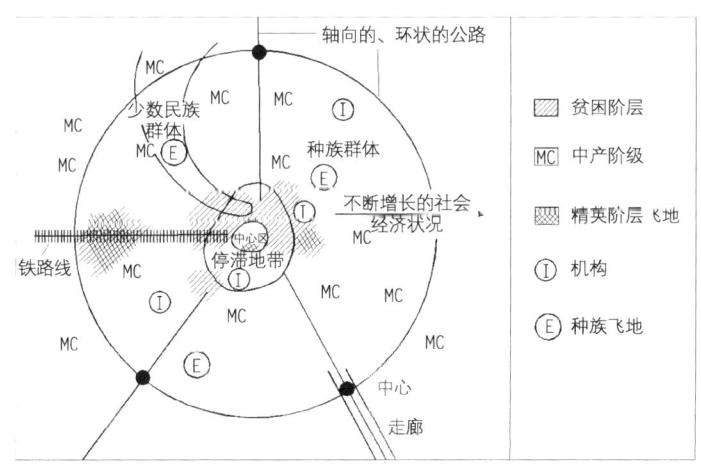

图 2-6　White 的 21 世纪城市空间结构模型

的 CBD、停滞地带、贫民与少数民族集中地、富人飞地、散布的中产阶级、边缘中心及走廊等。强调工业停车场、大学及科研机构、医院、商业及办公业中心、公司总部以及其他大量机构的所有者对土地利用结构和居住发展施加影响，机构的执行者以及地方增长联合的其他成员能够迫使政府对地带进行改变、降低税收和建设基础设施。这些活动的区位在塑造城市空间结构方面意义重大。

（2）家庭生命周期理论

罗西（Rossi，1955）从家庭生命周期变化的角度对迁居进行了深刻分析。他认为"生命周期循环会造成家庭结构变化，进而造成住房需求。而迁居的主要功能是通过调整家庭住房来满足这种需求"。此后，地理学家和社会学家基本沿袭此观点进行研究（Brown and Moore，1970；Hanushek et.al.，1978）。西蒙斯（Simmons，1968）估计个人一生中平均搬家 8~9 次，其中 5 次直接与家庭生命周期变化有关。在结婚和子女将出生等家庭规模扩大阶段，住户对扩大居住面积表现出强烈愿望，迁居次数相对较多（Long，1988；McHugh et.al.，1990）；随着年龄的增长，居住迁移次数相对减少。户主年龄、婚姻状况、家庭规模、子女出生、家庭收入、职业变动和社会地位变化等家庭生命周期因素都对居住迁移有着重要影响（Abu-Lughod et.al.，1966；Brown，1975；Maisel，1968；Mulder et.al.，1993）。

在家庭生命周期迁居理论的基础上，1960 年阿贝努胡德（Abu. Lughood）和费利（Foley）创建了将住宅位置与住户在家庭生命周期中所处的阶段相联系的模式。该模型外向运动形式与伯吉斯、霍伊特两模型相似。主要不同之处在于，构建模式的运动原因上，阿贝努胡德理论结合了人的成长过程和迁居，即更加客观地考虑到了迁居的内在因素之一，进一步发展了前人的理论。但是不足之处在于未曾涉及住户的经济状况；在适用范围上，周春山认为，它不能用于公共住房市场中的迁居者以及种族、收入原因选择能力有限的迁居者，并将罗西和阿贝努胡德的理论概括为家庭成长对城市人口迁居的需要。

罗西在此基础上继续研究了居住抱怨（housing complaints）与居住迁移的关系，认为居住迁移是对随着家庭生命周期变化而产生的居住压力或不满所作出的反应。许多学者将居住迁移看成是对家庭集体需求和环境特征之间的矛盾所作出的反应（Brown and Moore，1970；Golant，1971），强调家庭生命周期、社会迁移期望和居住环境变化会对居住需求产生重要的影响，进而激发居住迁移，而社会和地方的参与对居住迁移起到反作用（Sabagh，1969）。

（3）行为学派的迁居理论

贝尔（Bell，1958）等人对迁居决策发生的背景作了系列分析。他认为，家庭的不同类型有不同的迁居动机。主要的四种家庭分别是家庭型、事业型、享受型、社区型，他们会因为不同的理由做出迁居的决策。贝尔的迁居决策分析为后来行为学派的进一步研究打下了基础。布朗（Brown）和摩尔（Moore）进而在迁居的决策行为方面有了新的发展。他们将决策行为分为两个阶段：决定移动行为和寻找新住房行为。前者是内外压力作用的结果。内部压力源于生命周期及生活方式的变化，因而对住房本身提出了改变的现实要求和期望效果的理想要求。外部压力则是源于住房本身和周围邻里发生的直接环境改变。当内外压力达到不可承受的程度，则迁居发生。在这点上，沃尔伯特（wolpert，1965）认为每类人都有一个不变的迁移倾向，尤其是年轻人受了一点点刺激就可能离开家庭。后者包括四种行为：确定理想区、新宅信息收集、特定住宅选择验证、与理想住宅的比较。布朗等人从行为主体出发进行的研究大大开阔了迁居理论的内容。

布鲁梅尔（Brumell，1979）于20世纪70年代末期创立了迁居行为综合模式。该模式把迁居行为涉及的孤立概念联系起来，形成完整的理论。理论当中用以阐释迁居过程人的行为的变量有地方效用、理想地方效用、需求、居住压力等。

（4）空间分析学派迁居理论

阿隆索（Alonso，1960）提出了城市人口迁居的权衡（trade-off）理论。空间分析学派的阿隆索和贝利等人在空间规律和数量模式上对人口迁居进行研究。其基本内容是，假设一个城市位于均质的平原上，就业岗位都位于城市中心。对于中心地的竞争，引起房租向城市中心而上升。住户尽可能地靠近工作地居住，其收入水平一定。这种收入要支付房租、交通费及生活费用，几者之间是此消彼长的关系，受家庭总经济收入制约，故低收入者必须选择靠近城市中心的较小面积的住宅；高收入者则有选择较大居住空间的自由。阿隆索把收入、工作地点和居住联系起来，以经济的限制来解释不同的人口密度区域。空间分析学派对迁居主要在三方面展开，迁居的距离和方向；其统计模型；空间的相互作用模型。采用演绎法建立的住宅位置模型，主要由洛瑞（Lowry）等人创立和发展。

研究城市和区域发展及空间结构演变的还有另一流派，即是采用模拟模型的方法进行。这主要源于Hagerstrand对空间扩散过程的研究。相继20世纪70年代产生了大量由经验拟合而成的空间模型。其中涉及的人口迁居及分布只是作为研究的一部分。该理论至今得到了长足发展，Krugman等人强调利用计算机模型研究空间问题。

（5）新马克思主义学派的迁居理论

20世纪70年代以后，新马克思主义对城市社会学的发展也有着深远的影响。新马克思主义学派认为，资本主义城市的形态和发展受资本主义生产方式的发展规律支配，因而人口迁居的重点不能停留于数量和行为的分析，而应当立足于深沉的社会结构找原因。主要强调三方面的内容对迁居的影响：经济发展状况、阶级成长、政治因素。如卡斯特尔（M. Castels）提出的城市集体消费的概念。他认为，城市空间是社会结构的表现，社会结构是由经济、政治、意识形态系统组成的，其中经济系统起决定作用。随着社会化大生产的发展，城市劳动者的个人消费日益成为以国家为中介的社会化集体消费。城市住宅、交通通信设施、供水供电、医疗、社会保险、福利事业、教育、文化娱乐等公共事业都成为劳动力再生产的必要投入（邓清，1997）。作为集体消费过程发生的主要场所，城市的发展和演变是占统治地位的资本家阶级和社会中被压迫的劳动者阶级之间不断进行斗争的结果。在这个场所中，资本家的利益源于资本积累，希望国家大量投资于社会性生产过程（如投资于有助于其扩大再生产的基本建设），而把集体消费投资降到最低限度。但是劳动者阶级则要求国家加大对集体消费的投资。国家一方面代表统治阶级的利益，另一方面也不得不采取一定的措施缓和阶级矛盾。因此政府在何时、何地、以何种方式、在多大程度上组织集体消费过程，都将极大地影响城市空间形态的演变（夏建中，1998）。

另一位新马克思主义学派的学者哈维（D. Harvey）则认为，生产活动与消费活动是没有明显界线的，因为阶级斗争同时会存在于工作环境和居住环境。这一观念使有关城市社会学的研究者，不仅仅关注劳资冲突与社会冲突的关系，更启发他们对"工作环境"与"社区环境"的"人工"分界线所出现的成因及特性进行研究（顾朝林，2002）。

帕尔（Pahl）认为，在城市空间有限及资源短缺的情况下，资源分配必然会导致很多冲突和不公平问题。城市空间是重要的社会资源，居住在高尚住宅区的中上层人士享有良好的居住环境，完善的社区设施，他们得到的社区资源要比居住在贫民区的低下层人士为多。这样会使社会不平等或贫富悬殊问题进一步恶化。城市资源分配的不公平与一个人在工作岗位中面对的收入不公平有所不同，城市资源的分布可能与个人在劳动力市场的位置没有直接关系。城市资源的分配并非完全取决于自由市场，部分资源是通过政府的科层制框架，如住房署、福利署等去分配。在这个分配的过程中，城市经理如：住房事务经理、城市设计师、建筑师、地产从业人员、开发商、社区工作者、教育工作者等，都是影响资源分配的因素。这些人的价值倾向和意识形态，常常对城市资源分配造成一定的影响，可能会强化或减弱现存的社会不平等。

以若克斯（Rex）、摩尔（Moore）为代表的新韦伯主义注重解决实际问题（即研究私人机构、地方当局对迁居的影响）而反对阶级、国家以及资本主义危机等概念，与马克思主义学派形成对立，遭到其批判。

新韦伯学派和新马克思主义学派的相关研究，对于20世纪70年代以后城市社会学的发展起了很大的促进作用，使一度萧条的城市社会学出现了一定程度的复兴。这一复兴的再现，与这两学派注重将住房、城市空间资源、社区环境等城市区位性因素的注入密切相关，可以说，是传统社会学以后，将城市人与城市区位再次结合的典范，这也正是其对城市社会学进一步发展的主要贡献之一。

2.1.2 主要模型

张文忠，刘旺（2004）对西方城市居住区位决策与再选择（流动或迁居）的模型进行了总结和评述，将西方现有的模型归纳为四类，分别是迁居与区位选择行为模型、居住区位选择的重力与熵模型、居住区位选择的随机效用模型、居住区位选择的宏观经济平衡和统计模型。

（1）Brown 和 Moore 的迁居与区位选择的行为模型

迁居与区位选择的行为模型是布朗（Brown）和摩尔（Moore）于 1970 年提出的，他们将心理学概念引入居住区位选择行为研究中，这一模型认为：迁居原因来自内部需求和外部居住环境的刺激，当现有居住空间效用与居住需求差距较大时，就需要寻找新的住处。居住空间的搜索和评估通常在家庭比较熟识的空间子集中进行，首先选择家庭期望的空间，最终的"搜索空间"一般位于认知空间子集中。考虑时间因素的制约，那么迁居就是空间效用不断修正过程中的偶然决策。最终的空间效用将是一个二选一的抉择，要么维持现有居住区位不变，要么继续搜索。

哈夫（Huff）和克拉克（Clark，1978）在布朗和摩尔的基础上建立了压力和惰性的概率模型，在该模型中，不满意和惰性的平衡是居住迁移的时间函数。不满意是指家庭与其居住环境失去协调，并且不满意的程度是与时间正相关；惰性是阻止家庭迁移的因素，它也与时间正相关。用公式表示为：

$$P_t = k[S_t - R_t]，\text{当 } S_t > R_t \tag{1}$$

$$P_t = 0，\text{当 } S_t \leqslant R_t \tag{2}$$

P_t 表示迁移概率，S_t 表示迁移压力，R_t 表示迁移阻力，二者都随时间 t 增加。公式（1）表示当迁居压力大于阻力时，迁居概率将随时间增加而增大；公式（2）表示迁居压力等于或小于迁居阻力时，迁居与时间无关，变得不可能。

之后史密斯（Smith，1979）在理论上进一步发展了区位再选择的搜寻模型，他的模型以效用最大化为前提，认为在 t 时间的搜寻行为反映了在区域 i 之内搜寻期望效用 $E_t^i(U^B)$ 和可获得的最佳效用（U^B）之间的比较和判断。

$$\psi = E_t^i(U^B) - U^B \tag{3}$$

若对任何 i 都有 $\psi > 0$，那么搜寻行为就会发生。

上述迁居与区位选择行为模型都有两点共同的缺陷：一是模型中没有明确地包含收入因子，"住房需求"与经济学中所讲的在价格和收入基础上的效用最大化这一需求概念不同，掩盖了决策过程的作用机制；二是从模型概念到经验假设都难以验证。

（2）Simmons 的居住区位选择的重力与熵模型

西蒙斯（Simmons，1974）最早将物理学中的中立模型引入住宅区位选择研究中来，他假定两地之间的相互作用与两地之间的相互吸引的特性成正相关，而与两地间作用的成本负相关。这一模型可以表示成：

$$I_{ij}=k \times V_i \times W_j \times F_{ij} \qquad (4)$$

其中 I_{ij} 表示在一定时间内，从区域 i 到区域 j 的住宅区位再选择的量；V_i 表示原居住区 i 的推力指标；W_j 是表示目的地 j 的吸引力指标；F_{ij} 是住宅区位选择的可行性指标；k 是常数。

重力模型的缺陷在于无法对家庭由于居住区位再选择而引起的流动性进行全面的解释，后逐渐被熵模型所取代。熵模型有 3 条严格的限制性假设：

①某一区域的住宅数量必须与该区域所具有的工作数相等；

②区域内由工作地到居住地的流量必须和区域内的住房供给量相等；

③从居住地到工作地的总费用必须等于系统的总成本。

基于这三条假设，熵最大化模型可表示为：

$$\max L_n S= \frac{\sum_i \sum_j \sum_k \sum_w T_{ijkw}!}{\prod_{ijkw} T_{ijkw}!} \qquad (5)$$

T_{ijkw} 表示收入为 w、工作地在 i、居住地在 j 和住宅类型为 k 的数量。

熵最大化模型是建立在宏观层次上的家庭住宅区位再选择模型，而非基于微观层次的个人行为选择模型，因而无法用于分析人口迁移与距离之间的定量关系。

（3）Quigley 和 Mcfadden 的居住区位选择的随机效用模型

离散选择与随机效用分析方法为住房选择行为建立了一种动态模型结构，并把微观和宏观研究进行有机结合。Quigley 和 Mcfadden（1973，1976，1979）开始使用逻辑特模型（Logit Model）来研究住房需求。这些模型表明的是家庭从有限定样本中选择居住的概率。该概率取决于家庭期望通过选择住房而获得的效用。效用 U 可由函数 v 和 x 的函数，干扰项 ξ 表示因个人偏好不同而导致的偏离人口平均效用的未知量，用于测算误差。

$$U_{in}=v\left(x'_{in}\right)\beta+\xi_{in} \qquad (6)$$

I 表示第 i 个可选择住宅；N 表示第 n 个家庭；β 表示第 n 个家庭的第 i 个选择的特征向量的参数。

在效用最大化和理性选择的假设条件下，第 n 个家庭随机选择住宅 i 的概率等于对第 n 个家庭来说 i 的效用（吸引力）大于或等于其他任何可选择的 i 的效用概率，即：

$$P_{in}=Pr\left(U_{in} \geq U_{i'n}\right),\ i=1,\ 2,\ \cdots \cdots,\ I;\ i \neq i',\ n=1,\ 2,\ \cdots \cdots,\ N \qquad (7)$$

逻辑条件是：$\sum_{i=1}^{I} P_{in}=1$

离散选择和随机效用模型在住房市场选择中得到广泛应用，其中已经从迁移或不迁移决策的逻辑特选择，扩展到多种区位的多项逻辑特选择。但传统的回归模型在计算家庭迁移的概率时，会遇到很多困难。由于传统的回归模型违背不变的误差方差或古典线性回归模型的同方差假设，而且还会导致系数方差的估计偏差，因此离散选择和随机效用模型有待于进一步完善改进。

（4）Herbert 和 Stevens 居住区位的宏观经济平衡和统计模型

宏观经济平衡模型实质上是阿隆索模型的公式化表达，它是由赫伯特（Herbert）和史蒂文斯（Stevens）于 1960 年提出的。这一模型认为家庭对居住地的选择是帕累托最优的，即没有哪个家庭能通过改变居住地来增加自身的节余，同时不减少其他家庭以及总体的支出。模型中的节余以租金能力来代表，总租金能力达到最大时的区位就是最优区位。表示公式为：

$$maxZ=\sum_{k=1}^{K}\sum_{i=1}^{I}\sum_{h=1}^{H} X_{ih}^{k}(b_{ih}^{k}-c_{ih}^{k}) \qquad (8)$$

约束条件 $\sum_{i=1}^{I}\sum_{h=1}^{H} S_{ih}X_{ih}^{k} \leqslant L^{k}$ （k=1, 2, ……, K）

$$\sum_{i=1}^{I}\sum_{h=1}^{H} X_{ih}^{k}=N_{i}$$ （i=1, 2, ……, I）

其中，K 表示区域细分后的亚区；I 表示居住群体；H 表示居住区，b_{ih}^{k} 表示居住群体 i 购买居住区 h 的预算；c_{ih}^{k} 表示 k 地区 h 居住区中居住群体每一家庭的年费用，不包括地基成本；S_{ih} 表示使用 h 居住区的 i 居住群体中的一个成员占地数；L^{k} 表示在模型中的一个特定的重复使用的地区 k 内科用于居住的土地数；N_{i} 表示布局在一个特殊重复使用地区内的 i 居住群体的家庭数；X_{ih}^{k} 表示由模型给出的在 k 地使用 h 居住区的 i 居住群体的家庭数。

2.2　相关研究综述

2.2.1　居住选择的相关研究

（1）国外对于住房选择的研究，主要集中在住房产权选择和住房区位选择

住房产权体现了个体居住历程最大的异质性，自有房屋不仅是消费而且是投资（Plaut, 1987; Henderson and Ioannides, 1989），住房产权从租赁向自有的转变既是住房市场中的重要事件，也是个体居住历程中的重要事件，与个体生命历程中其他诱因如婚姻变化、子女出生和就业及职位变化等有密切联系，产权转变并不是凭空发生的，还与社会经济背景以及区域住房市场环境紧密

相关（Deurloo et. al., 1994）。住房产权转换与家庭生命周期和住房消费需求有紧密联系（Rudel, 1987 ; Morrow-Jones, 1988 ; Kendig, 1990 ; Davies and Pickles, 1991），许多研究发现住房产权从租赁向自有转变的家庭大部分处于夫妇和核心家庭阶段，这意味着家庭稳定性是自有房屋的先决条件（Deurloo et. al., 1987 ; Morrow-Jones, 1988 ; 1989 ; Kendig, 1990 ; Davies and Pickles, 1991 ; Clark et. al., 1994）；家庭收入是住房产权决策的基本影响条件（Boehm, 1981 ; Rosenthal, 1989），只有当家庭收入水平或预期水平达到一定水平后，才会选择购买住房（Haurin and Gill, 1987 ; Goodman, 1988 ; Rosenthal, 1989）；家庭规模扩大（Krum, 1987）、户主年龄（Morrow-Jones, 1988）、家庭劳动力数量（Myers,1985）等都是住房产权转换的重要诱因；从投资的角度看，住房投资需求超过了消费需求时将会购买住房（Ioannides and Kan, 1994）。Ioannides & Kan（1996）利用离散选择模型研究了美国家庭迁移决策以及迁移后选择租房还是买房的决策行为，实证结果显示社会经济变量如家庭规模、资金限制以及这些变量的变化可以很好地解释迁移和租买选择；租买选择行为和迁移行为都是当前状态存在依赖；此外，研究还发现自有住房者在调整自身住房状况时对住房市场状况较为敏感，对房价的预期不利于租房者转换为自有住房者。Kan（2000）通过动态研究住房选择行为的影响因素，认为居住地点的变化是租买转换的前提，这两个决策实际上是共同制定的，预期的流动与租买选择是相互关联的决策，而租买选择可能未获得对现状的依赖，比如过去是自有住房者的经历让他更倾向于购房。Ozyldrm, Onder & Yavas（2005）运用动态模型研究流动性带来的租买选择，认为个体的预期如在工作、婚姻状况、家庭规模、当前居住等方面的改变，会影响影响到其住房行为。Krumm（1984）研究美国芝加哥家庭流动和租买混合决策的影响因素，实证分析发现租买转换决策对居住地决策具有重要影响，此外，生命周期以及家庭特征变量、区域变量对这些决策影响显著。

住房区位决策与再选择反映了城市居民住房消费行为在空间上的价值取向。居住区位选择的研究也比较多，研究思路上可分为两个大类，一是以经济学或城市经济学为基础的，实际上是 Alonso 模型的拓展，方法上多用特征价格模型（Hedonic Approach）；Lancaster（1968）发展的特征价格模型可以给予非经济要素以市场价值。其后斯特拉热姆（Straszheim）不仅使用了住房要素多维分析方法，而且允许每一种住房要素的隐含价格在都市区范围内随区位变动而变化，实质上是修改了阿隆索的模型并假定：住户可在城市中心区之外的不同区位工作，住房服务为多维的商品，家庭偏好不同。总体来说，享乐理论的主要目的是探究市场价格在空间上的变化而非居住区位选择分析（Clark et al., 2001）。奎格利（Quigley）最早使用住房选择的离散模型对价格空间分布的住房选择进行研究，他用多项逻辑特模型（Multinominal Logit Model）建立了住房选择的个体选择模型，扩展了住房需求的理论分析，使得空间维度被包括进来，这样住房的区位决策得到解决，同时又包括房屋类型的选择。这一模型既包括了个体选择行为，又包括了住房的区位分布，明显优于以前的研究。后继研究以该模型为基础，评价了在住房选择中的可达性与交通方式以及街区特性（Clark et al.，2001）。瓦拉迪（Varady，1983）运用斯皮尔等学者的流动模型[1]分别评价了公共服务对居住流动的影响，发现公共服务对居住流动的作用不显著，即使通过提高服务也难以把中产阶级留在衰败的内城社区中。另一类是以行为地理为基础的，方法上多用离散选择模型（Discrete Choice Approach）。生命历程变化在住房拥有、居住变迁方面解释力增强（Rindfuss et al.，1987）。生命历程将人的生命过程看成是一系列的事件组成的，包括教育、工作、生育和住房情况变化等事件，强调个人和家庭从初次进入住房和劳动力市场及历次居住迁移和工作调整等生命事件发生轨迹，分析事件发生时间及其与生命历程其他重要诱因的关系。个人及家庭就业和居住等事件的变化都是在社会经济背景下进行的，并受社会环境制约，生命历程把个人适应住房市场变化与更广泛的社会经济背景联系（Settersten and Mayer. 1996）。大量的实证研究发现家庭特征、其生命周期变化和住房市场环境等都是居住选择的重要影响因子。

（2）国内的住房选择研究，主要关注宏观层面，特别是住房市场化、户籍制度

国外在住房选择领域的研究虽然成熟，但其研究结论并不能直接应用于中国。首先，在概念与假设上，国外充分市场经济条件下住房被视为商品，个人或家庭凭借自己的工资与收入就可以购买，而在转型体制下的中国，住房并不完全是商品，也是联结个人与家庭、与单位、与政府的纽带（Huang & Clark，2002）。其次，国外居民选择住房主要基于自身的偏好和支付能力，而国内家庭选择住房往往受制于各种制度因素，其中比较突出的因素就是户口，这无疑缩小了我国居民特别是非户籍人员住房选择的空间和自由。第三，国外市场上住房主要是私有的，价格是驱动住房供给和消费的主要因素，但在我国社会主义体制下，公共住房的供给主要由政府及卜属房管部门控制，所以对于可以享受政府提供的公共福利性质住房的人员在住房选择时更多的是被动接受而非自主选择。综合以上三点，国内住房选择的影响因素比国外复杂得多，除了个人和家庭特征因素、住房自身属性因素、市场环境因素外，行政制度因素也是影响

---

[1] 斯皮尔等学者（1975）把成本—效益模型的要素与压力—门槛模型的要素联合起来，视迁移（居住再选择）为正在进行的决策过程的结果，决策过程分为三个阶段：考虑迁移的意愿发展、选择替代区位和决定是否迁移。

国内居民住房选择的重要因素。

大多数对中国住房系统的研究都在宏观层面。如住房供应（Tolley，1991；Wu，1996；Zax，1997），住房问题（Zhang，1998；Logan and Bian，1993；Zhou 和 Logan，1996）和住房政策（Lee，1998；Chen and Gao，1993）。李思名（Li，2000）等使用截面分析方法对广州市住房产权决策进行研究，发现住房市场分割和控制住房消费的政府力量影响住房产权决策，市场价格房的住房产权选择在某种程度上与西方市场经济研究结论相似，而公房的产权选择则更多地受组织变量的影响。黄友琴（Huang，2001）较为系统地分析了转型时期中国城市住房产权选择，认为随着住房制度改革逐步引入市场机制，城市居民的居住选择自由度增加，不仅个人的社会经济特征，而且个人与单位的组织关系变量对住房产权选择有显著影响。黄友琴（Huang，2003）随后研究了租房者的住房性质选择，重点分析了住房者选择私人房、单位房、房管房的概率差异，发现不仅社会经济因素影响租房者的住房选择，而且计划经济体制时期遗留下来的组织因素，如户籍管理制度显著影响租房者的住房性质选择，持临时户口或农村户口的流动人口选择公房的概率远低于本地人口，但这项研究都采用了截面分析方法。黄友琴（Huang，2005）采用纵贯分析方法，分析了城市住房的自有之路（the road to homeownership），即住房产权从租赁向首次购房转变的影响因素，分析时段是 1949 年至 1994 年，采用离散时间逻辑特模型（Discrete time logit model），发现住房产权从租赁向首次购房转变是一个复杂的过程，不仅受家庭的社会经济状态和家庭原有住房状况的影响，而且也受组织变量和住房政策发展背景的显著影响。香港学者马忠东等（Ma，2001）以广州市为例，对市场化下的城市居民住房选择进行研究，认为从"福利分房"到"住宅商品化"的体制转型是影响居民住房选择自有率（房屋权属）的主要原因。并且认为，在当前市场机制下，人力资本、收入、私有经济、价格对住房选择影响显著，居民收入和教育的提高对住宅的拥有及价格/质量都有显著的提高作用。

我国住房市场转型背景和城乡分割的户籍制度也吸引了部分国外学者的研究兴趣。特别受到几位华裔学者的关注，Wu（2002）通过考察我国现行制度对农村移民住房的影响，认为制度因素仍然是影响我国农村移民住房选择的决定性因素，并指出在中国城市制度框架下，农村移民在城市的住房方面所面临的选择是有限的，而约束是明显的。这一点与 Jiang（2006）分析所得结论类似：Jiang（2006）分析指出，农村移民很大程度上被排斥在城市主流住房分配系统之外，城市住房供应系统的改革在很大程度上忽视了这类群体的住房需求。Wu（2006）还认为，由于大多数移民来到城市的首要目的是寻求工作机会，因此与工作相关的因素很大程度上决定了其居住移动行为。另外，学者 Wang（2003）比较关注农村移民的住房条件，他认为，农村移民在城市住房上存在的主要问题是相对拥挤，而合租是他们节约大笔住房开支以用于其他目的的主要而有效的策略。Song, Zenou & Ding（2008）认为，在中国经济增长和城镇化的过程中，为城市的农村移民（rural-urban migrants）提供合适的住房对中国各方面改革非常重要。然而在住房改革的过程中，城市住房供应制度却忽视了农民工的这方面的需要。虽然乡村的城镇化改造给农村移民提供了一部分住房，但这些城镇化改造的乡村由于在经济和环境方面存在的诸多问题并不为政策的制定者所接受。作者实证分析结果显示，农村移民被城市住房市场排除在外，并由此认为，如果没有相应的制度保证农村移民进入城市住房市场，任何促进农村城镇化改造的政策都可能是误导。

（3）国内的住房选择研究，住房租买选择研究较多，区位选择研究较少

住房租买选择研究主要是一些香港学者的研究。 以 Li（2000）、Fu（2000）和 Huang（2002）为代表。Li（2000）利用广州市房管局提供的 1992~1994 年调查数据，借助 logit 模型研究了广州居民住房选择的影响因素，结论显示家庭规模和户口因素显著影响其住房租买选择，而教育程度对租买选择的影响不显著。此外，Li 还研究了居民对市场化住房和福利住房的偏好，认为公开住房市场上获取住房的居民一般比福利部门人员拥有更高的收入及职位等级；在福利部门，影响住房产权的因素在不同住房类型间显著不同，比如职业对自有住房有显著影响，而除了户主的工龄外其他家庭特征因素对安置住房没有显著影响。在此基础上，Li（2006）利用 2001 年广州市调查数据进一步研究了城市家庭租买转换的影响因素，结果发现年龄与学历显著提高住房自有概率，婚姻状况改变对住房转换有显著影响；另外社会关系（家庭、单位与政治面貌）仍然影响住房的可得性和住房租买选择，非国有企业工作的人倾向于规避租买转换带来的风险，而中共党员的身份则促进租买转换。与 Li（2000）同时期的还有 Fu, Tse, & Zhou（2000）通过在 1997 年问卷和访谈所得数据，利用有序 Probit 模型研究我国城市工人购买商品住房意愿的影响因素。结果表明，中国城市工人购买商品住房的意愿受多种因素影响，包括住房不匹配性、资金限制、风险态度、对城市经济状况的信心、商品房的成本以及住房福利计划。特别地，作者发现那些拥有相对高收入、住在拥挤房间、常换工作、投资股票、对城市经济持乐观态度的、年轻的、不能买公共福利住房的工人更倾向在住房市场购房。此外，作者也发现公共福利住房对促使个体参与市场化住房具有强烈的负面影响。Huang & Clark（2002）根据我国的住房市场转型的特殊性，将影响住房消费的因素分为家庭经济因素、住房市场因素和制度因素三大类。作者分析发现市场因素和制度因素都对家庭住房租买选择有影响，其中社会经济特征变量如年龄、家庭规模、家庭收入以及住房价格对住房选择行为的影响与西方类似，而像家庭劳动力数、婚姻状况的影响则显著不同，此外，制度特征因素如表示国家、

单位、家庭之间的关系的户口、职业等级、单位等级等对租买选择仍有相当影响。作者认为，与西方一样的是年龄的增大以及家庭规模的变大会促使家庭选择自有住房，但已婚人员及拥有多劳动力的家庭拥有自有住房的可能性较小，因为家庭与企业单位之间还存在住房依赖性质的联系。在高级别单位工作的人以及拥有临时户口的人员拥有自有住房的可能性较小，因为前者更可能获得福利性租房而后者一般没有资格在城市中获取住房产权。同时，那些拥有高职位的人员更可能拥有住房，因为他们享有住房价格上的"高职位折扣"。Zheng，Liu, & Wu（2003）同样考虑到住房市场转型的特殊性，引入人口统计特征因素、市场特征因素和制度特殊因素，并将制度因素分为旧制度因素（包括户口、职业、公共住房可得性）和新制度因素（包括住房补贴、住房公积金）来考察各因素对高学历青年这一特殊群体的住房租买选择的影响；用 Logit 回归分析发现人口统计特征的大部分变量（包括年龄、工作年限、婚姻状况、是否有小孩、教育程度）对这一群体的租买行为有显著影响；而旧制度特征当中只有公共住房可得性有显著影响，新制度特征因素影响不显著，市场特征因素的影响也不强。早期研究虽然对我国住房市场的分割的特点以及制度因素的影响都有相关分析（Li，2000；Fu，2000；Huang，2002），但所使用的数据都较为陈旧，均为 1998 年我国实施住房货币化改革之前的数据，不能反映我国住房市场当前的实际，在住房市场迅速发展的情况下，一些结论已与现有情况很不一致了。台湾地区也有相关的一些研究，其中较为典型的是林家兴、陈彦仲（2003）利用华人家庭动态数据库对台湾地区的年轻家庭的住房权属选择进行的研究，运用 logit 模型进行分析，结果认为婚姻状况、家庭人数、借贷限制等对台湾年轻家庭住房权属选择影响显著，而性别、恒常收入等影响不显著，租拥相对成本尚不明确。

大陆学者近年来也开始关注这一领域。郑思齐（2007）充分考虑我国住房市场的特点将市场化住房与非市场化住房分开研究，利用国家城调队提供的辽宁、广东、四川三省数据及在北京实证调查得到的租买样本数据，对一般城市家庭住房租买选择和购买市场化住房意愿进行了实证研究，logit 回归结果同样显示家庭特征因素对租买选择的影响显著，但传统制度特征的作用已不明显，而代表市场特征的租赁市场成熟度与住房存量市场成熟度对租买选择均有显著影响；此外，持久收入、财富、商业住房抵押贷款、投资意识、住房不匹配程度等对购买市场化住房意愿有显著影响（郑思齐，2007）。但是，研究在对租买选择现状研究中对租买的区别以现有实际住房自有与否为标准，不能反映决策的即时性。虞晓芬（2007）充分考虑了这一点，在收集样本时以当前正在实施租房或购房决策的人员为研究对象，保证了租买结果与影响因素在时间上的一致性；此外，作者引入心理特征因素进行分析也为住房选择行为研究提供了新的研究模型，但运用在我国居民家庭的研究上则显得对制度特征的影响考虑不足。利用杭州住房市场调研数据展开的对居民租买选择及其弹性的研究，作者认为以往住房选择实证研究对认识心理因素的考量不足，于是将价格趋势预期、归宿感和迁移可能性等变量引入研究模型，并将影响因素分为家庭特征、住宅特征、租购成本和心理特征四个维度考察它们对居民住房租买选择的影响。通过 logit 回归分析作者发现家庭特征变量中的家庭收入、家庭净资产、户主职业和户主户口对租买选择有影响；住宅特征中所有变量包括面积、总价、房龄、环境等影响均显著；代表租购成本的总价租金比影响显著，价格趋势也有一定影响；心理特征因素的归宿感和迁移可能性的影响也都显著。作者认为，随着家庭年收入和家庭净资产的增加、驻杭时间的延长、住宅面积、区位环境和小区环境的改善，家庭购买住宅或住宅被购买的概率越大；已婚家庭、户主为杭州户口的家庭、户主职业稳定的家庭、对未来房价预期上升或稳定的家庭、未来迁移可能性较小的家庭、认为拥有住宅产权更有归属感的家庭，购买住房的可能性更大；房价上升、价格租金比提高会显著降低家庭购买住房的概率。刘望保、阎小培等（2009）运用 CGSS 数据对全国 88 个城镇居民住房选择的影响因素及其对居住分异的影响，发现改革开放以来，中国城镇住房自有率大幅提高，住房市场化程度逐步提高，住房供应结构和产权结构趋于多样化。户籍、职业、工作性质等组织变量显著影响居民住房获取；年龄、婚姻、家庭规模等家庭生命周期变量显著影响租赁或购买商品房的决策。经济发达、市场化程度高的沿海城市居住分异度相对较高，其家庭生命周期和户籍等因素对住房选择的影响更为显著。

国内关于微观层面的住房区位选择研究较为缺乏。区位视角由于强调社区或地域特性对人们选择住房的影响，因此对区域性资料的要求较高。虽然在西方已经是非常成熟的研究范畴，但在中国，由于缺乏有关住房信息的规模化且有代表性的资料，这方面的研究才刚刚展开，有限的、基于个别城市的抽样调查研究证实，除家庭和住房市场特征外，政府和工作单位的影响非常大（Bian，Logan，1997）。住房区位决策和再选择直接受到住房市场和居民社会属性的影响，而区位视角更多地强调前者（张文忠、刘旺，2004）。住房市场具有空间特性和非空间特性，空间特性包括位置、自然环境、生活设施、学校质量、交通便捷性和治安状况等要素；非空间特性包括住房的类型、大小、建筑时间、建筑质量等规划设计要素，以及邻里关系等软要素。由于住房具有区位的固定性、耐用性、费用昂贵性等特点，住房市场的现有存量和发展趋势成为居民居住区位决策和再选择行为发生的基本背景。在对北京、上海、广州、武汉和重庆五个大城市的一份研究（郑，等，2004）中发现，住房价格，城市扩展程度、郊区设施齐备和方便程度等均是影响人们住房选择的显著变量。但有关研究中，对区域人群的收入分类、产业类型、社区特点等集合变量的影响尚未得到深入研究。

2.2.2　迁居的相关研究

（1）Wolpert 的地方效用观点和压力门槛假说

Wolpert 于 1965 年阐明了家庭背景和居住环境地方效用共同影响迁居的系统行为理论，从空间、时间以及居住环境与人的交互作用角度解释家庭迁居行为。他认为家庭对地区的评价能够预测其迁居行为，迁居是家庭对自己所处的社会地位和经济条件的理性反应。

Wolpert 认为假定每个人都是理性的，会用成本—效用的观点来评估居住环境品质，所采用的评估指标被称为地区净效用（net utility）或者地方效用（place utility），而且每个家庭都有一组可供选择的行动空间（action space），行动空间的大小取决于家庭所能够获得的信息（往往来自亲友、地产中介、媒体等）的多寡，信息的不完全会降低家庭迁居的可能性。Wolpert 认为每个家庭用于评估居住环境的地区净效用标准都是主观的，受到家庭背景的影响。如果当前的居住环境的地方效用不如期望的效用，则家庭就会迁居到新居住地。

地方效用是行为主义迁居理论的核心概念之一。Wolpert 认为家庭评价居住环境地方效用的指标是主观的，这对由相关专家从居住环境的客观条件及指标对居住环境进行评价的方法提出了挑战。首先，面对一幢各项客观指标都不错的物业，居民们也许正在为居住环境未能满足自己家庭的某些需求而产生不满，这是由于各个家庭的居住需求和对居住环境效用的期望在内容和水平上不尽相同的原因。因此，客观指标不能够很好地反映出家庭的居住需求是否得到了满足，也就是即使是同一居住环境对于不同的家庭也许有不同的地方效用。其次，居住环境对居民生活的影响程度和重要程度是通过居民的居住感知反映出来，而不是实际的居住条件（Galster & Hesser，1981；Weidemann & Anderson，1982）。毫无疑问，居住环境的客观内容十分关键地影响着人们对居住环境效用的主观评价。但是一方面，住宅单元的一系列特征（如楼层、朝向、户型设计）以及邻里环境特征（如邻居关系等）的复杂性与多样性决定着没有两套完全相同的住宅，同时为各种各样具体的居住环境特征准确确定其相对重要性也是比较困难的，因此难以用客观指标全面地衡量居住环境的地方效用；另一方面，由于居住环境内涵复杂性的缘故，不同居民对居住环境内涵的理解可能不同。最后，居民对一系列居住环境属性效用的感知与评价还会受到居民自身特征以及他们过去经历的影响。因此，居住环境的地方效用包含着主观内容的观点得到很多学者支持（Marans，2003）。一系列的实证研究结论证明，用居住环境的地方效用观点预测家庭迁居行为的方法是有效的，并且被很多学者沿用至今。

压力门槛假说：1966 年，Wolpert 在居住环境地方效用观点的基础上进一步提出"压力门槛"假说，该假说的一个很重要的贡献就是将迁居决策过程分解为两个阶段。在第一阶段，假设个体能够对居住环境的地方效用形成感知，并且总是根据主观指标对当前居住环境的地方效用进行评价，当居住环境的地方效用不能满足家庭的居住需求或者与期望水平差距较大时，居民就会产生居住压力。在第二阶段，假设每个人都存在自身能够承受的居住压力极限，这个极限被称为"压力门槛"。压力门槛在个体之间存在着差异。当居民感知到的来自实体环境和社会环境的居住压力超过其压力门槛时，就会考虑迁居。这种情况下发生的迁居之根本目的是为了提高居住环境的地方效用。

（2）Brown 和 Moore 住宅循环回馈模型

布朗（Brown）和摩尔（Moore）（1970）延续 Wolpert 的压力观点，提出了住宅循环回馈模型。这一模型的提出将家庭形成迁居意向与随后是否会发生实际的迁居行为分开来。他们认为迁居行为包括"形成迁居意向"和"寻找新住宅"两个阶段。第一阶段，家庭形成迁居意向是内外居住压力共同作用的结果。内部居住压力源于两个部分，一是家庭对居住空间和设施的要求发生了变化而产生的有形需求，另一个是家庭对居住环境效用的期望变化引起的无形需求。家庭生命周期、生活方式、居住偏好的改变是内部压力的基本来源。外部居住压力主要源于住宅单元本身的变化和邻里环境变化所引起的直接居住环境的改

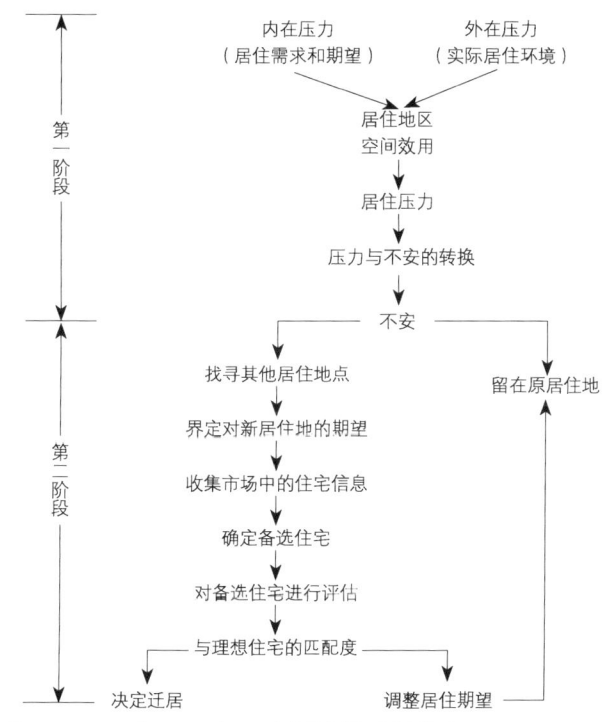

图 2-7　Brown 和 Moore（1970）的住宅循环回馈模型

变。常见的例子是住宅单元本身或者小区设施的老化、家庭成员工作条件的变化、社会关系的瓦解、其他地区有更好的发展机会、小区内较多的家庭迁往他处或者有迁居倾向等。当内外居住压力超过家庭的压力门槛，并且家庭感知到存在地方效用较高的其他住宅时，家庭就会考虑迁居，进入迁居行为的第二阶段——在住宅市场寻找新居住地并进行评估。这一阶段的行为包括：①对新居住环境地方效用期望的形成；②居住环境相关信息的收集；③备选居住地的锁定；④备选居住地的地方效用与家庭期望效用的比较。如果经过第二阶段的搜寻与评估，不能够找到符合期望和居住需求的居住地，家庭就会停止寻找留在原居住地，或者再次进入住宅市场进行新一轮的寻找。

（3）Speare 的居住满意度模型

每例迁居行为发生之前，都存在一个促进家庭迁居的力量（Rossi，1955）。这种力量源于迁居者对居住环境污染、居住密度过大等居住生活中出现的问题或者与房东、邻居关系不和谐导致的抱怨。根据当时比较流行的人口推拉理论，Rossi 将这种力量称为家庭迁居的推力。针对上述发现，社会学者 Speare 在前人对居住压力研究成果的基础上，于 1974 年提出了居住满意度模型。该模型的主要目的是识别出迁居者与非迁居者。

居住满意度模型的建立参考了 Simon（1957）提出的人类行为决策过程理论 [1]，Speare 假设居住满意度是导致迁居意向的直接原因，而家庭背景、居住环境的地方效用、社区束缚等因素不直接作用于迁居意向和行为，它们必须通过居住满意度间接影响家庭的迁居决策。

模型假设家庭背景、居住环境的地方效用、社区束缚的影响集中反映在家庭的居住满意度上，居住满意度越高，则家庭迁居的倾向越低。在极端的情况下，相当满意的家庭即使感知到其他居住地有更高的地方效用，迁居的倾向也会很小。相应地，Speare 假设当家庭对居住环境不满意时，家庭将会考虑迁居，当不满意程度累积超过家庭的忍受极限时，迁居行为就会发生。这与 Wolpert 提出的"压力门槛"假说同出一辙，不同的是 Speare 用"不满意"替代了"压力"，去除了"压力"概念中隐含的精神痛苦因素，这是居住满意度模型一个重要的贡献。

由于居住满意度与家庭的居住期望密切相关，家庭的不满意门槛也与其居住期望相关，所以 Speare 假设不满意门槛是家庭满意与不满意的边界。居住不

---

[1] Simon 认为做决策的人在阐明问题、解决问题以及获取和保留信息的能力是有限的，因此人们总是在复杂的形势背景下，针对问题建立一个简单的模型，然后根据这个模型理性地作出反应。他假设在进行决策时会有一些可供选择的方案，决策者"满意"或者"不满意"的态度是对这些方案评价的结果。

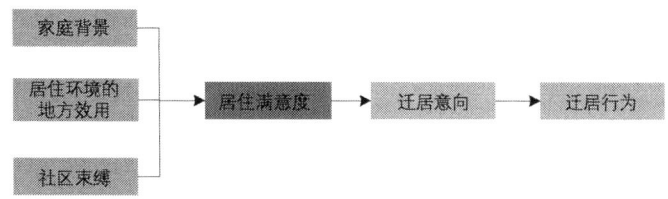

图 2-8　Speare（1974）的居住满意度模型

满意的来源包括家庭居住需求的改变、居住环境的改变、对地方效用评估标准的变化等。该模型另一个重要的学术贡献即是将压力门槛假说的理论框架转化为可操作的、公式化的因果模型。这个模型对其后的迁居研究影响很大。

　　家庭背景是指家庭具有的某些特征或者处于某种状态，这在不同的家庭之间一般具有差异性。家庭背景不是引起迁居的直接原因，而是影响了居住满意度中的某些内容。社区束缚是指能够将家庭"捆绑"于当前居住地的因素。Speare 认为家庭不迁居常常是因为居住地一定范围内家庭的亲友的数量较多，或者对住宅单元有特殊的感情，或者由于工作的限制、地区组织活动的限制等。此外，家庭与朋友和邻居接触机会的多少，邻里相互之间的信任和居住地的社会凝聚力等也被证实是影响居住满意度的重要因素（Hughey & Bardo，1984；Fried，1982）。社区束缚对家庭迁居的限制程度通过居住满意度反映，强烈的束缚会产生较高的满意度。相反，居住设施老化、工作变动、亲友搬离该社区都会降低居住满意度。Speare 还假设居住环境的所有复杂属性的消极或者积极的效用在居民的头脑中被简单化，以满意或者不满意的评价结果体现出来。

　　如果说居住满意度模型的前一部分是解决"谁对居住环境不满意"的问题，则模型的后一部分的目的是解决"谁会决定迁居"的问题。只有那些在第一阶段产生居住不满意的人群会进入住宅市场找寻期望中的居住地，并通过成本—收益分析决定是否迁居。纳入考虑的成本和收益可以是经济的，也可以是非经济的；可以是实体的，也可以是无形的。一旦找到令其满意的住宅后，家庭就会决定迁居。最后的迁居者是那些既产生了居住不满意，迁居成本也小于迁居后所获效用的人群；而非迁居者是对居住环境表示满意，或者是虽然不满意但是预期迁居成本将大于迁居所获效用的人群。

　　在 Speare 提出的居住满意度模型中，居住环境的总体地方效用反映为居民对居住环境的总体满意度。后来学者们又进一步提出分别考察住宅单元满意度和邻里环境满意度如何作用于家庭迁居。研究发现它们两者对家庭迁居行为决策的影响程度及作用机制是不同的。部分学者的结论得出住宅单元不满意明显增加了家庭的迁居倾向，而且在以后的几年中他们确实迁居了，比那些只对邻里环境不满意的家庭迁居的可能性大（Deane，1990；Alison，Ade & Rowland，

2002；Ade & Alison，2003；Liao，2004）。也有部分学者的结论是邻里环境满意度的影响更大（Boehm & Ihlandfeldt，1986；Lee et al.，1994）。Rossi（1955）提出家庭对居住地区十分敏感，并通过迁居满足家庭的社会声望需要。家庭在住宅市场寻找满意的住宅时，往往锁定在城市的某些区域内，尤其是具有一定社会声誉的邻里环境发挥着"拉力"的作用。Lu（1999b）则认为住宅单元满意度与邻里环境满意度是相辅相成的，家庭对其中一个的满意度增加也会提高对另一个的满意度。

需要注意两点，一是居住满意度模型只适用于主动迁居的情况，因为被动迁居（如政府驱逐、转换工作、拆迁、离婚等）与家庭的居住不满意门槛无关；二是居住满意度模型是以同一劳动力市场为实证研究范围的，结论不能随意推广到长距离迁居。

（4）Shumaker & Taylor 的感情理论

部分学者的实证结论显示了居住满意度与居住时间正相关，进而影响了家庭的迁居倾向。学者们从家庭对居住环境的感情角度，对家庭的迁居行为和邻里环境满意度进行解释。

Shumaker & Taylor（1983）提出家庭对居住地的感情能够直接预测迁居行为，并将感情描述为"个体与居住环境之间积极的联系"（Taylor，Gottfredson & Brower，1984）。很多学者的实证结论是一个地区的居住稳定性与家庭在该地区的友谊和对社区的感情有直接正向关系（Sampson，1988；Liao，2001）。对居住地的感情源于家庭能够在此感到"家"的感觉（Beggs et al.，1996；Goudy，1990）。

感情也能够通过居住满意度间接影响家庭迁居。在 Austin & Baba（1990）对感情和邻里环境满意度关系的研究中，发现在家庭背景变量受到控制的情况下，家庭对居住地较深的感情能够提高家庭的邻里环境满意度。与家庭对居住环境效用产生积极的感知情况相比，在产生消极感知的情况下感情对居住满意度有更好的预测力，而且随着感知沿着消极方向的增加，感情因素能够更好地预测满意度（Deane，1990；Lee，1994）。

学者们认为很多因素能够预测家庭对居住地的感情，包括社会网络的广度和深度、住宅租拥、居住时间的长短等。Guest & Lee（1983）发现家庭对朋友和邻居的评价、邻居的某些家庭背景、社会网络关系以及以人际交往为中心的服务和设施的使用与感情有明显联系。Kasarda & Janowitz（1974）发现居住满意度依赖于是否近期会发生拆迁而影响到家庭的社会网络，并得出结论，如果一段时间之后家庭在该地区建立了广泛或者牢固的社会关系网络，就可以弥补居民对居住环境的消极感知，即使居住在相对拥挤的城市也不会产生更多的不满意。Ringel & Finkelstein（1991）还发现住宅租拥也是感情的预测变量，自有住宅的家庭比租房居住的家庭对居住地的感情要深。居住时间也与感情有显著的联系。Deane（1990）发现居住时间长的居民对居住地有比较深厚的感情，进而缓和了增强迁居意向的消极感知的形成。Adams（1992）的研究发现，老年人比年轻人表示出更高的居住满意度，原因可能是前者居住时间更长，对他们的居住环境产生了较深厚的感情。但也可能是因为年轻一族有更高的居住期望，他们的不满意门槛更低（Cook，1988；St. John & Cosby，1995）。

此外，McGinnis 的压力惰性理论将居住满意度与居住时间及迁居的累积惰性相联系。居住时间即包含家庭在该地的居住时间长短，又包含一天之中居民在居住地度过的时间。McGinnis（1968）首先提出一个假说，人们在一个地方居住时间越久，迁居的可能性就越小。因为家庭已经对当地的环境十分适应，并且建立了相当程度的社会资本，这使得家庭迁居的无形资本变得很高，这被称为累积惰性（cumulative inertia）。一方面，如果居住环境一直保持不变，就会产生居住压力，这种压力（或居住不满意）会随着居住时间的增加而增强（Clark & Huff，1977；Huff & Clark，1978；Alison & Ade，2003）；另一方面，迁居惰性也会随着居住时间的增加而增强，家庭的迁居决策取决于居住压力与迁居惰性之间的制衡（trade）。

住房搜寻行为 在居住迁移研究中处于非常重要地位，搜寻空间个体偏差对最终区位决策影响非常大。住房搜寻行为表现出强烈的空间规则，主要有两个空间规则：距离衰减规则和区域基础搜寻规则（Area based Search Model）。距离衰减规则认为家庭对密切联系区域内的关键节点附近的空置房最为关注，与关键节点的距离增加，家庭的注意力就会下降。许多实证研究发现家庭一般在原居所附近搜寻新住房，符合距离衰减规律。前居所和工作地点（或双职工的工作地点）是住房搜寻空间的关键节点。霍夫（Huff）在此基础上提出了停留点搜寻模型（the Anchor Point Search Model），认为家庭总是在家庭行为空间内重要停留点附近小区域范围集中搜寻新住房，随着与停留点距离增加，区位偏好降低；他在洛杉矶实证研究发现该模型适合于 50% 的样本。区域基础搜寻规则假定家庭首先通过认知，选择一个目标区域作为搜寻范围，然后在此范围内搜寻住房。霍夫在洛杉矶的实证研究还发现，空置房较多的区域被选为目标区域的概率较高，但目标区域选择也与以前住房搜索经历有关，证实了此模型。

认知地图 是行为地理学重要研究工具，较多地用于住房搜寻行为研究中。认知地图为住房搜寻过程提供了便利和行为约束，亚当斯（Adams）认为居住迁移的方向偏差（Directional Bias）很大程度上依赖于住户的意境地图，迁移者在紧邻现居所，从现居所到市中心和城市边缘的一个楔形感知空间是住房搜寻主要空间。图安（Tuan）则认为心理略图（mental schemata）比智能图（mentalmap）更适合于描述住房搜寻行为，因为其代表了认知结构和编码体系，使个人可以回应环境刺激转变；研究者可通过个人建构理论（Personal Construct Theory）建立个人心理略图，探索个人与环境联系的意义；艾肯特（Aitken）运用个人建构理论，研究了安大略省伦敦市租房迁移者的空间略图、独特的寻找行为和住房子市场结构，发现租房迁移者的环境和独特行为与心理建构有密切联系。

我国人口迁居研究起步晚，自20世纪80年代后陆续开始涉及，但多数限于国外方法论介绍和个别城市的实证研究，成果并不丰富（胡焕庸、张善余，1984；田方、陈一筠，1986；冯健，2003）。张桂霞（1994）、周春山和许学强（1996，1997）分别对广州城市内部人口迁居现象进行了实证研究，总结了其特点及人口变动模式。2000年以来，柴彦威等学者应用行为学派研究方法和时间地理学理论以问卷调查的方式研究了人口迁居的时空间特征、驱动机制等（柴彦威等，2000；柴彦威、周一星，2000；柴彦威等，2002）。周一星采用第2~4次人口普查资料，开创了我国城市郊区化理论，为中国城市人口郊区化研究提供了基本规范（Zhou & Ma，2000；冯健、周一星，2002；周一星，1996；周一星，1999；周一星等，2000；周一星、孟延春，1997、1998）。在居住选择研究方面，由于我国长期处于计划经济体制下的福利分房环境，居民对住房的选择自主性不强，因此该方面研究一直不被关注，直到近几年随着住房市场化的推进而逐渐展开（Li，2003；Wang & Li，2004），研究内容主要是基于问卷调查的方式，实证研究城市不同类型居民居住选择的空间偏好（杜德斌等，1996；张文忠，2001、2003；张文忠、刘旺，2002）。

2.2.3 居住行为的空间效应相关研究

西方社会地理学对居住选择和迁居研究的落脚点放在其空间效应上，特别是与城市重构（urban restructuring）、郊区化（suburbanization）、绅士化（gentrification）及社会分层、居住隔离（residential segregation）、种族聚居地等关系上。

（1）城市重构、郊区化、绅士化

布朗和霍姆斯（Brown and Holmes，1971）认为城市中居住迁移在改变城市系统和城市空间结构中起到重要作用，是完整地理解城市社会生态结构的关键。Knox & Pinch（2000）研究了迁居与城市社会生态之间的关系，强调了住房需求和城市结构的循环累计效应，认为居住迁移将导致城市生态结构的变化，而城市生态结构的变化反过来影响住房机会，如郊区扩展、内城重建和复兴等带来新的空置单元；家庭住房需求和期望是收入、生活方式和家庭状况的产物，但城市社会生态结构的变化也会引起家庭对邻里和住房的了解和期望的变化，

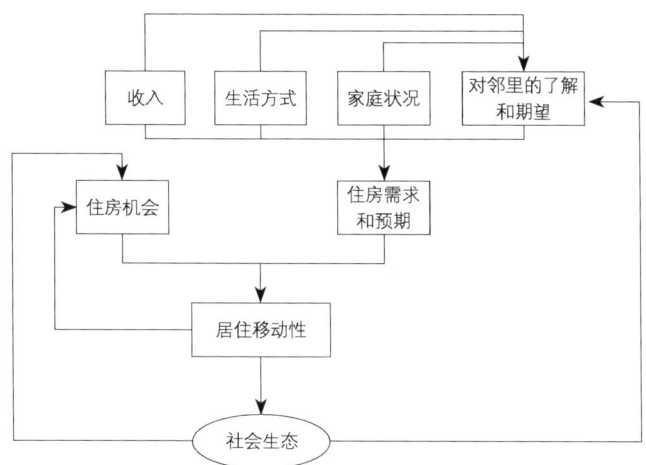

图 2-9　住房需求、居住迁移性与城市社会生态之间的关系
资料来源：Knox & Pinch（2000），转引自柴彦威等译．城市社会地理学导论

进而引起居住需求和期望的变化；新住房建设影响居住迁移，居住迁移率的升降反应住房市场的变化，住房建设分布区位和个人及家庭的居住偏好影响居住迁移方向，进而影响城市空间重构；在城市社会结构演变方面，居住迁移创造了城市社会生态结构，又受社会空间结构的引导，维持和改变城市社会生态"马赛克"结构。

居住郊区化是居住迁移与城市重构的典型例子。从"推—拉"模型来看，居住郊区化是郊区低密度住房、良好的居住环境和较多的就业机会等"拉力"和市中心住房紧张、社会秩序混乱和民族矛盾突出等所产生的"推力"之间综合作用的结果（Frey，1979）。社会地理学多以微观个体的迁居行为为研究对象，分析迁移方向（从市中心向郊区或由郊区向市中心迁移）的影响因素，即社会和人口因素如何影响居住迁移方向（Scott et al.，1997）[1]。

居住迁移是理解"绅士化"[2]的关键（Adam，2002）。布鲁斯等（Bruce et al.，1986）认为结婚年龄的增长、双职工家庭的增多是绅士化的主要原因。随着城市中心生活配套设施的完善，为了接近工作地点，部分中高收入阶层选择

---

[1] 斯科特等（Scott et al.，1997）利用 1979~1985 年美国官方数据库"收入变化样本面板数据"（Panel Study on Income Dynamics，PSID）分析了居住迁移方向的影响因素，研究发现年龄和住房产权对郊区的迁移起到阻碍作用，教育和收入水平的提高增加了向郊区迁移的可能性；黑人和白人相比，黑人更倾向于从郊区向市中心迁移，而白人则相反。

[2] "绅士化"（Gentrification）运动发生在 20 世纪 60 年代的西方城市旧城区内的一种社会空间现象，是指中产阶级重塑城市中心区，中心城区原有的低收入阶层邻里的"向上流动"（upgrading movement）的社会变化过程，是中产阶级居住选择的结果。"绅士化"包含着两个过程，一是中产阶级选择中心城区居住的选择过程，另一个是内城区被拆迁的低收入家庭的居住再选择过程。

居住在中心城市。事实上经历"绅士化"的邻里都是位于 CBD 及其周边的地区（Aoki，1993）。

（2）社会极化与居住隔离

自 20 世纪 80 年代以来，西方工业化国家经济结构几乎都经历了从工业社会向后工业社会的调整和转型，就业、人口和社会福利体制发生的重大转变导致了城市贫困及相关的社会问题。因此，有学者认为，现代城市是一个两极分化的城市（dual city），也有学者认为城市是一个四分五裂的城市（quartered city），甚至提出后现代城市（post-modern city）。不论是哪一种说法，无疑都是在现代社会分化带来的恶果。芝加哥大学的 Sassen 通过对伦敦、东京和纽约三个国际大都市进行研究提出，这些城市正经历着社会极化过程，表现为收入分配的极化和职业结构的极化，即在工作报酬的阶梯上，高报酬和低报酬工作的发生率比较高，而与制造业部门相关的中等收入工作数量则下降，由此形成一种极化。所以社会极化是指社会经济分布的底部和顶部的增长，即低技能、低收入家庭和高技能、高收入家庭比例的增长和数量的增长。奥洛克林与弗里德里希在"劳动力市场的变化直接影响到收入的变化"这个假设前提下，指出社会极化可以从收入与劳动力市场这两个角度来研究，而且提出这两种研究方法可以统一起来，因为职业的极化将会相应引起收入的极化。由于家庭能力不同，收入在很大程度上可以决定一个人或者一个家庭的住房选择。因此，极化过程通过住房影响到城市社会空间的变化，在空间上引起穷人居住区的隔离（residential segregation）。

居住隔离是居住迁移的空间效应的另外一种重要表现。恩格斯对 19 世纪曼彻斯特社会居住空间模式进行的研究开创了现代城市居住隔离研究的先河（黄怡，2006），他在穷人和富人划分成两大社会阶层的基础上，还将其投影到城市空间，旨在揭示城市内在的社会贫富现象。其后的居住隔离研究是伴随着住宅区位的分布及其成因的研究展开的，这些研究从社会、经济乃至心理学等方面进行了重点探讨。芝加哥学派的三大古典空间结构模型是居住空间分异研究的基础，人类生态学派借用自然生态学的基本理论，已经预示了居住分异是城市空间嬗变的客观规律（黄怡，2006）。都市人类学研究多以人口样本统计和社会调查为研究基础，重点对城市中的种族聚居区、贫困聚居区、移民聚居区等边缘人群进行研究，从人类学和社会学的角度系统研究贫困文化（The Culture of Poverty），剖析贫困现象产生的根源（Lewis，1966；Williams，1990）。空间经济学研究则通过古典消费者均衡理论、城市竞租理论等经济学方法，研究不同阶层居民的住房需求模型，从而确定其在何处购买土地和房屋（Alonso，1960、1964；Fujita et al.，2000）。马克思主义学派基于历史唯物主义的观点提出住房市场是社会阶级冲突的场所，居住空间分异与阶级划分、消费方式和社会关系交织在一起，因此需要根据社会政治关系解释居住空间分异形成的原因（Ball et al.，1988；Castells，1974；Dickens et al.，1985）。Harvey 是这一学派的代表，他提出了阶级垄断地租（Class Monopoly Rent），认为住宅是社会资源重新分配的一种重要工具，居住空间分异是社会阶层最为有效和普遍的形式，居住空间分布并不完全按照居民的居住偏好形成（Harvey，1974、1985）。

　　居住分异产生的原因与城市社会经济及文化背景有关，呈现出不同的特征，在北美，城市的居住隔离以种族文化隔离为主，如美国城市内城区黑人居住区、唐人街等；西欧国家主要是受福利制度影响的居住隔离，如英国城市的公房居住区等，强调社会阶层之间的居住隔离；在发展中国家，以收入和居住稳定性为主导的居住分异（Christopher，2001；Deurloo，Musterd，2001；Massey，Denton，1993；黄怡，2006）。

　　研究居住空间分异的方法主要有三种类型：①侧重于定性分析，包括形态分析；②结合统计学方法确定多变量，以数学模型的建立与运算为目标；③以定性描述与数学分析手段相结合（黄怡，2006）。在进行定量分析时，学者们普遍根据人口普查数据建立相异指数（ID，Indices of Dissimilarity）、隔离指数（IS，Indices of Segregation）等指标求取不同地区不同类型人口分布的不平衡程度（Duncan & Duncan，1955），再通过问卷调查的方式获取主观感知资料，作为定量研究的补充。

　　居住隔离形成原因可归纳为三个方面：社会经济不平等（socio-economic inequalities）、住房歧视（housing discrimination）和居住偏好（residential preference），而这些都与居住选择有关。马绍尔（Marshall）对美国 149 个城市进行分析，用均衡性指标（the index of dissimilarity）来衡量居住隔离程度，并与收入和职业分化进行相关性分析，发现收入不平等的影响最大，其次是职业分异，这说明了社会经济不平等是形成居住隔离的重要原因。住房歧视是指种族群体在住房市场中被差别化对待，如房产商设置障碍来阻碍白人和黑人混合居住，郊区白人反对黑人迁入等。加尔斯特（Galster，1977）以美国圣路易斯为例，研究发现同一套住房黑人所附租金要比白人高许多；但许多学者认为住房歧视的影响在逐步下降（Clark，1992，1993）。穆斯（Muth，1986）认为不同阶层居住偏好差异是解释居住隔离的最合理的因素，克拉克（Clark，1992，1993）对洛杉矶四个种族群体居住偏好进行分析，发现同种族人表示更希望"同类聚居"的愿望。

　　（3）少数群体居住的集聚动因、过程与类型

　　弗兰克·帕金（Frank Parkin，1979）提出社会封闭（social closure）的概念认为"胜利者"的特征是具有对下级运用权力的能力，将权力较低的群体排斥在自己想得到的空间和资源之外。帕金也将之称为排他性封闭（exclusionary closure）。彼得·杰克逊（Peter Jackson）将种族主义（racism）定义为一种假想，自觉或不自觉地认为，根据自然和生物的标准可以把人划分为多种完全不同的种族，而系统的社会差异自然地并且必然地与自然差异遵循同样的规则（Jackson，1989）。

"少数群体"（minority group）这一属于被广泛地用来表示根据人种、宗教、国籍或文化而定义或以其为特征的任意群体，其中暗含的意思是他们在城市中的存在源于过去的或一直持续的移民流。

少数群体的聚居地在空间上的表现是由歧视、组织作用和群体内部凝聚力的相互作用而决定的。如果一个地方少数群体和特权群体之间的感知社会距离较近，那么特权群体的歧视和少数群体内部凝聚力的作用就会减弱，而少数群体的居住集群很可能只是被广泛的城市社会空间组织同化的一个暂时阶段，被称为侨民区（colonies），它们像河口港一样，有效地为自己群体的成员提供了一个基地，使他们在这里受到文化的同化，并从这里再分散到其他空间，随着时间的推移和新成员的加入，由于外部歧视和内部凝聚力的相互作用，特别是在内部凝聚力成为主要动力时，所产生的这个聚居地就称为少数群体飞地（exclaves）；而当外部因素成为主导因素时，所产生的居住集群就被称为特殊人群聚居区。然而事实上要区分自愿和非自愿的动因非常困难，尽管理论上可以分为外因和内因形成的聚居地，但实际的做法是多将其作为连续统一体而非两种类型来考虑。帕尔就将这种少数群体飞地或特殊人群聚居地概括为几种不同的空间模式（Boal，1976）。第一种类型的代表是很多城市都存在的犹太人聚居区，在内城形成，后来又在新的郊区形成，有的学者认为，这种由于自愿而形成的犹太人居住模式是集聚而不是隔离（Waterman and Kosmin，1988）。第二种表现形式是少数群体邻里所组成的同心环带，从最初的集聚地开始向围绕CBD的地带扩散，且通常是不规则的，如伦敦南部的黑人聚居区就呈现出环形星云状。第三种模式是扇形的空间模式，当少数群体数量增长且其中大多数人都能够支付得起更好的住房时，居住隔离的形态就可能导致这一扇形模式，在美国的非裔美国人的空间分布趋势即呈现出这种模式。

按照 Philpott-Peach-Poulsen 等人的定义，随着时间的推移，在种族集中核心地区的增长速度大于全区域上的家庭的分散速度或者核心地区的分散速度的时候产生，第一种是集中程度增加到一定程度后维持平衡，这是因为向核心地区的流入（移入和自然增长）等于向其他地区的流出或者整体的移居流入保持平衡；第二种是流出大于流入（也许流入逐渐下降，原核心地区住满情况衰退），结果40年后集中程度下降；第三种是流入大于流出，且集中程度增大。

种族居住空间布局的形状和过程相结合，Herbert 和 Thomas 提出了三种不同模型，即隔都（ghetto）、聚居区（Enclave）和殖民区（Colony）。Herbert 和

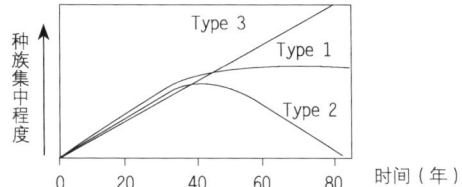

图 2-10　种族居住集中的变化推移模型
资料来源：Johnston, R, Poulsen, M. and Forrest, J. (2005): 1226；转引自 Hong，2009

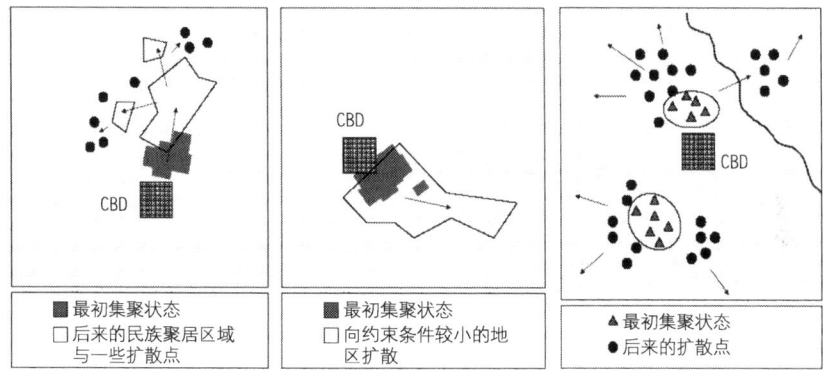

图 2-11　Herbert 和 Thomas 的少数种族聚居模型
资料来源：Herbert and Thomas (1987)，转引自 Hong，2009

Thomas 认为，决定少数种族居住模型的影响因素有两个方面，即内因和外因。内因主要是群体内部的凝聚力（group cohesion），主要表现在其成员的对外排他性、宗教的共同性、对自己文化的保护态度、政治上的共同要求等。外因是主流社会对少数种族群体的态度，包括种族歧视。外因基本与 Johnston，Forrest and Poulsen 的社会歧视（social discrimination）一样。

　　Herbert 和 Thomas 模型的意义在于通过外因和内因的区分，将模型比较成功地结合同化观点和多文化观点，但其模型不宜于定量化。这是与 Poulsen，Johnston and Forrest（2001）的模型相比落后的地方。此外，Herbert 和 Thomas 的模型中的殖民区模型值得关注。殖民区模型虽然属于同化观点，但是给不存在社会歧视的情况下的场合提供比较完整的描述，对本研究提供较好的参考价值。

（4）我国城市居住隔离研究的现状

　　西方学术界对于城市居住隔离的研究始于 19 世纪末期，并且在现代城市规划、城市社会地理学等领域有很长的研究历史。国内对于居住隔离问题尚未形成相对明确的研究领域。20 世纪 90 年代后期社会地理学对城市社会分异进行了一些研究，主要是在对城市社会空间结构分析的基础上进行的，而城市规划领域对居住隔离的研究较为有限。

地理学对居住分异的研究是在 20 世纪 80 年代开始的，起初是在对社会空间结构的研究中涉及。中科院地理所以北京市为例，以社会富裕阶层为对象，研究了城市社会阶层分异及其居住空间分异的特征和形成机制。虞蔚（1986、1987）运用生态因子分析法，对上海中心城进行了城市社会空间与环境地域分异的研究，其研究结果及成果解释已经成为城市特定历史阶段的记录。许学强、胡华颖等（1989），以及郑静、许学强等（1995）对广州市社会空间结构进行了分析研究，两次研究表明影响西方住宅区的经济收入水平因子作用较弱，城市经济发展政策、历史因素、城市规划、住房制度、自然因素等是影响当时广州社会空间结构的主要因素。王兴中等（2000）以西安市为例，分别论述了城市居住分化模式、社会区域形成与空间相互作用原理、社区分类与方法等问题。对西安市区进行社会区域划分的结果是：人口密集混合居住区、干部居住区、知识分子居住区、工人居住区、边缘混杂居住带、农业人口散居区等 6 个社会区域类型。吴启焰（2001）针对"社会空间分异"进行了积极的探索，认为居住空间分异是社会阶层分化、住房市场空间分化与个人择居行为交互作用的空间过程与结果，并据此对城市居住空间分异的历史、机制和模式进行了总结。

从城市规划本体角度出发的居住空间社会分化的初期研究是 20 世纪 80 年代关于城市人口迁居与人口再分布的研究，包括唐子来（1986）对上海市区人口迁居问题的初步研究、朱介鸣（1986、1987）对城市居住人口分布及再分布的基础研究等，由于当时我国城市规划学科的视野与物质形态规划的服务导向，以及当时的商品住宅市场尚处于萌芽阶段，一些社会问题尚未出现，所以研究中忽略了社会政治经济因素和市场经济条件下个体与群体差异即将带来的巨大社会和空间变化。20 世纪 90 年代，张兵（1993、1995）在关于我国城市住房制度改革影响的研究中，运用人类生态学理论，简要论述居住用地的空间地域分化现象及居住用地的土地使用强度分化现象，但是并未形成完整的框架。黄怡（2001）以上海市为例，考察了住宅产业化进程中的居住隔离现象，但亦只是运用人类生态学模型对城市空间所作出的一些解释。

居住隔离研究是从社会阶级阶层种族宗教因素、居住行为以及与住房相关的市场机制、国家政策、城市规划管理等角度着手，着重于居住空间隔离的形成机制、隔离的空间形态模式、隔离的演化进程、对城市社会空间的影响及评价，以及对居住隔离的社会价值取向、社会政策与城市规划对策等内容的研究。城市居住隔离研究是从城市社会空间结构研究内容中抽取、剥离出来的一个方面。

社会阶层分化通常是社会学者研究的重点内容之一，但地理学者以其为出发点，将其空间化结果为归结（吴启焰，2000）。而城市规划学者则以社会阶层分化为起点，以对空间和土地使用关系的改造为手段，以社会融合为归宿。城市地理学的重点在于城市空间和土地使用关系的认识，还要以此为指向，完成城市空间和土地使用关系的改造，以实现社会和空间的优化。这也清晰地显示了不同学科的研究领域与目标。

2.2.4 农民工住房问题的相关研究

关于农民工的研究始于 20 世纪 80 年代末期[1]（邹新树，2006），起初是社会学界较为关注（李强，1995；刘世定、王汉生等，1995；李培林，1996；项飙，1997），随后地理学界特别是社会地理学界也逐渐关注（胡兆量，1999；顾朝林，2000；柴彦威，2000）。综合各学科关于农民工的研究主要有以下几个方面：①有关农民工阶层形成的原因、流动模式、现状特征及经济社会影响的研究（李强，2002；蔡昉，2000；蔡昉，2001；叶南客，1998；李培林，2003；徐勇，2003）。②农民工的就业和社会保障（农民的培训需求及培训模式课题组，2005；宋丽智，2005；马乙玉，2005；王青，2005；王怀兴，2006；卫欣，2008；李瑞记，2005；邱岚，2005；李彦敏，2004；李斌，2006；陆学艺，2002；李强，2000；周拥平，1998；韩嘉玲，2001）。③农民工在城市的生存状态（李强，1996；罗亿源，2006；周晓虹，1998；朱启臻，1996；唐贵忠，1999；林晓珊，2005）。④农民工的社会分层（李强，2002；陆学艺，2004；袁方，1998；甘满堂，2001；俞德鹏，2002；陆益龙，2003；黄仁宗，2003；仲大军，2003；杨小凯，2003；李昌平，2003；张德元，2003）。**本书着重对农工居住问题的研究进行综述。**

国外没有专门针对农民工的研究，比较接近的是对流动人口的研究和对少数族裔的研究。

国外针对流动人口住房问题研究主要侧重于：①流动人口居住区位研究，Harbert Louis 基于城市生态学的视角，提出流动人口居住区位的边缘地带假说，在城镇化和房地产郊区化的过程中，城市边缘地带成为流动人口集聚区；Canter（1979）基于城市边缘区土地利用综合性的特点，对边缘区居住人口的特征进行了研究。②混居模式研究，Oscar Newman（1996）就流动人口住宅和公共住房规划进行研究，提出混合居住模式，尝试将公共住房通过嵌入模式融合于中产阶级的住区中，以避免住房市场的过滤效应，引起居住隔离等社会问题。James S Coleman（1997）认为混合居住模式可以改善流动人口和低收入群体的

---

[1] 根据中国社科院社会学研究所陆学艺研究员的考证，"农民工"一词最早是由张雨林教授在 1984 年首先提出来的。

社会网络，使他们的生活环境质量得以改善，社会地位和经济能力得以提升。③住房建设补贴的过滤效应研究。John C. Weich 和 Thomas G.Thibodeau，（1988）利用计量经济学的内容进行了实证研究，证明对公共住房实行建设补贴存在着过滤效应，并且在数量上相当明显。④公共住房供给模式研究。Christopher Walker（1988）就美国可支付租赁住房的供应模式进行了研究，美国可支付租赁住房的供给者主要由非营利或者营利的开发商、银行、基金会以及其他慈善组织；政府对住房供给实行财政补贴以及支持性住房的融资计划，并对私人部门的参与者实施监控。另外，公共住房的研究还涉及租金控制（Harloe.M，1995；Dirk.Early，1998）、发展计划（Stegman，Michael.A，1991）、住房金融（Black. J.，1986；AughtonH.，1990）、住房立法（Hughes.D.，1995）等诸多方面。

国外对少数族裔的研究认为，移民倾向于在离城市中心区比较近的旧的工厂区。当移民的社会经济地位提高和文化适应度增强后，他们倾向于向郊区扩散。（Massey，1985；Kempen and Ozuekern，1998）。这种情况在澳大利亚的悉尼和墨尔本的母语非英语的移民中也出现过（Grimes，1993；Hugo，1996）。移民的空间扩散也是芝加哥人类生态学派理论的重要方面，前人的研究中，有的提到经济原因，因为收入高的居民有更多的住房选择（Massey，1985；Boal，1996；Kempen and Ozuekern，1998）。文化的原因使移民聚居，这是为了增强社会联系，进一步保持文化特征与宗教信仰，也有利于阻挡抵抗生活在他国的生活压力（Boal，1976；Hugo，1996；Dunn，1998）。一些传统的研究提到，收入、教育水平和职业特征与种族隔离有紧密关系，但是关系究竟怎么样则众说纷纭（Darroch and Marston，1971；Clark，1986；Darden，1986；Balakrishnan and Selvanathan，1990；Farley and Frey，1994；Peach，1996）。Massey（1985）认为结果的不同可能是由于方法的不同，但 Saltman（1991）则认为，收入的差别最多只是造成种族隔离问题的综合原因的四分之一。

中国的人口迁移具有和其他发展中国家不一样的特征。在所有移民中，只有非常小的比例是在城市中定居的，而且由于户籍制度的人为划定，绝大部分是以"流动人口"或"暂住人口"的形式存在。事实上，流动人口的绝大部分是农民工。由于"农民工"是近几年才出现的名词概念，具有强烈的中国特色，国外直接针对"农民工"的研究还处于空白状态，与此相关的是对"流动人口"（floating population）与"外来务工人员"的研究。在中国城市中，"农民工"和"流动人口"、"外来务工人员"三者之间存在紧密关系，因此本节对其相关研究进展进行综合。

中国的流动人口规模之大，对社会经济的冲击，在世界上是罕见的。由于其形成与发展的时间仅在最近的二十年，且统计资料较少，到目前为止，国外学术界对此领域的研究，集中在流动人口的发展及其在城市中的生活与工作特征，流动人口对城市经济与社会的正面与负面影响以及产生这些特征的原因等。而专门针对流动人口居住特征的研究还比较缺乏，已有研究存在于以下几个方面：

（1）住房条件的调查和评价

学者对流动人口的住房条件进行的调查与评价。总体结论是，流动人口的居住条件比城市居民的居住条件差很多。最直接的反映是拥挤，人均居住面积不到城市居民的三分之一，且多人合住的情况非常普遍；房屋设施不全，有些甚至不能满足基本的生活要求；不稳定性与临时性强（Leiwen Jiang，2006；Jianfa Shen and Yefang Huang，2003；Weiping Wu，2002、2004）。但 Leiwen Jiang（2006）却指出，虽然整体而言流动人口的人均居住面积较小，但其住房设施比城市本地低收入居民的设施更好的情况较多，且在流动人口中贫民窟的发生率比本地人口的发生率更小。

国务院发展研究中心课题组（2008）基于广州、北京、南京、兰州4城市的问卷调查数据，通过回归分析得出，许多农民工想拥有个人空间，但考虑到经济因素，租不起离工作地点较近的房子，只能姑且居住在集体宿舍里；大部分农民工仍然和工友们租住在一起，这让他们很难融入城市的社会环境；农民工租房的两个重要影响因素是可负担性和离单位的远近。

卫欣（2008）运用问卷调查和访谈的数据，研究了北京市农民工居住特征的差异性，认为职业、收入水平对居住差异性有直接影响，而工龄、年龄、性别、学历、来源地等则分别从不同方面进行影响。该研究主要采用质性研究方法，结合访谈案例进行定性分析，未进行定量分析，对影响居住差异性的因素只分出了层次，而未能测算影响程度。

（2）住房选择的差异性

部分学者对流动人口的住房选择（housing choice）进行了研究。Weiping Wu（2002、2004）对比了中国城市中流动人口与本地居民获得住房的途径，指出城市本地居民可以通过工作单位福利分房、购买商品房和购买政府优惠的低价住房等方式获得住房，而流动人口最主要的住房选择方式是租住城市郊区的私房以及工作单位提供的集体宿舍。Shen and Huang（2003）认为，流动人口的住房选择结果与从事的职业相关：批发零售业与服务业（trade and services）收入较高，较大部分租住房屋；建筑工人、交通运输业从业人员、制造业工人收入较低，较大部分住在单位提供的宿舍和建筑工地上。Wu（2006）进一步指出，在住房信息的来源方面，流动人口也强烈依赖自身的以同乡、同业人员为主的社会关系网络。

蒋耒文、张志明和庞丽华（2005）利用2000年0.095%抽样数据研究中国城镇流动人口的住房状况，结果显示，由于户籍制度的制约，流动人口在城镇居住遇到了许多难题，其中住房问题是一个难以克服的障碍；此外，城镇流动人口（特别是乡城流动人口）在住房方面需要付出比当地居民更高的代价，其住房面积小，而且集体户流动人口的住房条件很差，农业户口性质对贫民窟居住发生率有着显著的影响。

蔡禾（2005）经过研究得出，不论哪个年龄层次的人，其外出租房主要出于"生活便利"的考虑以及为了"能和家人朋友住在一起"。朱明芬（2007）对杭州市农民工融入城市社会生活的情况进行调查得出，对提高居住水平，农民工中76.2%的人希望建设民工公寓，75.4%希望企业多建集体宿舍，19.7%希望让农民工享受住房公积金，并有资格购买经济适用房。马万里、陈玮（2008）通过对杭州市农民工的走访研究发现，在住房条件选择方面，排在绝对重要位置的是租金高低（73.8%），其次是治安好坏（59.3%），再次是交通便利程度（47.5%），此外还有出租房管理是否规范。

易成栋（2006）根据我国2000年"五普"资料分析了户口、迁移和城镇家庭住房状况的关系，结果表明，不同户口和迁移状况家庭之间在人均住房面积上存在明显的差异，本地家庭比流动家庭人均住房面积大；本地家庭中，非农业户口户主家庭人均住房面积比农业户口户主家庭小。流动家庭中，非农业户口户主家庭比农业户口户主家庭住得宽敞。

张智（2009）采取抽样问卷调查的方式，运用多项逻辑回归分析，研究了年龄、性别、学历等因素对农民工在买房、租房、集体宿舍之间选择的群体性差异，结论认为年龄对于农民工租房和买房的选择有显著影响，40岁以下的农民工更有买房倾向；而性别则对农民工住集体宿舍与否有显著影响，男性较女性更倾向于住集体宿舍。

（3）农民工住房困难的成因及政策建议

对于造成中国流动人口以上居住特征的原因，学者们从宏观与微观的层面进行了分析。从宏观体制层面的原因来说，城乡二元户籍制度是造成流动人口居住特征的主要原因（Weiping Wu，2002、2004、2006；Youqin Huang，2003；Daniel Fu Keung Wong，Chang Ying Li，He Xue Song，2007）大多数流动人口都没有城市户口，因而无法享受到城市为低收入居民建造的经济适用房，无法得到银行的住房贷款，甚至无法租赁公共房屋等。城市住房市场的不完善（Weiping Wu，2002）、地方政府在经济发展和社会福利方面的分权（Daniel Fu Keung Wong，Chang Ying Li，He Xue Song，2007）、工会权利的不明确（Daniel Fu Keung Wong，Chang Ying Li，He Xue Song，2007）、雇员与工作单位之间较强的从属关系（Youqin Huang，2003）也是造成流动人口被排除在城市主流住房分配体系之外的重要体制因素。

几乎所有的研究都提到了户籍这一问题。钱瑛瑛和浮延强（2005）的分析指出，目前我国绝大多数城市政府所制订的住房保障制度仅限于城市户籍人口，虽然也有部分外来务工人员可以享受所在企业或单位的住房保障，但这一般都与工作的岗位有关，不是稳定的住房保障；并且农民工群体所享受的住房保障与城市户籍人口相比，其水平较低。浮延强（2006）通过对上海市的外来务工人员住房问题的进一步研究后认为，主要原因之一是农民工没有当地户籍。许庆明（2008）认为，居住问题是农民工在城市面临的最主要的社会问题，在阻碍解决农民工城市居住问题的因素中，城乡分割的户籍制度是最为直接的约束，而户籍制度背后的则是城市政府、城市现有居民的利益格局。对此，王新康（2007）基于经济学视角研究农民工城市居住问题的解决思路和途径，认为在所有影响解决农民工在城市居住问题的因素中，户籍制度是最为基本的制度约束，并解释城乡二元利益矛盾的存在是当前户籍制度存在的前提，它从客观上阻碍了当前的户籍制度改革，进而影响到农民工城市居住问题的解决，通过对农民工与城市户籍人口对比研究发现，农民工在居住条件上存在许多不足，主要表现在居住条件简陋、居住面积小以及居住设施不完善。这一点在黄卓宁（2007）针对农民工的研究中也得到体现，该研究根据国家社科基金课题"城市化进程中的农民工问题研究"相关数据，运用频数、交互相关和多元回归等统计方法，分析农民工的住房来源和居住条件，认为目前多重分割的城市住房制度对农民工获得住房构成了一种社会排斥，使他们在住房获得的途径上极其有限；另外相对于城市居民，农民工的人均住房面积极小，只有不到10%的人达到了城镇居民的标准。吴维平和王汉生（2002）通过分析北京和上海两地流动人口住房现状认为，流动人口基本上被置于主流的住房分配体制之外，而近年来城市住房体制改革则似乎在很大程度上忽视了这一群体的需求；由于户口和城市福利之间的联系并未得到完全的改变，对于那些没有当地户口的流动人口而言，获得房管局公房或单位公房的使用权或所有权都是不可能的，而作为唯一向流动人口开放的房地产部分，商品房的价格则超出了大多数流动人口的承受能力。易成栋（2006）认为户口对住房状况有较大的影响，这是转型期中国独有的现象。住房货币化改革后，具有本地非农业户口的城市居民才能以福利价格（成本价、优惠价等）购买原来单位公房。经济适用房、合作建房、安居工程和廉租房，也要求购买者必须具有本地城镇户口；城市财政一般以本市机关、事业单位的具备一定条件的职工为补贴对象，具有本地城镇户口是必备条件之一。住房公积金贷款条件之一是借款人具有本地城镇户口；只有个人购买商品房不受户口限制（部分城市除外），但银行为购买新建商品房所提供的贷款都是针对本地城镇居民的，对外来人口通常具有一些限制；而在二手住房市场上，本地城镇户口也常常是所需条件。

从微观个体层的原因来说，年龄、教育水平、收入状况、定居意愿、对已有住房的满意度（Weiping Wu，2002，2004，2006）是影响流动人口在城市中的住房决策的重要因素。调查发现，流动人口对在城市中的定居意愿越强，其对住房的投资越大。由于大多数流动人口存在"过客"心态，在城市中的主要任务是赚钱，因此在日常花费上非常节约。

2.3 相关研究述评

概括而言，居住行为和居住空间的研究热点已经完成了从对物质实体空间的关注向深层次机理、从定性描述向定量分析的转变，呈现出多元化发展的态势。同时，随着城市地理学研究分支的不断细化和研究的不断深入，该领域研究议题也逐渐从"大而全"向"小而精"转变（仝德，2008），呈现出细分趋势：一是更加关注特定群体的居住行为和居住空间。如城市新移民、外来务工人员、蚁族、外国人（如广州的非洲人）等的居住行为及其对城市内部整体居住空间结构的影响与机制，该类研究主要表现为在已有各种理论基础上的实证研究。二是更加关注特定地域的居住行为和居住空间，如贫民窟、流动人口聚居区、种族聚居区、城中村等，该类研究多立足于社会学和政治经济学视角，从文化和制度层面剖析城市问题。

从以下方面对其进行述评：

第一，理论支撑上，引进和验证国外理论为主，补充和修正不足

大体来看，国内学界对城市居住空间的研究以引进和验证国外理论为主，并且随着信息技术的进步和国际学术交流的增加，国内对城市居住空间的研究与国外研究前沿的差距在逐渐减小。但由于我国政治经济环境的特殊性，国外理论未必能够解释中国的实际问题，而与此同时，多数研究重实证分析，轻理论演绎，使得研究结论很难转化为理论成果。具体而言，这类研究的理论参考主要有两个来源，一是国外城市居民的住房选择与迁居理论，另一个是国外少数族裔的居住空间研究，发现了许多有意义的结论，如中国城市居民居住行为与国外城市居民的差异、中国少数群体居住行为与国外少数族裔之间的差异等，但基于研究结论的理论补充和修正不足，导致这些成果很难上升为一般理论并在国际主流学界传播。这一问题的启发是，在引进和验证国外理论的同时，要注重对理论的补充和修正，逐步形成具有中国特点并能在国际主流学界得到认可的理论体系。

第二，研究方法上，过分强调定量研究，对研究对象微观行为关注不够

不同区域、不同主题的居住行为与居住空间研究较多，这些研究多数采用了以问卷数据为主，统计数据为补充，运用计量模型和方法进行研究，出现了重"数字"轻"人"的趋势，即强调定量研究得出的总体性、规律性特征，缺

乏对定量研究局限性的足够重视，由于对研究对象（人）的微观行为关注不够，特别是对文化观念、家庭结构、生产组织方式等微观层面的探讨较少，导致对研究结论的解释难以深入，这也大大制约了理论的发展。针对这一问题，未来研究中应加强定性研究与定量研究的结合，特别是发挥深度访谈、田野调查等调查方式的作用，增强质性研究的应有，让研究者在与研究对象的互动中构建和完善理论，深化对研究结论的解释。

第三，方法论上，结构主义研究较多，人本主义的研究有待加强

现有研究多采用结构主义的分析范式，对研究结论的解释多归结为土地制度、住房制度和户籍管理制度等宏观层面，这种结构化的解释框架忽略了居民行为对城市社会经济和空间结构日益深刻的影响，也使国内研究丧失了与国外研究进行对照的基础，使得研究成果在上升为一般理论时存在困难。特别是在农民工群体的研究中，由于其具有"体制外"的特点，结构主义框架更加难以解释。近年来西方地理学界人本主义的回归应该引起足够重视。因此，未来研究中要重视人类行为的丰富意义和社会价值观念体系中的非经济成分，对"人的经验和人的主观性"更加重视，重视人本主义分析范式的应用。

3　北京外来农民工及其居住状况

　　本章从农民工样本总体状况、样本居住状况 3 个方面，运用问卷数据进行统计分析，并将其特点进行概括。主要研究了以下内容：首先，归纳出北京外来农民工在年龄、性别、行业、进城年数、进城形式、收入、留城意愿上的总体状况；其次，概括了北京外来农民工房屋类型、获取途径、信息来源、居住面积、房屋结构、设施等方面的总体状况。

3.1 北京外来农民工的总体特征

本节以笔者在北京的问卷调查数据为基础，借助文献数据的对比，分析北京外来农民工总体的趋势性特征[1]，这些特征对于正确看待和理解当前及今后一定时期内的农民工问题可提供参考。

3.1.1 年龄上的年轻化

代际差异是有关农民工分层、特别是异质性研究的重点，年龄是群体细分的重要参考之一。年龄体现了社会期望差异和可供选择的社会生活内容的差异，年龄不仅仅只有生理意义，可以看到社会期待的序列如何塑造了生命阶段。Elder（1985）认为年龄级的变迁发生于一定的社会建制之中，并且易于受到历史变化的影响。

农民工年龄差异的称谓有三类分法：①两代论，即以 1980 年前后（改革开放前后）出生为界，可将农民工分为第一代农民工和第二代农民工（刘传江，2007；陈美曦，2007；孙晓涛，2007），两代农民工呈现出明显的代际差异（王兴周，2008）[2]，表现在个人特征、就业情况、与农村的感情、心理预期等很多方面。②三代论，韩长赋（2005）认为农民工可分为三代即第一代农民工、第二代农民工和第三代农民工。③新老论，"新生代农民工"[3] 的提法正在被广泛接受（何瑞鑫，2005；朱剑敏，2005；刘畅，2006；白小瑜，2006），2010 年中央一号文件，首次使用了 "新生代农民工"[4] 的提法，要求 "采取有针对性的措施，着力解决新生代农民工问题，让新生代农民工市民化"。

新生代农民工已经成为农民工大军的主力。本研究的调查样本中，平均年龄为 28.16 岁，新生代农民工（80 后 +90 后）约超过了 60%，其中 90 后占总数的 16.54%，80 后占总数的 52.87%。新生代农民工从事的职业与老一代农民工有着明显差异，更加多元化，多为体力要求不高却带有一定技术含量的劳动力密集的行业，除了制造业外，还有住宿餐饮、批发零售、计算机维护、保险销售、

---

[1] 本书问卷涉及农民工的更多属性，本节在对问卷统计和初步分析的基础上，选取其中最为突出的部分属性进行分析。

[2] 王兴周 . 两代农民工群体的代际差异研究（英文）[J]. Social Sciences in China，2008，（3）.

[3] 经过对相关文献的考证认为，"新生代农民工" 的提法与之前提到的 "第二代农民工" 或 "第三代农民工" 在内涵上几乎接近。但这一提法一方面避免了之前提法中容易把第二代误解为第一代的子代；同时可以将这一群体凸显出来，也易于传播。

[4] 一号文件中的 "新生代农民工"，主要是指 80 后、90 后，这样的新生代农民工的总数已超过 1 亿，约占外出农民工总数的 60%，并且以每年 800 万 ~900 万的速度增长（中央农村工作领导小组，2009）。新生代农民工以 "三高一低" 为特征：受教育程度高，职业期望值高，物质和精神享受要求高，工作耐受力低。

商品推销、保安等，新生代农民工中从事第三产业的比重更高。而老一代农民工则多从事第二产业的建筑业，还有装修、家政、环卫等。

年龄段	数量	比例
90 后	239	16.54%
80 后	764	52.87%
70 后	263	18.20%
60 后	142	9.83%
50 后	37	2.56%
合计	1445	100%

本研究调查样本的年龄构成　　　　　表 3-1

　　年龄不同，其居住需求也不同。不同年龄段的农民工，在成长环境、家庭纽带及责任、未来打算等方面有很大不同，这也在很大程度上影响了其居住选择行为、满意度、留京发展的期望等。如 60 后农民工大多希望在北京打几年工之后，回家乡养老；上有老、下有小的 70 后也大多表示未来不会在北京发展，家里有老人需要照顾，外出务工主要是为孩子创造一个更好的经济条件等。而数量和比例不断增加的新生代农民工更是应该引起更多关注，现行制度框架下，其既难以留在城市里，又缺乏农业生产技能很难回到农村（韩长赋，2009）。"新生代"给农民工住房政策设计提出了新的挑战。

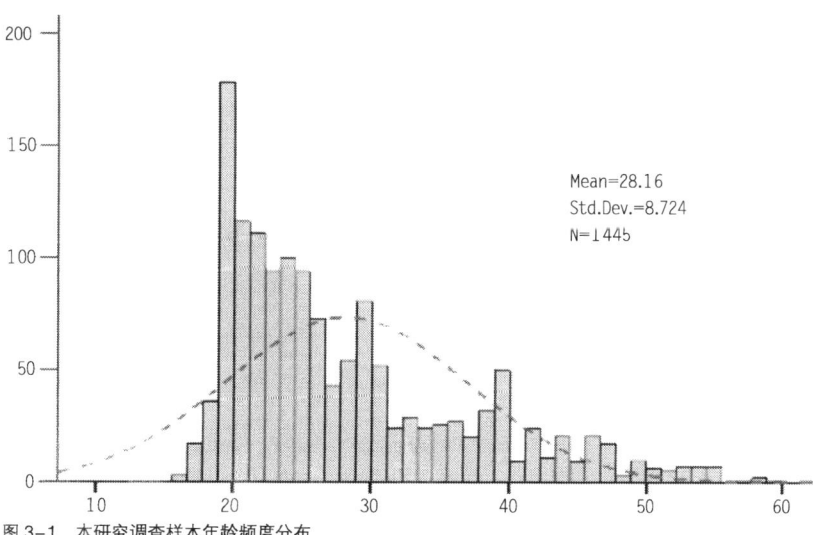

图 3-1　本研究调查样本年龄频度分布

3.1.2 性别上的均衡化

女性比例有所上升，性别结构更为均衡。在 1445 份问卷样本中，男性为 830 个，占总样本的 57.44%；女性为 615，占总样本的 42.56%。以流动人口作为参考，在北京市统计年鉴中 2000~2007 年的流动人口男女比例则一般在 66：34 至 60：40 之间，而国家统计局农调队 2004 年的数据则显示，全国农民工中男性比例为 66%。本问卷的女性比例略高 [如卫欣（2006）的问卷中女性为 26.2%]，但也有学者认为近年来北京女性农民工比例上升趋势明显（刘琳，2008），呈现出性别上的均衡化趋势。

本研究调查样本的性别构成　　　　　　　表 3-2

性别	人数	比例
男	830	57.44%
女	615	42.56%
合计	1445	100.00%

传统认识中，提及农民工，一般想到的是建筑工人、装修工人、工厂工人，这些群体多以男工为主，其一般解释是男性更具有冒险精神（李强，1994）；也有从身体素质的角度，认为女性身体素质较弱，因此多选择在家务农并照顾孩子。

然而，随着经济社会变化，特别是具体到北京而言，随着产业结构的变化，农民工队伍日益多样化，职业结构的变化引起性别比例的变动，使得这一认识存在一定偏差。目前北京市农民工中女性比例约在 40%~45%，并且仍然呈现出上升的趋势。

这主要是由于：一方面，在农村地区，随着性别比例的失衡和女性地位的提高，无论是女孩还是年轻媳妇，都较少参与传统农业生产，同时农业机械化的普遍推广，传统农业对劳动力的束缚越来越小，纷纷流向现代农业或非农产业。而在农村地域，相对于男性来讲，非农业劳动岗位中可由女性承担的非常有限，因此有相当比例的女孩在完成义务教育后至婚前这段时间会选择外出务工。另一方面，在城市地域，很多行业特别是生活性服务业，诸如商场、超市、餐馆、宾馆、体育、娱乐等劳动力相对密集、劳动强度相对较小、技术含量相对较低的场所，对女性雇员的需求较大，并且多为外来农村人口。可以预见，随着北京市服务业比重的进一步提升，生活性服务业的劳动力需求也将进一步增加，女性外来务工者的比重将有可能进一步上升。

从不同性别的农民工从事的职业特点来看，男性主要从事建筑、装修、交通运输、工厂等体力要求相对较高的职业，也有的从事体力消耗不大的保安工作；而女性则多为批发零售、住宿餐饮、家政、环卫等行业。

3.1.3 行业上的三产化

问卷中，将农民工从事的职业分为制造业、建筑业、装修装潢业、批发零售、住宿餐饮业、保安、其他生活服务业及其他8类，其中批发零售又细分为电脑、建材、服装及其他批发零售4个领域。问卷对建材销售、服装销售、电脑销售、住宿餐饮有所侧重，以更好研究农民工居住行为的职业差异。从样本上看，从事建材销售（18.20%）、服装销售（17.16%）、住宿餐饮（12.60%）、其他生活服务业（10.52%）、建筑业（8.44%）比重相对较高，而制造业（7.61%）、装修装潢（3.74%）、保安（2.15%）、其他批发零售（4.71%）比重较低。而其他（5.95%）主要是指公司职员、保险业务员等[1]。

本研究调查样本的职业结构   表3-3

职业		样本数	比例
制造业		110	7.61%
建筑业		122	8.44%
装修装潢		54	3.74%
批发零售	电脑销售	129	8.93%
	建材销售	263	18.20%
	服装销售	248	17.16%
	其他批发零售	68	4.71%
住宿餐饮		182	12.60%
保安		31	2.15%
其他生活服务业		152	10.52%
其他		86	5.95%
合计		1445	100.00%

从调查过程和样本数据反映的情况来看，归结为以下几个定性特征，有助于深化对农民工群体的认识和理解：

（1）三产从业比例提高。提起农民工，脑海浮现的印象是建筑工地上的大叔或者是工厂里的年轻人，事实上，北京外来农民工中从事第三产业比重很高

---

[1] 需要说明的是，本调查的职业结构与农民工总体的结构存在一定程度上的差异，这主要是结合了研究设计需要，由于建筑业、制造业工人以单位提供住宿为主，且群体性特征显著，已有研究也多关注这些亚群体，因此调查中适当降低了建筑业、制造业工人的比重。

（本研究问卷中约占 80%），这与全国的趋势吻合（见表 3-4），也与北京产业结构调整和发展服务业有关，2009 年北京服务业比重占地区生产总值的 75.5%[1]，相应地在城市中从事服务业的农民工比例也不断上升，从业结构的这一变化对于理解农民工住房问题提出了新的要求。

2004~2006 年农村进城务工人员就业行业分布（单位：%）　　表 3-4

从事行业	2004 年	2005 年	2006 年
	国家统计局	劳动保障部	国家统计局
制造业	30	27	19.53
建筑业	23	26	15.12
住宿和餐饮业	7	11	13.88
批发和零售业	5	12	9.75
居民服务和其他服务业	10	9	14.84
其他行业	25	15	26.88

资料来源：2004 年和 2005 年数据来源：国务院研究室课题组，中国农民工调研报告，2006；2006 年数据来源为：国家统计局统计分析报告《城市农民工生活质量状况调查报告》。

（2）新的工人阶级。改革开放以后，特别是在计划经济向市场经济转轨的过程中，社会分工日趋细化，专业性不断增强，传统的"工农学商"的职业门类被打破。以工人为例，经过 90 年代的国企改革，工人阶层产生分化，其中的一些掌握资源的人逐渐成为管理者，实现了"非工人化"，已经很难再称之为工人。而另外一些没有掌握资源的工人，则下岗，而这些人多流向了其他部门，是"被""非工人化"。而真正从事基础生产活动的一线工人，绝大部分是农民。这一点在北京更加明显，对于任何一个北京户籍人口，其社会关系网络中，极少有北京户籍的人从事一线生产活动。可以说，城市居民使用的商品（包括房屋、道路）都是由农民工生产的。

（3）我们生活中接触的人"都"是农民工。生活性服务业从业人员中农民工的比例非常高，以我们日常生活为例，餐馆的服务员、商场的导购员、超市的收银员，卖菜的阿姨、修鞋的大叔，卖水果的、卖花卉的，小区的物业、保安，送水工、快递员，等等。农民工在我们的生活中无处不在，每天以各种形式为我们提供着衣食住行等各种服务。

（4）雇主的变动与行业的稳定。在调查中了解到，农民工就业情况很不稳定，他们中的半数左右每年要更换工作 2 次以上，工作的不稳定是制约他们收

---

[1] 数据来源：北京统计年鉴 2010

入稳定增长的重要瓶颈。而与此同时，与工作的频频变动不同的是，他们所处的行业则具有较为显著的稳定性。究其原因具有主动和被动两方面，一方面由于农民工自身在身体素质、职业技能、教育水平、社会关系网络上的条件，导致其所能胜任的职业非常有限，呈现出行业选择上的路径依赖特征，另一方面，由于低端劳动力市场供过于求，使得农民工自我认知具有很强的现实性，他们不会好高骛远，多是结合自身实际选择力所能及的行业。与一般观点不同的是，在我们的调查中发现，多数农民工对其未来有较为明确的职业规划，譬如，建筑工人大多会明确地告诉调查者"他还会再打几年工就不再外出务工"，一些从事餐饮服务的人会考虑"自己开一家小吃店"，而装修工人则希望能"熟练掌握装修中的各个环节，以后合伙成立装修队伍"等。

3.1.4 时间上的长期化

（1）时间上长期化趋势

样本平均进城务工年数为5.75年，在京务工的平均年数为4.07年。在这两项指标上，男性均较女性略高[1]。与卫欣（2007）问卷结果进行比较发现，北京外来农民工在时间上呈现出长期化趋势，这与李强等人（2008）的研究结论较为一致。另外从全国的情况看，农业部固定观察点数据显示，2003年全部外出

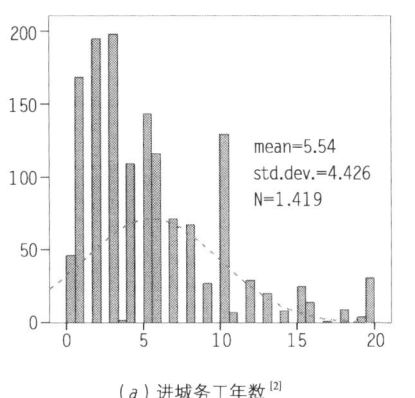
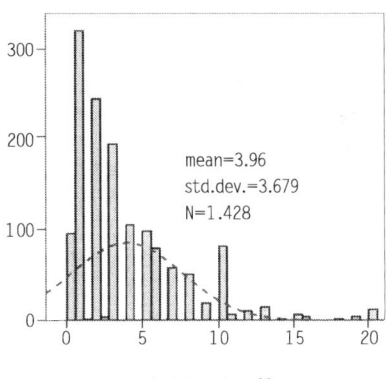

（a）进城务工年数[2]　　　　　　　　（b）来京务工年数[3]

图3-2　样本进城务工年数与来京务工年数分布频度

---

[1] 在我国传统的家庭观念中，在经济责任上，男性要远远高于女性，婚后男性外出务工的概率要高于女性。而女性承担着生育责任，婚后生育和抚养幼年子女期间难以外出务工，而小孩长大后，这部分女性在劳动力市场上的竞争力变弱，导致婚后外出务工的比例较婚前低。因此，尽管未婚男女进城务工的概率差别可能不大，但由于婚育的影响，使得女性的平均外出务工年数和在京务工年数要低于男性。

[2] 为表现更为清晰，该图中未统计进城务工年数在20年以上的样本。

[3] 为表现更为清晰，该图中未统计来京务工年数在21年以上的样本。

劳动力中，半年以上的占 75.8%，比 2002 年提高了 2.5 个百分点，其中 10 个月以上的常年性外出占 60.2%，比 2002 年增加了 2.4 个百分点[1]。根据 2005 年全国 1% 人口抽样调查结果，外出务工一年以上的比例高达 82.02%，外出三年以上的比例达到 49.79%，六年以上的比例达到 27.06%[2]。

（2）进城务工年数和来京务工年数

结合访谈的资料，从进城务工年数和进京务工年数的差别，可以将调查样本分为几类：一是直接进京务工的，其进城务工年数等于进京务工年数，占总数的 30%。二是之前在长三角、珠三角务工，后进京务工的。这两类均符合"就富"原则，第二类还反映出了其在三大都市区之间的流动，既有主动也有被动，这种流动也更印证了我国非农劳动力转移的三大都市区指向，即尽管就业地城市不断变化，但这部分人仍然希望在三大都市区寻找工作机会。三是来京前在源地县城或地级市有过务工经历的，这部分比例较小。这反映出，我国劳动力市场自下而上、层层筛选、向上流动的机制尚未形成，即大中小城市劳动力市场之间没有形成流通机制，就业者在小城市的从业经验对提高其在大城市劳动力市场的竞争力贡献不大。而反过来讲，在大城市的从业经历，也很难提高其在小城市的就业能力。四是随雇主在城市间不断流动，这主要体现在建筑行业上，施工队承担不同城市的项目，因此这类农民工随雇主的项目地不同而在不同城市间流动。

此外，调查中了解到，农民工在京务工具有弱间歇性，这主要有三个原因，一是农业生产活动，如农忙时会有部分农民工返乡帮助收种；二是家庭事务，如生老病死、红白喜事等，会使其较长时间离京返乡；三是城市"大事件"，奥运会期间有大量农民工返乡（或到其他城市务工），这其中以建筑工人、小摊贩为多，城市"大事件"引起的流动人口政策波动，对农民工就业及其生存状况影响显著。

3.1.5　形式上的家庭化

根据统计，近年来以家庭形式进城务工的比例增加，从 2004 年的 20.93%[3] 上升到 2009 年的 24.49%[4]。从各大城市来看，以兄弟姐妹、夫妻等共同外出的居多，深圳分别为 44.3% 和 13.3%；苏州分别为 34% 和 30%，重庆市有 44.60% 的外来务工人员为家庭共同居住，苏州与配偶、子女或者父母一起居住的外来

[1] 国务院研究室课题组 . 中国农民工调研报告 [M]. 北京：中国言实出版社，2006.
[2] 我国农民工住房状况分析——基于 2005 年全国 1% 人口抽样调查结果的研究。
[3] 资料来源：2004 年数据来源：国务院研究室课题组，中国农民工调研报告，2006.
[4] 数据来源：国家统计局统计分析报告《2009 年第三季度农村劳动力外出务工情况》。

务工人员比例高达 46%。

本研究调查样本的进城形式　　　　　　　　　　表 3-5

进城形式	样本数（人）	比例
单人独行	863	59.73%
兄弟姐妹同行	84	5.83%
父（子）母（女）同行	104	7.20%
夫妻同行	302	20.92%
夫妻携子女（父母）同行	91	6.32%
合计	1445	100.00%

　　北京的数据也证明了这一趋势。本研究问卷中根据人口要素和代际要素的不同组合，将农民工及家庭进城形式[1] 分为单人独行、兄弟姐妹同行、父（子）母（女）同行、夫妻同行、夫妻携子女（父母）同行 5 种。结果显示，农民工进京以单人独行为主 59.73%，其次是夫妻同行占 20.92%，而兄弟姐妹同行、父（子）母（女）同行、夫妻携子女（父母）同行的均不足 8%。北京农民工以家庭（夫妻同行或夫妻携子女同行）形式进城务工的比例（27.24%）要低于杭州（合计 42.3%；朱明芬，2008），这与城市产业结构、房租水平、生活成本有关。家庭化趋势增强[2]，这与杭州较为一致。

杭州市外来农民工的进城形式　　　　　　　　　表 3-6

进城形式	各种类型比重（%）			
	1995	2000	2005	2008
单人独行	70.5	63.0	53.1	48.6
兄弟姐妹同行	1.8	4.0	2.6	1.9
父（子）母（女）同行	0.9	2.6	2.8	5.0
夫妻同行	14.5	16.2	23.2	19.3
夫妻携子女同行	7.0	10.8	14.5	21.7
夫妻携父母子女同行	1.8	1 4	1.2	1.3
其他	3.5	2.0	2.6	2.2
合计	100.00%	100.00%	100.00%	100.00%

　　参考资料：朱明芬（2008）对杭州的调查结果

---

[1] 注：这里的进城形式不是指其"进"城时的状态，而是指其"现在"的状态。
[2] 李强（2009）对北京市城八区的调查认为北京外来农民工呈现长期化趋势，而长期化会促进家庭化的比例。

大量研究表明农民工进城形式与其在城市中的居住形式有密切关系（洪小良，2007；朱明芬，2008，卫欣，2008）。进城形式对居住行为的影响有两个路径：一是其进城的家庭特征会影响其租住形式、租住区位。二是其在农村的留守家庭结构则影响着其长期视角下的进城务工决策，如未来是否会长期在京发展等。这都对政策制定也提出了新的要求。

3.1.6　收入上出现分化

从收入上看，样本年收入主要集中在 15000~30000 元之间，而 10000 元以下的仅占 22.49%；年收入 30000 元以上的占 18.96%，其中有部分收入较高在 10 万元左右。

本研究调查样本的收入情况统计　　　　　　　　表 3-7

年收入情况	样本数（人）	比例
10000 元以下	325	22.49%
10001~15000 元	206	14.26%
15001~20000 元	343	23.74%
20001~30000 元	297	20.55%
30001 元以上	274	18.96%

样本 2009 年平均年收入为 24291 元 [1]，而 2009 年的全国农村居民人均纯收入仅为 5153 元，北京外来农民工平均收入远远高于全国农民平均收入，可以从以下几个角度来理解：

（1）外出务工确实能在一定程度上提高农民收入。除了税费改革与减负（秦晖，2001）、农村经济结构调整（方齐云等，2005）、调整农业生产结构（阎占定，2005；卢布等，2005）以外，外出务工是实现农民增收有效途径，特别是对与河南、安徽、四川等地的一些县市，通过外出务工实现增长和增收已成为地方政府的重要战略。

（2）个人的收入与全家的收入。从表面上看，样本农民工年平均收入为农村居民人均纯收入的 4.2 倍，但对于约 40% 左右的被调查者来讲，个人收入几乎就是家庭收入，而这些人基本上以 60 后、70 后为主，上有老、下有小，赡养老人、子女教育开支很重，看似较高的收入对他们来讲依然不足。

（3）收入的增长：持续增长的压力依然很大。在访谈中了解到，有约 70% 左右的农民工近 3 年外出务工工资基本没有增长。虽然通过外出务工可在一定

[1] 部分年收入超过 10 万元的样本未纳入计算。

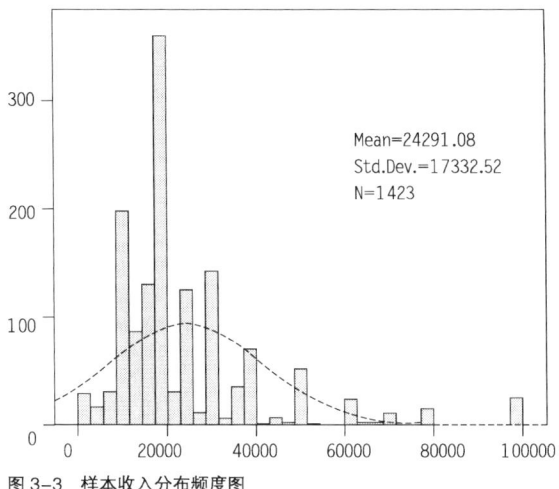

图 3-3 样本收入分布频度图

程度上增加农民增收渠道，但是，在劳动力剩余的大背景下，一方面可提供的工作机会有限，不可能有较快增长，短期内通过这一途径增收的农民数量不可能有大的增长，另一方面由于劳动力剩余，使得工资上涨缓慢，进而导致农民工收入增长缓慢。因此从总体上看，这一途径对农民增收的贡献几乎已经释放完毕，很难保持持续性。

（4）不稳定的高收入与低收入的稳定性。在调查中了解到，有些农民工的收入相当可观，例如从事建材、家具、电脑、服装等销售的，年收入可达 3~5 万元，但据他们讲，由于是"底薪 + 提成"的方式，并不能保证年年能有高的收入，受经济基本面的影响也较为显著。相反，从事在建筑业、生产企业等务工者，多以日薪或月薪的刚性工资为主，虽然收入较低，但相对稳定。此外，调查中并未涉及拖欠工资等方面的内容，对此不展开讨论。

（5）收入与支出的相关性不显著。一般来讲，收入提高会引起预算的提高，从而引起支出能力和水平的提高。但这一规律在农民工身上并不显著，对年收入和年生活费进行相关分析可以发现，拟合度较低，这说明农民工以"攒钱"为目的的特征非常明显，收入高一点就多攒一点，在北京的开支基本不变。而如果将样本分组来分析，可以发现，对于收入较高的样本而言，收入和消费的相关性较好；而收入较低的样本，收入与消费间基本不相关。这一现象的政策含义是，要扩大内需，特别是农村地区的需求，仅仅靠"家电下乡、建材下乡"等政策鼓励消费是不够的，从根本上还是要提高农民的收入，特别是通过城镇化提高农民工收入，只有当收入提高到能够抵御风险时，农民消费才会更主动、大胆，内需才能更好地释放。

3.1.7 意愿上的留城化

关于农民工留城意愿的认识，学术界有两种不同的观点，一种认为农民工希望留在城市，"只要能挣钱，越长越好"（李培林，1996）；而另一种观点认为农民工定居城市的意愿并不十分强烈（李强，2003；吴兴陆，2005）。

调查样本农民工的留京期望调查　　　　　　　　　　　表 3-8

留京期望	总体	新生代农民工	女性农民工
希望	56.32%	58.77%	61.84%
不希望	43.68%	41.23%	38.16%

为此，本研究对北京外来农民工留京意愿进行了调查分析，主要有以下结论：①总体上看，农民工的留京意愿较为显著。"希望留京"高于"不希望留京"，但也有部分农民工持观望的态度。②新生代农民工、女性农民工表现出更为强烈的留京意愿。新生代农民工留京意愿高出平均值 2.5 个百分点。女性农民工留京意愿高出平均值 5.5 个百分点。③发展机会多、能提高技能是希望留京的主要原因。有 71.13% 的人认为在北京"发展机会多"，有 44.54% 的人认为在北京"能提高自己的技能和素质"，而认为"对下一代好"的占 31.32%。④"房子太贵、花费太高、家里有老人需照顾"是农民工不希望留京的主要原因。高房价阻碍其留城，而城市住房保障制度又尚未覆盖，调查中很多人表示在老家有条件较好的住房，再奋斗几年，如果还是没能力定居的话，很可能会回到农村老家。

调查样本农民工留京动因的比例　　　　　　　　　　表 3-9

希望留京		不希望留京	
原因	选择比例	原因	选择比例
北京生活比家里有意思	13.05%	房子太贵，买不起	55.35%
在北京挣得多	27.24%	挣得多，花的也多，不如在老家攒钱多	31.63%
对下一代好	31.32%	生活不习惯，城里人对我们有歧视	21.86%
习惯了这里的生活，回家不习惯	24.47%	家里有老人需要照顾	29.07%
能提高自己的技能和素质	44.54%	老家有房子和地，更有保障	24.42%
发展机会多	71.13%	年纪大了，还是落叶归根好	26.98%

注：在问卷针对留京和不留京分别设置了 6 个选项，希望留京的可以勾选左侧（限 3 项），不希望留京的勾选右侧的原因（限 3 项）。

3.2 北京外来农民工的居住状况

根据问卷分析结果，对北京外来农民工居住状况进行概括。

3.2.1 以城郊村民平房为主

北京市外来农民工居住房屋类型主要以平房为主，空间上看，这些平房主要分布在五环两侧的城乡结合部地区，也有一些是四环内的一些社区或单位的非居住性质的平房（如仓库等）。居住在楼房的比重虽然也有 1/5 多，但两层及以下占 20.08%，3 层及以下的占 39.74%，大多数不是设施完备的住宅。

调查样本居住房屋类型比例   表 3-10

居住房屋类型	数量	比例
地下室	86	5.95%
平房	747	51.70%
楼房	320	22.15%
临时工棚	272	18.82%
自己租的门店里	20	1.38%
合计	1445	100%

地下室这种形式主要分布在城四区（东城、西城、崇文、宣武，下同）和海淀、朝阳、丰台等区靠近中心区的部分，一方面，该区域土地价格高，土地利用集约程度好，地下空间开发利用较多，另一方面对于支付能力不高，但又要在中心城工作的人来说，中心城区的地下室是他们最好的选择，这类人主要是保安、住宿餐饮等行业。

在调查中，对上述居住类型历史时点上的变化情况进行了访谈，结果显示：①由单位安排住宿的比重逐渐下降，企业正逐步不负责雇员的住宿，换之以货币化体现在工资收入里，由雇员自主选择住房。这一特征的政策含义是，当前由企业或单位为主体的农民工住

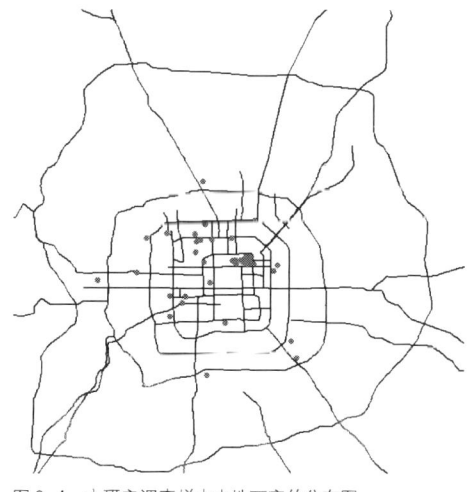

图 3-4 本研究调查样本中地下室的分布图

房保障形式与实际情况出入较大。②居住在城郊农民房屋所占比例有所上升，这在一定程度上反映出，随着北京城区房地产价格的上升，基于过滤原理，农民工正在被向郊区（城乡结合部）挤出。而由于受职业特征影响很大，租住在地下室或自己租的门店里的比重变化不大。另一方面，由于农民工中有很大一部分人在中心城区从事生活服务业，如小吃摊、水果摊、修鞋、修车、餐饮等，其居住地与就业地不宜太远，这类群体一般会居住在中心城。因此租住城郊村民房子的人并没有预想的高。③"普通市民的房子"[1]正在成为农民工居住的主要房源。随着农民工群体内部结构的变化，特别是新生代农民工的兴起，其对居住场所和居住地的期望逐步发生变化，"普通市民的房子"在其中承担的比例还会进一步提高。④随着住房租赁市场的发育，"二房东"对农民工群体也有较大影响。应该辩证地来看这一现象，一方面，"二房东"的出现缩小了农民工租房的交易成本（包括时间、金钱等），有些二房东通过对房屋的改造，使得居住条件更为舒适，这方面的作用是积极的；而另一方面，如果对"二房东"管理不善，也可能会出现哄抬价格等负面影响，因此需要引起重视。

3.2.2　以市场途径租赁为主

在问卷中，将单位补贴情况分为单位提供、自租（单位补贴）、自租（没有补贴）、自己买的房子和其他5类。调查结果显示：自租（没有补贴）的人数最多，达925人，占64.01%；其次是单位提供，有419人，占29.00%；自租（单位补贴）的有83人，占5.74%；其他的18人，占1.25%。数据反映出以下几个特点[2]：

调查样本住房的单位补贴情况　　　　　　　　　　表3-11

单位补贴情况	数量	比例
单位提供	419	29.00%
自租，单位补贴	83	5.74%
自租，没有补贴	925	64.01%
其他	18	1.25%
合计	1445	100.00%

（1）北京外来农民工居住呈现出市场化趋势，这与其他学者的研究较为一致。农民工由单位提供住房的比重在下降，而租住城郊村民、城市居民房屋的农民工比重都在上升（朱明芬，2007）。通过市场途径租赁成为农民工住房的主

---

[1] 相对于城郊村民而言。

[2] 补充说明，1445份样本已经将自购房的样本删除，在总计1463份问卷中，有18人自购房，约占1.25%。

要途径，其中绝大部分没有补贴。然而，由于劳动力市场的双向选择，有租房补贴的效用未必大，因为这一补贴可能是工资的变相，增加了租房补贴，而减少了工资。因此，大多数农民工不太关注雇主有没有租房补贴。在调查中了解到，这种租房补贴的产生有两种形式：一种是雇员与雇主博弈的结果，即雇员对收入的不认可，而跟雇主进行讨价还价，最后以租房补贴的形式实现收入的提高，这在其中占了多数；另一种是与雇主有亲戚关系，这种情况下租房补贴是作为一种福利存在的，采访中了解到，这种以福利形式存在的租房补贴会在很大程度上提高员工的心理认同与归属感，有助于提高工作效率。

（2）雇主在农民工住房中发挥着一定作用，约近 1/3 的农民工靠雇主提供住房，这其中主要是建筑工地、制造业工厂等工作场所固定、劳动力密集、雇员数量相对较大的企业。通过在工地上搭建临时工棚，或在厂区建设临时宿舍等形式"批量"解决员工住宿问题。这在一定程度上是一种较为经济和有效的手段，然而却增加了企业的负担，不利于企业的专业化成长和竞争力的提高。在调查中我们也了解到，由雇主安排住宿的比重逐渐下降，越来越多的企业逐渐不负责员工住宿，这与当前鼓励以企业为主解决农民工住房问题的思路在事实上形成反差，应该引起足够重视。

（3）在京社会关系网络对农民工住房的直接贡献较为有限。问卷中选择"其他"的占总数的 1.25%，多为寄宿在亲友家里，或是住在亲友"多余"的房子里（不需交房租）。一方面，由于北京住宅租赁价格较高，再加上市民经济意识普遍较强，因此将房子免费给乡下亲戚住的机会成本较高，因此这种情况也较少；另一方面，由于大城市市民社会关系意识较弱，再加上工作压力较大，从情感上和能力上也多不愿牵扯此类事情。而在一些房屋租赁市场不发育、社会关系文化较强的中小城市这种情况发生的概率要更大，因此这与其他学者在中小城市的研究发现有所差异。

3.2.3　信息缺乏，获取渠道单一

从住所的信息来源上看，单位安排的占 23.81%，老乡和同事介绍分别占 8.93% 和 6.37%，自己找的占 59.72%，其他占 1.18%，主要为借住亲友的房子。以上数据可以从以下几个方面来理解：社会关系网络对农民工住所信息获取贡献有限。学术界普遍认为，农民工的社会关系网络（老乡、亲友等）是其在城市工作和生活的重要依托，但本问卷对此结论的支撑较弱，分析其原因认为，虽然农民工对老乡、亲友的依赖度较高，但由于其老乡、亲友的社会层次与农民工自身具有很强的同质性，对社会资源的掌握与农民工自己相差不大，因此老乡、亲友等社会关系网络，并不能对农民工的工作和生活状况产生较大的提升作用。

于是农民工只能靠自己寻找合适的住所（近 60%），调查中，当问到这一问

题时，他们多流露出无奈："靠谁啊，只能靠自己"，也有许多农民工认为"住房信息比较缺乏"，由于信息缺乏，导致多数情况下，他们只能在仅有不多的房源中进行决策，这种不充分的决策，为他们日后频频搬家埋下隐患。另一方面，我们也看出，政府在此方面的长期缺位，问卷中几乎没有农民工表示是靠政府或相关机构提供住房信息的。可见，虽然社会各界在不断呼吁关注农民工、关注农民工住房问题，但在实施层面，仍然缺乏有效的措施。试想，如果政府能够给农民工在住房信息上提供更多的帮助，让他们在住房选择决策时能够更为充分，就有可能降低他们日后居所不断变迁的概率，提高居住稳定性和生活质量。

调查样本住房信息来源渠道   表 3-12

住房信息来源	人数	比例
单位安排	344	23.81%
老乡介绍	129	8.93%
同事介绍	92	6.37%
自己找	863	59.72%
其他	17	1.18%
合计	1445	100.00%

3.2.4 人均面积小，多人合租为主

将农民工合住形式进行统计，调查样本平均合住人数为 4.38 人。其中 3~5 人合住的比例最高，占 32.11%；其次是 2 人合住的，占 28.72%；6~10 人合住的占 16.89%，1 人独住的占 15.16%。11~20 人合住的占 3.81%，而 20 人以上合住的占 3.32%。

调查样本合住情况   表 3-13

合住人数	样本数	所占比例
1 人	219	15.16%
2 人合住	415	28.72%
3~5 人合住	464	32.11%
6~10 人合住	244	16.89%
11~20 人合住	55	3.81%
20 人以上合住	48	3.32%
合计	1445	100.00%

其中，1 人独住的主要为批发零售（服装销售、电脑销售）、个体户等，这些人年收入一般在 25000 元以上，以 1985 年以后出生的新生代农民工为主，个人负担较轻，在房租上的支出预算较高，也有一些较为年长的收入较高的私营

业主。2 人合住的主要为夫妻（男女朋友）、同事、老乡等合租。3~5 人合住一般为餐饮、娱乐等行业的集体宿舍。6~10 人合住则多为生产性企业的集体宿舍。11~20 人合住、20 人以上合住的则多为建筑工人。

对已婚的 651 个样本进行调查发现，与配偶合住在一起的有 377 人，占已婚者的 57.91%。这与早期研究认为——农民工的家庭关系模式以分居家庭为主，并且认为未来的几十年分居家庭模式仍会是中国农民工家庭的主要模式（李强，1996）——有显著差异。与近期一些学者研究发现的农民工迁移与流动的家庭化现象是较为一致的。如周皓（2004）通过对 2000 年中国第五次人口普查数据的分析指出，目前中国人口流动迁移已呈现家庭化的趋势，人口迁移与流动的家庭化成为 20 世纪 90 年代人口流动不同于 70、80 年代的一个重要标志。洪小良（2007）研究发现，北京市外来农民工的流动已呈现明显的家庭化特点，1984~2006 年，家庭式迁移的发生概率总体上呈逐年上升的趋势。

调查样本与配偶同住情况　　　　　表 3-14

是否与配偶住在一起	人数	所占比例
是	377	57.91%
否	274	42.09%
合计	651	100.00%

人均居住面积小，调查样本平均人均居住面积为 6.97 平方米[1]，10 平方米以下的占总体的 74.73%。具体来讲，住房面积在 3 平方米以下的有 309 人，占总体的 21.38%；4~5 平方米的有 349 人，占总体的 24.15%；6~10 平方米的有 422 人，占总体的 29.20%；11~20 平方米的有 220 人，占总体的 15.22%；21~30 平方米的有 77 人，占总体的 5.33%；30 平方米以上的有 68 人，占总体的 4.71%。

调查样本人均住房面积　　　　　表 3-15

人均住房面积	人数	比例
3 平方米以内	309	21.38%
4~5 平方米	349	24.15%
6~10 平方米	422	29.20%
11~20 平方米	220	15.22%
21~30 平方米	77	5.33%
30 平方米以上	68	4.71%
合计	1445	100.00%

---

[1] 调查中涉及了住房总面积和合住人数，该数据测算是所有样本的住房总面积求和除以合住人数求和。

以上数据从总体上较为清晰地概括了北京市外来农民工的居住状况，2009年北京市城市居民人均住房面积为 29.8 平方米，反映出农民工与本地居民居住面积上的巨大差距。而一般小区家居的卧室面积在 15~25 平方米之间，由此可见，北京外来农民工的人均居住面积相当狭小。

3.2.5　租住低租金房屋为主

除了有单位提供住宿的，需要缴纳租金的样本共计 1026 份，总体来讲，月租金在 300 元以下的，占到 52.63%；在 500 元以下的占到 78.56%。具体来讲，租金在 100 元／月以内的有 131 人，占 12.77%；101~200 元／月的有 179 人，占 17.45%；201~300 元／月的有 230 人，占 22.42%；301~500 元／月的有 266 人，占 25.93%；501~1000 元／月的有 162 人，占 15.79%；1000 元／月以上的有 58 人，占 5.65%。

调查样本的租金水平　　　　　　　　表 3-16

租金水平	人数	比例
100 元／月以内	131	12.77%
101~200 元／月	179	17.45%
201~300 元／月	230	22.42%
301~500 元／月	266	25.93%
501~1000 元／月	162	15.79%
1000 元／月以上	58	5.65%
合计	1026	100.00%

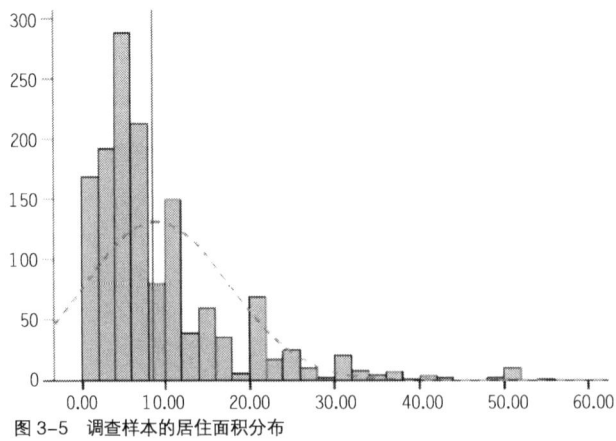

图 3-5　调查样本的居住面积分布

从数据中还可以发现以下几个特点：①房租收入比普遍较低，样本 2009 年平均年收入为 24291 元（约 2000 元 / 月），平均租金约为 290 元 / 月，租金收入比为 15% 左右。②女性的月平均房租要高于男性，反映出女性对居住条件的要求要高于男性。一般来讲，女性对卫生条件的要求要高于男性，更强调自来水、洗澡、厕所等设施的要求，并且由于女性体力上相对弱势，对安全状况的考量也要高于男性。因此，女性需要为这些需求支付更高的租金。③年轻人的月租金要高于年长的，不同年龄段的月租金支出呈现出 90 后 >80 后 >70 后 >60 后的特征，并且 80 后和 90 后表现出更多的一致性，共同反映出新生代农民工对与财富和生活的态度，特别是 90 后，其父母普遍较为年轻，自身生活压力不大，"攒钱"的观念不够强烈，因此会支付更高的租金来获得更好的居住条件。④将租金和房屋设施进行对比可以发现，租金与房屋设施的关系并不明显，即高的租金并不一定有好的房屋条件，相反，租金与房屋所在的区域有更为显著的关系。由于北京城市规模较大，城市空间中不同区域的区位条件差异较大，在同等条件下，区位对房租的影响更显著，而房屋条件差异对同一区位的不同房屋租金的影响相对较小[1]。

调查样本的租金支付形式　　　　　　表 3-17

房租支付形式	人数	比例
每月一交	710	69.20%
每季一交	222	21.64%
半年一交	70	6.82%
一年一交	24	2.34%
合计	1026	100.00%

对房租的支付形式进行调查发现，在 1026 个自己租房的样本中，房租每月一交的有 710 人，占 69.20%；每季一交的有 222 人，占 21.64%；半年一交的有 70 人，占 6.82%；一年一交的有 24 人，占 2.34%。以"每月一交"为主，时间越长，所占比例越低。而根据对北京市房地产租赁市场的了解，对于普通白领，以每季一交为主，且"押一付三"。农民工与本地居民的这种差异可以从两个层次来理解，首先，房租缴纳方式是房客和房主博弈的结果，在市场变化不大的情况下，房主希望有稳定持续的收入，故大多希望每次缴纳时间越长越好，而农民工每月一交为主的现象，反映了农民工收入不稳定，缺少一次性支付长期房租的能力。

---

[1] 也就是说，如果把房子分为土地和建筑物来看，土地对房租的影响大于建筑物对房租的影响。后文还有论述。

其次，收入的不稳定本质是工作的不稳定，表现为工作变动频繁和工资增长机制缺乏，对未来收入缺乏良好预期，因此很难一次性支付长期房租。

3.2.6 房屋结构简陋，设施欠缺

（1）房屋结构简陋

按照是否具备客厅、厨房、厕所、洗澡间、阳台等进行问卷，结果显示，以上 5 种都具备的有 151 个，占总数的 10.47%，总体上讲，房屋状况很不完善。具体来看，有客厅的有 268 个，占总体的 18.55%；有厨房的有 544 个，占总体的 37.65%；有厕所的有 620 个，占总体的 42.91%；有洗澡间的有 491 个，占总体的 33.98%；有阳台的有 248 个，占总体的 17.16%。

调查样本的房屋结构状况 表 3-18

房屋结构状况	样本数	占总体（1445）的比例
有客厅	268	18.55%
有厨房	544	37.65%
有厕所	620	42.91%
有洗澡间	491	33.98%
有阳台	248	17.16%

"睡觉"而不是"居住"的地方。从房屋结构情况可以看出，无论在现实还是在期望中，居所对于大多数农民工来讲，只是个"睡觉的地方"。或许进城之初他们也对城市生活有过美好的想象，但现实的无奈让他们变得务实，"能赚到钱就行"，对居住场所的条件也没有过高的要求，"安全、安静，能睡觉就行了"。而事实上，对于很多新生代农民工来讲，他们的人生才刚刚起步，工作以外的时间，他们也需要充电、需要休憩、需要拓展自我，然而现实却不具备这些条件，这种"睡觉而不是居住"的地方制约他们的自我提升，因此很可能造成"路"越走越窄，最后只能被城市劳动力市场淘汰，而被迫回到农村。**"住有所居"并不仅仅是指一张"床位"，而是一个生活空间。**

（2）洗浴设施欠缺，洗澡困难

有 42.35% 的被调查者"只能去外面的浴室"，有被调查者 8.93% 的表示"自己烧水"，有 27.40% 的被调查者表示"许多人共用"，而"个人家庭单独使用"的只占被调查者的 21.31%。据有关部门估算，2009 年北京市有农民工约 400 万人，如果按照上述比例，则有月 170 万人需要公共浴室，另外有 35 万人"自己烧水"洗澡，两者相加超过 200 万人，在城市建设管理中要加强"公共浴室"这类设施配给。

调查样本的洗浴设施情况   表 3-19

洗浴设施情况	样本数	占总体的比例
个人家庭单独使用	308	21.31%
许多人共用	396	27.40%
自己烧水	129	8.93%
只能去外面浴室	612	42.35%
总样本数	1445	100.00%

（3）厕所配置不足，上厕所难现象较为普遍

"个人或家庭单独使用"的只占 21.66%，"3~5 人共用"和"5~10 人共用"的分别占 14.26% 和 8.10%，而"10 人以上共用"的则占到 43.67%，另有 12.32% 的人表示"无厕所"。"吃喝拉撒"是人的最基本的需求，厕所的短缺给农民工生活带来很大不便，在调查中许多农民工表示："厕所非常重要，特别是在闹肚子的时候，这事一刻都不能耽搁"，也有一些人表示："每天早上厕所都会很拥挤，经常不得不憋到单位再解决"。"厕所不分男女，有时候会很尴尬，甚至不安全"，一些女性表示。

调查样本的厕所情况   表 3-20

厕所情况	样本数	占总体的比例
个人家庭单独使用	313	21.66%
3~5 人共用	206	14.26%
5~10 人共用	117	8.10%
10 人以上共用	631	43.67%
无厕所	178	12.32%
总样本数	1445	100.00%

由于农民工聚居的城郊村庄多不在近期建设区域，其基础设施投入存在不足，使得农民工"上厕所难"的问题并未得到缓解。这也启示城市规划要加强调研，使得这类基本公共服务设施的供给和需求在空间上匹配，才能真正做到"以人为本"。

（4）下水、煤气、网络等设施状况较差

衡量基础设施状况的最常用的指标是"七通一平"[1]，这里借用这些指标对农民工住房的设施情况进行评价分析，由于当前通电、通路具有普遍性，因

---

[1] 是指土地（生地）在通过一级开发后，使其达到具备上水、雨污水、电力、暖气、电信和道路通以及场地平整的条件，主要包括：通给水、通排水、通电、通讯、通路、通燃气、通热力以及场地平整。

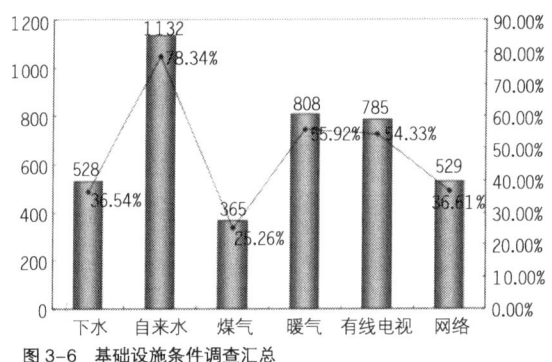

图 3-6　基础设施条件调查汇总

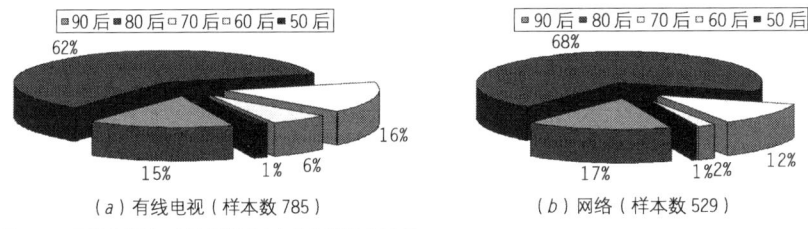

（a）有线电视（样本数 785）　　　　（b）网络（样本数 529）

图 3-7　有线电视（a）和网络（b）的年龄结构比例

此问卷中未涉及这两项指标，问卷中的调查项目有：下水、自来水、煤气、暖气、有线电视、网络共 6 项设施情况。调查结果显示：自来水供应率最高，达78.34%，其次是暖气和有线电视，分别达 55.92% 和 54.33%，而下水、煤气、网络的供应率均未达 50%，反映出农民工居住地的基础设施状况较差。

　　有以下几个特点：一是下水设施滞后。下水设施情况是体现居住状况的最有效的指标，在全部 1445 个样本中，只有 528 个样本有下水设施，占总体的36.54%，这反映了农民工居住地卫生和安全无法得到保障。二是新生代农民工对网络、有线电视等更重视。在 785 个有有线电视的样本中，80 后和 90 后分别占到 62% 和 15%，而对网络设施的 529 个样本的年龄结构分析结果更为明显，80 后和 90 后分别占到 68% 和 17%，高于总体样本年龄结构中所占的比例。这说明新生代农民工对生活条件更为讲究，他们进城务工，除了提高收入外，对生活质量较老一代农民工更加向往。三是设施条件与租金的关系不明显。在1445 个样本中，下水、自来水、煤气、暖气、有线电视、网络这 6 项设施都具备的样本有 228 个，占 15.77%，平均租金为 581 元 / 月 [1]，是全部样本平均租金498 元 / 月的 116.67%。可以认为设施条件与房屋租金的关系并不显著，好的设

---

[1] 单位提供住宿的不参与计算。

施条件导致房租的上升并不大。这一方面意味着改善设施条件并不必然导致高租金，设施改善并不会超出农民工的支付能力太多，另外，改善设施后也可以通过缩小人均居住面积或调整房屋区位等途径来降低人均租金。

具备有线电视和网络设施的样本年龄结构人数和比例情况　　表 3-21

年龄段	有线电视		网络		总体样本的年龄结构
	样本数	比例	样本数	比例	样本数：1445
90 后	118	15%	90	17%	16.54%
80 后	489	62%	359	68%	52.87%
70 后	125	16%	64	12%	18.20%
60 后	46	6%	11	2%	9.83%
50 后	7	1%	5	1%	2.56%
合计	785	100.00%	529	100.00%	100.00%

"电暖气"——可否成为改善农民工居住条件提供一种新思路？由于调查时间正值冬季，被调查者都能较为明确地说出居住地供暖的情况，因此结果相对较好，在 808 个供暖的样本中，除了我们认识中的集中供暖外，还有其他几种供暖方式，一是建筑工地、工厂自给自足的供暖；另一种是农民工自己在住处使用电暖等取暖，这也多被他们认为是有暖气供应。后一种情况给我们很多启示，一是有相当一部分农民工对自己居住条件的"向好"性，即他们不太愿意把自己的居所评价的很差，这在一些比我年长的人中更为明显。二是"电暖气"使笔者感到，也可以通过较小的代价来使农民工居住条件得到一定的改善，而并不一定非要"补砖头"或者"补人头"，如为他们提供一些必要的设施如饮水机、电暖气、热水器、电磁炉、电风扇等，就可以很好地改善其生活安全和质量。

4 北京外来农民工的居住选择

本章对居住选择的研究采用社会统计学与经济学相结合的视角，以
Quigley 和 Mcfadden 的居住区位选择的随机效用模型为基础。首先，采用
问卷数据，按照房屋的法律属性、经济属性、自然属性（不可移动性）、使
用功能，将居住选择[1] 分解为住房权属选择、住房租金选择、住房区位选择、
房屋条件选择四个维度。其次，以农民工的性别、年龄、收入、婚姻状况、
职业、学历等为自变量，运用多项逻辑特模型（Multinomial Logit Model），
研究农民工在上述每个维度的选择上的特点及其内部差异，从截面上和结
果上分析农民工居住选择的特点。再次，研究各个维度选择决策的主要权
衡因素，掌握农民工居住选择的轻重缓急。最后基于计量结果和决策权衡
分析，对居住选择的内在逻辑进行解释。

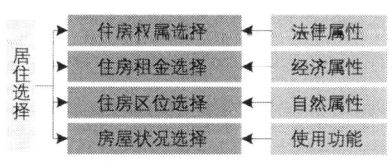

图 4-1　居住选择与住房选择

---

[1] 为了表述方便，本书在表述四个维度上的总体行为时用 "居住选择"，而在表达单个维度上
的选择时，分别用住房权属选择、住房区位选择等。

4.1 居住选择的研究设计

4.1.1 研究视角

随着各国住房市场的发展，国外对于居住选择行为的研究层出不穷。根据研究方法的不同，大致上可以分为三种：

经济学视角。经济学视角运用传统的新古典经济学的理论，假设消费者是理性的，在预算约束下通过选择购买或租赁住房实现效用最大化（Arnott，1987）。在这种视角下，住房选择不仅是家庭的消费行为，同时也是在竞争市场上的一项投资决策（Clark et al, 1994），所以收入、财产和住房价格被认为是影响住房权属变更的最重要的因素（Henderson & Ioannides，1987；Plaut，1987），总体上，住房所有权随着家庭收入的增加而增加。在经济学视角的研究框架下，人口因素被认为是以改变社会经济地位的方式影响权属选择，而不是通过生命周期的方式（Deurloo et al，1987；Kendig，1984；McCarthy，1976）。经济学视角重视收入和价格因素，忽视非经济因素，比如在住房选择中的偏好和歧视问题。许多学者认为，在成熟市场经济条件下，住房选择几乎就是个体和家庭生命周期与住房市场供给要素交互作用下的自然选择，因此西方对住房选择和居住分异最根本的研究视角是生命历程以及区位影响视角（Bian，1996）。

社会人口统计学视角。社会人口统计学视角综合了地理学、人口学、规划学等学科的研究，认为住房选择并不是简单的消费或投资行为，而是与家庭特征及住房市场变化密不可分的复杂决策（Clark and Dieleman，1996）。他们在承认收入的重要性的同时，认为家庭的人口统计特征（如年龄、家庭规模和组成），以及个体生命周期当中的触发事件（如结婚、生育等），是影响权属选择的显著因素（Clark et al., 1984；Deurloo et al., 1987，1994；Morrow-Jones，1988）。总体上，经济学和社会—人口学途径的综合可以对西方城市的权属选择提供很好的解释。但是，它们存在的局限和隐含假设，使得把这些理论概念化并运用到社会主义或者转型期经济时存在很大的局限。

社会统计学与经济学视角结合。虽然社会统计学视角可以很好的解释住房选择行为，但单纯应用这一视角还是存在一定风险与不足，所以更多学者喜欢将其与经济学视角结合在一起考察。Colom & Moles（2008）研究了人口统计因素和经济因素对西班牙家庭住房决策的复合影响，结果显示自 1990~2000 年西班牙社会结构变革对住房需求有中长期的影响，而当前的经济状况则显著地影响短期的需要。Salvo & Ermisch（1997）通过动态分析英国居民家庭选择自有住房或社会公共租房决策的影响因素，发现拥有良好经济收入预期的人们更可能选择自有住房并且较早地作出选择；父母是非手工职业的人们比起父母是手工职业的更倾向选择自有住房；而父母是自有住房者的女性更可能成为自有住房者并且较早选择自有住房。另外，生育小孩强烈地促使年轻家庭选择社会公共租房。

本书对居住选择的研究采用社会统计学与经济学相结合的视角研究北京外来农民工的居住问题。

4.1.2 研究方法与模型

这里有一个隐含的重要假设需要说明，即以舒尔茨[1]、波普金[2]为代表的农民理性说为基础，认为农民工是理性的。

农民工居住选择属于较为典型的离散选择，已有研究也几乎都采取离散选择方法进行分析（Golledge & Stimson，1997）。离散选择法（Discrete Choice Approach，缩写DCA，也作Discrete Choice Model，即"离散选择模型"）属于多重变量分析的方法之一。离散选择法的目标是通过（特定个体的或者特定类别的）协变量解释所观察到的在离散对象中进行的抉择。这一模型兴起于20世纪50年代末，最早借助随机效用理论和微观经济学理论，以及对分类数据进行统计分析的技术的发展而产生。离散选择模型的应用十分广泛，除了主要的交通需求问题之外，还有与之相似的教育及职业的选择、消费者商品的需求，以及居住地点的选择等方面（McFadden，2001）。

（1）内涵解释。离散选择模型（Discrete Choice Models），也被称为品质反应模型（Qualitative Response Models），是由表示选择项集合在连续变量和离散变量之间存在的差异而引起的。这种差异用"品质"（qualitative）这个术语来表示：许多人在进行选择时关心的是事物的多少（how many or how much），这是关于数量（quantity）上的选择，其选择项集合是由连续变量来表示的。但是在选择哪一个（which）时，这是非数量或者说是关于品质的选择，其选择项集合则通过离散变量来表示。

（2）选择集合。离散选择模型描述了决策者（个人、家庭、企业或其他的决策单位）在不同的可供选择的选项（如竞争性的产品、行为的过程等）之间所作出的选择（Train，1986）。选择集合（the choice set）就是所有可供选择项

---

[1] 舒尔茨（TheodoreSchultz）在《改造传统农业》中认为，传统农业中的农民就像企业家一样，在特定的资源和技术约束条件下从事农业生产，他们一样追求利润的最大化，一样根据利益调节生产，实现要素配置的最优化。

[2] 波普金（SamuelPopkin）的理论思路则继承并深化了舒尔茨对小农经济的分析，其代表作是《理性的小农》。波普金认为，小农可以在权衡长短利益和对各种风险进行分析后，为追求利益最大化而理性选择。

目的加总，它必须具备三个性质：①互斥性：意味着选择了其中的一个选项，就不能再选择其他；②完备性：所有可供选择的选择项都必须包含在集合中；③有限性：选择集合中的选择项的数量必须是有限的[1]。

（3）理论基础：效用最大化理论。离散选择模型的理论基础主要是效用最大化理论。这一模型通常都是在决策者效用最大化行为的假设下推导出来的。最初瑟斯顿（Thurstone）从心理激励的角度，引入了比较判定定律（Thurstone，1927）。定律指出具有真实激励水平的选择项 i 被感知含有一个正态误差：$iiV\varepsilon+$。马斯查克（Marschak）将这种感知到的刺激 $iiV\varepsilon+$ 解释为效用，并对包含随机因素的效用最大化的选择概率进行了理论上的推导。而将其称为随机效用最大化（Random Utility Maximization，RUM）模型（Marschak，1960）。

随机效用最大化模型的推导基于以下两个假设：

（a）决策者 n，将在 J 个选项中进行选择，无论他选择哪一个选项都可以获得一定水平的效用。决策者 n 从选项中获得的效用成为 U_{nj}，$j=1$，……J。此效用仅为决策者自己知道，研究者并不知道。

（b）由于决策者进行的是效用最大化的选择，因而行为模型为：决策者 n 选择项 i，当且仅当 $U_{ni}>U_{nj}$，$\forall j \neq i$ 时效用最大。

效用可以分解为两部分：$U_{nj}=V_{nj}+\varepsilon_{nj}$ （1）

其中：V_{nj} 为效用的可观测部分，又称为代表性效用（representative utility）；ε_{nj} 为效用的不可观测部分，包含难以观测到的效用和观测误差产生的影响，因而通常将其看作是随机项，随机向量 $\varepsilon_{nj}=[\varepsilon_{n1},\cdots,\varepsilon_{nj}]$ 的联合密度函数为 $f(\varepsilon_n)$。因而决策者 n 选择 i 的概率形式可表示为：

$$P_{ni}=\text{Prob}(U_{ni}>U_{nj}, \forall j \neq i)$$ （2）
$$=\text{Prob}(V_{ni}+\varepsilon_{ni}>V_{nj}+\varepsilon_{nj}, \forall j \neq i)$$
$$=\text{Prob}(V_{nj}-\varepsilon_{ni}>V_{ni}-\varepsilon_{nj}, \forall j \neq i)$$

由于概率 P_{ni} 服从累积分布，因而

$$P_{ni}=\int_{\varepsilon}I(V_{nj}-\varepsilon_{ni}>V_{ni}-\varepsilon_{nj}, \forall j \neq i)f(\varepsilon_n)\,d\varepsilon_n$$ （3）

其中，$I(\cdot)$ 表示的是指示性函数（Indicative Function），当括号内的项为真是，等于 1；否则为 0。式（3）是关于效用不可测观测部分密度函数 $f(\varepsilon_n)$ 的一个多维积分。不同的离散选择模型就是通过对这个密度函数的不同设定（服从不同的分布假设）而获得的（Train，2003）。

---

[1] 举例而言，假设某员工到公司上班，其可供选择的交通方式仅包括乘公交车、乘小汽车（包括出租车）和地铁三种，此时包括这三种选择项的选择集合是完备的、有限的。而且员工选择了乘公交车上班的同时就不能够又乘坐小汽车，所以它又是互斥的。

MNL 模型

离散选择模型包括 Logit 模型，广义极值模型（Generalized extreme value models，GEV），Probit 模型和混合 Logit 模型等几类。起初，Logit 模型是卢斯（Luce）通过对选择概率的特性进行假设推导而得，他引入了被称为"不相关选项间的独立性"（Independence from Irrelevant Alternatives，IIA）特性（或公理），通过允许从二元选择的实验中推断多元选择概率来简化实验选择数据的收集（Luce，1959）。马斯查克（Marschak）揭示了这一公理意味着对于一个有限的范围而言，IIA 特性就意味着随机效用最大化（Marschak，1960）。Logit 公式与不可观测效用之间的联系是由马利（Marley）发展起来的，正如卢斯（Luce）和萨皮斯（Suppes）所指出，他揭示极值分布导致了 Logit 公式的产生（Luce & Suppes，1965）。麦克法登（McFadden）从反面论证了这一分析：用于选择概率的 Logit 公式必然暗含着不可观测效用服从极值分布（McFadden，1974）。

如上所述，不同的选择模型是通过 $f(\varepsilon_n)$ 进行的不同设定推导出来的，若每一个 ε_{nj} 服从独立同极值（iid）分布，则可以得到多项逻辑特模型（Multinominal Logit Model，MNL Model）

MNL Model 是目前为止使用最为广泛的离散选择模型，其最著名的应用就是 1972 年，麦克法登（McFadden）、特瑞恩（Train）和曼斯基（Manski）对旧金山湾地区的一种成为 BART 的新快速铁路系统客流量的预测。其应用广泛的主要原因是由于其选择概率的公式是封闭型（closed-form）的，而且易于解释。

由式（1）已知，$U_{nj}=V_{nj}+\varepsilon_{nj}$，Logit 模型通过假设每一个 ε_{nj} 服从独立同极值（iid）分布获得。则每个效用的不可观测部分的密度函数为：

$$f(\varepsilon_{nj})=e^{-\varepsilon_{nj}}/e^{e^{-\varepsilon_{nj}}} \qquad (4)$$

其联合分布为：

$$F(\varepsilon_{nj})=e^{e^{-\varepsilon_{nj}}} \qquad (5)$$

这一分布的方差为 $\pi^2/6$，均值不为零。但是，两个相同均值随机项的差额，其差额项的均值为零。两个极值分布差额项服从 logistic 分布，也就是说，如果 ε_{nj} 和 ε_{ni} 服从 iid 极值分布，那么 $\varepsilon^*_{nji}=\varepsilon_{nj}-\varepsilon_{ni}$ 就服从 logistic 分布。密度函数为：

$$f(\varepsilon_{nji}^{-\varepsilon^*})=\frac{e^{-\varepsilon^*_{nji}}}{(1+e^{-\varepsilon^*_{nji}})^2} \qquad (6)$$

式（6）通常被用于描述多项逻辑特模型（MNL Model）使用误差项的极值分布（即误差的差额项服从 logistic 分布）近似等于假设误差项是独立正态的（Train，2002）。

4.1.3 因子筛选与变量设置

（1）因子筛选：基于文献的梳理

性别。个体的性别特征决定了男女在体能、心理等方面必然具有一定差异，这些差异都会对住房选择产生重要影响。Harman（1976）和 Everitt（1974）认为，女性在房屋市场上总是处于不利地位，这是因为女性收入较低并缺乏对购房知识、城市发展的空间信息和房产投资信息的了解。Watson（1988）的研究显示，与男性相比，女性自有或自置住房的比率要小得多，更多的女性依赖租房。

年龄。年龄是住房选择研究中常用的变量。年轻人一般工作时间不长，收入较低且不稳定，工作的变换也可能比较频繁，因此，选择租房的可能性较大；而较年长者，工作趋于稳定，收入和财富都有一定积累，此时选择自有住房的可能性较大。但这并不意味着年龄越大选择自有住房的可能也越大，事实上许多研究都认为超过一定年龄后住房自有率没有上升反而下降，比如 Tu，Kwee & Yuen（2005）认为居民购买住房的可能性随着年龄增长在 45 岁时达到顶点，随后慢慢下降；Huang & Clark（2002）实证显示随着年龄的增长，家庭购买住房的可能性随之增加，但在 41 岁左右这种增加达到极限，随后便呈下降趋势；Capeau et al.（2003）研究比利时家庭在租买选择中的年龄特征，发现 71% 的家庭在户主 40 岁之前购买了住宅，其中在 30~40 岁之间购房的占多数。

婚姻状况。婚姻状况也是影响住房选择的重要因素。一方面，已婚者基于对家庭生活安定的需求，选择自有住房的概率往往高于未婚者。另一方面，已婚家庭的收入普遍高于独身者，更容易积累较多的家庭财富和承担较多的购房贷款，因此购房行为较多（Kan，2000）。此外，我国传统观念普遍认为，拥有自己的住房是成家立业的重要基础，结婚是激发购房行为的重要因素。Li（2006）研究显示，婚姻状况改变对租买转换具有重大影响。

受教育程度。即最高学历，以往研究对此变量也较为关注。由于学历高低与职业和收入有紧密联系，一般地，学历较低者在职业等级和收入大小方面都处于相对弱势（Mathios，1996），而学历较高者预期收入和经济承受能力都较高，工作有保障，收入也更稳定，因此更倾向追求高的生活品质和住房条件，住房自有率较大（Zhou，2003）。Painter（2000）对家庭教育水平与住房选择关系的研究同样表明，随着学历的升高，家庭选择自有住房的可能性越大。

收入。收入是影响居民住房选择的重要变量，在国内外相关研究中普遍被使用。Salvo & Ermisch（1997）研究显示，拥有良好经济收入预期的人们更可能选择自有住房。同时，稳定而良好的收入也是获取某些住房贷款的必要条件。郑思齐（2007）认为收是家庭预算约束中的重要决定因素，高收入家庭能够较容易地支付购房首付款和获得住房借款，购买住房的概率较大。此外，Fallis（1983）等学者研究表明，美国和西方其他一些国家对自有住房者贷款还款额中利息及住房投资收益所得税有一定的优惠,且优惠幅度随着收入增大而增加,高收入者容易受此刺激而选择购房。一般地,居民收入主要包括劳动报酬、财产性收入、转移性收入及意外收入(李建立,2001)。

职业。相同职业的社会群体在住宅区位空间选择行为上具有类似性和趋同性。外企的高级管理人员、演艺界、私营企业主、律师和会计等高收入职业群体多居住在区位条件较好的住宅区;教师、科研人员、机关的公务员、社会团体等事业单位的从业人员、一般企业的职工则多选择各类经济适用住宅集中的区位。如北京回龙观接近于海淀区,将来有轻轨电车与中关村相连接,因此,40%购房居民为科技、文化和教育界的知识分子。同一群体在特定的区位空间集中,一是便于日常生活和文化交流;二是有利于获得相关的知识和信息;三是彼此之间具有一定的认同性,从自身安全和心理要求出发,在购房时尽量选择接近相同社会群体的住宅区位。

单位性质。单位性质是根据国内相关文献研究结果设置的变量。福利分房时期住房主要由国家分配,个人只需付极低的价格或租金,货币化改革取消了大部分的福利分房,使我国住房市场由福利制向市场化转变,但就目前而言,住房市场仍处转型阶段,现存的行政事业单位和部分国有企业中,大部分仍有对职工购房提供资金或实物帮助的政策,能够获取公有住房资源会显著减小家庭购买商品住房的可能性(Huang,Clark,2002)。单位性质作为职工社会关系的重要组成部分,仍然影响其住房的可得性和住房租买选择,非国有企业工作的人倾向于规避租买转换带来的风险(Li,2006)。

住房补贴。住房补贴是家庭住房支付能力的重要组成部分,对非户籍人员而言,由于无法享受城市住房公积金制度,住房补贴便成为除自有收入与积蓄外的另一可能的住房资金来源,然而由于各单位间实施住房补贴政策的差异较大,并非所有职工都能享受住房补贴。实际的研究显示收入越高的家庭获得住房补贴的机会越大,住房补贴对低收入家庭帮助不大(郑思齐,2007)。

进城模式。大量研究表明农民工进城模式与其在城市中的居住形式有密切关系(朱明芬,2008;卫欣,2008)。特别是是否夫妻住在一起、是否与小孩一起进城等直接影响到房屋面积、设施的需求,如附近有没有学校会影响到其住房区位选择。

社会阶层。洛克伍德认为阶层位置(包括市场位置、工作位置和身份位置)对其在市场上取得资源和产品的能力,特别是影响到其在市场获取住房的能力和住房的偏好。大量研究表明,不同社会阶层的住房选择有着很大的差异,如美国高收入阶层偏好郊区,而低收入阶层只能在市中心等,另外,不同阶层在城市空间上存在一定的居住分异。

（2）因变量设置——住房特征变量

参考已有关于住房选择的研究，将住房特征变量分为住房权属、租金、区位、房屋条件四个维度。

住房权属，对其进行研究，是想试图分析究竟是谁在为农民工提供着居所，正式市场和非正式市场的比重如何，选择同一权属的农民工是否具有显著的群体性特征？

住房租金受预算约束的影响，反映了农民工在两个层次上的权衡，一是储蓄与消费之间的权衡，二是消费结构上用于租房支出和其他支出之间的权衡。由于对大多数农民工来讲，其在城市中的衣、食、行等消费具有刚性，因此，上述两个层次的权衡就可以合二为一，即住房支出与其储蓄之间的权衡，这一权衡形成了房屋租金支出的预算约束。

住房区位具有多重内涵，一是到市中心的空间实体距离实际上也表征了农民工与城市生活的虚拟距离，及其在城市中融入性的现状与趋势。二是居住区位选择也反映了其职—住关系，即方便程度。

房屋条件是居住舒适程度的重要表征。在既定预算的约束下，住房选择实际上就表现为房屋的方便程度与舒适程度的权衡。同样的租金下，选择了通勤、生活方便的房屋，就必然要接受房屋在面积、设施上的缺陷；反之亦然。

每个维度的变量设置如表4-1所示：

住房特征变量设置与统计描述　　　　表4-1

住房特征维度	维度解释	变量代码	变量名称	平均值	标准差
住房权属	反映房屋的产权属性	A1	1.临时工棚	2.47	9.253
		A2	2.村民的出租屋		
		A3	3.机关或单位的房子		
		A4	4.普通市民的房子		
住房租金	反映住房的租金水平	B1	1.200元/月以下	1.92	12.008
		B2	2.201~500元/月		
		B3	3.501~1000元/月		
		B4	4.1000元/月以上		
住房区位	反映住房在城市中的空间区位	C1	1.中心城区	2.16	0.590
		C2	2.近郊区		
		C3	3.远郊区		

住房特征维度	维度解释	变量代码	变量名称	平均值	标准差
房屋条件	反应住房的功能、设施、面积、环境等状况	D1	1. 很差	2.0	0.462
		D2	2. 较差		
		D3	3. 一般		
		D4	4. 较好		
		D5	5. 很好		

注：平均值为赋值以后的平均值

其中，住房权属、住房区位、住房租金三项从问卷数据中直接得出，而房屋条件需要从问卷中的关于房屋设施（上水、下水、暖气、煤气、有线电视、网络）和房屋结构（客厅、厨房、厕所、洗澡间、阳台）情况中加权汇总得出，如表4-2所示。

房屋条件计算权重一览   表4-2

房屋条件	权重	项目	有	无	权重
设施	0.6	上水	1	0	0.15
		下水	1	0	0.10
		暖气	1	0	0.20
		煤气	1	0	0.15
		有线电视	1	0	0.15
		网络	1	0	0.25
结构	0.4	客厅	1	0	0.15
		厨房	1	0	0.20
		厕所	1	0	0.25
		洗澡间	1	0	0.30
		阳台	1	0	0.10

注：根据计算结果，采用五分法，得分最高的20%为"很好"，较高的20%为"较好"，以此类推。

（3）自变量设置——个人特征变量

根据国内外居住选择研究，国外研究中影响住房选择的常见因素主要集中在与人口统计特征相关的变量如年龄、婚姻、种族、受教育程度、家庭人口数、职业、收入、阶层等，而国内研究中除了以上常用变量外，大多还加了单位性质、住房补贴、非市场化住房可得性等制度变量。本研究从个人因素、家庭因素、职业因素、经济因素、社会阶层、制度因素六个方面选择了反映个人特征的10个自变量，这10个变量均为离散变量[1]。

---

[1] 由于样本为截面数据，因此本书未对价格、利率等宏观变量进行考察。

农民工个人变量设置与解释　　　　　　　表 4-3

因素	变量名称	代码	变量类型	因素	变量名称	代码	变量类型
个人因素	性别	1	男	经济因素	收入	1	10000 元以下
		2	女			2	10001~15000
	年龄	1	90 后			3	15001~20000
		2	80 后			4	20001~30000
		3	70 后			5	30001 以上
		4	60 后		受教育程度	1	小学
		5	50 后			2	初中
家庭因素	婚姻状况	1	未婚			3	高中、中专
		2	已婚			4	大专及以上
	进城模式	1	单人独行	社会阶层	工作性质	1	普通雇员
		2	兄弟姐妹同行			2	技术人员
		3	父（子）母（女）同行			3	管理人员
		4	夫妻同行			4	个体户
		5	夫妻携子女同行			5	私营业主
职业因素	所在行业	1	制造业	制度因素	单位性质	1	个体
		2	建筑业			2	民营
		3	装修装潢			3	外资
		4	批发零售			4	国有
		5	住宿餐饮		单位补贴	1	单位提供
		6	保安			2	自租，单位补贴
		7	其他生活性服务业			3	自租，没有补贴
		8	其他			4	其他

自变量统计描述　　　　　　　表 4-4

层次	属性	平均值	标准差
个人因素	性别	1.43	0.487
	年龄	2.29	1.156
家庭因素	婚姻状况	1.45	2.258
	进城模式	2.35	3.324
职业因素	所在行业	3.73	0.854
经济因素	收入	2.99	0.750
	受教育程度	2.60	0.680
社会阶层	工作性质	1.92	0.731
制度因素	单位性质	1.61	2.914
	单位补贴	2.45	0.483

4.2 农民工居住选择的主体差异分析

4.2.1 住房权属选择

考察农民工住房权属选择特征,将农民工的住房权属分为临时工棚、村民的出租屋、机关或单位的房子、普通市民的房子四类,把"A1=临时工棚"作为参照类。自变量为4.1.3中所述。

住房权属选择因变量设置与统计描述 表4-5

住房特征维度	维度解释	变量代码	变量名称	平均值	标准差
住房权属	反映房屋的产权属性	A1	1=临时工棚	2.47	9.253
		A2	2=村民的出租屋		
		A3	3=机关或单位的房子		
		A4	4=普通市民的房子		

运用 SPSS 软件,选取 MNL 模型进行回归分析。在对样本进行多项回归分析时,首先要设定因素变量(Factor),因素变量之外的自变量自动归类为协变量(Covariate)。将以上提到的 10 项自变量全部纳入进行测算。

住房权属选择模型拟合信息 表4-6

模型	模型拟合标准	似然值检验		
	−2 Log Likelihood	Chi−Square	df	Sig.
Intercept Only	611.543			
Final	295.217	316.325	111	.000

由表4-6可知,最终模型和只含常数项的无效模型相比,对数似然值从611.543下降到295.217,似然比卡方检验结果 $P=0$ 远远小于5%的显著性水平,说明模型中的所有回归系数不同时为零,模型有意义。

住房权属选择模型似然比检验 表4-7

模型	模型拟合标准	似然值检验		
	−2 Log Likelihood of Reduced Model	Chi−Square	df	Sig.
Intercept	295.217(a)	.000	0	.
性别	296.437(b)	1.220	3	.748
年龄	311.642(b)	16.425	12	.173

续表

模型	模型拟合标准	似然值检验		
	−2 Log Likelihood of Reduced Model	Chi-Square	df	Sig.
学历 **	337.111（b）	41.893	12	.000
职业 **	395.415	100.197	30	.000
工种层级 *	316.089（b）	20.872	12	.052
婚姻状况 *	302.673（b）	7.456	3	.059
收入 **	319.676（b）	24.459	12	.018
单位补贴 **	359.334（b）	64.116	9	.000
进城模式	298.684（b）	3.467	9	.943
单位性质	341.455（b）	46.238	9	.017

*$P<0.1$，**$P<0.05$；$R^2=0.769$

由表 4-7 可知除了性别、年龄、进城模式、单位性质 P 值过高外，其余自变量在 5% 的显著水平上，通过了似然比检验。对此的解释是：

由于农民工以租房为主，一方面住房权属选择有一定的被动性，如临时工棚等的选择经常与职业选择绑定在一起，因此与他们性别、年龄等个体特征不存在显著关系；另一方面，住房权属选择带有很大的偶然性，是一系列随机选择的结果，在调查中了解到，农民工对与住房权属并没有显著的偏好，与城市居民购房行为中有"大产权"、"小产权"之别不同，农民工在这一点上非常务实，他们只关注房子本身，而不关注附着在房屋上的产权属性，这就导致在住房权属选择上不存在显著的个体偏好。

而进城模式也与住房权属选择没有显著关系，主要是由于住房权属与农民工在城市的生产、生活行为没有太多影响，无论他们是哪种进城模式，不同的住房权属对他们的生产和生活活动都不会产生太大的约束或促进。

单位性质未能进入模型，这主要是由于，无论他们受雇于什么单位，基本上都以底层岗位为主，而不同单位的底层岗位在住房权属上的差别并不显著。

住房权属选择 MNL 模型回归结果　　　　　　　　表 4-8

	村民的出租屋		机关单位的房子		普通市民的房子	
	B	Exp（B）	B	Exp（B）	B	Exp（B）
截距	1.170		−0.825		1.849	
[学历 =1]	1.042	2.836	1.255	3.509	0.402	1.495
[学历 =2]	2.277	9.748	2.232	9.322	1.649	5.203
[学历 =3]	1.604	4.972	1.251	3.495	1.156	3.177
[学历 =4]	0.000	.	0.000	.	0.000	.

续表

	村民的出租屋		机关单位的房子		普通市民的房子	
	B	Exp（B）	B	Exp（B）	B	Exp（B）
[职业=1]	1.833	6.254	1.515	4.551	−0.099	0.906
[职业=2]	−3.867	0.021	1.215	3.371	−5.981	0.003
[职业=3]	0.559	1.750	−0.343	0.710	0.010	1.010
[职业=5]	1.470	4.350	2.466	11.777	1.044	2.842
[职业=6]	3.173	23.881	5.467	236.721	1.567	4.792
[职业=7]	0.902	2.465	1.214	3.366	−0.229	0.795
[职业=8]	0.841	2.319	1.388	4.006	1.199	3.315
[职业=41]	0.995	2.705	1.411	4.099	0.069	1.072
[职业=42]	0.489	1.630	1.765	5.844	0.802	2.229
[职业=43]	−0.183	0.833	1.764	5.838	0.501	1.651
[职业=44]	0.000	.	0.000	.	0.000	.
[工种层级=1]	0.569	1.766	−0.311	0.732	−0.141	0.868
[工种层级=2]	−0.253	0.777	−1.399	0.247	−0.855	0.425
[工种层级=3]	−0.043	0.958	0.499	1.647	0.774	2.168
[工种层级=4]	0.044	1.045	−0.669	0.512	−0.052	0.949
[工种层级=5]	0.000	.	0.000	.	0.000	.
[婚姻状况=1]	0.478	1.613	0.622	1.862	0.937	2.551
[婚姻状况=2]	0.000	.	0.000	.	0.000	.
[收入=1]	−0.342	0.710	−1.033	0.356	−0.418	0.658
[收入=2]	0.135	1.145	−1.617	0.199	−0.024	0.977
[收入=3]	0.037	1.038	−0.446	0.640	0.083	1.086
[收入=4]	−0.592	0.553	−0.456	0.634	−0.354	0.702
[收入=5]	0.000	.	0.000	.	0.000	.
[单位补贴=1]	−3.797	0.022	0.935	2.548	−3.593	0.028
[单位补贴=2]	−0.459	0.632	0.304	1.356	−0.704	0.494
[单位补贴=3]	−0.488	0.614	0.170	1.185	−0.919	0.399
[单位补贴=4]	0.000	.	0.000	.	0.000	.

结果表明：学历、职业、工种层级、婚姻状况、收入、单位补贴、单位性质与农民工的住房权属选择有较为显著相关关系。具体如下：

（1）学历：相比于临时工棚，学历越高选择普通市民的房屋的概率越大，学历越高选择村民出租屋的概率越低。

（2）职业：相比于临时工棚，服务业选择普通市民房屋和机关单位房屋的概率要高于制造业。其中，保安主要选择机关单位的房子；建筑业主要选择临时工棚；生活性服务业选择村民出租屋、制造业选择住在机关单位的概率远高于其他行业。

（3）工种层级：相比于临时工棚，工种层级越高，选择村民出租屋的概率越低，选择普通市民房屋的概率越高。特别是，高层级的较低层级的住在机关单位房屋里的概率高。

（4）收入：总体来看，高收入者选择城郊村民出租屋、临时工棚的概率要低于低收入者，但并未呈现出收入越高选择普通市民房屋概率越大的情况；而其选择机关单位房屋的概率则要高于低收入者。

（5）婚姻状况：未婚者较已婚者选择普通市民的房子的概率更大，表明他们更倾向于从正规市场获取条件较好的住房；而已婚者较未婚者选择机关或单位的房子的概率更大。这反映出，由于已婚者社会关系更为成熟，获取机关或单位租房信息和机会更大。

（6）单位补贴：单位提供住房的住在临时工棚的概率更高，单位提供补贴的住在城郊村民出租屋的概率更高，单位没补贴的选择普通市民的房屋的概率更高。说明"单位"在改善农民工居住条件上的贡献较为有限。

4.2.2　住房租金选择

考察农民工住房租金选择特征，根据农民工的住房租金水平分为四类（如表 4-9 所示），把"B4=1000 元 / 月以上"作为参照类。自变量为 4.1.3 中所述。

住房租金选择因变量设置与统计描述　　　　　　　　　　表 4-9

住房特征维度	维度解释	变量代码	变量名称	平均值	标准差
住房租金	反映房屋的经济属性	B1	1. 200 元 / 月以下	1.92	12.008
		B2	2. 201~500 元 / 月		
		B3	3. 501~1000 元 / 月		
		B4	4. 1000 元 / 月以上		

运用 SPSS 软件，选取 MNL 模型进行回归分析。将以上提到的 10 项自变量全部纳入进行测算。

住房租金选择模型拟合信息　　　　　　　　　　表 4-10

模型	模型拟合标准	似然值检验		
	−2 Log Likelihood	Chi-Square	df	Sig.
Intercept Only	566.310			
Final	417.582	148.727	111	.010

由表 4-10 可知，最终模型和只含常数项的无效模型相比，对数似然值从 566.310 下降到 417.582，似然比卡方检验结果 $P=0$ 远远小于 5% 的显著性水平，说明模型中的所有回归系数不同时为零，模型有意义。

住房租金选择模型似然比检验　　　　　表 4-11

模型	模型拟合标准	似然值检验		
	−2 Log Likelihood of Reduced Model	Chi−Square	df	Sig.
Intercept	417.582（a）	.000	0	.
性别 *	418.225（b）	.643	3	0.087
年龄 **	397.481（b）	.	12	0.001
学历	414.700（b）	.	12	0.231
职业 **	545.703（b）	128.121	30	0.000
工种层级 **	413.584（b）	.	12	0.000
婚姻状况 **	439.766（b）	22.183	3	0.000
收入	464.161（b）	46.578	12	0.170
单位补贴	408.373（b）	.	9	0.168
进城模式 *	410.296	.	9	0.063
单位性质	422.769（b）	5.186	9	0.818

$^*P<0.1$，$^{**}P<0.05$；$R^2=0.504$

由表 4-11 可知除了学历、收入、单位补贴、单位性质 P 值过高，没有进入模型。其余自变量在 5% 的显著水平上，通过了似然比检验。

学历未能进入模型，这是由于外来务工者的学历差距不大，以高中（中专）以下为主，学历的差距还不足以导致其在住房消费（租房）行为上的差异；另外，学历也不足以对他们的行业或工种层级产生根本影响，仍多以体力劳动或少部分技术劳动为主。因此学历与其住房租金选择的关系不显著。

收入和单位补贴未能进入模型，与预设有较大差别，对此的解释是，农民工租金支出的收入弹性不高，农民工以"攒钱"为目的的特征非常明显，收入高一点就多攒一点，而尽量压缩开支。而单位补贴是收入的外化，本质上可归入广义的收入进行考虑，一方面雇主的住房补贴与收入之间多为"此消彼长"的关系，另一方面由于农民工住房租金支出的收入弹性不高，即便有了额外的住房补贴，也不会改变其租金支出预算。

单位性质未能进入模型，这主要是由于，无论他们受雇于什么单位，基本上都以底层岗位为主，而不同单位的底层岗位在收入等指标上的差别并不显著，因此支付能力的影响也不显著。

<table>
<tr><td rowspan="2"></td><td colspan="2">200 元 / 月以下</td><td colspan="2">201~500 元 / 月</td><td colspan="2">501~1000 元 / 月</td></tr>
</table>

住房租金选择 MNL 模型分析结果 表 4-12

	200 元 / 月以下		201~500 元 / 月		501~1000 元 / 月	
	B	Exp（B）	B	Exp（B）	B	Exp（B）
截距	−38.266		−30.444		−18.364	
[性别 =1]	0.323	1.381	0.246	1.279	−0.011	0.989
[性别 =2]	0.000	.	0.000	.	0.000	.
[年龄 =1]	4.082	59.254	3.355	28.648	2.643	14.060
[年龄 =2]	1.931	6.893	1.729	5.635	0.710	2.034
[年龄 =3]	2.411	11.149	1.623	5.069	−0.598	0.550
[年龄 =4]	2.155	8.624	2.895	18.078	0.720	2.055
[年龄 =5]	0.000	.	0.000	.	0.000	.
[职业 =1]	−0.736	0.479	0.589	1.801	0.569	1.766
[职业 =2]	−0.550	0.577	1.177	3.244	0.487	1.628
[职业 =3]	1.778	5.916	2.785	16.205	−0.130	0.878
[职业 =5]	0.931	2.538	1.678	5.356	0.190	1.209
[职业 =6]	4.172	64.856	1.656	5.238	1.312	3.713
[职业 =7]	2.568	13.040	2.877	17.758	0.048	1.049
[职业 =8]	2.730	15.330	2.189	8.922	2.621	13.747
[职业 =41]	−0.543	0.581	1.727	5.626	1.392	4.023
[职业 =42]	1.777	5.910	2.275	9.724	1.785	5.957
[职业 =43]	0.854	2.348	2.686	14.678	1.548	4.703
[职业 =44]	0.000	.	0.000	.	0.000	.
[工种层级 =1]	1.976	7.213	1.797	6.029	2.183	8.877
[工种层级 =2]	2.255	9.533	3.970	52.986	2.470	11.820
[工种层级 =3]	4.012	55.248	4.708	110.807	5.443	231.213
[工种层级 =4]	1.042	2.836	1.464	4.323	1.176	3.240
[工种层级 =5]	0.000	.	0.000	.	0.000	.
[婚姻状况 =1]	−0.762	0.467	−0.087	0.917	−0.331	0.718
[婚姻状况 =2]	0.000	.	0.000	.	0.000	.
[进城模式 =1]	34.116	6.55E+14	32.249	1.01E+14	17.850	5.65E+07
[进城模式 =2]	31.384	4.27E+13	32.654	1.52E+14	15.991	8.81E+06
[进城模式 =4]	31.432	4.47E+13	29.471	6.3E+12	15.683	6.47E+06
[进城模式 =5]	0.000	.	0.000	.	0.000	.

结果表明：

（1）性别：相对于月租金在 1000 元以上的，女性选择低租金（200 元以

下 / 月、201~500 元 / 月) 的概率要低于男性，选择高租金 (501~1000 元 / 月、1000 元 / 月以上) 的概率要高于男性。这反映出女性更倾向于支付高租金，并且女性的租金支出占可支配收入的比重要高于男性。

（2）年龄：年轻人选择高房租住房的概率要高于年长者。特别是 80 后、90 后更倾向于选择高房租住房，这反映出新生代农民工的住房消费上的偏好，其住房租金预算占可支配收入的比重普遍高于其他年龄段。

（3）职业：总体来看，服务业选择高房租的概率普遍高于建筑业和制造业。这一方面是由于服务业从业人员的收入普遍高于建筑业、制造业，其住房支付能力更强，另一方面服务业受区位影响，在其目标区域内房租普遍较高，为了正常的工作生活就不得已接受较高的房租支出。此外建筑业、制造业从业人员多由单位提供住宿，其房租支出相对较低，但住房条件也相对较差。从各个行业的特征来看，保安选择最低租金的发生概率高于其他行业，装修装潢选择中等租金 (201~500 元 / 月) 的概率要高于其他行业，电脑销售选择高租金的概率要高于建材销售和服装销售。

（4）工种层级：反映社会阶层的工种层级指标则进入模型，工种层级越高，选择高房租的发生概率越高，工种层级越低，选择低房租的发生概率越高。

（5）婚姻状况：已婚选择高房租的概率高于未婚，一方面反映出已婚群体的住房支付能力要高于未婚，另一方面说明已婚群体对住房状况的需求也要高于未婚群体。

（6）进城模式。家庭进城选择高房租的发生概率要高于个人进城，特别是夫妻携子女进城的选择高房租的概率要高于个人进城。这反映出农民工在城市的家庭结构对农民工的住房需求有显著影响。

4.2.3　住房区位选择

考察农民工住房区位选择特征，根据农民工的住房区位水平分为三类 (如表 4-13 所示)，把"C3= 远郊区"作为参照类。自变量为 4.1.3 中所述。

住房区位选择因变量设置与统计描述　　　　　　表 4-13

住房特征维度	维度解释	变量代码	变量名称	平均值	标准差
住房区位	反映住房在城市中的空间区位	C1	1. 中心城区	2.16	0.590
		C2	2. 近郊区		
		C3	3. 远郊区		

运用 SPSS 软件，选取 MNL 模型进行回归分析。将以上提到的 10 项自变量全部纳入进行测算。

住房区位选择模型拟合信息　　　　　　　　表 4-14

模型	模型拟合标准	似然值检验		
	−2 Log Likelihood	Chi−Square	df	Sig.
Intercept Only	600.061			
Final	354.926	245.135	74	.000

由表 4-14 可知，最终模型和只含常数项的无效模型相比，对数似然值从 600.061 下降到 354.926，似然比卡方检验结果 P=0 远远小于 5% 的显著性水平，说明模型中的所有回归系数不同时为零，模型有意义。

住房区位选择模型似然比检验　　　　　　表 4-15

模型	模型拟合标准	似然值检验		
	−2 Log Likelihood of Reduced Model	Chi−Square	df	Sig.
Intercept	354.926（a）	.000	0	.
性别 *	357.368	2.442	2	0.095
年龄 **	377.805	22.879	8	0.004
学历 **	373.241	18.315	8	0.019
职业 **	436.445	81.52	20	0.000
工种层级 **	370.541	15.615	8	0.048
婚姻状况	355.857	0.931	2	0.628
收入 *	364.725	9.799	8	0.079
单位补贴 **	372.4	17.474	6	0.008
进城模式	364.124	9.198	6	0.163
单位性质	361.522	6.596	6	0.36

*$P<0.1$，**$P<0.05$；R^2=0.613

由表 4-15 可知婚姻状况、进城模式和单位性质 P 值过高，未通过检验，而其余自变量在 5% 的显著水平上，通过了似然比检验。

婚姻状况没能进入模型，这是由于结婚前后农民工的社会地位、经济状况并不会发生根本性变化，如果其配偶未一起进城务工，那么其住房区位需求也就不会发生变化。

进城模式也与住房区位选择没有显著关系，无论他们是哪种进城模式，在空间上并不存在显著的特征，一般而言，住房区位如中心城成熟的社区、郊区村民的出租屋，无论是哪种房屋，只要功能上能满足家庭或个人需求，就会形成选择行为；另外，农民工以"赚钱"为目的的生活态度，使得他们无论是个人还是家庭，对居住条件的需求都有较大的容忍度。

　　单位性质没能进入模型，由于农民工主要以体制外为主，即便是受雇于国有企业，也多为"看门"等市场聘用岗位，其单位性质差异并无本质差别，基本上都以底层岗位为主，单位对其居住区位选择的影响有限。

住房区位选择 MNL 模型分析结果　　　表 4-16

	中心城区		近郊区	
	B	Exp（B）	B	Exp（B）
截距	1.061		29.748	
[性别 =1]	−1.145	0.318	−0.175	0.840
[性别 =2]	0.000	.	0.000	.
[年龄 =1]	−1.774	0.170	1.691	5.427
[年龄 =2]	−1.304	0.271	2.646	14.101
[年龄 =3]	−4.911	0.007	1.446	4.248
[年龄 =4]	−1.715	0.180	2.065	7.888
[年龄 =5]	0.000	.	0.000	.
[学历 =1]	16.907	2E+07	−0.127	0.881
[学历 =2]	17.188	3E+07	−0.973	0.378
[学历 =3]	15.954	8E+06	−0.506	0.603
[学历 =4]	0.000	.	0.000	.
[收入 =1]	1.478	4.383	−0.004	0.996
[收入 =2]	−0.033	0.968	15.816	7.39E+06
[收入 =3]	1.246	3.475	0.709	2.032
[收入 =4]	2.206	9.076	−0.101	0.904
[收入 =5]	0.000	.	0.000	.
[职业 =1]	−18.034	1.47E−08	−0.914	0.401
[职业 =2]	−2.396	0.091	−0.339	0.712
[职业 =3]	0.255	1.291	−0.061	0.941
[职业 =5]	3.329	27.920	1.066	2.905
[职业 =6]	17.701	4.87E+07	17.504	4.00E+07
[职业 =7]	−1.210	0.298	0.618	1.856
[职业 =8]	0.569	1.766	−0.513	0.599
[职业 =41]	−16.216	9.07E−08	0.718	2.050
[职业 =42]	−2.288	0.101	0.878	2.406
[职业 =43]	1.263	3.537	2.016	7.505
[职业 =44]	0.000	.	0.000	.
[工种层级 =1]	−17.331	3E−08	−16.218	9E−08
[工种层级 =2]	−33.679	2E−15	−16.507	6.8E−08
[工种层级 =3]	−30.991	3E−14	−14.655	4.3E−07
[工种层级 =4]	−32.375	9E−15	−16.421	7.4E−08
[工种层级 =5]	0.000	.	0.000	.
[单位补贴 =1]	−18.281	1E−08	−17.205	3.4E−08

续表

	中心城区		近郊区	
	B	Exp（B）	B	Exp（B）
[单位补贴=2]	−16.427	7E−08	−14.648	4.3E−07
[单位补贴=3]	−18.585	8E−09	−16.247	8.8E−08
[单位补贴=4]	0.000	.	0.000	.

结果表明：

（1）性别：选择中心城区、近郊区、远郊区的性别差异不大，女性较男性略微更倾向于中心城区和近郊区。

（2）年龄：年龄越大越倾向于选择中心城区，而越年轻则越倾向于选择近郊区。

（3）学历与区位选择弱相关，高学历选择中心城的概率高于低学历，反映出农民工受教育状况对其住房区位偏好的影响，以及在居住理念上的差异。

（4）工种层级与区位选择显著相关。高层次工种选择中心城的概率高于低层次工种，相反，而低层次工种则在近郊区、远郊区的概率高于高层次工种。这表明农民工内部也正在形成一定程度的分异。

（5）收入：尽管收入与租金选择不存在显著的相关关系，但却与区位选择显著相关。高收入者较低收入者选择中心城区的概率要高，而低收入者较高收入者选择近郊区的概率要高。但空间选择特征并不随收入线性变化，年收入在1.5~3万元之间的人最不倾向于住在中心城区，年收入在1.5万元以下的更倾向于近郊区。

（6）职业：相对而言，制造业从业者选择在中心城的概率非常低，而在近郊区与远郊区的概率比较接近；与制造业不同，建筑业从业者在中心城区、近郊区、远郊区的概率相差不大，中心城区略低；装修装潢从业者的空间选择从市中心向外围概率逐步增大；电脑销售选择居住在中心城的概率非常低，而建材销售则多选择住在近郊区。住宿餐饮业从业者在中心城区的概率高于其他行业，保安居住在中心城和近郊区的概率高于远郊区。其他生活性服务业在中心城区、近郊区、远郊区相对均衡，近郊区略高。

（7）单位补贴与区位选择显著相关，这主要是由于制造业、建筑业等多由用人单位提供住宿或补贴，且这些行业企业多在郊区集中分布，因此使得单位补贴与区位选择显著相关。相对而言，有补贴的选择近郊区的概率要高于没补贴的。

4.2.4　住房条件选择

考察农民工住房条件选择特征，根据农民工的住房条件水平分为五类（如表4-17所示），把"D5=很好"作为参照类。自变量为4.1.3中所述。

住房条件选择因变量设置与统计描述　　表 4-17

住房特征维度	维度解释	变量代码	变量名称	平均值	标准差
房屋条件	反应住房的功能、设施、面积、环境等状况	D1	1. 很差	2.0	0.462
		D2	2. 较差		
		D3	3. 一般		
		D4	4. 较好		
		D5	5. 很好		

运用 SPSS 软件，选取 MNL 模型进行回归分析。在对样本进行多项回归分析时，首先要设定因素变量（Factor），因素变量之外的自变量自动归类为协变量（Covariate）。将以上提到的 10 项自变量全部纳入进行测算。

住房条件选择模型拟合信息　　表 4-18

模型	模型拟合标准	似然值检验		
	−2 Log Likelihood	Chi-Square	df	Sig.
Intercept Only	882.353			
Final	703.694	178.659	148	.044

由表 4-18 可知，最终模型和只含常数项的无效模型相比，对数似然值从 882.353 下降到 703.694，似然比卡方检验结果 P=0 远远小于 5% 的显著性水平，说明模型中的所有回归系数不同时为零，模型有意义。

住房条件选择模型似然比检验　　表 4-19

模型	模型拟合标准	似然值检验		
	−2 Log Likelihood of Reduced Model	Chi-Square	df	Sig.
Intercept	703.694（a）	.000	0	.
性别 *	709.907（b）	6.213	4	0.084
年龄 *	727.640（b）	23.946	16	0.091
学历	714.090（b）	10.396	16	0.845
职业	737.015（b）	33.321	40	0.763
工种层级 *	723.362（b）	19.668	16	0.236
婚姻状况 *	711.798（b）	8.104	4	0.088
收入 **	738.323（b）	34.629	16	0.004
单位补贴	714.988（b）	11.294	12	0.504
进城模式	725.612	21.918	12	0.845
单位性质	716.378（b）	12.684	12	0.392

*P<0.1，**P<0.05；R^2=0.441

由表 4-19 可知学历、职业、单位 补贴、进城模式、单位性质 P 值过高，没有通过检验；其余自变量在 5% 的显著水平上，通过了似然比检验。

住房条件选择 MNL 模型分析结果　　　　表 4-20

	很差		较差		一般		较好	
	B	Exp（B）	B	Exp（B）	B	Exp（B）	B	Exp（B）
Intercept	17.007		−29.183		−5.455		−46.020	
[性别 =1]	0.353	1.424	0.630	1.878	0.811	2.251	1.249	3.486
[性别 =2]	0.000	.	0.000	.	0.000	.	0.000	.
[年龄 =1]	1.361	3.900	15.576	5.82E+06	13.254	5.70E+05	1.597	4.939
[年龄 =2]	0.428	1.534	10.605	4.03E+04	12.210	2.01E+05	0.056	1.058
[年龄 =3]	0.581	1.788	10.751	4.67E+04	12.601	2.97E+05	−0.252	0.777
[年龄 =4]	2.621	13.750	14.053	1.27E+06	14.323	1.66E+06	2.328	10.256
[年龄 =5]	0.000	.	0.000	.	0.000	.	0.000	.
[婚姻状况 =1]	−0.064	0.938	−4.335	0.013	−0.427	0.652	−0.640	0.527
[婚姻状况 =2]	0.000	.	0.000	.	0.000	.	0.000	.
[收入 =1]	−1.409	0.244	−2.042	0.130	−1.548	0.213	−1.088	0.337
[收入 =2]	−0.148	0.863	1.734	5.666	13.938	1.13E+06	14.683	2.38E+06
[收入 =3]	−1.067	0.344	−1.617	0.199	−1.501	0.223	−1.728	0.178
[收入 =4]	0.338	1.402	−0.595	0.551	−0.468	0.626	−2.749	0.064
[收入 =5]	0.000	.	0.000	.	0.000	.	0.000	.
[工种层级 =1]	−0.034	0.967	−1.242	0.289	−1.084	0.338	11.768	1.29E+05
[工种层级 =2]	−0.737	0.479	−0.648	0.523	−1.853	0.157	−1.238	0.290
[工种层级 =3]	−0.198	0.820	−11.222	0.000	−0.244	0.784	0.787	2.196
[工种层级 =4]	0.280	1.323	0.094	1.099	−1.973	0.139	11.226	7.51E+04
[工种层级 =5]	0.000	.	0.000	.	0.000	.	0.000	.

结果表明：

（1）性别：女性选择条件好的住房的概率高于男性。在调查中也了解到，女性对厕所、洗浴设施的需求显著高于男性。性别差异是农民工住房条件选择的显著特征。

（2）年龄：总体上看，年轻人选择条件好的住房的概率较年长者高，反映出年轻人更倾向于设施条件较好的房屋，特别是 80 后、90 后新生代农民工，由于生活环境、教育背景的差异，他们在生活理念上与年长者有很大差别，特别是对城市生活更为向往，在居住条件选择上更倾向于条件、设施更为完备的城市社区。

（3）婚姻状况：总体上，已婚者选择条件好的住房的概率略高于未婚者，对此的理解是，从农民工自身的角度，这些已婚的农民工并不倾向于选择条件更好的房屋，只是其中有约60%与配偶同住，这样对居住条件如"做饭"、"厕所"、"洗澡"等形成了必要的需求，因此，正是这种"不得不"的需求而形成了"婚姻状况"在住房条件选择上的特征。

（4）工种层级：反映社会阶层的工种层级指标则进入模型，工种层级越高，住在条件好的房屋的概率就越高。这是由于，一方面，工种层级与收入相对应，层级越高、收入一般也越高，因此他们有更高的住房支付能力，在客观上他们具备选择条件更好的房屋的能力。另一方面，由于"人以群分"，高层级工种出于业务发展和社会交往的目的，他们需要在居住条件上与他们的"圈子"的人看齐，从主观上形成了选择条件更好房屋的需求。

（5）收入：与租金选择不同，收入显著影响住房条件选择，总体来看，高收入者选择条件好的住房的概率要高于低收入者。这反映出，尽管农民工不愿因收入提高而提高住房支出预算，但收入的提高确实对他们的住房条件改善产生了一定影响。调查中了解到，特别是当现有住房在某些方面上难以忍受时，高收入者往往容易出于改善条件而提高住房预算。

4.2.5 小结

将各因素与住房权属、租金、区位及房屋条件选择的显著性汇总如表4-21所示。

居住选择影响因素分析结果　　　　　　　　　　　　　　　表4-21

层次	因素	权属选择	租金选择	区位选择	条件选择
个人因素	性别		*	*	*
	年龄		**	**	*
家庭因素	婚姻状况	*	**		*
	进城模式		*		
职业因素	所在行业	**	**	**	
经济因素	收入	**		*	**
	受教育程度	**		**	
社会阶层	工种层级	*	**	**	*
制度因素	单位性质				
	单位补贴	**		**	

对上述结果进行总结，可以有以下几点结论：

（1）个人因素如年龄、性别等对于农民工住房选择影响显著

从上文可以看出作为个人特征的性别和年龄对农民工住房权属选择、区位

选择、房屋条件选择都有显著影响。由于农民工以租房为主，同时进城模式上以单身进城为主，因此其居住决策与城市居民差别较大，是个体行为而非家庭行为，因此其居住选择上性别差异较为显著。而年龄特征除了包含生理信息外，也包含着社会信息，在中国，由于80后、90后的新生代农民工出生在改革开放以后，其生活的社会环境较年长者有较大差异，其在思想观念上的差异使得其消费偏好、生活理念与老一代农民工有显著差异，从而导致居住选择上的年龄差异性。

（2）制度因素对于农民工住房状况的改善影响有限

反映制度因素的变量"单位性质"未能进入模型，这反映出单位性质与农民工住房选择的影响不大。对进入模型的变量"单位住房补贴"的分析，发现，大多数"单位提供住房或有住房补贴"的农民工住房状况较"无补贴"的更差，这进一步证实了单位或雇主在改善农民工住房状况上的贡献有限。这主要是由于市场机制下劳动力价格由供需关系产生，而住房补贴（包括提供住房）经常是作为工资的一部分体现，而不是一种福利。多数情况下，类似的工作岗位，提供住房较不提供住房的工资要低。

（3）经济因素影响不大，反而社会因素影响显著

反映经济因素的收入变量对于农民工住房权属、区位选择的影响不如预期大。这主要是由于，当前许多农民工进城务工的主要目的是改善其经济状况，即希望能赚到钱，而对吃穿住行等要求不高，在一定的收入水平之下（如4万元/年）其租房的预算约束线弹性较小，也就是说他们不会因为收入由2万元提高到3万元而相应地调整其租房预算；而只有收入水平达到了某一阈值之后，收入提高与租房预算才存在相关关系。而一般情况下，绝大多数农民工的收入很难超过这一阈值，因此他们的租房预算很难发生变动。这也就是说，如果要改善农民工的居住状况，提高收入（或者提供住房补贴）的效果可能不会显著，而是要采取实物补贴而非货币补贴的方式，即"补砖头"而不是"补人头"。

相反，反映社会因素的工种层级则与住房选择关系密切，不同工作性质的从业者，其住房选择的差异性较为明显。例如个体户与技术工人、普通雇员的住房选择特征差异显著。这在一定程度上表明，在北京这样房价水平较高的大城市，农民工只有在其相对社会位置或阶层发生变化时，才会使其产生改善居住状况的动机和投入。

4.3 农民工居住选择的决策过程

无论哪一个维度上的选择，其本质上是权衡的过程。本节在前文分析的基础上，对农民工居住选择每一维度上的权衡进行分析。

4.3.1 权属：提供住宿与工作机会的权衡

农民工是否租房主要取决于雇主是否为其提供住宿。从某种程度上说，这一过程不是主动的选择，而是"被"选择，即如果雇主提供住宿，那么他们就不需要租房，而如果雇主不提供住宿，他们则需要到市场上去租房。但是这一过程并不是完全的"被"选择过程，由于农民工在择业时会被雇主告知"是否提供住宿"，因此，如果雇主提供的待遇与他们的预期不符，他们可以被动地接受，也可以选择拒绝该工作机会，再去寻求其他工作。

相比于本地城市户籍居民，住房选择与工作选择相捆绑是这些外来农民工住房选择的显著特点之一。如图4-2所示，当住房预期与就业预期相适应时，就不需要权衡；而当住房预期与就业预期相冲突时，就需要进行权衡。

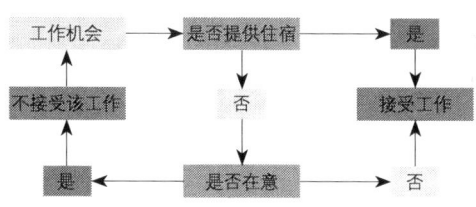

图4-2　农民工权属选择的权衡过程

农民工的个体差异导致其对"是否租房"的态度上有着显著差异，本研究的调查结果显示，更多的农民工希望单位提供住宿（34.74% ：23.60%），"希望单位提供住宿"的农民工平均年龄要大于"希望自己租住"的农民工。而女性大多希望单位提供宿舍（73.2%）。

农民工住房权属意愿问卷结果　　　　　　　　　　　　表4-22

住房权属意愿	人数	比例	平均年龄
希望单位提供	502	34.74%	38.2
无所谓	602	41.66%	32.1
希望自己租住	341	23.60%	21.4

希望单位提供住宿的农民工多年龄较大、从事建筑业等简单体力工作、务工时间长短不等，主要因经济目的而进城务工，未来也不太希望在城市扎根发展。他们之所以希望单位提供住宿，一方面因为他们的"赚钱导向"，对住宿条件不太讲究；另一方面他们也不愿承担自己租住所导致的各种麻烦（交易成本）。

老李，48 岁，建筑工人，四川人

Q："关于住宿，您希望单位提供还是自己租住？"

A："希望单位提供吧。"

Q："为什么？"

A："自己找房子一来太麻烦，二来太贵，单位提供的不用花钱。"

Q："那单位提供的住宿条件怎么样？"

A："出来打工嘛，能赚到钱就是了，条件差一点就差一点。"

Q："那如果政府设置相应组织为你们提供住房信息、房源等，会不会好一些，会减轻您刚才提到的'麻烦'？"

A："政府，肯定不会的啦。"

Q："我是说如果、假设……"

A："可能会有一些作用吧，但也因人而异，一个是政府提供的房源可能不一定合适，不一定有到我上班地点比较近的，（房子）远了我也不方便；第二个还得看房租，价格太高我也承受不了，宁可条件差一点；第三个是我们这种游击队，打一枪换一个地方，一个工程结束了就换到了另外一个地方的工地，住处也得换，自己折腾（租房）的话代价太高。"

　　而希望自己租住的农民工则比较年轻，家庭负担不是很重，从事销售、服务等带有一定技术含量的行业，他们大多对城市生活充满向往。他们之所以希望自己租住，一方面是他们进城务工的目的具有多重性，更多地希望自己能在城市开阔视野、提高能力，而对于能否赚到钱则看得比较淡。因此，尽管他们收入也不算高，但却希望能有机会更多地享受到城市生活，比较舍得在住宿及其他日常生活上支出。另一方面，单位提供的住宿在面积、设施条件等硬件或者是人际关系等软环境上难以满足他们的需求。

小孙，23 岁，电脑销售，湖北人

Q："关于住宿，您希望单位提供还是自己租住？"

A："希望自己租住。"

Q："为什么？"

A："我之前也住过单位提供的房子，包括以前现在的单位和以前的单位，有的是条件差，有的是跟同屋的人合不来，5~6个人住一个屋，大家生活习惯都不一样，晚上有打鼾的、有说梦话的，休息不好。以前是收入低，没什么积蓄，只好忍着；现在能负担得起租房，宁可少攒点钱也想自己租住。"

Q："那现在的收入会不会'月光'了？"

A："差不多吧，每个月剩不了多少钱，也就两三百吧。"

Q："那会不会觉得很不划算，在老家那边打工也能比现在剩得多吧？"

A："是啊，我朋友在老家每个月能净落1000左右呢。不过也不能羡慕他，毕竟来大城市不能只看眼前这些收入，在视野和能力上的提高的收获更大，打基础吧，希望以后能好些。不过我还是希望能有自己较为独立的空间，至少也要跟性格合得来的人合租，这样不仅能休息好，而且工作之余也能看看书、学习学习。"

尽管普遍认为女性对住宿条件更为挑剔，但由于女性在社会关系交往上相对较弱，再加上从农村到城市的时空变化，更降低了女性自己租住的可行性，因此更多的女性农民工选择"希望单位提供住宿"，特别是对于那些年轻的未婚女性，如果工作单位不提供住宿，父母是不会允许他们"进城"的。对于这些已经"进了城"的女工，由于是**"嵌入"**而非**"融入"**，即便他们更换工作，也仍然希望单位提供住宿。而那些"希望自己租住"的女性，大多是已婚女性，在租房行为中主要依附其丈夫。

小关，女，21岁，工厂工人，河南人

Q："为什么希望单位提供住宿呢？"

A："一个人在这边，也没有亲戚，没能力自己租，也不敢自己租，钱不够，没有合适的人一起租，也怕上当受骗，所以最好还是单位能提供住宿。"

Q："如果单位不提供住宿，你是不是就不会接受这个工作？"

A："差不多吧，我肯定是希望能提供住宿的工作，如果招工的说不提供住宿，那我就不会出来了，我爸也不会放我出来。现在招工的也多，再等等肯定会有提供住宿的工作的。"

Q："单位宿舍条件怎么样？"

A："我们 8 个人一间宿舍，上下铺，女孩子嘛，大都比较爱卫生，还有就是上班近，所以总体还可以。主要是洗澡不太方便，要到厂子附近的私人澡堂去洗澡。"

Q："你来北京也 3 年了，如果结束了这个工作，下一个工作不提供住宿，你会不会接受？"

A："看情况了，我明白你的意思，虽然说我来北京 3 年了，但这期间我也没怎么逛过，厂子也不允许我们外出，每个月只有两天能出去，所以也就对厂区周围还勉强熟悉，对其他地方根本不熟悉，所以即便是换了工作，我还是希望能找单位提供住宿的工作。"

4.3.2　租金：住房支出与增加储蓄的权衡

对于那些希望或需要自己租房的农民工，租金选择主要是在住房支出与增加储蓄之间的权衡。对于一个农民工，其收入是基本固定的，他们需要在房租支出和其他生活支出、储蓄之间进行权衡。即存在：

总收入 = 租房支出 + 其他生活支出 + 储蓄

农民工对房屋租金的重要性判断 　　　　　　表 4-23

租房时房租是否重要	人数	比例
非常重要（3分）	864	59.83%
重要（2分）	339	23.49%
一般（1分）	211	14.59%
不重要（1分）	30	2.10%

农民工在租房时对房租的多少还是相当看重的，有 59.83% 的人认为非常重要，23.49% 的人认为重要，14.59% 的人认为一般，而认为不重要的只有 2.10%。

对于大部分农民工来讲，他们大件的生活开支基本是在农村的家里完成，而在城务工这段时间里其他生活开支基本上是固定的，因此可以将其作为是一个常数项。因此上面公式可以写为：$\omega=a+r+s$；其中，ω 表示总收入，a 表示其他生活支出（为常数），r 表示房租支出，s 表示储蓄。

其总效用为：$TU=U_a+U_r+U_s$

其中 U_a 为常数，因此，TU 的大小取决于 U_r 和 U_s。根据效用理论和消费者均衡理论，消费者在收入既定的情况下，理性的消费者倾向于通过调整消费结构实现效用最大化，即 $\max TU=U_a+\max(U_r+U_s)$。

取得均衡的条件是 $MU_r=MU_s$，即住房的边际效用和储蓄的边际效用相等。

而从调查中了解到，农民工对其住房状况甚至生活状况总体不太满意，也就是说总效用处在次优的状况，这时储蓄的边际效用要大于住房的边际效用，因此在收入一定的情况下，为了获得更大的效用，他们只能尽量压缩住房支出，从而提高储蓄。

由于在现有的农民工工资水平范围内，再考虑到农民工家庭财富基础，住房的边际效用还远小于储蓄的边际效用，因此，即便是收入有小幅度的增长，增长的边际部分也更倾向于用来储蓄，而不是改善居住状况。

次优的状况尚不处于均衡，也就使得尚不存在效用的无差异曲线。当收入发生变动时，也就不存在无差异曲线移动的问题，而是从一个点移动到另一个点。由于农民工住房支出的收入弹性几乎为零，因此收入增加（减少）不会导致住房支出的增加（减少），因此（如图 4-4 所示），次优点沿平行于纵轴的方向向上（向下）移动。只有当收入提高到使得住房消费的边际效用等于储蓄的边际效用时，农民工才会增加其住房预算。

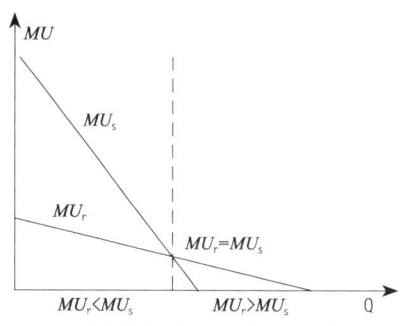

图 4-3 住房的边际效用和储蓄的边际效用

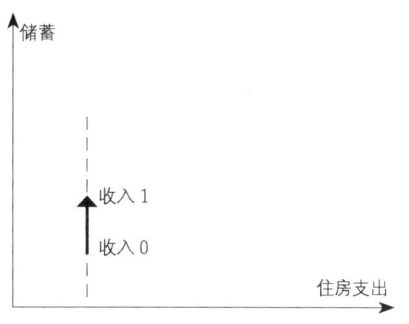

图 4-4 收入变动导致农民工住房支出和储蓄的变动

老孟，42 岁，个体户，河南人

Q：*"每个月花多少钱用来租房？"*

A：*"200 左右吧。"*

Q：*"住的条件怎么样，有厕所吗，洗澡呢？"*

A：*"不太好，是平房，很多人一起住，院子里有厕所，但是洗澡要到附近的澡堂才行，夏天就冷水洗洗，冬天有时候自己烧水洗。"*

Q："那每个月收入大概有多少呢？"

A："2000 左右吧。"

Q："为什么不多花点钱住得好一点呢？"

A："出来打工就是想能赚点钱，攒点钱，儿子快 20 了，初中毕业就开始打工了，我得开始攒钱给他娶媳妇了。"

Q："那如果收入再高点，会不会多花点钱来租房子？"

A："那得看高到什么程度了，如果每年能赚 10 万，那我肯定会租个条件好一点的房子住，但如果每个月多赚几百块，我觉得就没必要多花钱租房了，还不如攒下来呢。"

Q："那如果政府给提供租房补贴呢，比如每个月给你发 100 元房补，你会怎么办，会把它用来改善住房状况吗？"

A："这咋说，不一定吧，我觉得多半不会用来租房的，可能还是会省下来。再说了，多 100 块钱也改善不了多少，再换来换去的还挺麻烦的。"

与此同时，住房支出不随收入提高而提高。住房支出比例因人而异，主要取决于经济负担（反过来说就是财富状况）、预期收入两个因素。无论是经济负担还是预期收入，都取决于其在社会阶层中的相对位置。一方面，经济负担取决于财富状况，富有的家庭经济负担相对较小，贫穷的家庭经济负担相对较大，这与社会阶层中的位置有显著关系；另一方面，预期收入取决于其社会关系网络状况，社会关系网络强的，就可能得到更高收入的机会，而且预期收入的提高，也在一定程度上呈现出其在社会阶层中相对位置的向上流动。

4.3.3 区位：生活成本与通勤成本的权衡

在北京这样的大城市，区位显得尤为重要。一方面，如果是在中小城市，区位约束不强，无论住在什么地方对通勤都不会产生太大影响；另一方面，受住房搜索范围所限，也很难在整个城市内寻找合适的住房。因此在租房行为产生之初，便已经确定了"在哪租房"。

区位选择有两个层次，一是大区位，是指在城市中选择哪个大的片区；二是小区位，即在片区内具体选择居住地。从问卷数据中可以发现：

（1）从大区位上看，最主要的因素是"上班方便"（62.76%），"上班方便"本质上涵盖了距离和交通条件两个方面，即上班距离近，交通方便。第二多的原因是"靠近老乡"（21.11%），这反映出"老乡"这一内生社会关系网络对农民工空间区位选择的重要影响。而"医院"、"影剧院、KTV"等分别只占7.22%和8.91%，反映出农民工对这类服务设施的考量并不重要。

（2）从小区位上看，最主要的因素分别是"靠近公交车站、公交线路多"（35.12%）和"生活成本低"（30.26%），前者是对工作的考虑，实际上还是"上班方便"，后者是对生活上的考虑，即希望居住的区位能有较为低廉的生活成本，这样收入一定、开支较小，有助于更多储蓄。而地铁因素（12.44%）则没有公交因素那么重要，这在前文关于农民工通勤方式的研究中已有分析。认为"商场、超市、餐厅等设施"为最主要原因的有11.68%，比重较低，这反映出农民工对这些规范的商业设施的需求较小，在调查中了解到，农民工生活中经常光顾的多为菜市场、杂货店等提供低档次、低价格商品的商业设施。而"停车场"（3.56%）、"学校"（6.94%）所占的比重比较低，主要是部分群体的个性化需求，如小商贩、交通运输等行业的则需要在租房时考虑是否有地方放车，而带小孩的家庭则需要考虑是否到学校近、孩子上学是否方便。

区位选择原因调查汇总　　　　　表4-24

原因	平均得分	非常重要
大区位	上班方便	62.76%
	靠近老乡	21.11%
	到医院近，看病方便	7.22%
	KTV、影院、剧场等服务设施	8.91%
小区位	靠近地铁站	12.44%
	靠近公交车站、公交线路多	35.12%
	附近有停车场	3.56%
	商场、超市、餐厅等设施	11.68%
	有学校，子女上学方便	6.94%
	生活成本低	30.26%

综上可以看出，农民工在决定在哪租房时的主要权衡是"靠近老乡"与"上班方便"之间的权衡，经常情况下两者会比较一致，而当两者不太一致时，这就需要农民工自身的权衡，即哪一个对他们更为重要。但实际上，无论是"上班方便"还是"靠近老乡"都是为了"工作发展"，因此这两种动因的区位选择都是该目标的空间表征，在空间呈现出以工作地为中心的空间"粘滞性"，在"大区位"上受"工作发展"的目标约束较显著。当然，也存在例外的情况，如受配偶工作地影响、受子女学校地影响等。而在小区位上的权衡则主要表现为周边生活成本、周边设施条件与房屋本身性价比（包括租金和条件）的权衡，由

于农民工对居住条件上的硬约束并不多，因此在这一权衡中主要表现为"生活成本"指向和"交通条件"指向。

无论是大区位选择中的权衡，还是小区位选择中的权衡，其最终结果受农民工的来京务工年数、年龄、进城模式影响显著，来京务工年数长的样本对社会关系网络的依赖性降低，倾向于靠近工作地；家庭进京的则要考虑家庭成员的需求，倾向于选择靠近社会关系网络；年轻人"闯"的愿望比较强烈，对内生社会网络的依赖性较低，倾向于靠近工作地和便于发展外生社会关系网络。该维度选择的主要表征为农民工居住选择的年龄分异、进城模式分异、务工年数分异。

4.3.4 房屋条件：面积与设施之间的权衡

租什么样的房子，主要包括房屋外部条件、内部条件、房屋面积三个方面。与前面三个维度的选择不同，农民工在这一维度上选择的主动性显著增强，即选择"要面积"还是"要条件"完全取决于农民工自身倾向。

被调查者关于房屋属性重要性打分汇总　　　　　　表 4-25

	平均得分	非常重要 （3 分 [1]）	重要 （2 分）	一般 （1 分）	不重要 （0 分）
房屋租金便宜	2.41	59.83%	23.49%	14.59%	2.10%
房屋面积	1.55	17.11%	32.09%	39.66%	11.14%
周边环境及设施完善	1.87	30.09%	33.25%	30.35%	6.31%
房屋状况好	1.80	24.24%	51.87%	24.96%	10.96%

农民工对面积、外部设施、内部设施的重要性程度认识不同，总体上呈现出"要条件"而不"要面积"。相对而言，认为房屋周边环境和设施最为重要（1.87），其次是房屋状况（1.80），房屋面积的得分最低（1.55）。

房屋条件、面积重要性评价的性别差异　　　　　　表 4-26

	男性				女性			
	平均分	3分	2分	1分	0分	平均分	3分	2分	1分	0分
社区治安状况好	2.13	42.9%	33.6%	17.9%	5.6%	2.48	60.4%	29.6%	8.3%	1.7%
环境整洁、安静	1.95	28.7%	45.0%	19.7%	6.6%	2.29	45.9%	40.8%	10.7%	2.5%
物业管理水平	1.42	17.4%	28.6%	33.2%	20.8%	1.81	26.4%	40.3%	22.6%	10.7%

---

[1] 问卷中最初设计了"5、4、3、2、1"5 档，但预调查中发现农民工在感官上很难区分 5 档，遂将其分为"3、2、1、0"共 4 档。

	男性				女性			
	平均分	3分	2分	1分	0分	平均分	3分	2分	1分	0分
有自来水	2.54	67.5%	22.6%	7.1%	2.9%	2.69	74.5%	21.8%	2.8%	0.8%
有暖气	2.24	53.0%	25.4%	14.9%	6.7%	2.49	63.4%	26.0%	7.8%	2.8%
上厕所方便	2.39	55.4%	31.4%	7.7%	5.4%	2.57	66.3%	27.2%	4.2%	2.2%
洗澡方便	2.22	49.5%	28.8%	16.4%	5.2%	2.51	64.5%	25.9%	6.2%	3.4%
门窗、房屋安全	2.41	59.3%	27.8%	8.4%	4.5%	2.69	75.5%	20.3%	2.8%	1.4%
房屋面积	1.79	25.5%	35.8%	31.6%	7.1%	1.39	12.8%	29.3%	41.7%	16.2%

总体上看，无论是男性还是女性，都认为自来水、厕所、暖气非常重要，而认为环境整洁、物业管理水平、房屋面积不太重要。

从主体差异来看，男性和女性在"要面积"和"要条件"上的选择差异显著。相对而言，男性比女性更看重房屋面积，显示出男性先天地在空间上的占有欲。而女性在社区治安、环境整洁、暖气、厕所、洗澡设施、门窗牢固等方面的需求要显著高于男性，这显示出女性跟男性的巨大差异，即一方面女性对卫生条件更为看重，包括社区环境和个人卫生设施（厕所、洗浴设施等），另一方面女性由于身体条件的弱势地位，对社区治安、房屋安全等更为看重。

本节小结：

农民工住房选择是一种空间消费行为。与消费者消费行为存在一定的相似性。其各个维度上面对不同的权衡。

农民工住房选择行为与消费者消费行为对比　　　表 4-27

决策层次	农民工住房选择决策	消费者消费行为
行为的动机	租房与否	购买与否
行为的边界	租金预算	预算如何
行为的环境	区位选择	从哪购买
行为的内容	住房条件	买什么样的

（1）**权属选择权衡**：是否租房的选择一般是与工作选择结合在一起的，本质上是"租房"和"工作"之间的权衡，既具有被动性，又具有主动性。被动性是指在与雇主协议是否提供住宿时，农民工缺少博弈能力；主动性是指如果农民工在"租房"和"工作"间权衡后仍认为需要雇主"提供住宿"，那么他可以主动放弃该工作机会。

（2）**租金选择权衡**：本质上是收入一定的情况下，"住房支出"和"储蓄"

之间进行权衡。本节从两个维度对该决策中的"房租支出"进行考量，一是房租支出总量，发现由于储蓄效用的边际增长要远高于住房效用的边际增长，因此农民工更倾向于将收入提高的部分用于储蓄而不是改善居住；二是房屋支出占总收入的比例，发现该比例的差别主要取决于农民工的经济负担和未来收入预期两个因素，而与当期收入无关。

（3）**区位选择权衡**：区位选择表现出以工作地为中心的空间"粘滞性"，即在"大区位"上受工作地约束较为显著。但也有例外情况，主要表现为受配偶工作地影响、受子女学校地影响和受社会关系网络影响，或是受交通条件的影响，因此，其在本质上是在租金预算约束下，靠近工作地和靠近社会关系网络（包括家庭成员的需求）的权衡。该权衡的结果受农民工的来京务工年数、年龄、进城模式影响显著，来京务工年数长的样本对社会关系网络的依赖性降低，倾向于靠近工作地；家庭进京的则要考虑家庭成员的需求，倾向于选择靠近社会关系网络；年轻人"闯"的愿望比较强烈，对内生社会网络的依赖性较低，倾向于靠近工作地和便于发展外生社会关系网络的区位。

（4）**房屋条件选择权衡**：主要是房屋设施和面积的权衡，以及在大区位确定之后的小区位。研究发现，其在本质上是预算和区位约束下的"要面积"和"要条件"之间的权衡，本研究认为，与前面三个层次的选择受制于较强客观约束不同，在该层次选择上农民可以发挥较强的主观能动性。在"要面积"和"要条件"选择上的性别差异显著，女性表现为"要条件"，对房屋条件如厕所、浴室、周围环境等的要求更高，而男性则更多表现为"要面积"希望更大的居住空间，而对居住条件的要求不高。

4.4 农民工居住选择的内在逻辑：有限能动与社会制约

西方在经历了能源和经济危机之后，人文地理学研究开始转向分析解决现实社会和生活问题（柴彦威等，2008）。此时，行为地理学研究逐渐把偏好选择过程视为其制约下的结果，将行为的发生放到更大的社会结构背景中去考察。行为地理学家很早就注意到了实际空间与行动空间的区分（Kirk W.，1963），后者是影响行为决策的感知空间，两种空间之间的差异部分可以被理解为决策选择集的局限性，从而为非理性行为给出了一种解释框架。Desbarats（1983）认为在预期阻力、社会规范等制约下，个人在决策过程中逐步排除不可能的选择，最终剩下的选择即是实际行动。

农民工的居住选择是一个复杂、综合的过程，受经济、社会、文化、心理等多种因素的影响，基于以上对北京外来农民工住房权属、租金、区位、住房条件选择定量研究的结论，本节将按照上述框架，进一步对农民工居住选择的逻辑层次进行分析，从主观偏好和客观约束切入，将农民工居住选择的内在逻辑概括为**有限能动与社会制约**，即农民工的居住选择是个人能动性的结果，同时也是社会制约的结果，并且这种个人能动性由于受到更为显著的社会制约而显得非常有限，是有限能动。

4.4.1 社会制约的类型和强度

个体的差异和生活的历史与变化着的环境相互作用，产生了行为的结果和他们相互关联的张力（G.H. 埃尔德、葛小佳，1998）。也就是说人总是在一定社会建制之中有计划、有选择地推进自己的生命历程，人在社会中所作出的选择除了受到情景定义的影响之外，还要受到个人的经历和个人性格特征的影响。个体差异和环境之间的互动产生出个体的行为表现，因此个体行为难以脱离社会制约。

农民工在居住选择的过程中受到很强的社会制约，在权属选择时要受到雇主是否提供住宿的制约，如果雇主不提供住宿，那么其必然要自己租房；在租金选择时要受到租金约束的制约，较低的预算制约其住房选择中能动性的发挥；在区位选择时又要受到工作地、生活成本、社会关系网络等约束。

这些社会制约在强度上具有显著的层次性，来自雇主的约束强度最大，是一种刚性的约束；而租金预算约束次之，是一种弹性约束；而来自工作地、生活成本、社会关系网络的约束再次之，是一种柔性的约束。

（1）雇主的刚性约束

在农民工租房与否主要取决于雇主是否提供住宿，如果雇主提供住宿则不需自己租房，反之，如果雇主不提供住宿，则需要农民工自己租房。在当前劳动力充分供给的背景下，农民工基本上没有与雇主进行谈判的能力，因此只能被动地接受，如果农民工非常希望单位提供住宿，那么只能放弃该工作机会。从这个意义上看，在租房与否的选择上，农民工面临的是来自雇主的刚性约束。

雇主刚性约束的另一个方面是，一旦农民工接受了雇主提供的住宿，那么他就放弃了自我选择的机会，只能被动地接受雇主提供的住宿，包括房屋的区位和条件等。雇主在提供住宿与工资水平之间有一个权衡和替代，提供住宿必然会相应地降低工资，因此也可以说，接受了雇主提供的住宿，实际上也接受了该房屋的租金。

（2）租金预算的弹性约束

农民工在大城市的务工目的，对储蓄（能不能挣到钱）格外看重，于是将房租预算及其他生活成本压缩到最低，即便收入小幅上涨，也不会转化为房租预算的提高。一般来讲，高的租房支出更容易获得区位好、条件好的住房，而农民工较低的房租预算约束，使他们选择空间相对狭小。

但是租金约束不如雇主的约束强度大，是一种弹性约束，主要表现为，如果农民工自身收入超过了某一阈值，或者是对未来获得稳定的较高的收入有预期，那么他们就会适当调高租金预算，这必然会扩大其住房选择空间。

（3）就业地的柔性约束

就业地的约束是许多研究中关注到的，前文的研究也认为就业地是农民工住房区位选择的重要考量因素，但其约束程度并没有那么强，是一种柔性的约束。在农民工住房区位选择中，就业地只是其中一个考虑因素，除此之外还有社会关系网络、生活成本等要素，也有一定比例的农民工出于靠近社会关系网络的需要或是降低生活成本的需要，远离就业地的区位，这正表示了就业地约束的可替代性（可破解性）。

相比于刚性约束（0和1的选择）和弹性约束（大和小的选择），这种柔性的约束表现出不同的特征和可能性，即多数时候这种约束是存在的，但有时候农民工也可能为了别的考虑而部分地或完全地打破这种约束。

4.4.2 有限能动下的偏好

居住选择是个人能动性的结果，个体能够通过自身的选择和行动，利用所拥有的机会，克服历史与社会环境的制约，从而建构他们自身的生命历程（G.H. 埃尔德，2002）。而农民工的这种个人能动是在社会制约下的有限能动。有限能动包括以下几方面含义：

（1）相比于城市居民，农民工的个体能动性非常有限

不管是城市居民还是农民工，其在居住选择上都具有社会制约，不过相比之下城市居民由于其经济状况较好、社会关系网络较强，其突破制约的能力较强，因此社会制约较弱。而农民工由于其收入较低、工作不稳定、社会关系网络较弱、体制机制障碍较多，其在居住选择上的社会制约特别突出，选择空间相对较小，个体能动性非常有限。

（2）农民工内部不同个体的能动性不同

农民工个体的能动性不同，由于不同个体拥有的经济社会资源不同，其克服社会制约的能力也有显著差异，因此其居住选择的个人能动空间也存在较大差异。经济条件好、务工时间长、收入高、工作稳定的农民工的能动性较大，而那些家庭负担大、工作不稳定、收入低的农民工个体能动性就较小。

（3）有限能动下的群体偏好和个体偏好

在有限能动的前提下，农民工居住选择的差异取决于个人偏好，具有相同社会约束的两个农民工可能选择差别较大的住房。这些偏好有的是群体特征的反映，如女性农民工多看重住房的卫生条件、男性更关注房屋面积等，新生代对区位、条件的要求高于年长者等；也有一些是个体性的偏好，受到特殊情境

和他们对情境理解差异的影响，也受制于个体生命经历和气质。无论是群体性偏好还是个体性偏好，都是在社会制约的有限能动下的偏好。

4.4.3　居住选择的逻辑演绎

习惯上，人们在面对有约束的选择时，常常会先考虑那些约束更强的维度，如果能通过，则可以继续该选择过程，进一步考虑约束强度次之的维度，而一旦无法通过强约束，则会跳出这一选择过程，重新开始选择。因此，尽管农民工居住选择不同维度几乎是同一时间发生的行为，但仍然存在逻辑上的先后顺序，即首先权衡约束程度最强的维度并作出决策，其次再考虑约束程度次之的维度，并且约束程度越弱，决策的次序越靠后，最后发生的是主观能动的选择。

这样，按照约束先强后弱的顺序，本研究抽象出农民工居住选择的逻辑层次，如图4-5所示：

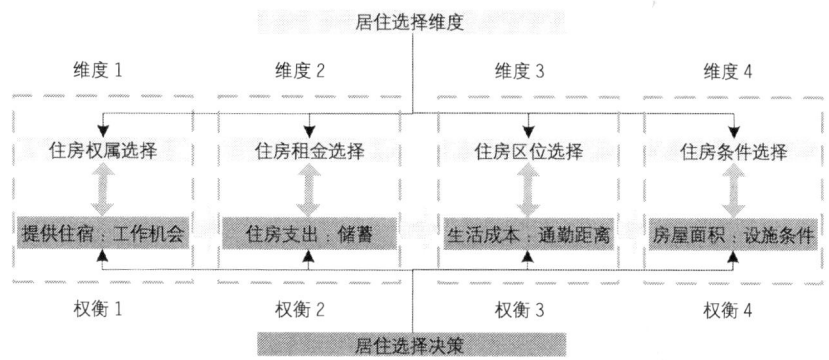

图4-5　农民工居住选择的逻辑层次

4.4.4　居住选择的双重分异机制

研究农民工居住选择，其目的一是要揭示什么样的人选择了什么样的住房，二是要揭示为什么特定的人选择了特定的住房，即为什么会产生这些差异。本节即以"差异"切入阐释农民工居住选择的分异。

基于"有限能动与社会制约"，可以发现农民工居住选择上具有双重分异性，首先，由于不同个体克服社会制约的能力不同，因此其社会制约的强度不同，这种制约差异会使其居住选择产生分异，由于社会制约具有被动性，因此称之为"社会制约下的被动分异"；其次，在既定的社会制约下，由于个体经历和习惯的差异也会使其居住选择结果有很大不同，称之为"个人偏好下的主动分异"。

社会制约下的被动分异和个人偏好下的主动分异，宏观上共同形成了农民工居住选择错综复杂的结果。而对于微观个体来说，受社会制约和个人偏好驱动，形成了其特定的居住选择。不管是在宏观上还是微观上，社会制约具有先决性和强制性，而个人偏好具有有限性和随机性。

（1）社会制约下的被动分异

在社会制约下，农民工由于其克服社会制约的能力不同，致使其居住选择产生分异。这种分异具有被动性，即在存在既定社会制约的背景下，对一个给定能力的农民工，其面对社会制约时的能力是固定的。从长期来看，农民工通过自身努力可以实现收入提高、社会关系网络增强等，这些都能在一定程度上提高其克服社会制约的能力。但在短期内，对于给定的农民工，自身克服社会制约的能力是难以改变的，由此产生的被动分异，需要通过制度调整来改进。

被动分异的主要表现为农民工社会、制度、经济等属性差异所导致的居住选择差异，如职业、收入、单位性质、单位补贴等，其中职业和收入的差异更为显著（前文计量分析结果）。

（2）个人偏好下的主动分异

在社会制约的前提下，农民工才能进行基于个人偏好的居住选择，形成主动分异。例如女性普遍对住房安全、卫生等更加看重，年轻人在区位上更向往中心城等，这都是由于个人文化背景、观念等形成的在住房需求上的偏好。

主动分异主要表现为农民工个人属性的差异所导致的居住选择差异，如性别、年龄、学历、婚姻状况等，其中性别、年龄的差异性更为显著。

农民工住房支持政策目的应该是帮助农民工破解社会制约，但其政策依据上应该基于个人偏好，通过对主动分异的归纳和分析，总结农民工居住选择规律，并将农民工个人偏好与社会制约间的冲突进行比较，剖析出政策瓶颈，从而提出更有针对性的政策设计方案。

正如福特森认为，居住不仅具有住所的功能，还具有个人保障、自主、舒适、财富和社会地位以及接近其他匮乏的城市空间资源的功能，如教育、医疗和休闲设施等。由于居住场所的这一价值在不同人群的眼里是不一样的，并且会随着的生活周期、生活经历、社会阶段等不同而相异，以此为基础，福特森建立了居住需求的分异体系（如图4-6所示）。

以此为起点，根据定量分析结果、决策权衡分析和内在逻辑的分析，发现农民工居住选择实际上是"被选择"或者"没选择"，是社会制约下的有限能动，前文对社会制约的类型和强度进行了分析，发现农民工居住选择的自身能动性非常有限。由此导致了农民工居住选择先是基于个体克服社会制约的能力差异产生被动分异，在此基础上再根据农民工的个人偏好产生主动分异。

由于个体克服社会制约的能力在短时间内难以改变，并且农民工群体社会生态位势总体较低，因此单纯收入的提高，或者单位增加补贴不会显著影响农民工的居住选择；而反映社会生态位势的"工种层级"因素对农民工居住选择

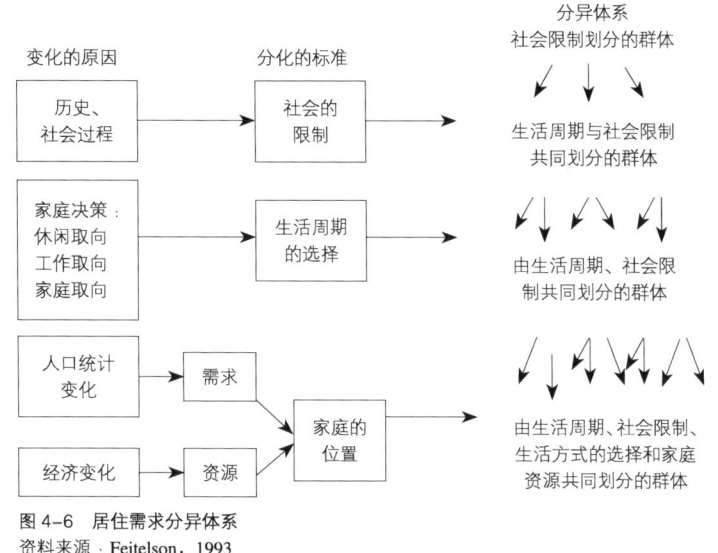

图 4-6　居住需求分异体系
资料来源：Feitelson，1993

具有较明显的关系，即产生社会制约下的被动分异。前文的定量分析结果还显示年龄、性别等因素关系显著，除了变量自相关（如工种层级和年龄）的贡献外，主要还是农民工个体偏好所导致的主动分异。

农民工居住选择双重分异机制的含义是，在相对宽松的制度环境下，社会制约与有限能动之间可以形成互动，主动分异中的群体行为可以对制度改进方向产生影响。

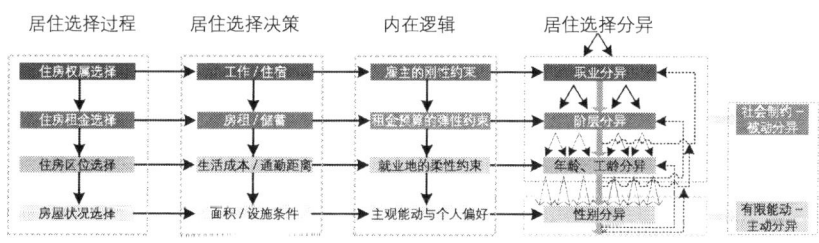

图 4-7　农民工居住选择双重分异机制示意图

5   北京外来农民工的迁居

居住的稳定性是衡量居住状况的重要指标之一。迁居在西方国家尤其是北美城市是很普遍的现象，迁居会使城市空间结构发生改变，使城市出现人口空间、社会空间、功能空间的地域分化，因此有的学者认为"城市内住宅位置的变化在改变城市系统和城市空间结构中起着重要作用"。正因为如此，迁居在西方城市研究中占重要地位。

广义上的人口迁居（residential mobility）指的是家庭的居住地从一个地点移动到另一个地点。既包括城市间的迁居（interurban migration）[1]，也包括城市内部的迁居（intraurban migration），其中城市内部的迁居研究居多。

农民工居所的空间变化具有双重性。一方面，他们从农村到城市的迁移（以劳动力转移为核心，具有临时性），属于具有城市间的迁居的属性；另一方面，他们在就业地城市也不断进行迁移，是城市内部的迁居[2]。**本书所要关注的是城市内部的迁居，对前者即城乡之间（包括城市间）的迁移不作讨论。**然而，对农民工在京迁居的理解要考虑到迁移的双重性，前一种迁移产生一种筛选，即他们对是否外出务工或是否进京务工的决策过程包含了个人行为偏好特点，这就使得进京的农民工在诸多特征上（特别是在思想观念一类的特征上）具有一定的同质性，这让他们既有别于北京市民，也有别于传统农民。

近年来，西方城市人口迁居研究较关注迁居类型、迁居主体、驱动机制以及迁居决策等议题。本章以此作为理论起点，首先对迁居总体状况进行概述，在此基础上分析了迁居频率的主体差异、时空间特征、迁居的原因；并基于动因和结果对北京外来农民工迁居进行类型划分，对各类型的迁居决策进行了行为分析；最后分析了农民工迁居的阶段性，并在理论上进行了尝试。

---

[1] 国外学者对迁居（residential mobility）的研究主要包括城市间和城市内部两种，实际上，城市间的迁居包括城市间迁移和城乡间迁移。

[2] 如无特别说明，本书中统一将之称为迁居。

5.1 迁居的总体状况

本节从频率、空间、决策过程、效果四个角度分析北京外来农民工迁居的总体状况。

5.1.1 频率：迁居频繁

农民工的迁居频繁。问卷调查表明，**农民工的迁居发生率为 72.53%**[1]。有 15.43% 的农民工有 1 次迁居经历，2~4 次迁居的有 40.62%，5 次及以上的占 13.01%。反映出农民工在居所上的流动性和不确定性。

北京市外来农民工迁居次数及比例　　　　　表 5–1

迁居次数	样本数	比例	人次合计 [2]
0	397	27.47%	0
1	238	16.47%	238
2	220	15.22%	440
3	208	14.39%	624
4	194	13.43%	776
5 次及以上	188	13.01%	1316
合计	1445	100.00%	3394

从频率上看，在被调查的 1445 份问卷中，**平均每人迁居次数为 2.35，平均每人每年迁居次数为 0.97**，这表明平均差不多每人每年要搬家一次，迁居频繁。

平均每人迁居次数　　　　　　　表 5–2

次数和频率	数值
平均每人迁居次数	2.35 次 / 人
平均每人每年迁居次数（频率）	0.97 次 / 人 · 年

远高于西方国家城市居民迁居率。尽管西方城市家庭迁居非常普遍，澳大利亚、新西兰、北美等国家地区，15%~20% 的城市家庭曾发生过迁居。在美国，

---

[1] 注：72.53% 的农民工有过在京迁居经历。需要指出的是，由于在问卷中，有迁居经历的需要填写迁居部分的问卷，所以不排除有部分受访者因此隐瞒迁居经历。事实上的 0 迁居的比例要比上述数据低一些。另外，本书问卷统计的是迁居次数，不是居所个数，如迁居 1 次，表明经历过两处居所，迁居 2 次，表明经历过 3 处居所，以此类推。

[2] 对于"5 次及以上"的按平均 7 次计，合计得 3394 人次。

位于高速增长的西部、南部和墨西哥湾沿岸的城市居民迁居是位于低增长的东北部城市的两倍。在欧洲,迁居率也存在着地区差异,但总体上的变动在 5%~10% 之间。

欧洲部分城市 20 世纪 80 年代的城市内部迁居率　　　　表 5-3

城市	千户迁居率（‰）	城市	千户迁居率（‰）
阿伯丁	73.8	里斯本	39.9
阿姆斯特丹	93.3	里昂	71.9
西柏林	116.3	曼彻斯特	66.4
布鲁塞尔	57.0	慕尼黑	72.9
哥本哈根	116.0	纽卡斯尔	70.9
科克	21.3	波尔图	39.9
第戎	70.3	巴黎	59.9
都柏林	20.3	罗马	70.5
日内瓦	100.6	坦佩雷	120.7
戈森堡	97.1	图尔库	113.5
汉堡	85.9	设菲尔德	70.5
赫尔辛基	119.4	斯德哥尔摩	57.5
科隆	83.0	维也纳	48.8
洛桑	109.4	苏黎世	103.1
伦敦	76.2	**北京外来农民工**	**725.3**

资料来源：White（1984），Table2；转引自：Paul Knox and Steven Pinch. 柴彦威，张景秋等译. 城市社会地理学导论. 北京：商务印书馆，2005.

5.1.2　空间：短距离、向心迁居为主

迁居距离和方向等议题也一直是迁居研究的热点。几乎所有的研究都发现,大多数迁居都是倾向于较短距离的,迁居距离的差异通常与收入、种族和迁居前的住房状况等有关（Knox & Pinch，2000）。而方向也是反映迁居特征的重要维度,其迁居在城市中的向心、离心过程既是城市内部空间发展演化的结果,同时也影响着城市内部空间的发展演化。

（1）迁居的距离：短距离迁居为主

样本平均迁居距离为 8123.8m,其中：短距离迁居的比例较高,中距离迁居次之,远距离迁居比例较低。0~5km 和 6~10km 的迁居分别占到总数的 33.14% 和 26.89%。10~20km、20~30km 的中距离迁居分别占到 14.87% 和 10.82%。30~40km、40~50km 及 50km 以上的远距离迁居分别仅占 6.05%、4.91%、3.32%。

短距离迁居为主,这与大多数关于迁居研究的结论较为一致。从总体上讲,迁居的短距离性主要受三个方面原因的影响：**空间认知的局限性、社会网络的**

粘滞性、居住效用的趋大性。空间认知的局限性是指这些农民工受其活动半径的限制，对大城市的空间认知具有局部性，更倾向于居住在某一特定区域附近；社会网络的粘滞性是指农民工在一地居住后产生新的社会关系（如邻里关系等），这些新老社会关系的存在，使得单个或单个家庭农民工不愿脱离"组织"；居住效用的趋大性是从另一个角度的解释，农民工在某地居住后，会在与他人的交流中获得该地附近更为充分的住房信息，如果他得到了对其更为有利的消息，这种居住效用的趋大性会促使短距离迁居的发生。

各距离的迁居人次及其比例　　　　　　　　　　表 5-4

距离	0~5km	6~10km	10~20km	20~30km	30~40km	40~50km	50km 以上
比例	33.14%	26.89%	14.87%	10.82%	6.05%	4.91%	3.32%

与短距离迁居较为一致的是，区县内迁居所占比例较大，跨区县迁居比例较小。区县内迁居占到 68.43%，而跨区县的迁居才占到 31.57%。如果刨除区县边界附近的跨区县迁居，这一比例将会更低。

跨区迁居与区内迁居的比例　　　　　　　　　　表 5-5

	区县内迁居	跨区县迁居	合计
比例	68.43%	31.57%	100.00%

（2）迁居的方向：向心大于离心

对于迁居方向的分析，纯粹的东南西北缺少地理学含义，本研究采用了向心、离心方向来进行分析，以天安门广场作为中心点，测算迁居前后两个居住地到原点的距离，如果迁居后的居住地到中心点的距离小于迁居前则定义为向心，反之则为离心。

运用 GIS 的空间分析功能，经过统计发现北京外来农民工迁居方向上向心大于离心，向心迁居的占 52.83%，离心迁居的占 47.17%。

不同方向迁居（向心与离心）的比例　　　　　　表 5-6

	向心迁居	离心迁居	合计
比例	52.83%	47.17%	100.00%

经济驱动是农民工进城务工的主要动力，因此本研究以行政区（区县）为单元，分析迁居的经济梯度方向，**"向上"**是指在发生跨区迁居的样本中，从经济发展水平（人均 GDP）较低的区县向经济发展水平较高的区县迁居的；**"向下"**

则相反。结果发现，"向上"迁居的占 68.24%，向下迁居的占 31.76%，向上迁居略高于向下迁居。

可见以租房为特征的农民工迁居与国外对城市居民迁居的研究结果有较大差别，在西方学者的迁居研究中，尽管很少能得到统一的结论，但至少能够确定，绝大部分的迁移发生在具有相似社会经济属性的普查区之间（Duerloo et al.，1990）。而北京农民工的向上型迁居的特点与之有显著差别。向上迁居的内在解释是，经济发展水平高的区县往往有更多的就业机会和较高的工资水平，这对以"务工"为目的的农民工形成较大的吸引力。

不同方向迁居（经济梯度）的比例　　　　　　　　表 5-7

	向上	向下	合计
比例	68.24%	31.76%	100.00%

5.1.3 过程：信息渠道少、决策仓促

无论迁居的决定是自愿的或不自愿的，所有迁移家庭都必须经历寻找合适空房和决定适用新居的过程（Paul Knox and Steven Pinch，2000）。住房搜寻行为在居住迁移研究中处于非常重要地位，搜寻空间个体偏差对最终区位决策影响非常大。住房寻找过程的一般目标是在可利用的时间范围内找到合适类型、合适价位的住房。住房搜索存在时间制约（Palm，1976），有些人可能不需要费力去寻找，因为他们的迁居决定可能是因为偶然发现了有吸引力的空房，这种偶然迁移大约占到全部城市内部迁移的 25%（Brown and Moore，1970）。目前国内居住迁移微观研究集中于居住迁移的影响因素和空间特征上，而住房搜寻行为等方面研究相对较少。

表 5-8 对北京外来农民工住房搜索时间的汇总可以看出，有超过 50% 的人住房搜索时间不到一个星期，而超过 75% 的人住房搜索时间在半个月以内，有约 90% 的人住房搜索时间在一个月以内。

迁居住房搜索时间调查汇总　　　　　　　　表 5-8

住房搜索时间	样本数	比例
一个星期	539	51.43%
半个月	262	25.00%
1 个月	118	11.26%
2 个月	37	3.53%
3 个月及以上	92	8.78%
合计	1048	100.00%

可以这样来理解住房搜索时间：如果他们花费更多的时间和金钱用于寻找新房，那么搜索空间和搜索过程都可能有所变化。当时间快要花光时，就必须要改变搜索策略以确保找到新房。因失败带来的焦虑可能导致他们修正其期望区域，缩小搜索空间，并且改变对信息来源的利用；而且时间的压力可能使人们作出错误的选择。另一方面，搜索过程越长，他们对住房市场的了解就会越多。因此，每个人都必须在搜索及学习带来的好处与成本（包括物质和心理成本）之间找到平衡。

造成迁居过程仓促的原因很多，总体上看，主要有以下几个方面：

（1）经济与文化的约束。农民工房租每月一付[1]，被通知的时间通常很短，时间约束较强，必须得在规定的时间内找到合适的房源。从下栏的访谈记录，可以看出，由于农民工收入的有限和不稳定，导致其房租支付一般为每月一付，从对等的角度讲，房东在提前20天到1个月提醒搬离也是合理的。然而这个时间对于工作时间长、劳动强度大、休息时间少的农民工来讲有些局促。

小王，男，29岁，建材销售

Q："找房子一般要多长时间？"

A："一个星期左右。"

Q："这么短时间够用吗，能找到满意的吗？"

A："哪能？但是也没办法，凑合着住吧。"

Q："那为什么只用这么短时间呢，提前找效果估计会更好吧？"

A："房东通知我们搬家的时候，一般只有两三个星期的时间，我还有自己的工作，下班就很晚了，也没什么时间去找房子，说是用一个星期的时间，实际上也就是一两个周末的时间。"

Q："为什么房东通知那么晚啊？"

A："因为我们房租是一个月一个月交的，所以房东通知时一般也只有不到一个月。"

Q："为什么不让住了？"

A："房东说是房子要装修一下给父母住，其实就是不想让我们住了。"

——**隔阂：歧视和漠视**。我们没有继续问下去，言语中感受到了小王对与

---

[1] 每月一付的占69.20%、每季一付的占17.45%，见前文。

房东的关系的无奈。这其中除却职业、收入等经济因素外，还透视着城乡之间文化背景上的差异所造成的隔阂，**而这种隔阂可以分解为"歧视"和"漠视"两个层次**。歧视，主要是指城乡在生活习惯（特别是卫生习惯）上的差别，使得很多房东宁愿以更低的租金租给大学毕业生、城市户籍的外来务工者等更为认同的群体。漠视，则是指由于农民工社会关系网络较弱，理性地讲，房东没有与农民工房客深入交往的诉求，他们之间仅限于以房租为纽带的经济关系，即便农民工访客对房东示好，房东也很少"走近"他们，更没有"打开"自己。"歧视"和"漠视"形成一种负反馈的隔阂，逐渐地，农民工房客不再向房客示好，而房东则更漠视这些房客，呈现出对立化的趋势。

（2）时间的约束。众所周知，农民工普遍工作时间较长，且带薪的节假日较少。对他们来讲，花时间找房子就得请假，就会影响收入，所以他们大多希望尽可能快地找到合适的房子，如果没有非常合适的，就会退而求其次。

> **小彭，男，29岁，装潢装修**
>
> Q："找房子时的主要困难是什么？"
>
> A："没有时间，我们一个月才有两天的休息时间，休息就没有工资，请一天假就会少挣一天钱。所以只能是休息的时候找房子，基本上一天就定下来了。"
>
> Q："有没有一些朋友或老乡能帮上忙的？"
>
> A："跟朋友、老乡聊天时也经常会聊起租房的事儿，也会有一些信息，但感觉还很有限，一方面他们跟我差不多，认识的人和信息有限；另一方面他们又跟我不太一样，提供的房源信息也大多不合适。"
>
> Q："为什么不去找房产中介帮忙？"
>
> A："我，包括我认识的打工的人，都很少通过房屋中介去租房，主要是两方面原因吧，一个是房屋中介一般都不做我们这块，可能是我们支付能力有限，做这个没账算吧，赚不到钱，自然就不会有人做。另一个是，通过房屋中介找房子，需要支付费用，对我们大多数人来说，能省一个是一个，如果花一百块钱去找中介帮忙，比我一天的工资都多，那还不如我请一天假自己来找房子呢。"

上面案例可以看出，农民工在租房时首先考虑的并不是房租最便宜，也不是住房的舒适性，而是大多将住房作为其"进城务工"的一部分来看待，力求"进城务工"的总效用最大化，即赚到更多的钱（纯收入），因此他们大多希望在开支较小的情况下尽可能扩大收入，即不旷工、少请假等。

（3）信息的时间弹性为 0 或很小。对时间约束的理解，实际上是假设这部分时间没有用在工作上而导致的损失，由于农民工不愿意放弃这个损失，因此就不愿意将这部分时间从工作中转移到找房子上。也可以换个角度看，即如果把这部分时间放到找房子上会有多大的收益？一方面，由于农民工自身能力和社会网络有限，因此他们获取住房信息的能力有限（28.91% 的人靠自己寻找房屋，见表 5-9）、住房搜索的范围也非常有限 [1]，这使得他们**花费更长时间搜索的效果并不理想**，如果花更长的时间却找不到总效用（进城务工的总效用）更高的房子，那么他们就不会花太多时间在住房搜索上。另一方面，符合他们需求的出租屋的供给有限，因此多花时间搜索，也不会有更多的选择。

住房搜索信息来源结构表　　　　　　　　　表 5-9

	样本数	比例
朋友介绍	403	38.45%
老乡介绍	156	14.89%
报纸、小广告	93	8.87%
房屋中介	61	5.82%
网络	32	3.05%
其他（主要是自己）	303	28.91%
合计	1048	100.00%

经纪服务能够有效降低信息搜寻成本和交易成本，减弱搜寻成本对住房消费的阻滞效应，提高家庭与住房的匹配程度（郑思齐，2007）。但**农民工借助房屋中介进行住房搜索的很少**，只有 5.82%，这可以从两个角度解释，一方面从供给的角度看，房屋中介多提供城市房屋的相关业务，而对农民工的目标房源城郊村民的出租屋多不涉及，因此房屋中介为农民工提供房源的能力非常有限；另一方面从需求的角度看，即便中介能在一定程度上提高农民工住房搜索能力，但农民工多不愿支付中介费用，因此多不借助中介进行房屋搜索。

---

[1] 多局限与工作地或现居住地周围（见下文）。国外学者对城市家庭迁居住房搜索的调查表明，大多数家庭在选择新居所前认真考虑的仅仅只有几个（通常仅有 2~3 个），他们通过将慎重考虑的范围缩小到仅仅若干个空房而使家庭可以降低决策中的不确定性。

小李，男，31岁，建材销售

Q："最近有搬家的计划吗？"

A："有，现在这个周围环境太脏，隔音也不好。"

Q："那当时为什么还选择住这儿啊？"

A："当时时间比较仓促，也知道周围环境脏，但还是决定住下了，等熟悉一些了再在附近找个更好一点的。"

Q："那如果上次搬家时找的充分一些，是不是就不会有接下来的搬家了？"

A："有可能，也不完全是。多找两天估计也不会有好的结果，有的朋友找房子的时候磨磨唧唧的，到头来找的还不如我的好。"

Q："这是什么原因呢？"

A："两个方面吧，一个是符合我们需求的房子本来就很少，另一个是以我的能力，多找两天，确实也不会有什么收获。"

不充分的搜索、不稳定的决策与不平衡的区位。不充分的搜索直接导致了农民工住房决策的不稳定，"将就、观望、先安顿下来再搬"的情况非常普遍，不稳定的决策造成不平衡的区位和较低的满意度，为下一次迁居埋下隐患，他们几乎都是"刚迁居、在迁居或者拟迁居"。在调查中了解到，有约30%的农民工近期有迁居的计划，频繁迁居弱化了他们的城市认同，也减缓了融入的进程。

5.1.4 效果：居住状况未得到较大改善

农民工频繁地迁居并没有使自身的居住状况得到较大的改善，始终处在"低水平均衡"中。调查结果显示，**从总体上看，搬家使他们上班更方便，但没有使他们住得更舒服，租金也有所上升**。（如表5-10所示）在关于"搬家是否使自己住得更舒服？"的调查中，有56.93%的人认为基本没有变化，认为住得更舒服的只有29.22%，认为住得不如以前的有13.85%；在关于"搬家是否使上班是否方便？"的调查中，有超过一半的人（51.43%）认为更加方便，27.03%的人认为基本没变，而认为上班不如之前方便的有11.81%。在关于"搬家是否使租金更便宜？"的调查中，有约2/3的人（66.41%）人认为租金上升了，认为基本没变的有27.03%，而只有6.56%的人认为比之前租金有所下降。

迁居前后的满意度评价汇总表			表 5-10
	是	基本没变	否
住得更舒服?	29.22%	56.93%	13.85%
上班更方便?	51.43%	36.76%	11.81%
租金更便宜?	66.41%	27.03%	6.56%

由此可以看出，由于农民工经济条件较差，因此其住房支出受租金预算约束较大，在住房支出基本一定的情况下，无论如何迁居，都不可能使其在住房条件、租金、区位（主要是指上班方便）上同时得到较大的改善，因此他们只能寻求面积、租金、设施或是区位其中某一方面的满足。综上可以发现，农民工的迁居呈现出较为显著的群体性差异，不同群体（如性别、年龄、职业、进城务工时间等）在迁居的次数和频率、过程和时间、距离和方向、动机和决策等上面有着显著差异。

5.2 迁居的频率：主体差异分析

西方迁居行为研究中最常讨论的迁居者的属性是年龄、性别、婚姻状态、受教育程度、经济状况、住宅租拥、居住时间等。但由于农民工在城市以务工为主、以租房为主、以个体为主的特点，本节从性别、年龄、收入、来京务工年数、职业五个属性分析农民工迁居次数与频率的差异。

5.2.1 性别差异

女性迁居行为更为频繁。女性平均迁居次数为 2.53 次 / 人，为男性（2.21次 / 人）的 1.15 倍，超过 80% 的女性农民工有过 1 次以上的迁居行为。对此有以下几种解释：

迁居次数性别差异对比表（1）			表 5-11
	样本数	迁居次数	人均
男性	830	1836	2.21
女性	615	1558	2.53
合计	1445	3394	2.35

（1）女性就业稳定性不如男性；由于女性在劳动力市场上的竞争力低于男性（石智雷、杨云彦，2009），职业变动更频繁导致女性农民工迁居次数和频

率高于男性。女性在劳动力市场上的地位有两个层次，一是**"弱势"**[1]（Standing G.，1999），传统的社会与文化价值观限制了妇女的时间安排和流动性，正规部门对女性的种种限制与歧视使大多女性只能在非正规部门中谋生（Hoyman M.，1987）[2]，因此总体而言，她们中大多数在城市所从事的是技术含量低、劳动保障低、收入低、工时长、劳累辛苦的体力劳动，乃至一些被歧视的职业，使她们偏离城市的主流，具有明显弱势特征；"弱势"的后果是女性的就业机会少。二是**"边缘"**（屠文淑，陈丽；2010），无论是就业环境还是可持续性发展空间，她们都处在非主流的边缘；女性农民工职业边缘化，导致了她们城市生存的边缘化，主要表现为就业渠道非正规化、职业地位和劳动保障低、发展空间和机遇少。"弱势"和"边缘"导致女性工作机会少且不稳定，伴随工作变动的迁居频繁。

迁居次数性别差异对比表（2）　　　　　表5-12

迁居次数	男性		女性	
	样本数	比例	样本数	比例
0	290	34.94%	107	17.40%
1	126	15.18%	112	18.21%
2	120	14.46%	100	16.26%
3	110	13.25%	98	15.93%
4	96	11.57%	98	15.93%
5次及以上	108	13.01%	80	13.01%
合计	830	100.00%	615	100.00%

（2）女性对居住条件的要求更高，不容易满足。根据Speare的居住满意度模型，对现有住房的不满容易诱发迁居。从性别的角度看，男女两性在支配力、攻击性、自信心、活动方式和情感体验等心理特点上存在差异（谢妍翰、薛德升，2009），心理差异对居住需求的影响主要体现在对居住空间形态的偏好上。女性比男性对居住条件有更高的要求。家务劳动的承担使女性对居住区周边配套的要求较男性更高，尤其是对菜市场、超市、购物商场的需求。而照顾小孩的责

[1] 女性主义者聚焦于妇女在劳动力市场的地位与结构，提出"禀赋"理论，认为女性在劳动力市场中的不利地位，是由社会与家庭中的夫权和女性的从属地位造成的。妇女在劳动力市场上的五大劣势（不平等的教育与培训系统、男性化的职业划分、收入歧视、就业机会的不平等分配、社会安全程度）将其推向了非正规部门。引自：Standing G. Global feminization through flexible labour：a theme revisited[J]. World Development，1999，27（3）：583-602.

[2] Hoyman M. Female participation in the informal economy：A neglected issue [J]. The Annals of the American Academy of Political and Social Science，1987，（493）：64-82.

任也使得女性对居住区周边及内部的托儿所、幼儿园等教育机构有更强的依赖性。虽然有超过 60% 的女性认为小区环境也是租房时要考虑的重要因素之一，但实际上，她们必须更实际地考虑到上下班的交通以及生活便利（生活成本低）问题，因而在居住选择上，为了获取生活的便利，大多数女性不得不舍弃对环境的追求，因而"景观环境差"往往成为其不满意居住现状的首要原因，也是导致其频繁迁居的重要诱发因素。

相比之下，男性一方面对居住环境要求不高，特别是对卫生条件、安全程度的要求较女性低很多，这也使得许多男性对居住状况较满意（即便条件很差），缺少迁居的动机。而另一方面，男性对居住环境的"将就"态度更为普遍，考虑到迁居的成本与机会成本，所以不到万不得已，他们一般不会搬家。

小陈，女，26 岁，河北人，建材销售

Q："为什么搬过这么多次家，主要是什么原因？"

A："每次的原因都不太一样，有的是因为环境太差、有的是因为拆迁、有的是因为生活不太方便……"

Q："看问卷您跟老公住在一起，那每次搬家是你的想法还是他的想法？"

A："多数是我提出来的吧，比如那次因为环境太差，刚开始他不太同意搬，觉得搬家太麻烦了，而且也不一定能找到更合适的，将就一下住着，哪怕再买些电器啥的。但经不住我一直说，后来他也逐渐觉得环境不好，终于同意搬家了。"

Q："你说的那次因为生活不方便搬家主要是指什么？"

A："那次住在太阳宫那边的一个小区的地下室里，半地下室吧，房子条件还可以，面积也不小，但那个小区附近消费比较高，没有菜市场、杂货店什么的，总到超市买有点承受不了。我老公不常去买菜，他也就不知道这个不方便。"

5.2.2 年龄差异

迁居次数随年龄先升后降，迁居频率随年龄波动下降。表 5-13 可以看出，70 后的平均迁居次数最高，达 3.00 次 / 人，其次是 80 后，为 2.41 次 / 人；而 60 后、50 后的平均迁居次数低于平均水平；90 后的迁居次数最低，只有 1.60 次 / 人。

各年龄段迁居次数对比　　　　　　　　　表 5-13

年龄段	样本数	平均迁居次数	年均迁居频率	总数
90 后	239	1.60	1.35	383
80 后	764	2.41	0.84	1840
70 后	263	3.00	1.12	790
60 后	142	2.09	0.7	296
50 后	37	2.29	0.62	85
合计	1445	2.35	0.97	3394

　　将不同年龄段的迁居次数、频率绘图可更为直观地显示出年龄和迁居次数、频率的关系（如图 5-1 所示）：①迁居次数随年龄先上升后下降，70 后的迁居次数最高；②迁居频率随年龄先下降、再上升再下降，二次波峰出现在 70 后年龄段。

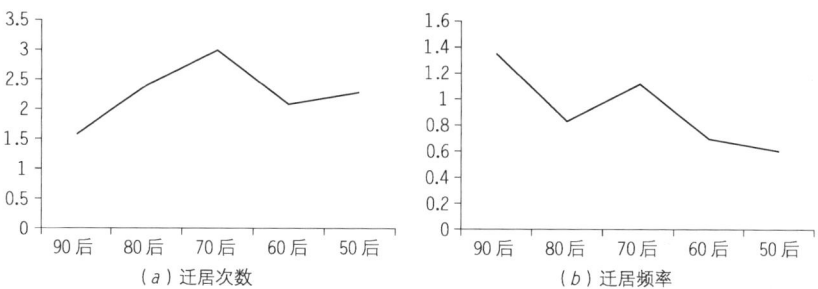

图 5-1　不同年龄段农民工的迁居次数和迁居频率对比

　　将上图进行理论抽象可以绘出年龄与农民工迁居次数和频率关系的概念曲线，如图 5-2 所示：

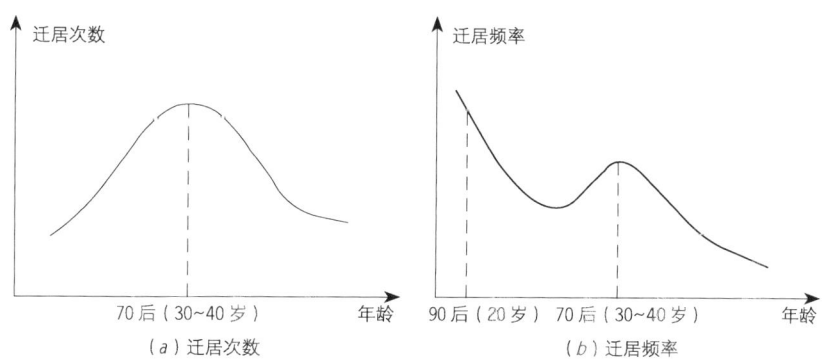

图 5-2　农民工年龄与迁居次数和迁居频率关系的概念模型

初来乍到的90后：虽然常识中认为90后对居住条件更挑剔，但数据上看他们迁居次数并不多。这主要是由于90后年龄尚不足20岁，来京时间多在2、3年以内，因此尽管年均迁居次数可能较高，但来京时间较短，总迁居次数并不高，是各年龄段中最低的。

趋于稳定的80后：80后的人均迁居次数高于平均水平，由于来京务工年数在3~5年，他们刚来京时迁居频繁，而随着工作趋于稳定，迁居的频率也在降低，改善型迁居的比重逐渐提高。

70后及其家庭：70后的人均迁居次数和年均迁居频率都是各年龄段中最高的，这一方面是由于70后进京务工时间最长，经历了较为完整的进城务工生命历程；另一方面是70后上有老、下有小，家庭责任最为繁重、变动最为频繁，因此无论是人均迁居次数和年均迁居频率都最高。

无所谓的60后和50后：他们的年均迁居频率在各年龄段中最低，说明他们对于居住地的忍耐力较强，较为无所谓。而由于他们的人均来京务工年数较长，因此他们的人均迁居次数在各年龄段中居中。

5.2.3 收入差异

迁居次数随收入增加而增加。收入与迁居次数和频率有较为显著的相关性，除了收入在10000元以下的群体外，其余群体收入越高，平均迁居次数越多。

不同收入样本平均迁居次数对比　　　　　　表5-14

收入段	样本数	迁居次数	平均迁居次数
10000元以下	325	741	2.28
10001~15000元	206	297	1.44
15001~20000元	343	820	2.39
20001~30000元	297	716	2.41
30001元以上	274	819	2.99
合计	1445	3394	2.35

　　这与研究开展之前的主观认识存在很大差别，从理论上讲，收入越高，其抵御外界侵袭的能力越强、稳定性越高，迁居次数越少。而对于农民工来讲，由于其原始起点相差不大，收入差距主要反映了其职业生涯的积累和向上过程，正是由于这种高收入需要更多年限的积累，因此其迁居次数也相应更多。这与帕卡德（Vance Packard，1972）对美国城市居民的研究结论较为一致，帕卡德发现每个美国人一生平均要迁移14次，而英国人8次，法国人6此，日本人5次。这个数字在不同的社会群体中差异较大，收入较高的群体流动率较高。

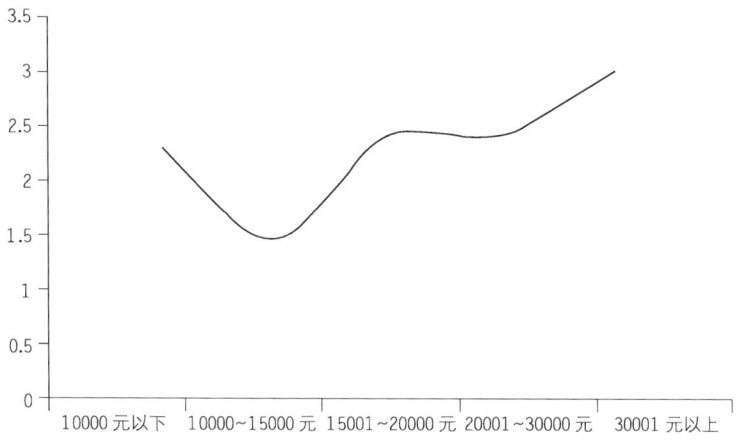

图 5-3　不同收入样本平均迁居次数对比

5.2.4　来京务工年数差异

　　人均迁居次数随着来京务工年数的增长而先增加后减少。来京务工年数在2年以内的人均迁居次数为1.38次,2~5年的上升为2.45次,5~8年的上升为3.98次,8~10年的上升为4.40次,10年以上的下降为人均3.86次。对此结论有以下解释:①来京务工年数越长,增加了迁居发生的概率,是导致迁居次数增加的重要因素之一。②来京务工年数在10年以上的群体,其较长的来京务工时间在很大程度反映了其社会关系网络较强,社会关系网络与在京务工的稳定性之间互动增强,进一步强化了其在京务工的稳定性。这部分群体由于有社会关系网络的庇护,一般从事较为高端、相对稳定的工作,而这种工作的稳定性又可转化为对未来预期的稳定性,他们对未来有更为明确的认识和方向,这样就降低了迁居发生的概率。因此,来京务工年数在10年以上的群体,人均迁居次数反而低于5~8年和8~10年的。

不同来京务工年数样本的人均迁居次数　　　　　　　　表 5-15

来京务工年数	样本数	比例	迁居次数	人均迁居次数
2年以下	676	46.78%	930	1.38
2~5年	414	28.65%	1016	2.45
5~8年	193	13.36%	769	3.98
8~10年	99	6.85%	436	4.40
10年以上	63	4.36%	243	3.86
合计	1445	100.00%	3394	2.35

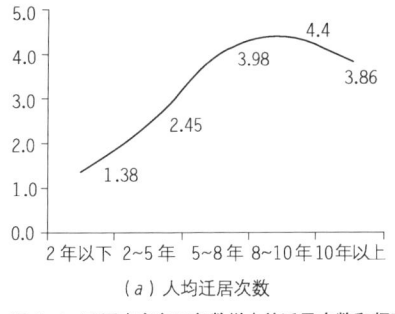
(a) 人均迁居次数

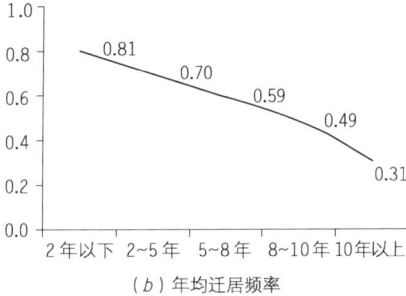
(b) 年均迁居频率

图5-4 不同来京务工年数样本的迁居次数和频率

对不同来京务工年数的年均迁居频率进行对比可以发现：**随着来京务工时间的增长，其迁居频率逐渐下降，居所趋于稳定。**来京务工时间是反映其居住稳定性的主要指标，这是由于来京务工时间越长，其在技能、收入、岗位、社会关系网络等方面得到增强的概率越大，这些因素提升了其抵御风险的能力，而对与大多数农民工来讲，来京务工时间是其技能、收入、岗位、社会网络等最综合的反映。

5.2.5 职业差异

总体上看，**服务业迁居次数和频率均高于建筑业和制造业**，特别是销售类行业从业人员迁居次数较高。①**建筑业的迁居次数和频率远低于其他行业。**这与建筑业行业特点有关，这些建筑工人跟随建筑队随项目在大区域内流动，被调查者中许多之前之后都不在北京打工，只是由于一个项目而来京务工，因此总体迁居次数和频率较低。②**销售行业的迁居最为频繁。**这可以从以下两方面解释：一方面由于销售行业流动性大，农民工在从事这类职业时多为短期行为，故会随着工作变动产生相应的住房变动；另一方面，由于销售业对价格、季节、客户群变化等因素较敏感，农民工在销售行业会比在其他职业接触更多的人和不同的环境，这会在一定程度上增加了农民工接触各种房源信息的机会（无论是由上门推销行为提供的新场所的认知，或者是由于跑动频繁接触人事更多带来的房源信息获取等），这会促成销售业的农民工拥有更多的迁居决策和实际行动力（不管是主动的还是被动的）。以服装销售业为例，在调查中发现，其从业人员在行业内的流动性较大，从业者从一个就业地跳槽到另一个就业地的现象非常普遍。**工作地的频繁变动增加了其迁居的概率。**另外，与装修装潢类似，服装销售业也是农民工中"向上"通道较为显著的行业，有相当部分的从业者通过几年底层奋斗后，形成一定积蓄后开始"给自己打工"，这也是该行业迁居次数和频率较高的一个原因。

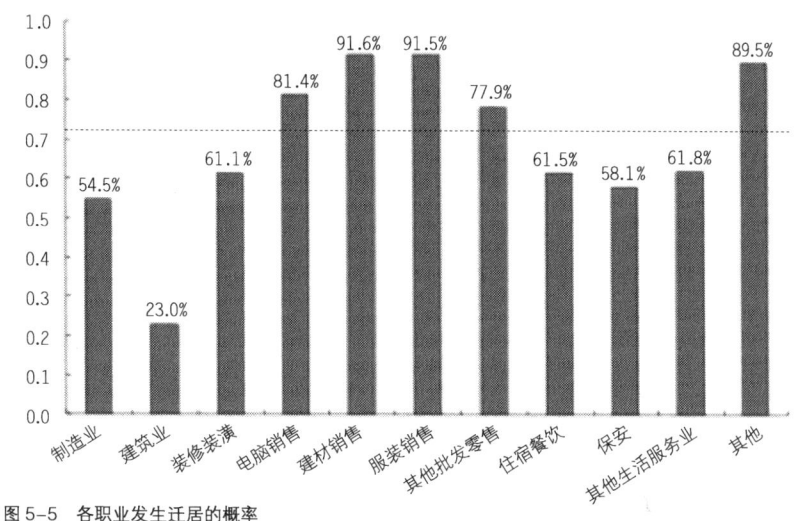

图 5-5　各职业发生迁居的概率

具体来讲，各行业有以下特点：**装修装潢的人均迁居次数比较高。**这一行业的务工者一般是经过相关多种职业历练后逐渐进入装修装潢业，进入该行业之前的职业变换是造成其迁居次数较高的主要原因之一，而装修装潢随项目地变化而频繁改变居住地的行业特点是造成其迁居次数较高的另一原因。**住宿餐饮的迁居次数较低、频率较高。**在调查中了解到，住宿餐饮业从业人员的收入是所有行业中最低的，它在农民工来京职业历程中发挥"跳板"作用，许多农民工来京后先从事住宿餐饮业，随后进入其他行业，因此该行业的人员流动性较强，是造成其迁居频率较高的重要原因，而该行业从业年限普遍较低，因此尽管频率较高，但人均迁居次数相对较低。**保安的迁居次数较低、频率较高。**如前文所述，保安多由单位提供住宿，而保安的工作岗位受保安公司指派，经常会在公司内部发生岗位变化（这种岗位变化往往是上班地点的变化），相应地单位提供的住宿也会发生相应变化，因此迁居频率较高。同时，由于保安的年龄普遍较小、来京务工年数普遍较低，因此其迁居次数相对较低。**电脑销售的迁居频率较高**（0.78 次／人·年）。电脑销售以新生代农民工为主，由于其行业特点，他们性格最为外向，生活方式上也与城市居民更为接近，对居住条件的要求和期待也更高，这在很大程度上增加了其迁居的概率。

各职业类型样本迁居次数和频率对比　　　　　　　　表 5-16

序号	职业类型	人数	迁居次数	人均迁居次数	迁居频率（次／人·年）
1	制造业	110	219	1.99	0.63
2	建筑业	122	181	1.48*	0.42*

续表

序号		职业类型	人数	迁居次数	人均迁居次数	迁居频率（次／人·年）
3		装修装潢	54	169	3.13**	0.62
4	41	电脑销售	129	280	2.17	0.78**
	42	建材销售	263	694	2.64**	0.54*
	43	服装销售	248	703	2.83**	0.75**
	44	其他批发零售	68	133	1.96	0.58
5		住宿餐饮	182	417	2.29	0.80**
6		保安	31	58	1.88*	0.63
7		其他生活性服务业	152	328	2.16	0.58
8		其他	86	211	2.46	0.77

* 较低, ** 较高

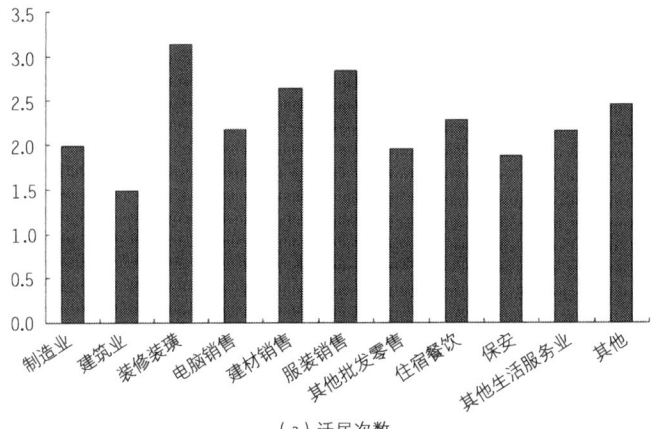

（a）迁居次数

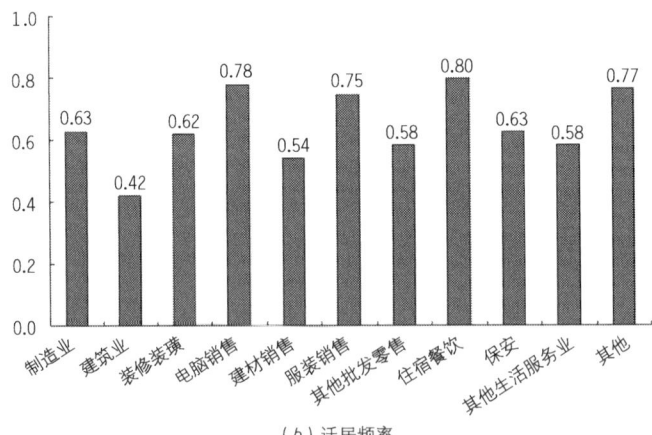

（b）迁居频率

图 5-6 不同职业类型的迁居次数和迁居频率对比

进一步概括来讲，越是单一岗位吸引人数较多、易产生农民工集聚、从事行业对技术需求不高的职业的农民工迁居频率越低，而越是从业分散、需要一定技能的行业的农民工迁居频率越高。群体的生活依赖会对迁居产生黏滞效应，即农民工由于集体劳动、生活形成的小范围的归属感和安全感，会使其在物质环境没有极端不能忍受的情况下，较不愿意变动居住地点。而技术需求不同的职业，可能使得农民工在收入水平上有差异，从而造成房租的支付能力不同。

5.3 迁居的时空特征

西方社会地理学对迁居的研究落脚点多放在迁居行为的空间效应上，特别是与城市重构（Brown and Holmes，1971）、郊区化（Frey，1979；Scott et al.）、绅士化（Bruce et al.，1986；Aoki，1993；Adam，2002）及居住隔离（Marshall，1999；Galster，1977）等的关系上。

本节即以上述研究作为理论起点，一是从空间维度上，分析城市不同空间地域的迁居距离、方向差异；二是从时间维度上，分析历次迁居行为的距离、方向等变化特征，并借助 GIS 空间分析工具，进一步分析其在时间维度上变化的空间含义与态势。

5.3.1 不同区位的迁居行为

（1）迁居次数的空间分布

按照单中心模型进行空间分析，以天安门为中心，分别测算不同半径的迁居发生率可以发现存在两个峰值，7~8km 和 20~30km 处。这与西方学者提出的三个层次的城市圈层状结构（见图 5-8（a））有相似之处，西方学者对城市居民迁居的研究中发现，在这种三层次的圈层结构中，最内层的区域拥有高迁居率，为低社会地位者所居住，最外环带也具有高迁居率，但主要是高社会地位居民的迁入和后续迁入所致，而位于这两个圈层中间是一个相对稳定的地区，迁居率很低，主要原因是空置或新住房建设所产生的住房机会较少。但也有差别，**北京外来农民工的居住迁移率在空间上可以划分为四个圈层**，而不是三个圈层，除了上述三个圈层外，最外围还有一个低迁居率的圈层，并且这四个圈层的空间距离尺度也与西方城市居民存在显著差异。

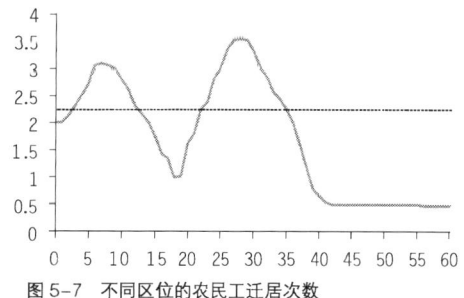

图 5-7　不同区位的农民工迁居次数

注：横轴为样本居住地到市中心距离，纵轴为样本迁居发生次数

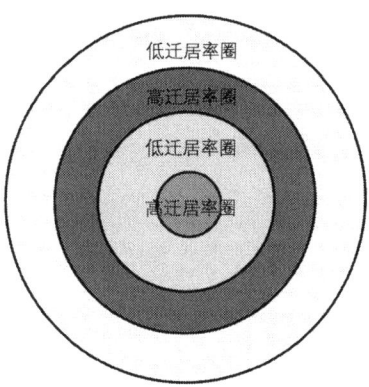

（a）西方城市居民迁居的空间圈层　　　　　　（b）北京外来农民工迁居空间圈层

图 5-8　居住迁移的空间圈层结构的中西对比

（2）迁居距离的空间分布

越是农民工密集的地区，其平均迁居距离越小，住房市场板块化特征显著。农民工在空间上密集与否，是他们"用脚投票"的结果，而在空间上密集的地方，服务体系更加完善，这些区域的农民工迁居时更倾向于在区域内部进行调整，因此平均迁居距离较小。而此特征的另一个含义是，**农民工住房市场的板块化**，即板块内部流动大，板块间流动少。这就意味着，对于北京这样的大城市，在农民工住房房源提供上要有一定的区域协调考虑，因为外区域房源对于满足本区域住房需求上的贡献有限。

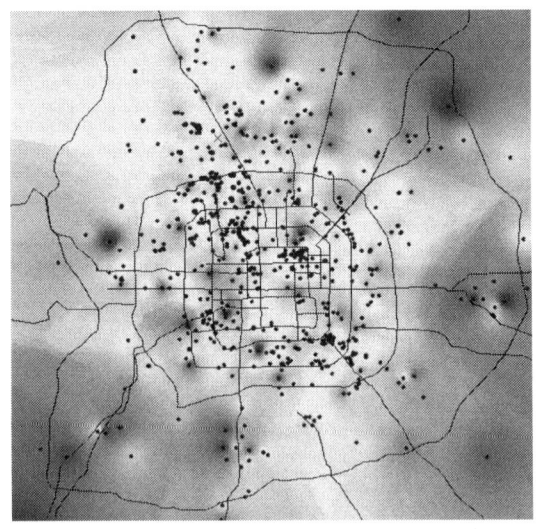

图 5-9　样本最近一次迁居的距离分布
（注：颜色越深迁居距离越短）

（3）迁居方向的空间分布

迁居方向的空间特征，总体来看，**四环以内以离心迁居为主，而四环以外特别是五环以外以向心迁居为主**，而 6 环路通州、亦庄、房山等新城以外地区则又呈现出向心迁居。

交通设施完善促进了离心化。 从图 5-10 可以看出，在交通设施相对完善的京承、京藏、京石、京通、京沪高速和机场路方向有明显的条状型离心迁居特征。

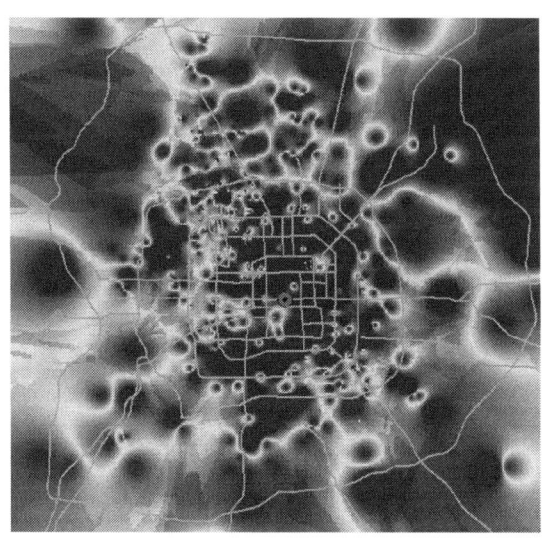

图 5-10 迁居方向的空间分布（红色为向心、蓝色为离心）

5.3.2 历次迁居的空间变化

（1）历次迁居的距离变化

迁居的距离越来越短。 样本第一次迁居的平均距离为 11206.2m，随后的每一次迁居距离都变短，第二次迁居的平均距离为 13079.5m，第三次迁居的平均距离为 10506.7m，第四次迁居的平均距离为 10064.7m，而第五次迁居的平均距离为 5472.3m。

历次迁居的平均距离（m）   表 5-17

迁居位次	第一次	第二次	第三次	第四次	第五次
平均距离	11206.2	13079.5	10506.7	10064.7	5472.3

迁居距离的逐渐缩短反映出**农民工在城市居住区位不断平衡的过程**，从大范围的迁居到微观尺度上的区位调整，说明农民工随着来京务工时间的增

加，对城市的认知、自我需求和未来发展的预期有了更为清晰的判断，这有助于他们找准自己的**"位置"**，这种位置不仅是职业位置和社会位置，也包括居住位置。

（2）历次迁居的方向变化

向心化趋势。从方向上看，历次迁居向心比例逐渐增加。这反映出，随着来京时间的增加、工作稳定性的提高，社会阶层的向上流动，其在空间位置上也呈现出向心趋势。

个体的向心迁居与群体的离心化。个体的向心迁居，与常识上认为的"农民工被一波波地向城市郊区扩散"的情况有所差异，人们的社会竞争主要表现为对时间和空间的支配能力的提升，空间上的支配能力突出表现为住房状况，而在北京，城市服务设施水平和住房条件呈现出从市中心向外衰减的总体状况，因此农民工向上流动的过程主要表现为不断向中心迁居的过程。

然而，由于城市的快速发展，建成区不断向外拓展，农民工聚居地不断被拆迁，新进城的农民工的第一个居住地区位较早进城者的区位更加向外，因此在空间上呈现出群体的离心化。

历次迁居的向心—离心比例　表 5-18

迁居位次	第一次	第二次	第三次	第四次	第五次	合计
离心百分比	66.67%	56.86%	54.31%	47.24%	43.56%	47.17%
向心百分比	33.33%	43.14%	45.69%	52.76%	56.44%	52.83%

5.3.3　不同主体的迁居空间特征

（1）女性迁居距离低于男性，向心迁居比例高于男性

从迁居的距离上看，女性低于男性，前文分析得出的女性频繁迁居、以改善住宿条件为主要动因，其在空间上主要表现为围绕原居住地的近距离的房屋条件的调整。而男性则多因为工作而迁居，而就业机会和就业地的不确定性导致男性平均迁居距离高于女性。

从迁居的方向上看，总体上都呈现出不太显著的向心迁居特征，但女性向心迁居的比例要高于男性，显示出女性对于居住空间的个性化特征和较男性更为强烈的靠近市中心的愿望。

不同性别的评价迁居距离和方向差异　表 5-19

	平均迁居距离	向心迁居比例	离心迁居比例
男性	10.83km	51.32%	48.68%
女性	6.04km	54.63%	45.37%

（2）迁居的距离与年龄未呈现出显著的规律性

迁居的距离与年龄未呈现出显著的规律性。90后、60后、50后高于总样本平均值、而80后、70后低于总样本平均值。

而迁居的方向则与年龄则呈现出较弱的规律。90后向心特征较为显著，显示出新生代农民工对城市生活更加向往、接近城市中心、获取城市服务的动机更加强烈；而80后离心为主，这与其尚处在工作不稳定阶段，工作变动频繁有关，所以增加了居住地变化的不确定性；70后和60后向心为主，这两个年龄段农民工务工时间普遍较长，积累了一定的经济实力，家庭化为主，较为关注居住质量，呈现出一定的向心特征。50后离心为主，这部分农民工多在建筑工地或在企业看门等，短期务工为主，留城意愿不强烈，对居住条件也不太关注，多由单位提供住宿，随用工单位变化而变化，空间上呈现出一定的离心特征。

不同年龄的迁居距离和方向差异　　　　　表5-20

年龄段	平均迁居距离	向心迁居比例	离心迁居比例
90后	10348.2	62.30%	37.70%
80后	7925.3	48.53%	51.47%
70后	7680.8	59.42%	40.58%
60后	13302.4	55.62%	44.38%
50后	13608.6	43.21%	56.79%

（3）收入越高，迁居距离越长，向心特征越显著

总体上看，收入越高，迁居距离越长，向心特征越显著。这反映出收入的提高有助于提升农民工抗拒空间摩擦的能力，有助于减少空间距离对农民工的约束。而随着收入的提高，对居住条件也更加关注，对改善居住条件更加向往，其反映在空间上即为靠近服务设施更加完善的城市中心。

不同收入的迁居距离和方向差异　　　　　表5-21

收入段	平均迁居距离	向心迁居比例	离心迁居比例
10000元以下	12234.8	40.70%	59.30%
10001~15000元	11308.4	43.47%	56.53%
15001~20000元	9868.3	49.63%	50.37%
20001~30000元	7432.3	52.70%	47.30%
30001元以上	6102.2	60.02%	39.98%

（4）来京务工年数越长，迁居距离越短，向心特征越显著

总体上看，来京务工年数越长，迁居距离越短，向心特征越显著。来京务

工年数越长，随着工作的逐渐稳定，工作稳定导致其居住地基本锁定在一定的空间范围内，而其无论是以职业发展为指向、还是社会关系为指向或以居住条件改善为指向的迁居，大多只是在该锁定范围内的区位微调，因此，迁居的平均距离较短。

对于大多数农民工来讲，来京务工年数的长短直接影响了其工作岗位层次和收入，与收入变化一致，来京务工年数越长向心迁居比例越高，反映出其对服务设施水平和居住条件改善的需求更为显著，融入城市的愿望更加强烈。

不同来京务工年数的迁居距离和方向差异   表 5-22

来京务工年数	样本数	平均迁居距离	向心迁居比例	离心迁居比例
2 年以下	676	9084.5	36.82%	63.18%
2~5 年	414	8990.3	46.53%	53.47%
5~8 年	193	8023.2	56.55%	43.45%
8~10 年	99	7102.3	61.61%	38.39%
10 年以上	63	7032.8	63.24%	36.76%

（5）建筑业、制造业、装修装潢的迁居距离长，方向显著离心；而服务业，迁居距离相对较短，向心特征较为显著

建筑业、制造业、装修装潢的迁居距离长，方向显著离心。而服务业，迁居距离相对较短，向心特征较为显著；具体来讲：电脑、建材、服装销售等批发零售业的向心特征最为显著，平均迁居距离也低于总样本平均值；住宿餐饮、保安的迁居方向具有不确定性，向心离心比例相差不大，且两者的平均迁居距离都较短；其他生活服务业的平均迁居距离较短，方向上以离心为主。住宿餐饮、保安、其他生活服务业具有较强的依托于社区特征，短距离迁居为主。

不同职业的迁居距离和方向差异   表 5-23

序号	职业	人数	平均迁居距离	向心迁居比例	离心迁居比例
1	制造业	110	12218.2	31.12%	68.88%
2	建筑业	122	14322.5	23.34%	76.66%
3	装修装潢	54	9083.2	40.07%	59.93%
4	批发零售	129	6734.4	61.02%	38.98%
5	住宿餐饮	182	4403.1	49.02%	50.98%
6	保安	31	4502.6	51.23%	48.77%
7	其他生活服务业	152	6083.4	48.83%	51.17%
8	其他	86	8506.6	60.63%	39.37%

5.3.4 迁居的空间效应分析

（1）迁居发生率随距离衰减

圈内迁居的比例最高。总体上看，除了二环以内，其余圈层都是圈内迁居为主，二环以内、二至四环、四至六环、六环以外的圈内迁居比例分别占到各自圈层比例的 32.1%、39.2%、38.8%、39.2%。

不同圈层迁居的目的地比例（%）　　　　　　　　　表 5-24

目的地 / 出发地	2 环以内	2~4 环	4~6 环	6 环以外	合计
2 环以内	32.1	41.3	22.3	4.3	100
2~4 环	28.3	39.2	24.6	7.9	100
4~6 环	13.6	46.4	38.8	11.2	100
6 环以外	7.2	16.4	37.2	39.2	100

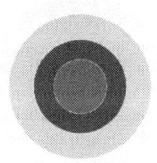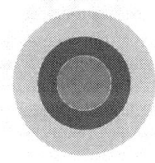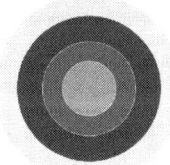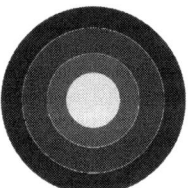

　　二环以内　　　　　　二至四环　　　　　　四至六环　　　　　　六环以外

图 5-11　不同圈层迁居的目的地比例示意图

向邻近圈层迁居比例高于跨圈层迁居。二环以内向二至四环迁居的比例（41.3%）高于向四至六环（22.3%）和六环以外（4.3%）；二至四环向二环以内（28.3%）和四至六环（24.6%）迁居的比例要高于六环以外（7.9%）；四至六环向二至四环（46.4%）和六环以外（11.2%）迁居的比例要高于二环以内（13.6%）；六环以外向四至六环（37.2%）迁居的比例要高于向二环以内（7.2%）和二至四环（16.4%）。

向邻近内圈迁居的比例要高于向邻近外圈的比例。二至四环向二环以内迁居和向四至六环迁居的比例分别为 28.3% 和 24.6%，四至六环向二至四环迁居和向六环以外迁居的比例分别为 46.4% 和 11.2%。

（2）迁居促进了聚居

运用 GIS 的空间分析功能，分析历次迁居的居住地分布的聚集程度，一般方法是先计算各样点居住地与邻近样点间的距离的平均值，再对所有样点求和平均。在 GIS 中可用 Z-score 值、平均距离与期望平均距离之比来衡量。

可以看出 4 次迁居中 Z-score 值、平均距离与期望平均距离之比都逐渐减小，反映出集聚程度有所提高。也就是说，**迁居促进了聚居。**

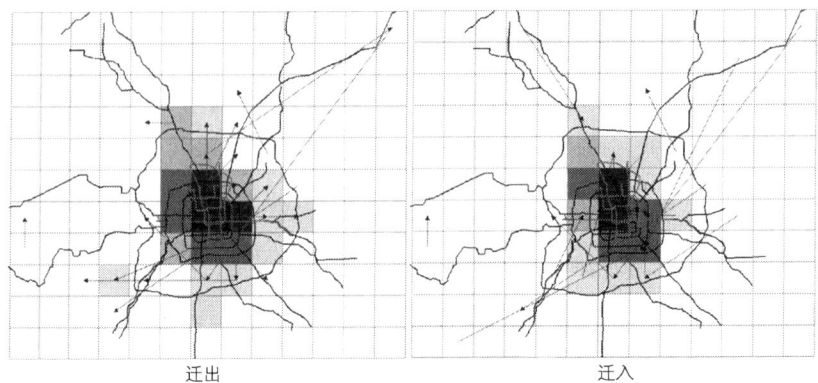

迁出

迁入

图5-12 栅格间迁出与迁入强度的比较

历次迁居的集聚程度　　　　表 5-25

迁居位次	第一次	第二次	第三次	第四次
Z-score	-0.42	-2.99	-11.19	-21.97
平均距离／期望平均距离	0.97	0.85	0.63	0.41

（3）2000 年以来的迁居呈集聚态势

根据样本迁居发生的时间，确定出样本历年的居住地，进而测算样本历年居住地的集聚程度。可以发现，2000~2010 年间农民工的集聚程度有所提高。Z-score 值从 2000 年的 4.17 下降到 2010 年的 -34.4；平均距离与期望平均距离之比从 2010 年的 1.73 下降到 2010 年的 0.36。

历年迁居行为的集聚程度分析（2000-2010）　　　表 5-26

年份	数量	Z-score	平均距离与期望平均距离之比
2000	9	4.17	1.73
2001	20	3.53	1.41
2002	27	1.11	1.11
2003	30	2.1	1.2
2004	49	1.4	1.1
2005	62	-2.16	0.86
2006	95	-5.77	0.69
2007	120	-7.45	0.64
2008	160	-9.89	0.59
2009	217	-14.24	0.49
2010	784	-34.4	0.36

5.4 迁居的原因分析

本节首先根据西方学者关于城市居民迁居原因的研究，建立起北京外来农民工迁居原因体系，并将两者进行对比；接着分析北京外来农民工迁居原因的总体状况，并将其与城市居民的迁居进行对比；最后进一步分析其迁居原因的主体差异性。

5.4.1 迁居原因的分类

西方学者关于城市居民迁居原因的研究几乎都按照自愿和非自愿进行划分。并且研究发现，非自愿迁移占据了全部迁移的相当部分。在费城，几乎1/4的迁移都是非自愿的，而其主要原因是房产损坏或被赶出住房所致（Rossi，1980）。一些对其他城市的研究也有类似的发现，但这些研究对当时家庭的区位选择行为却知之甚少。除了纯粹的非自愿迁居，还有一类"被迫"迁居，这主要是由于结婚、离婚、退休、生病、家庭成员死亡以及长距离工作变化等原因所导致。这些变化引起的迁居占15%，而有60%左右的迁居属于自愿性迁居。

调查数据显示，自愿迁居的决策可以归因于许多不同因素。但是，我们必须认识到，在家庭访谈中提供的迁居原因并不总是完全可靠的。一些人倾向于将自己的决策理性化并试图证明之，而另一些人则可能无法回忆起过去的动机。更多的人则不得不列举出一些比在迁居决策时的复杂考虑更为简单或清晰的理由。尽管如此，调查数据仍然可以较为有效地解释迁居行为决策的必要因素。

Clark and Onaka（1983）提供了大样本的英国家庭迁居原因——包括自愿的和非自愿的，这些原因基本反映了住房、环境和个人因素在迁居中的综合作用（如图5-13所示）。

由于Clark所认为的迁居原因主要是针对城市居民的，其中没有涉及房屋价格和租金，而农民工在城市的迁居行为主要是以租房为基础的，根据前文关于居住选择的研究结论，房租是其居住选择行为中非常重要的维度，基于此，本章以Clark的主动、被动迁居模型[1]为基础，并增加了房租因素，包括"原来的房子提高了房租"和"原来的房租太高，想找个低点的"2个指标。

对农民工迁居原因在问卷中设计为以下：

---

[1] Clark & Onaka（1983）基于主动迁居和被动迁居提出了家庭迁居模型。

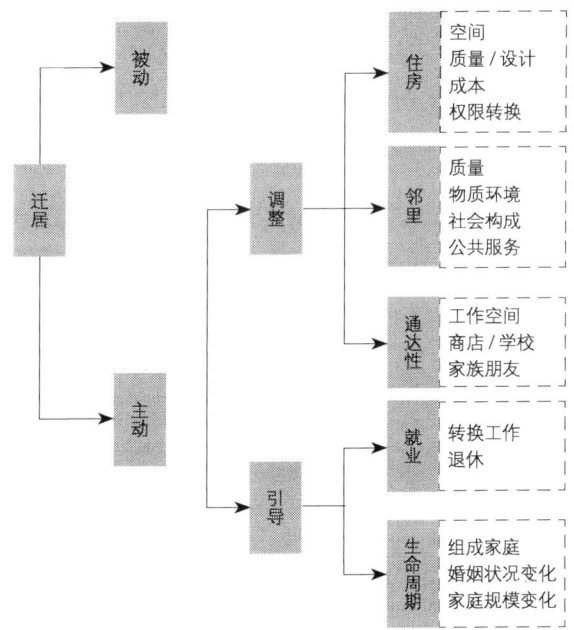

图 5-13　西方学者关于迁居原因研究的主要框架
资料来源：Clark and Okana（1983），Fig.2：50；转引自：Paul Knox and Steven Pinch. 柴彦威，张景秋
等译. 城市社会地理学导论.北京：商务印书馆，2005.

本章对迁居原因的设计　　　　　　　　　表 5-27

	分类	迁居的原因
被动	拆迁	□原来住的房子拆迁了，不得不搬
	房租	□原来的房子提高了房租
主动	房租	□原来的房租太高，想找个低点的
	邻里	□想换更大的面积
		□原来的住处周围太脏乱了，治安也差
		□想跟老乡近些，生活更方便
	就业/通达性	□更换工作，上班太远
		□那边就业信息多，有利于发展
	家庭生命周期	□孩子过来上学，搬到离学校近的
		□配偶也来京，要一起住
		□其他原因（请注明）

5.4.2　迁居原因的总体状况

　　从调查结果来看，农民工迁居动因主要有以下几个特点：

　　（1）被动迁居占有相当比例（约占 40%）；其中，由于拆迁而迁居的占总数的 20.83%，由于原来房东提高房租的占 18.80%。

（2）"就业／通达性"是迁居的主要原因之一（约占 34.12%）；其中主要是由于更换工作而迁居。

（3）房租等经济因素是迁居的重要原因（约占 30.06%）；其中，由于原来房东提高房租的占 18.80%，嫌原来房租太高的占 11.26%。

（4）邻里因素导致迁居的比例较低（约占 23.62%）；其中，想更换更大面积的占 9.82%，嫌原住处周围太脏乱的占 9.14%，希望靠近老乡居住的占 4.66%。这类迁居实际上是一种改善性迁居。

（5）由于家庭原因而迁居的比例非常低（约占 5.41%），包括配偶来京而迁居的占 2.79% 和子女来京就学而迁居的占 2.62%。

本研究问卷调查的迁居动机统计 [1]　　　　　　　　　　　表 5-28

分类		迁居的原因	人次	比例
被动	拆迁	□原来住的房子拆迁了，不得不搬	452	20.83%
	房租	□原来的房子提高了房租	408	18.80%
主动	房租	□原来的房租太高，想找个低点的	244	11.26%
	邻里	□想换更大的面积	213	9.82%
		□原来的住处周围太脏乱了，治安也差	199	9.14%
		□想跟老乡近些，生活更方便	101	4.66%
	就业／通达性	□更换工作，上班太远	686	31.58%
		□那边就业信息多，有利于发展	55	2.54%
	家庭生命周期	□孩子过来上学，搬到离学校近的	57	2.62%
		□配偶也来京，要一起住	61	2.79%
		□其他原因（请注明）	63	2.88%

农民工迁居与城市居民迁居原因有很大差别。在北京市城市居民的租房调查发现：①改善性需求是城市居民租房迁居的最主要原因，包括向往面积更大、设施更好的房屋和对现有居住房屋不满意。②被动迁居较少，特别是受拆迁的影响不大，城市居民租房多在成熟社区，较少受拆迁影响，被动迁居的主要原因是租约到期。③家庭原因而迁居的比例较高，主要是结婚、生子等，受生命周期变化影响显著。④由工作变动所致迁居占总数的比例较低，这主要是由于城市居民工作稳定性较高。

---

[1] 由于问卷中只对最近 5 次迁居进行了统计，理论上应有 3018 人次记录；但由于较为繁琐，部分被调查者未能填写完整，实际统计到 2171 人次的迁居原因，本表的迁居原因比例以 2171 为分母进行统计测算。另外，由于问卷规定每次迁居最多只能选择两个原因，因此各原因出现次数求和大于 2171 人次。

农民工与城市居民迁居原因的影响差异对比　　　表 5-29

迁居动因	受影响程度	
	城市居民	农民工
被动迁居（拆迁）	较小	大
租金	较小	大
工作变动	一般	大
改善性需求	大	小
家庭原因	大	小

　　农民工迁居与西方城市居民迁居在原因上也存在较大差异，对比下表可以看出：①西方城市居民迁居最主要原因是家庭生命周期变化如结婚、退休、家庭规模扩大和缩小等，约占 37.5%；②住房特征也是西方城市居民迁居的主要原因，表现为对更好的居住质量的向往，如追求车库、花园等，这类迁居约占 27.5%；③收入变化所导致的迁居比重较小，仅占总数的 13.9%。在以上三点上，农民工几乎都呈现出相反的规律。

英国家庭迁居原因调查　　　表 5-30

	原因	所占比重（%）	合计（%）
家庭生命周期变化	结婚	34.2	37.5
	家庭规模增大	1.9	
	家庭规模减小	0.8	
	退休	0.6	
收入和就业变化	就业变化	12.0	13.9
	收入变化	1.9	
住房特征	追求更为现代的住房	8.5	27.5
	拥有车库	0.6	
	更好的花园	0.7	
	住房面积太小	16.1	
	住房面积太大	1.6	
邻里和通达性因素	接近学校	0.5	21.0
	接近社会服务设施	0.1	
	接近工作地	5.3	
	接近商店	0.1	
	接近亲戚	11.1	
	更好的邻里	3.9	

资料来源：Bourne，1981

5.4.3 迁居原因的主体差异

既然农民工迁居原因与城市居民存在显著差异，那么接下来的问题是，为什么会产生这些差异？其年龄、阶层、收入、职业的不同在迁居原因上又呈现出什么样的规律？

（1）男性多因更换工作而迁居，女性多因租金、家庭而迁居

对男女性迁居原因结构比例进行对比可以发现，男性和女性的迁居原因差别很大。总体上而言，男性更容易因工作原因而迁居，包括更换工作或为了获得更多就业信息等。而女性则更容易因租金原因、家庭原因而迁居。

不同性别的迁居原因对比　　　　　　　　表 5-31

迁居原因	男	女	男 %：女 %
原来住的房子拆迁了，不得不搬	16.29%	18.02%	0.90
原来的房子提高了房租	13.93%	17.13%	0.81
原来的房租太高，想找个低点的	7.49%	11.23%	0.67
想换更大的面积	6.57%	9.75%	0.67
原来的住处周围太脏乱了，治安也差	8.15%	6.79%	1.20
更换工作，上班太远	31.93%	19.20%	1.66
那边就业信息多，有利于发展	2.50%	1.62%	1.54
想跟老乡近些，生活更方便	3.42%	4.28%	0.80
孩子过来上学，搬到离学校近的	1.84%	2.51%	0.73
配偶也来京，要一起住	2.10%	2.51%	0.84
其他原因（请注明）	5.78%	6.94%	0.83
合计	100.00%	100.00%	1.00

① 男性中因"更换工作"而迁居的比例远超过女性。其中男性因更换工作而迁居的占男性的 31.93%，女性由该原因而致迁居的占女性的 19.20%，两者之比为 1.66。

② 男性中因"就业信息多，有利于发展"而迁居的比例远超过女性。其中男性为 2.50%，而女性则只有 1.62%，两者之比为 1.54。

③ 男性因"原来的住处周围太脏乱了，治安也差"而迁居的比例高于女性。其余 8 项的比例均为女性高于男性，特别是在租金类原因、家庭类原因、想跟老乡住得近些等方面。

④ 女性由于拆迁导致迁居的比例也要高于男性（男女之比为 0.90）。

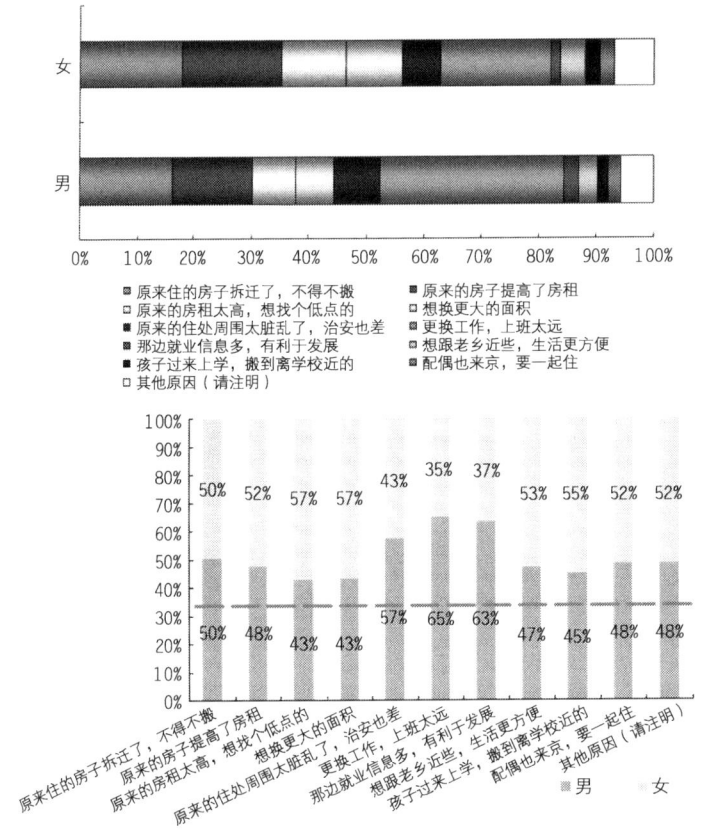

图 5-14　不同性别的迁居原因对比

（2）年龄越高受拆迁的冲击越大、受房租的冲击越小；新生代更易受配偶的影响，而年长者易受子女就学的影响

各年龄段迁居原因比例对比　　　　　表 5-32

迁居原因	90 后	80 后	70 后	60 后	50 后
原来住的房子拆迁了，不得不搬	15.34%	13.97%	22.36%	27.88%	20.00%
原来的房子提高了房租	21.16%	16.96%	9.90%	11.54%	10.00%
原来的房租太高，想找个低点的	8.47%	10.35%	6.71%	12.50%	0.00%
想换更大的面积	8.99%	9.48%	6.39%	2.88%	0.00%
原来的住处周围太脏乱了，治安也差	9.52%	7.61%	8.63%	1.92%	0.00%
更换工作，上班太远	18.52%	24.19%	28.12%	37.50%	56.67%
那边就业信息多，有利于发展	4.23%	1.87%	1.92%	0.96%	0.00%
想跟老乡近些，生活更方便	5.82%	4.36%	2.56%	0.96%	0.00%

续表

迁居原因	90 后	80 后	70 后	60 后	50 后
孩子过来上学，搬到离学校近的	1.06%	1.00%	6.39%	0.96%	0.00%
配偶也来京，要一起住	0.00%	3.12%	2.56%	0.00%	0.00%
其他原因（请注明）	6.88%	7.11%	4.47%	2.88%	13.33%
合计	100.00%	100.00%	100.00%	100.00%	100.00%

总体上看，①年龄越高受拆迁的冲击越大、受房租的冲击越小。②年龄越高受更换工作的影响越大，对面积、环境的向往越低。③年龄越高受老乡等社会关系网络的约束越小，受子女就学影响越大（如表 5-32 所示）。

对比新老农民工可以发现（如表 5-33）所示，①新生代因租金、面积、环境、就业信息而迁居的比例要高于老一代农民工；老一代农民工因拆迁、更换工作而迁居的比例高于新生代。②从家庭的角度看，新生代更容易受配偶的影响，而老一代农民工更容易受子女就学的影响。

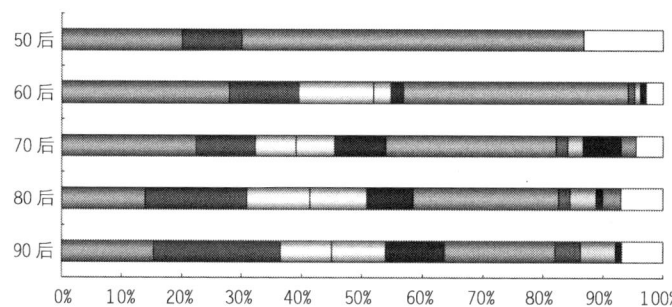

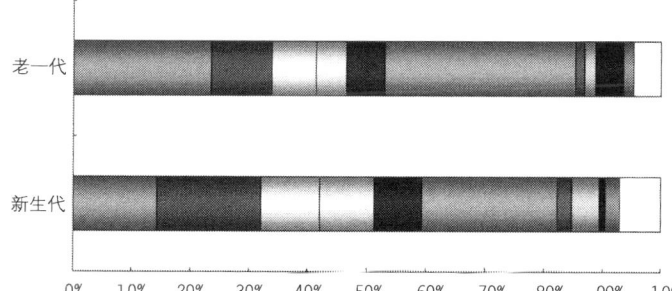

图 5-15　迁居原因的年龄差异

新生代农民工与老一代迁居原因比例对比　　　　　表 5-33

迁居原因	新生代	老一代	新 %：老 %
原来住的房子拆迁了，不得不搬	14.23%	23.49%	0.61
原来的房子提高了房租	17.76%	10.29%	1.73*
原来的房租太高，想找个低点的	9.99%	7.61%	1.31*
想换更大的面积	9.38%	5.15%	1.82*
原来的住处周围太脏乱了，治安也差	7.97%	6.49%	1.23*
更换工作，上班太远	23.11%	32.21%	0.72
那边就业信息多，有利于发展	2.32%	1.57%	1.48*
想跟老乡近些，生活更方便	4.64%	2.01%	2.31*
孩子过来上学，搬到离学校近的	1.01%	4.70%	0.21
配偶也来京，要一起住	2.52%	1.79%	1.41*
其他原因（请注明）	7.06%	4.70%	1.50
合计	100.00%	100.00%	1.00

* 显著

（3）随收入提高，因房租、拆迁而迁居的比例降低；因面积和环境而迁居的比例上升

从收入上看，有以下几个显著特点：

①随着收入的提高，因房租原因而导致迁居的比例逐渐降低。反映出收入的提高确实可以在一定程度上降低租金的约束。

②随着收入的提高，因面积和环境而迁居的比例呈上升趋势。反映出收入的提高在一定程度上提高了对居住条件的需求。

③随着收入的提高，因拆迁而迁居的比例呈下降趋势。反映出收入的提高有助于应对外部侵袭。

④随着收入的提高，因"想跟老乡近些，生活更方便"而迁居的比例逐渐降低。反映出收入提高后，使得老乡这一社会关系网络的作用相对减弱，农民工居住区位受其的约束也越来越小。

⑤随着收入的提高，因子女或配偶原因而迁居的比例呈上升趋势。反映出收入提高后开始考虑家庭问题，收入提高确实可以促进农民工的家庭进城。

⑥随着收入的提高，因就业信息而迁居的比例呈上升趋势。反映出高收入农民工对"信息"这一生产要素更为重视。

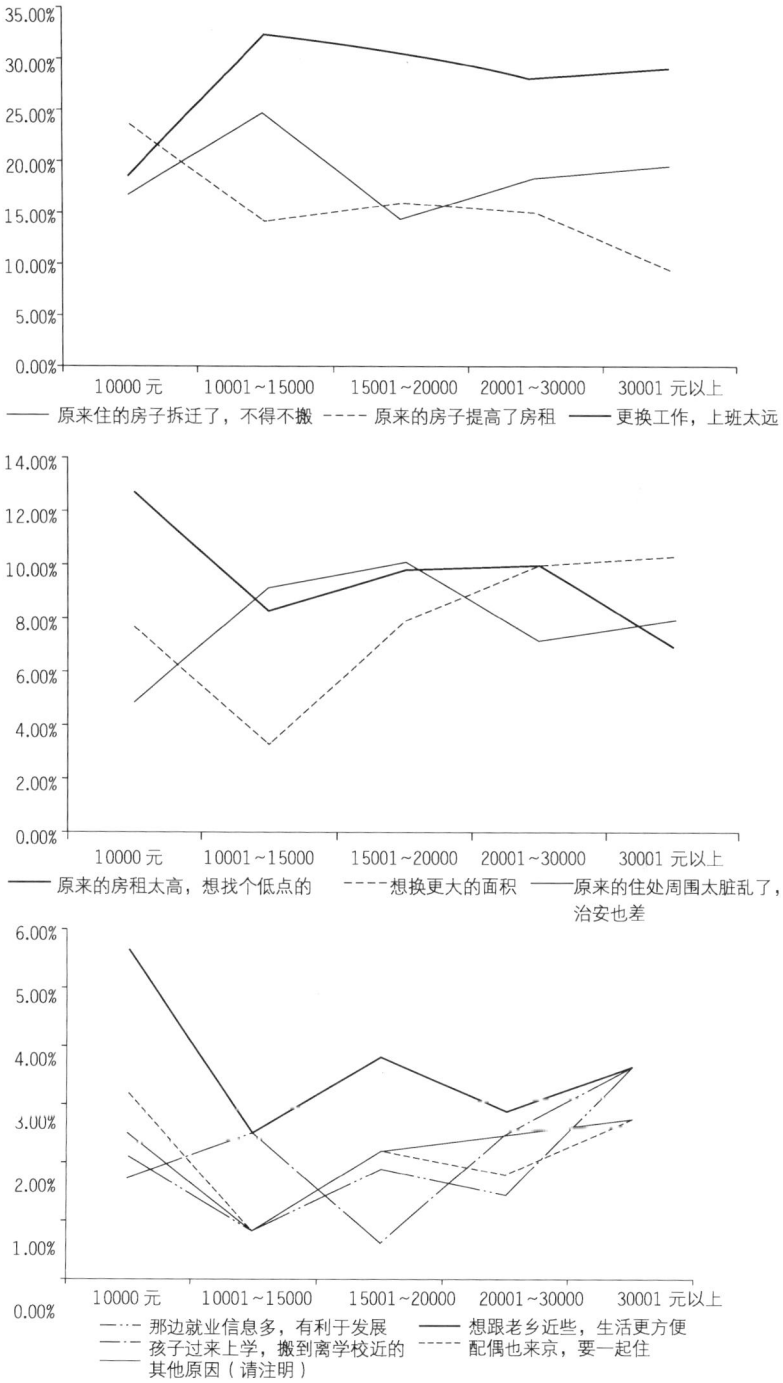

图 5-16 迁居原因的收入差异

迁居原因的收入差异比较 表 5-34

	10000 元以下	10001~15000 元	15001~20000 元	20001~30000 元	30001 元以上
原来住的房子拆迁了，不得不搬	16.96%	25.00%	14.29%	18.35%	19.51%
原来的房子提高了房租	23.67%	14.17%	16.19%	15.11%	9.45%
原来的房租太高，想找个低点的	12.72%	8.33%	9.84%	10.07%	7.01%
想换更大的面积	7.77%	3.33%	7.94%	10.07%	10.37%
原来的住处周围太脏乱了，治安也差	4.95%	9.17%	10.16%	7.19%	7.93%
更换工作，上班太远	18.73%	32.50%	30.79%	28.06%	29.27%
那边就业信息多，有利于发展	2.12%	0.83%	1.90%	1.44%	3.66%
想跟老乡近些，生活更方便	5.65%	2.50%	3.81%	2.88%	3.66%
孩子过来上学，搬到离学校近的	1.77%	2.50%	0.63%	2.52%	3.66%
配偶也来京，要一起住	3.18%	0.83%	2.22%	1.80%	2.74%
其他原因（请注明）	2.47%	0.83%	2.22%	2.52%	2.74%
合计	100.00%	100.00%	100.00%	100.00%	100.00%

（4）来京务工年数越长，受房租影响越小，受就业、家庭影响越大

①来京务工年数越长，受房租原因影响越小。反映出来京务工年数长的农民工房租承受能力相对更强。

②来京务工年数越长，因就业信息而迁居的比例越低。反映出，来京务工年数越长的农民工由于其就业稳定性更好，因此对就业信息的关注和依赖逐渐降低。

③来京务工年数越长，因"想跟老乡近些"而迁居的比例越低。反映出来京务工年数长的农民工其居住地选择受内生社会关系网络的影响较小。

④来京务工年数越长，因配偶和孩子而迁居的比例越高。反映出，随着来京务工年数更长，农民工对与配偶、子女一起生活的愿望愈加显化。

迁居原因的来京务工年数差异比较 表 5-35

序号	原因	2 年以下	2~5 年	5~8 年	8~10 年	10 年以上
1	原来住的房子拆迁了，不得不搬	15.62%	14.38%	21.92%	23.33%	24.10%
2	原来的房子提高了房租	18.64%*	18.04%*	10.77%	12.67%	14.46%
3	原来的房租太高，想找个低点的	10.33%	8.90%	10.77%	9.33%	7.23%
4	想换更大的面积	8.06%	10.05%	7.31%	9.33%	3.61%
5	原来的住处周围太脏乱了，治安也差	7.30%	7.99%	8.46%	8.00%	9.64%
6	更换工作，上班太远	26.45%	26.71%	29.23%	24.00%	31.33%
7	那边就业信息多，有利于发展	3.27%	2.05%	1.92%	0.00%	1.20%
8	想跟老乡近些，生活更方便	4.53%	6.39%	2.31%	1.33%	0.00%
9	孩子过来上学，搬到离学校近的	1.51%	1.37%	1.92%	5.33%	4.82%
10	配偶也来京，要一起住	1.51%	2.28%	3.08%	2.67%	2.41%
11	其他原因（请注明）	2.77%	1.83%	2.31%	4.00%	1.20%
	合计	100.00%	100.00%	100.00%	100.00%	100.00%

* 相对显著

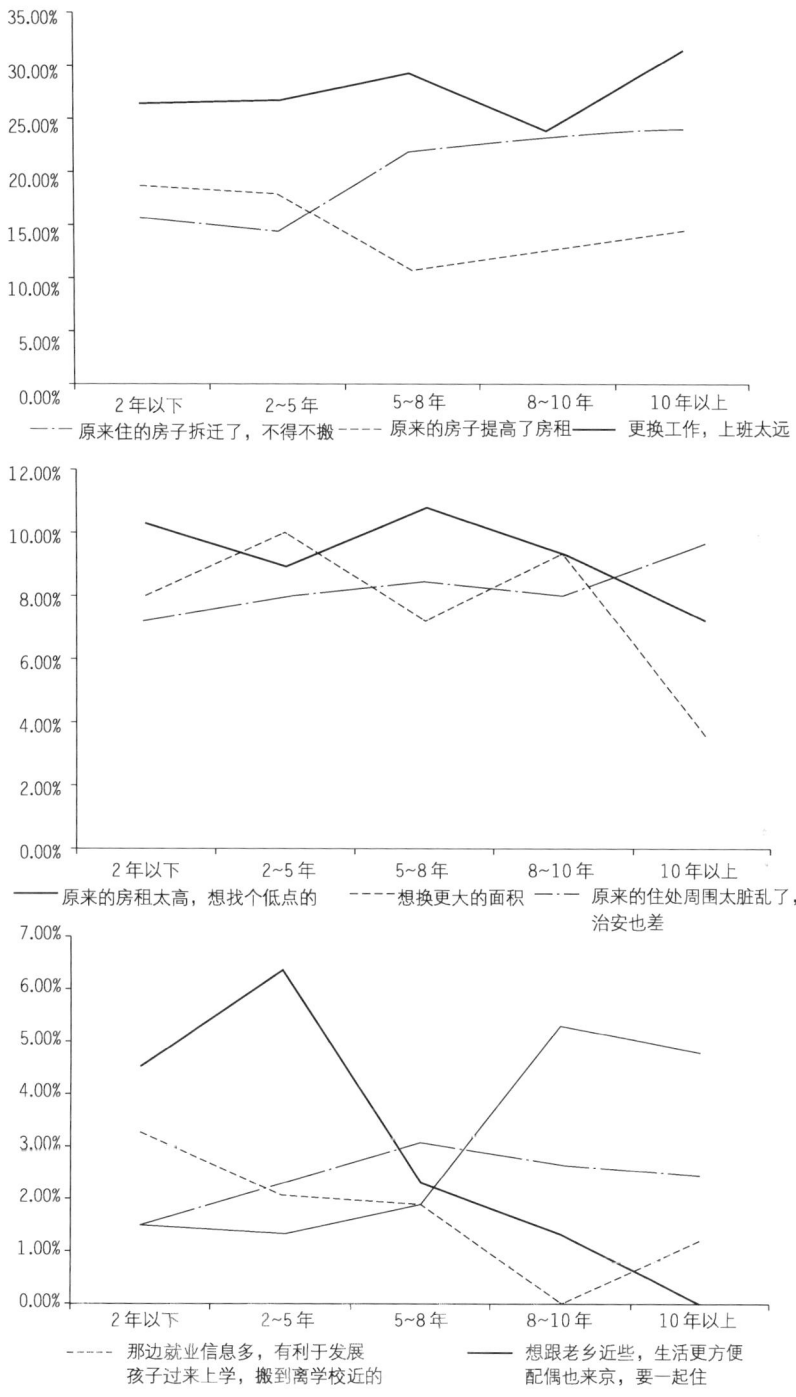

图 5-17 不同来京务工年数的迁居原因差异

（5）制造业、建筑业多因工作而迁居，服务业则多因家庭、改善需求等原因迁居

从职业的角度来看，主要有以下几个特点。

①制造业、建筑业受更换工作而迁居的比例在各行业中最高，分别为55.56%和54.17%。

②装修装潢因拆迁而迁居的比例在各行业中最高，达24.49%。

③电脑销售因房租、面积、环境而迁居的比例在各行业中最高，约为平均水平的2倍。

④建材销售、服装销售、其他批发零售因配偶和子女原因而迁居的比例在各行业中最高，约为平均水平的2.2倍。

⑤住宿餐饮因就业信息、想跟老乡近些而迁居的比例在各行业中最高，约为平均水平的1.9倍。

迁居原因的职业差异比较   表 5-36

	1	2	3	4	5	6	7	8	9	10	11	合计
制造业	11.11%	11.11%	5.56%	2.78%	5.56%	55.56%*	4.17%*	2.78%	0.00%	1.39%	0.00%	100.00%
建筑业	18.06%	5.56%	1.39%	0.00%	6.94%	54.17%*	1.39%	1.39%	1.39%	0.00%	9.72%	100.00%
装修装潢	24.49%*	12.24%	6.12%	4.08%	6.12%	36.73%	2.04%	4.08%	2.04%	2.04%	0.00%	100.00%
电脑销售	12.12%	27.27%*	16.67%*	12.12%*	12.12%*	10.61%	1.52%	6.06%	0.76%	0.00%	0.76%	100.00%
建材销售	20.59%	14.44%	10.16%	10.43%	7.75%	24.87%	1.34%	2.94%	3.21%*	2.14%	2.14%	100.00%
服装销售	22.03%*	17.97%	10.17%	9.83%	9.49%	15.25%	1.69%	3.73%	3.73%*	4.41%*	1.69%	100.00%
其他批发零售	15.07%	12.33%	9.59%	8.22%	5.48%	41.10%	1.37%	1.37%	1.37%	4.11%*	0.00%	100.00%
住宿餐饮	8.55%	18.80%	10.26%	6.84%	5.98%	26.50%	6.84%*	8.55%*	1.71%	0.85%	5.13%	100.00%
保安	10.00%	35.00%	10.00%	0.00%	5.00%	30.00%	0.00%	5.00%	0.00%	5.00%*	0.00%	100.00%
其他生活服务业	28.41%	13.64%	6.82%	4.55%	3.41%	32.95%	1.14%	4.55%	1.14%	2.27%	1.14%	100.00%
其他	7.59%	11.39%	8.86%	7.59%	10.13%	34.18%	3.80%	5.06%	1.27%	2.53%	7.59%	100.00%

迁居原因序号参见表5-35。

5.5　迁居的决策分析：行为的视角

对于迁居决策的解释源于两种不同的理论基础：一类是采用微观经济学分析法考察交通成本和住房价格之间的平衡（Muth，1969）；另一类是采取社会学和心理学中的行为分析法考虑社会经济背景和社区、家庭、个体等因素对形成居住决策的综合影响作用（Rossi，1955；Brown，Moore，1970）。也有学者从生命周期视角分析不同属性人群的迁居特征。本节遵循后一种方法，着重从决策过程（过程和时间）、空间变化（距离和方向）两个角度来进行分析，并借

助社会生态学、需求层次理论、家庭生命周期等理论，解释其迁居的内在动力，目的是找到制约其居住状况改善的原因。

5.5.1　迁居行为类型的划分

鉴于农民工的复杂性，在对其迁居决策进行行为分析之前，先将其迁居行为进行分类。西方研究主要以迁居行为的归类和定性描述为依据进行划分。如White（1985）根据迁居受城市住房市场以外的经济社会力量的影响，将其划分为经济上升型迁居、社会组织变化型迁居、住房市场结构变化型迁居。根据迁居距离的长短可以分为长距离迁居和短距离迁居（Cadwallader，1981）。根据迁居前后空间位置的不同可以划分为向心型和离心型等[1]（Forbes and Robertson，1978）。

本节试图跳出数据，基于动因和结果两个方面对农民工居住行为的类型进行划分。即一方面考虑迁居原因的差别，另一方面考虑迁居前后在居住状态、空间区位等方面的变化。**将其分为主动和被动两个层次、六种模式，**其中"被动"包括"被政府"和"被市场"两种类型；"主动"包括生存型、发展型、改善型、家庭型[2]四种类型（如图5-18所示），并对其每一种类型的迁居决策进行分析。

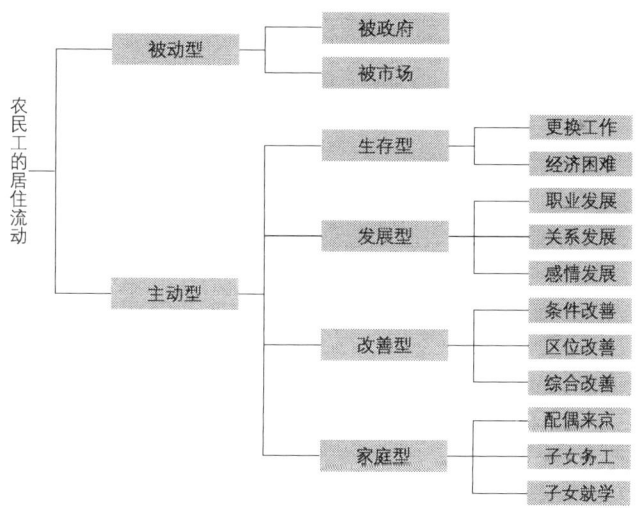

图5-18　本研究农民工迁居的类型划分

---

[1] Forbes and Robertson（1978）对格拉斯哥地区的长距离扇面迁移进行研究，分为：私有住房和市营公房由内郊区向边缘区外迁、内城旧城改造地区向郊区公共住宅外迁、由郊区公共住房向市中心私人所有住房的小规模内迁。

[2] 之所以将家庭型迁居单独出来，是由于前人的文献表明城市居民迁居受家庭生命周期影响显著，因此本书在此着重考证一下农民工迁居与家庭生命周期的关系。

从调查的结果来看，生存型迁居的比重最大，达36.63%，其次是被动型迁居，约占33.87%、而发展型迁居约占6.14%，改善型迁居和家庭型迁居分别仅占16.23%和4.65%。

农民工各模式迁居所占的比重[1] 表5-37

层次	模式	子类型	主要原因	比例	比例合计
被动	被动型	被政府	□原来住的房子拆迁了，不得不搬	17.80%	33.87%
		被市场	□原来的房子提高了房租	16.07%	
主动	生存型	更换工作	□更换工作，上班太远	27.02%	36.63%
		经济紧张	□原来的房租太高，想找个低点的	9.61%	
	发展型	职业发展	□那边就业信息多，有利于发展	2.17%	6.14%
		关系发展	□想跟老乡近些，生活更方便	3.98%	
	改善型	条件改善	□原来的住处周围太脏乱了，治安也差	7.84%	16.23%
		面积改善	□想换更大的面积	8.39%	
	家庭型	配偶	□配偶也来京，要一起住	2.40%	4.65%
		子女	□孩子过来上学，搬到离学校近的	2.24%	
其他			□其他原因（请注明）	2.48%	2.48%

5.5.2 被动型迁居的决策

被动型迁居根据动力的不同又可以分为被"政府"和被"市场"两种类型，这两种类型在决策过程、空间变化上的特征不同，其作用机理和理论解释也有很大差别。

（1）被政府

拆迁是北京外来农民工迁居的最主要原因，这与近一段时期以来北京市旧城、旧村改造力度不断加大有很大的关系。一方面，在向市场转型过程中，城市土地价值日益显化，日益紧张的土地资源也迫使其通过三旧（旧城、旧村、旧厂，下同）改造来开辟发展空间；另一方面，在申办和承办奥运的过程中，为提升城市功能和面貌，大量"三旧"被改造。由于这些地区恰恰是农民工居住相对集中的地区，其改造使得农民工不得不发生迁居。

聚居，加速拆迁。在京农民工有较为显著的聚居特征（下章有详细分析），而聚居在很大程度上加速了所在区域被拆迁。农民工在空间上的聚居，并建立起自我服务系统，形成了城市里的异质的、相对独立的社会空间，聚居地内餐馆、理发店、浴室、学校、诊所等一应俱全。同时由于城市基础设施和城市管

---

[1] 在调查中，请每位迁居者填写1~2个迁居原因，有的填写了2个原因，有的只填写了1个原因，比例的计算分子为该原因出现的次数，分母为总的迁居原因（而不是总人数）。

理未能及时改进，**特别是"单位—街道—居委会"和"乡镇—行政村—自然村"两套管理秩序未能很好地对接**，导致这些地区长期处于行政管理真空（项飙，2000）[1]。在承载能力较为有限的情况下，集聚地规模越大、人口越多，环境卫生状况越差、社会治安问题越多，也越容易被政府作为重点治理对象而拆迁。因此，可以说，农民工的聚居特征在很大程度上加速了其聚居地被拆迁。

　　在拆迁中，缺少农民工利益的引入机制。在现有拆迁管理中，往往是政府、开发商和村民三方的利益博弈[2]，而涉及人数最多、受影响最大的居住者（多为农民工）却成为被忽视的盲点。这种"被忽视"使得在拆迁来临时，农民工往往束手无策，没有足够的时间寻找合适的住所，自身利益得不到保障。因此，应尝试建立拆迁中的农民工利益引入机制（如图5-19所示）。

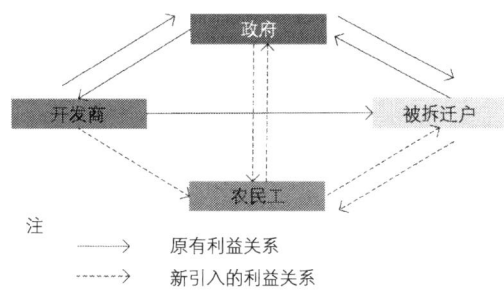

图5-19　农民工引入拆迁的利益均衡机制

　　拆迁使得他们不得不搬迁，这个过程给农民工产生巨大影响。是重新择居可能导致房租提高，既有均衡状态被打破，不得不重新寻找新的均衡，在调查中发现，多数农民工认为因拆迁而搬家后的房租价格较前有一定提高；而如果他们不提高房租支付，则可能被过滤到更远的地域。二是导致职住均衡关系被打破，拆迁使得其在工作未发生变动的情况下，因居住地的变动给职住关系带来挑战，对于那些在附近上班的人来讲，尽管要拆迁，但仍然必须在附近寻找住所，然而拆迁导致附近房源供给减少、租金价格猛涨，使得他们同样的租金支出下的效用大大降低，而一旦他们无法在附近找到合适的房子，要么就必须接受更高的通勤成本（经济成本和时间成本）；要么就放弃这里的工作，特别是对那些从事服务业的个体户（如水果摊贩）来讲，就不得不再到别的地方另寻"市场"，对他们的收入影响很大。

　　也有很多案例表明，尽管居住地没有发生拆迁，但因为就业地或子女就读学校发生拆迁，导致他们也不得不搬家。

---

[1] 项飙.跨越边界的社区——北京"浙江村"的生活史.北京：生活读书新知三联出版社，2000.

[2] 注：也有观点认为是政府、开发商、村集体、村民四方博弈。

"各位家长：我校这次处在政府储备地的拆迁腾退范围内，为配合政府部门的相关工作，我校将迁到朝阳区十八里店乡。"——这是北京市朝阳区东坝乡腾龙打工者子弟学校给农民工家长下发的通知。许多家长看后，整个春节都在隐忧中度过。

"那天校长通知我们，学校已经解散，教师自谋出路，1月23日前学校全部清空。有的教师舍不得孩子，都流泪了。学生、家长都不知道接下来往哪里去。"——腾龙学校的老师曹靖华说。

"新校址离现在的学校有20多公里，那么远叫我们怎么去？旁边的学校也都拆了，这要孩子去哪上学？"——一位来自河南的农民工激动地说。

……教书10年的曹靖华老师回忆，来京第一年他住在东三环，2001年后随学校搬到了四环，2003年搬到了五环。"目前很多老乡带着孩子去了通县，接下来我们还要往哪里去？"……

——中国青年报2010年2月23日《北京：政府大拆迁波及数万农民工子女上课》

由于政府拆迁型被动迁居带有强制性，因此不存在"搬"与"不搬"的问题，决策过程相对简单。拆迁之前一般会有"风声"，再加上公示也有一定周期，因此他们有足够的时间来择居。

这一类迁居区别与其他类型的迁居的最大区别是"重生"，即拆迁不仅导致其居住地要发生变化，而且导致其生活、工作的各个方面几乎都要进行重新抉择。首先是"搬到哪里"，一般倾向于在拆迁地附近寻找合适居所，而由于房源减少导致价格提高，除了支付能力较高的外，有超过60%的人无法得到新的均衡，因此不得不区域以外寻找住所（甚至离开北京），这就引出第二个问题："是

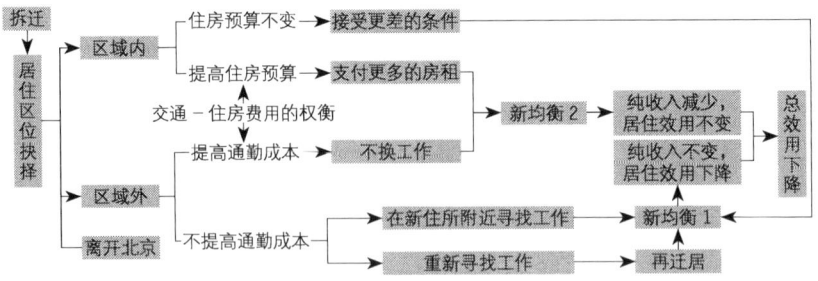

图5-20 拆迁型迁居的决策过程与结果

否要换工作"，在调查中了解到，一般短期（如 3 个月）内不会换工作，而长期（如迁居后 1 年之内）换工作的概率超过 80%。

如果要保持居住效用不变，则纯收入减少；而如果保持纯收入不变，则居住效用降低；无论是哪种情况，总效用都会下降。从更长期看，总效用下降会导致北京对农民工的吸引力下降，进而劳动力供给减少，劳动力价格提升，从而达到新的均衡。而新均衡下，由于劳动力价格提高使得城市居民所需商品和服务价格也会提高，从而导致不经济，在一定程度上降低城市的竞争力。

离心：尽管拆迁导致微观个体的迁居方向各不相同，但宏观上仍呈现出离心特征。由于城市土地价格（房屋租金）从中心向外围逐渐递减，农民工只有向外围迁居才能重新获得平衡区位 [1]，从而在空间上呈现出离心特征。

拆迁改造完成之后，会有少量从事生活服务业的农民工回到原地，但总体上看，由于改造之后的房屋价格远远高于改造前，超出了大部分农民工的支付能力，因此即便拆迁完成后，大部分农民工也不会回迁，不会产生向心的回波，而是继续保持这种离心状况。

（2）被市场

被动性迁居的另一种形式是，农民工由于支付不起房租上涨而被迫迁到房租更为便宜的居住地，这类迁居主要是市场过滤 [2] 的结果，其最终的结果是导致城市社会空间的分异（柴彦威，2000；李志刚、吴缚龙等 [3]，2004），农民工不断地被日益高涨的房租给推到郊区、更远的郊区（甚至其他城市），呈现出显著的离心化特征。

水平向外：贫富阶层在城市内的空间分布，北京的情况与美国有很大的差别，在美国，富人们倾向于在郊区定居，而穷人们则倾向于在市中心附近定居。换句话说，家庭的平均收入随着搬离市中心而增加。对此，阿隆索（Alonso，1964）和穆斯（Muth，1969）提出了收入隔离理论进行解释，该理论认为，家庭在土地成本和交通成本间的权衡使得中心区为穷人提供了最适宜的权衡，郊区为富人提供了最适宜的权衡。然而这一理论在美国以外的地方经常被推翻（霍亨伯格和利斯，1985），欧洲就并非如此，比较有代表性的是巴黎大都市区，巴

---

[1] 平衡区位，是指农民工的住房支出和住房效用的平衡，住房效用是居住的效用和职住关系的效用的总和。

[2] 住宅过滤理论最早是由伯吉斯（E. W. Burgess）在 20 世纪 20 年代初期解释芝加哥住宅格局时提出的。随后，劳瑞（Lowry，1960）对过滤现象作了概念性的解释，20 世纪 70 年代中期以后，形成了几个比较规范的住房过滤模型。如 Sweeney（1974a）模型和（1974b）模型，Ohls（1975）模型，Braid（1988）模型和（1991）模型等。

[3] 李志刚，吴缚龙，卢汉龙 . 当代我国大都市的社会空间分异——对上海三个社区的实证研究 [J]. 城市规划，2004，（06）.

黎市中心的平均收入超过了周围郊区的平均收入。对此 Brueckner，Thisse and Zenou（1996）等人从文化生活设施差异的角度给出了解释，认为巴黎市中心的博物馆、餐厅、公园、商业街等文化生活设施使得巴黎市中心相对于郊区更有吸引力，使得将富人拉向市中心的作用力压倒了将富人拉向郊区的作用力，其结果是相对大比例的富人定居在巴黎市中心。

Brueckner 等人的理论同样可以很大程度上解释北京的现象。由于北京的基础设施、公共服务设施配置具有城区强、郊区弱的不均衡性，人们对公共服务的需求导致中心城区竞租更激烈，地价更高。这样，一方面，农民工支付不起较高的房租，不得不一波波地向郊区转移；另一方面，农民工对这些公共服务设施的需求不大 [1]，在基本不需享受这些设施的情况下，没有必要支付高房租来靠近它们。

垂直向下：在空间上，这类迁居除了水平方向的离心特征外，还有垂直方向的"向下"特征，即依托地下空间来解决居住问题。对于那些从事生活性服务业的农民工，他们往往经过长期的经营而形成了自己的**领地**（即市场区）。尽管房租上涨对他们的生活产生了很大的影响，但是他们不希望因此而丧失自己的领地，因为那样他们的生产将难以为继，因此在住房支出有限、区位被锁定的情况下，他们只能在领地附近的区域内寻找房租更"合适"的住所，地下室成为他们的主要目标。尽管地下室在采光、通风等方面存在很大缺陷，但基本能满足他们"睡觉"的需求。但是在调查中发现，有很多单位或小区的地下室不对农民工出租，农民工在租住地下室时仍面临着歧视性障碍。

无论是被"政府"还是被"市场"，都是农民工进城后与城市各要素（如就业、交通、生活、居住）相互作用产生的结果，尽管存在政府调控和市场机制两种作用，但其本质上都是各群体对空间和利益的争夺。如果按照麦肯齐（RDMckenzie）的理论，可以把农民工从农村进入城市看作是一种**"入侵"**的生态过程，与侵入相伴随的是城市居民或政府的反演替过程，通过拆迁或市场过滤等手段来反入侵（尽管可能不是有意的 [2]）。入侵与反演替的共同作用使得农民工在城市中经常会面临被动迁居。

尽管农民工提供的产品和服务是城市需要的，但他们在城市的活动仍然被很多人、特别是城市政府和居民认为是一种入侵行为，是由于农民工在生活习惯、经济能力、就业层次等方面与城市居民之间的巨大差距造成的，这种差距使得

---

[1] 由于农民工以青壮年劳动力为主，以务工目的为主，因此在需求上主要是日常生活，如吃喝、休息等，以及业务性事务等谋生需求，而对服装、医院、影剧院等的需求不大。随着新生代农民工的崛起，情况可能会发生一些变化，下节有详细论述。

[2] 转型期背景下，城市从计划向市场的转变使得当前我国大中城市普遍正在进行大规模拆迁、改造。

农民工需要通过自我构建的社会空间和不断强化的身份认同来增强存在感。

入侵和反演替的消失需要农民工在城市中更好地融入，而市场过滤又降低了融入的可能。在市场机制难以促进农民工城市融入的情况下，就需要通过制度改进来引导。

5.5.3 生存型迁居的决策

"务工"是农民工在城市生活的主旋律，他们在城市的生存主要取决于其在城市的工作，有相对稳定的、收入尚可的工作，就能够生存，反之则不能生存。对于大多数农民工来讲，其在城市的生存过程就是反复的待业、择业、就业的过程。本研究将生存型迁居作为一种模式提出，主要是指在这种模式的迁居，无论从动因还是结果，都体现出很明显的"生存"特征，即从动因上看，主要表现为受工作变化和经济状况影响，从结果上看，迁居前后其居住状况并未发生显著提升，带有重复性。这类迁居的另外一个特征是，他们的社会阶层呈现出低层次的水平流动，而没有向上的流动或跃迁。

具体来讲，由于工作而导致的生存型迁居可以有以下类型，一是雇佣关系没发生变化，工作地点发生改变；二是被解雇或主动更换工作，雇佣关系和工作地点都发生了变化；三是更换工作了，但工作地点没发生显著变化，这一类一般不会发生迁居，因此不予考虑，着重考虑前两种。

（1）同一个雇主，不同的工作地

农民工的工作地具有很强的流动性，例如建筑工人随着工程项目的结束而跟随施工头到下一个项目工地上，餐饮业的农民工会随着饭店老板选址的变化而变换居住地。但总体上讲，这类迁居，无论是迁居前还是迁居后，都多由雇主提供住宿，农民工的自主性不强。

于是，这类迁居的空间变化就更多地表现为企业区位选择的变化，例如项目施工方对项目的选择、餐饮业老板对餐馆区位的选择等，受各业态区位选择机制的内在驱动，本书对此不多阐述。

尽管无法具体指出这种受各业态区位选择机制驱动的空间变化究竟是向心还是离心，但迁居前后居住地和就业地的关系可以清晰地概况出来，由于这类迁居是由雇主提供住宿，因此不管是迁居前，还是迁居后，基本都是围绕工作地来选择居住地，最常见的就是临近工作地来设置居住地（如企业宿舍、建筑工地的临时工棚等），也有的是在以工作地为中心，很短的通勤距离为半径[1]的区域内选择居住地。

---

[1] 由于餐饮等服务业营业时间很晚，多在末班车之后，因此从业者很难依靠公交系统来进行通勤，就不得不住在步行或自行车的通勤半径内，通勤距离很短。

（2）被解雇，无奈的迁居

被解雇和主动更换工作是工作变化的两种形式，前者是被动的、向下的，而后者是主动的、向上的。本研究将被解雇而导致的迁居纳入生存型迁居进行分析，而将主动更换工作引起的迁居划入发展型迁居，在下文进行分析。

解雇始终伴随着农民工的务工过程，特别是在务工初期阶段，工作的不稳定导致工作频繁更换。从宏观上看，被解雇在很大程度上导致迁居；而在微观上，被解雇后是否会发生迁居，取决于其下一个工作的地点。下一个工作地点可能在现居住地周围，这时多不会迁居；也可能距现居住地很远，这时多会发生迁居。这类迁居在空间上有多种可能，但由于受制于农民工工作搜索范围、搜索途径和工种的限制，在空间上呈现出"环状同势移动"和"扇状减势移动"两种特征（如图5-21所示）。

尽管从结果上看，有在现居住地周围和在现居住地之外两种情况，但需要指出的是，从内在机制上看，却只是一种机制在发挥作用，在调查中发现农民工在找工作时，基本上没有人会把现居住地作为一个考量因素纳入决策[1]，也就是说，对于这些为生存而奋斗的农民工，居住完全依附于工作，是工作需求的派生需求，而不是一种独立需求。正因为如此，这类迁居在居住条件上往往呈现出重复性，即迁居前后其居住条件几乎没有变化，甚至会有下降，他们为了生存而不得不减少房租支出。

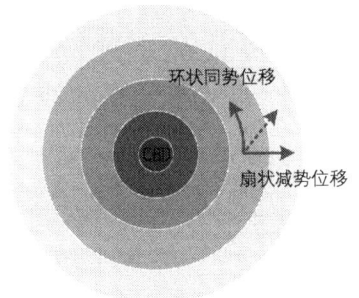

图5-21 被解雇迁居的空间变化特征

小王，24岁，湖南人，电脑销售，来京4年

Q："换工作的时候会不会搬家？"

A："有时候会搬，有时候不会搬，得看情况吧。"

Q："怎么看情况，比如说？"

A："新换的工作离住的地方太远的话就得搬家了，如果不是很远就不会搬家了。"

Q："那你找工作时会考虑工作地到住处的距离吗？"

---

[1] 即便纳入了决策，也主要是对社会关系网络的考虑，而不是单纯居住地的考虑。

> A:"找工作的时候是不会考虑这个的（但实际上受工作搜索范围和途径的限制，实际上其工作机会出现在居住地周围的概率要更高一些。笔者注）。自从做电脑销售 2 年多以来，也换了 2~3 次工作，但都在海龙、科贸、鼎好这一片，所以也没怎么因为这个搬家。"
>
> Q:"我看你（问卷中）刚来北京时搬家挺频繁的，主要是什么原因？"
>
> A:"主要是更换工作。刚来的时候也不知道自己能干什么、适合干什么，干了几种工作，有的是老板不做了，有的是自己觉得不合适，工作地点也不一定，离得远的时候就得搬家。后来开始做电脑销售之后，就一直做下来，尽管换过，但一直是这个行业，也一直在中关村附近，所以就没搬过家。"

此外，生存型迁居还有一种类型是由于经济紧张造成的，由于经济紧张而导致不得不放弃现在租住的房子，转向更为便宜的房子或是寄宿亲友。这类迁居在空间上具有短距离性，由于工作没有发生变化，他们住房搜索范围也只能局限于工作地周围或是现居住地周围，而由于工作地和居住地的起始位置相近，因此无论是工作地搜索还是居住地搜索，最终结果都会是短距离迁居。寄宿亲友实际上是延长住房搜索时间、节省住房开支的途径，其结果有多种情况，一是通过延长住房搜索时间，找到了租金更低的房子；二是通过节省住房开支，度过了经济难关，再寻到与原来差不多的房子，重新开始"正常"生活；三是通过寄宿亲友，谋划更换工作，从而根本上摆脱经济紧张；四是没有渡过难关，被迫离开北京。总体上看，由于经济紧张而寄宿亲友的比例非常低，故在此不作过多分析。

5.5.4 发展型迁居的决策

发展型迁居是指为了职业发展而迁居的，在这类迁居中，居住仍然是工作的派生需求。生存型迁居是为了工作而生存，那么发展型迁居的目的是为了使工作更好。对于农民工来讲，"工作更好"包括两个层次，一是工作的稳定性得以提升，不易被解雇，或解雇后能迅速找到新工作；二是收入的提高，包括技术水平、职务和收入提高等。

假设工作机会在空间上的分布是不均衡的，（可得的）相对好的工作机会在空间上也是不均衡的。那么农民工为了发展，就要接近这些工作机会所在的区域，或接近这些工作信息传播的途径。因此，发展型迁居在空间上呈现出两个特点，一是流向（好）工作机会更多的区域，二是强化与社会关系网络的联系，在空间上靠近这些社会关系网络。这两个力共同形成了发展型迁居的内在动力，不仅如此，经常地，这两个流向在空间上也是基本重合的。

发展型迁居的农民工所从事的行业基本**锁定**。经过摸索和试探后，农民工逐渐对自己要从事的行业更加明确，从调查中了解到，尽管农民工经常更换工作，但却很少更换行业，优势累积和路径依赖共同导致了其行业的基本锁定。

新经济地理学为发展型迁居的动力和空间特征提供了一个可借鉴的分析框架。克鲁格曼认为，不完全竞争、规模报酬递增和知识外溢是厂商空间集聚的动力。在发展型迁居中，由于不同行业就业岗位在空间上的分布规律不同，因此各行业的发展型迁居的空间变化也不同。

住宿餐饮、其他批发零售等生活性服务业就业岗位在空间上基本呈均质分布，由于市场**挤出效应**的存在，在存在竞争的情况下，厂商总是向竞争者相对少的地区集中，也就是说，大量厂商集中在一起的结果，就会使得该地区的一些厂商向厂商相对较少的地区移动；因此其受**"市场竞争"**推动，从业者为了发展，就得在竞争相对不激烈的新增市场区（如新建小区、旧城改造区等）上寻找机会突破，其迁居也会逐步向这些新增市场区域靠近。服装销售、建材销售、电脑销售等行业，其就业机会主要集中在若干个专业化市场，**受规模报酬递增**的影响，这些行业的从业者就会不断地向这些专业化市场所在地迁居，或是在这些专业化市场周围短距离迁居。装修装潢等行业从业者多在城郊如十八里店、孙河乡等地较为密集，**受知识外溢效应**的影响，靠近这些聚居区，更容易获得市场信息，因此这些行业的从业者就会逐渐向这些区域迁居。

区别于生存型迁居，发展型迁居对社会关系网络指向主要是指外生社会关系网络（卫欣，2008），即其来京后新发展的社会关系，而对内生社会关系网络的依赖程度降低，其表现为因"想住得跟老乡近些"而迁居的比重下降。

除了为了工作的发展型迁居外，在调查中了解到，也存在一些为了感情发展而迁居的情况，尽管其所占比重很小，但本研究认为不能忽视这一状况，其反映了农民工在城市空间的情感诉求。这些年轻的男性农民工为了**情感**（一般是未确立关系的）而迁居到心仪对象居住地周围，从而方便联系和照顾对方。

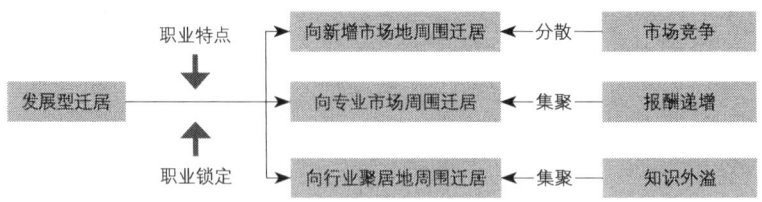

图5-22 发展型迁居的动力与特征

5.5.5 改善型迁居的决策

根据马斯洛（1943）的需求理论，人类的需求从较低层次到较高层次依次是生理需求、安全需求、社交需求、尊重需求和自我实现需求。

居住需求是生理需求的一部分，是人类首先需要满足的需求之一。但和同一层次的食物、水、空气等相比，居住需求是这些生理需求中较高层次的需求，只有在食物、水、空气等基本生理需求得到满足后，人们才会关心到居住需求。居住需求同时贯穿于人类需求的各层次，同时又有较大的弹性，即在需求的不同层次，人们对居住的需求程度有较大差异。

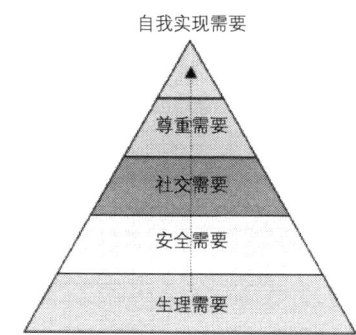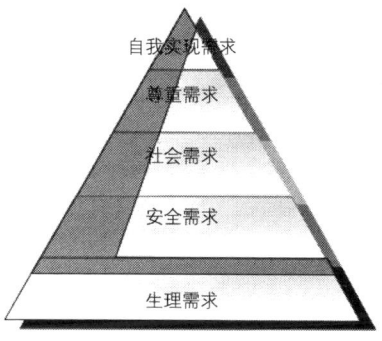

图 5-23　住房需求与人类总需求
资料来源：卫欣（2008）

正是由于居住需求的弹性较大，因此理论上讲，不同层次、不同收入的人对居住的改善都有本能的期待。而事实上，由于受收入、负担等因素约束，农民工对居住改善的期待又长期被**压抑**，只有那些具备一定条件的农民工才能够将这种期待转化为行动，从而形成改善型迁居。

所谓的"具备一定条件"，主要包括几个方面，一是收入稳定且有一定竞争力，二是家庭负担较小，三是工作有良好的预期，四是其社会交往圈子的居住条件都好于自己。其中"收入好"是前提，只有收入达到了一定程度，才可"有钱化"，才可能形成较好的住房支付能力；"负担小"是必要条件，只有负担小，才可能"舍得花"；"好预期"是改善型迁居形成的关键，对于缺少社会保障的农民工来讲，只有预期好了，才能让其"有钱敢花"；而社交圈子的住房状况是推动其做出改善行动的重要动力，改善既是社交的需要，同时社交过程也会进一步强化其改善的动力。

改善型需求包括面积改善、设施改善、区位改善三个方面，其往往是结合在一起得到改善的。居住条件的改善需要以租金支出的提高作为支撑（Bourne，

1981），而租金支出的提高又需要收入的提高作为保证。高的租金支出必然需要高的收入，但高的收入并不一定会形成高的租金支出（第四章中已有分析）。租金支出的提高是一个综合的考量，包括收入提高、收入稳定的性提高、未来预期较好、未来经济负担较轻等。从社会学的角度看，这些都是**"向上"流动**的表征，即尽管其仍然属于农民工的范畴，但其在农民工中的相对位置乃至在整个社会阶层中的相对位置发生了一些变化，从而影响其居住区位选择的能力和对居住空间品味认同的心理变化。这种社会流动（social mobility）带来的变化领域甚至会扩大至社会文化、生活方式、价值观念。由于不同的居住空间或称为不同社会阶层的身份、地位象征，在住宅市场化、商品化、私有化的背景下，居住空间分化不仅只是经济实力差异的直接结果，也使得次生因素（社会地位、社会文化）日益成为分化的因子，并作用渐强，反映为同一社会经济等级居住空间内群体区域化特征更为明显（Giddens，1985）。社会流动带来的变化必然会造成个体的居住迁移，从而满足个体对居住空间层面上的流动需求，使居住迁移成为社会流动在居住空间上的空间映射。同时，一定意义上，当个体或群体社会地位发生流动之后，其拥有的权力、地位以及在社会中承担的功能也会发生改变，因此居住空间也将发生类似的变化，以保持其社会地位－空间位势的一致性。因此社会流动产生迁移的本质是**归位**，而这种"位"则源于社会文化的认同。

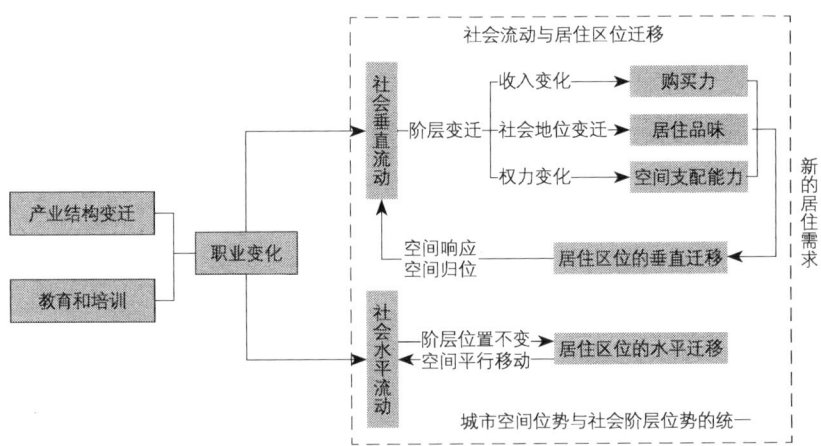

图 5-24 社会流动与改善型迁居的互动关系

5.5.6 家庭型迁居的决策

总体上看，由于家庭变化而迁居的比重比较低。其主要类型有：配偶来京、子女来京上学、子女来京务工、兄弟姐妹来京务工等，其中兄弟姐妹来京务工属于简单的加法，而不像前三类有"化学反应"，因此本研究侧重于对前三类的分析。

（1）配偶来京务工：尝试

如果将配偶中先来京务工的一方称为"先行者"（侯佳伟，2010），将后来京务工的成为"后来者"。根据调查，先行者中男性多于女性，几乎为女性的 2 倍[1]，所以配偶来京大体上可以理解为妻子来京务工，这样也便于表达。

妻子来京对居住提出了新的要求，首先如果丈夫之前居住非单独房间的，就需要换单独房间；其次，夫妻同住一般会倾向于自己做饭以降低生活成本，这就产生了对厨房空间的需求。这种迁居在空间上多呈现近距离特征，一般会换租原房东的其他房间，或在原居住地附近寻找合适的房屋。

很多样本都表示，妻子来京具有短期性，对于我国大多数的农村来讲，妇女属于剩余劳动力，在家里不需要从事非农务工，其职责是照顾老人、孩子，种好责任田。妻子来京一般都带有很强的"尝试"性，看看能不能适应，一是妻子能不能在城里找到合适的工作，能不能适应这里的生活；二是家里的老人、孩子能不能适应妻子不在的生活。两个方面中的任何一个方面不能适应，就会让妻子回到农村。而这时候，丈夫的住处就会再次发生迁移，或者会征一个同性的老乡或朋友合租以分担房租。

（2）子女来京务工：过渡

子女来京务工有两种较为普遍的情况，一种是子女从事另外一个行业，与父亲（或母亲）所从事的行业无相关性，这种情况下一般变现为较为显著的过渡特征，即等子女刚来京时与父母同住，待落脚之后就会搬离与其伙伴或同事合租。这类情况的，一般不会发生迁居行为。

另一种情况是，子女来京帮助父母打理业务（如个体户等），当父母与子女为异性时，多会发生迁居行为，而如果是同性时，多数暂时不会发生迁居。一般等子女在京 3~6 个月时，其社会关系网络有一定发展，就不再与父母住在一起，而是在其附近寻找房屋与同龄的同乡、朋友等住在一起。

无论是哪种情况，基本上都是短距离迁居。

（3）子女来京上学：门槛

靠近学校附近的迁居，如果本来就靠近学校，则不需要进行搬迁，由于子女来京上学的主要是家庭外出务工型，其居住场所一般能容纳增加一个未成年子女的空间，所以，如果居住地靠近学校，就往往不需要迁居，而如果不靠近学校，则需要迁居。

---

[1] 2006 年北京市 1‰ 流动人口抽样调查数据。

据了解，目前北京市有 30 所以上的打工者子弟学校将消失，其中正处在义务教育阶段的孩子超过 1 万名。当学校被拆迁或孩子需要转学时，就需要再一次的迁居行为。不管如何，这类迁居在空间上都有显著的学校指向特征。

在石景山区，雍王府一带有 4 所小学将被拆除：春雷小学，学生约 400 人；红星小学 300 多人；太和小学约 600 人；先锋小学 400 多人。

在大兴区，旧宫新苑学校有 600 多个孩子；荣乾学校有 860 多个孩子；团河实验学校有 900 多个孩子。

在昌平区，有正规办学证的回龙观村向上学校有 1500 多个孩子。

在朝阳区，有 7 个乡拆迁，其中包括：东坝乡，腾龙学校 600 多个孩子；蓝天学校 700 多个孩子，育英学校 1600 多个孩子。崔各庄乡，经营 10 年的京华学校有 440 多个孩子；北皋学校有 300 多个孩子，桃园学校有 890 多个孩子，崔各庄实验学校有 700 多个孩子，青莲学校有 1000 多个孩子，星星学校有 400 多个孩子。十八里店乡，新利学校有 1000 多个孩子，英杰学校有 1600 多个孩子。来广营乡，红军营小学有 500 多个孩子。

——中国青年报 2010 年 2 月 23 日《北京：政府大拆迁波及数万农民工子女上课》

务工子弟学校的布局

有些被调查者表示，靠近学校给他们的工作和生活带来很大的不便，送小孩上学的确方便了，但是自己上班却要走更远的路，这实际上是对务工子弟学校的配置上提出了挑战。但是，由于长期以来，务工子弟学校游离在体制之外，他们大多需要自负盈亏，运行非常困难，因此他们也只能租一些较为偏远的房屋办学，来节省成本，但这样一来就使得许多学校的布局并不合理，给农民工及其子弟带来很多的不便。

事实上，农民工子女来京上学，也多为农民工子弟学校等，教育水平相对薄弱。在调查中了解到，大多数农民工并不希望孩子来京上学，因为这些农民工子弟学校师资力量较弱，甚至还不如家乡村里的学校，而且这些孩子不能在北京参加高考，因此但凡家里有老人或近亲可以帮忙照顾的，都不会把孩子弄到北京来上学的。

但从情感上，父母和孩子长期分居两地，特别是对女性农民工来讲，是很残忍的。他们需要有空间、机会和孩子们团聚，希望有正常的家庭生活。

5.6 迁居的阶段性分析

农民工迁居的特征与其结婚、生子等家庭生命周期的关系不显著，同时，婚后、产后也对其在京住房状况不会产生影响，由于农民工以务工为目的，家庭的位置被**"阶段性放低"**，因此运用家庭生命周期理论难以较好地解释农民工城市内部迁居现象。然而，本研究将来京务工年数与农民工迁居进行相关分析发现，两者之间有更为密切的关系，来京务工年数能更好地解释农民工的迁居现象，即农民工迁居特征受其来京务工的阶段影响显著。基于此，本研究按照家庭生命周期理论的分析范式，将其进行扩展，尝试建立**务工生命周期**（Career cycle of rural migrant workers）的框架进行分析。

5.6.1 农民工居住需求的阶段性

农民工不同阶段的居住需求有着较大的差异，其迁居也呈现出显著的阶段性。可以从两个方面对此进行论证。

（1）农民工历次迁居的动因有着很大的差别（如表5-38所示），呈现出"房租、工作——就业信息——面积、环境——环境、家庭"的变化过程。第一次迁居的主要原因是"更换工作，上班太远"和"原来的房子提高了房租"，分别占36.43%和24.68%；第二次迁居的主要原因是"那边就业信息多，有利于发展"和"更换工作，上班太远"，分别占23.41%和21.81%；第三次迁居的主要原因是"想换更大的面积"和"原来的住处周围太脏乱了，治安也差"，分别占21.76%和18.67%；第四次迁居的主要原因是"原来的住处周围太脏乱了，治安也差"和"配偶也来京，要一起住"，分别占15.03%和9.46%。

农民工历次迁居原因的差异性

表5-38

	动因	比例	平均来京年限
第一次迁居	更换工作，上班太远	36.43%	1.8
	原来的房子提高了房租	24.68%	
第二次迁居	那边就业信息多，有利于发展	23.41%	3.4
	更换工作，上班太远	21.81%	
第三次迁居	想换更大的面积	21.76%	6.2
	原来的住处周围太脏乱了，治安也差	18.67%	
第四次迁居	原来的住处周围太脏乱了，治安也差	15.03%	9.4
	配偶也来京，要一起住	9.46%	

（2）不同务工年龄段的农民工对住房各要素的重要性评价有很大差异。对不同农民工对于房屋租金、上班方便、房屋环境、房屋条件、家庭因素等方面的重要性

进行评价。评价分为很重要、重要、一般、不重要四类，分别赋以 3、2、1、0 分。

农民工住房重要性评价的阶段性比较　　　　　　　　　表 5-39

	<2 年	3~5 年	6~8 年	9~10 年	>10 年
房屋租金便宜	2.55	2.5	2.37	2.24	2.11
到工作地远近	2.29	2.17	2.24	2.13	2.18
周边生活成本低	1.86	1.94	1.98	1.74	1.79
离老乡和朋友近	1.66	1.59	1.38	1.54	1.16
距地铁站近	1.69	1.62	1.62	1.44	0.97
公交线路数量多	1.97	1.98	1.93	1.98	1.32
商场、超市、餐厅等设施	1.26	1.7	1.74	1.82	1.83
环境整洁、安静	1.76	1.94	1.99	2.05	2.08
有学校，子女上学方便	1.11	1.22	1.41	1.72	1.42
洗澡方便	2.07	2.17	2.18	2.22	2.33

　　选取"洗澡方便"来表征对房屋设施条件的需求。

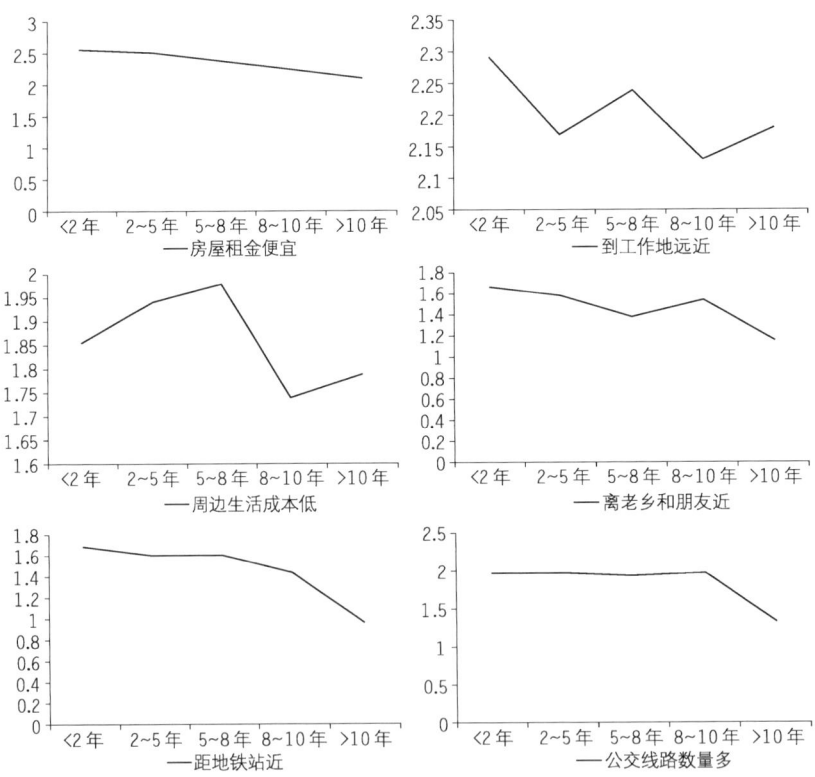

图 5-25　农民工住房重要性评价的阶段性比较

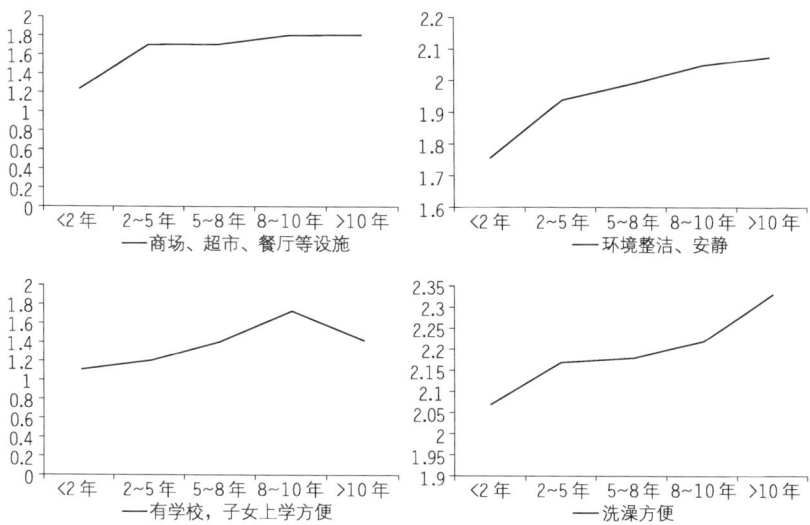

图 5-25　农民工住房重要性评价的阶段性比较（续）

　　随着来京务工年数的增长，农民工对"房屋租金便宜程度"、"到工作地远近"、"周边生活成本低"、"离老乡朋友近"、"距地铁站近"、"公交线路数量多"的重要性评价分值降低，反映出农民工随着在京务工时间的增长，其经济能力、工作稳定性有了很大提高，对租金、生活成本、交通条件等变化的抵御能力有所提高，对老乡等社会关系网络的依赖性降低。

　　而对"商场、超市、餐厅等设施"、"环境整洁、安静"、"有学校、子女上学方便"、"洗澡方便"的重要性评价分值上升。反映出其随着在京务工时间的增长，经济能力的提高，对城市生活更加适应，对居住环境、居住条件有了进一步的要求。

5.6.2　家庭生命周期与农民工迁居

家庭生命周期对农民工迁居的解释力较弱

　　家庭生命周期理论的不足在于其未曾涉及住户的经济状况，因此它不能用于公共住房市场中的迁居者以及种族、收入原因选择能力有限的迁居者（周春山，1996；刘望保，2008）。本研究也发现家庭生命周期理论对农民工迁居的解释力较弱。可以从以下几个方面进行解释：

　　首先，尽管农民工乡城流动呈现出家庭化趋势，但家庭进城的仍属少数，农民工在城市的迁居行为基本上是个人行为，而不是家庭行为，这决定了农民工迁居更多受个人因素而不是家庭因素影响。

　　其次，农民工进城务工**"重生产轻生活"**的特点，决定了其在城市中所有行为都是围绕工作在进行，居住行为也不例外，只是"工作"的一个派生需求，因此从迁居的特征上看，与务工的相关性更为密切，从家庭生命周期的视角难以进行有效解释。

再次，农民工在城市多没有家庭生活，即便是夫妻进城的也没有完整的家庭生活，其主要社会关系网络还在农村，其家族事务交往、子女上学婚嫁等行为还要在农村进行，因此即便是家庭进城，也只是形式上，**在本质上只是家庭的个别属性进城，而更多的属性还没有进城**，所以其在城市中不是社会学意义上的"完整家庭"。

此外，农民工在决定是否进城务工的决策时已经产生了**"筛选"**，那些容易受家庭变化影响的人，外出务工的概率相对低，而进城务工的多是不易受家庭变化影响的。

以上共同导致农民工与家庭生命周期理论（针对城市居民）中的许多分析不一致，难以从该理论中得到有效的解释。

5.6.3 务工生命周期理论：一个尝试

（1）农民工迁居与来京务工年数高度相关

从前文的分析可以看出，农民工迁居的各个维度：次数与频率、过程与时间、距离与方向、动机与决策，都与其来京务工年数存在较为明显的规律性。

首先，从迁居频率上看，随着来京务工年数逐渐降低。反映出随着来京务工年数的增加，其工作和收入的稳定性增加，进而提高了居住的稳定性。

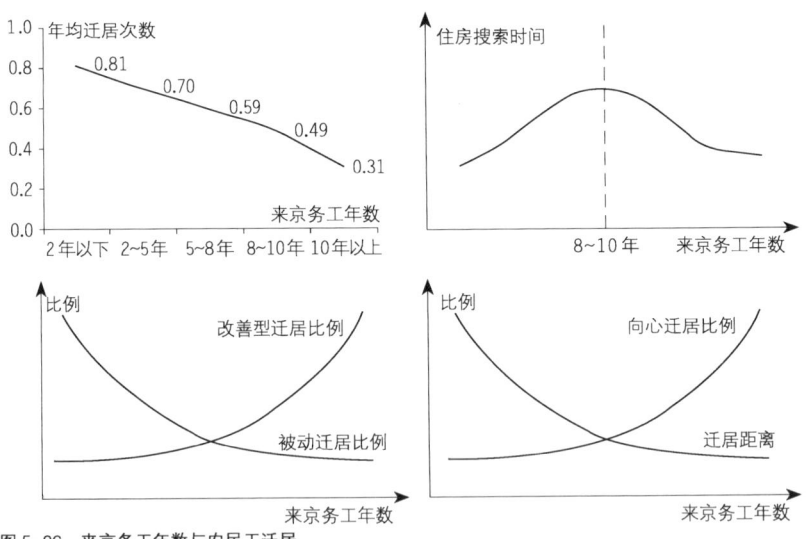

图 5-26 来京务工年数与农民工迁居

其次，从迁居的时间来看（住房搜索时间），呈现出先增加后减少的特征，反映出从刚开始选择余地小、信息来源少仓促决策；随着在京务工时间的增加，社会关系网络得到培育，信息渠道增加，选择余地变大，决策时间较长；而随着在京务工时间的进一步增加，农民工可能实现了工作层次的显著提升或收入的显著增长，其时间的机会成本增加，也表现为房屋寻找中变得更加果断，搜索时间降低。

再次，从迁居的原因上看，随着来京务工年数的增加，被动型迁居（如由于拆迁、房租上涨等）的比例下降，而改善型迁居的比例开始增加，如想换个面积更大的或设施条件更好的房屋。这反映出随着来京务工年数的增加，农民工在住房租赁市场上的抗压性开始增强，同时农民工住房改善的愿望也更为强烈，也更有能力来实现。

最后，从迁居的距离和方向上看，随着来京务工年数的增加，向心迁居的比例不断增加，每次迁居的距离不断降低。这是由于来京务工年数增加，其工作稳定性增强，收入不断增长，从而在空间上越来越多地希望向心移动（本质上是对城市生活的向往和融入）。而迁居距离的降低反映出随着来京务工年数的增加，农民工的居住区位越来越接近平衡区位，逐渐寻找到适合自己的（感兴趣、且可支付的）居住区位，故在迁居距离上表征出越来越短。

（2）务工生命周期理论：家庭生命周期理论在农民工中的拓展

农民工在城市中的迁居与城市居民有很大的差异，很难从迁居的家庭生命周期理论中得到解释。一是，大量未婚农民工的迁居行为难以从家庭生命周期理论中得到解释；二是，已婚农民工中有很多未与配偶一同进城，其在城市中的迁居行为仍然是个体行为，其决策也不考虑家庭需求，与家庭生命周期理论中由于"结婚"而迁居有很大区别；三是，大量农民工子女未与父母一同进城，尽管家庭结构发生了变化，但对其在城市的居住行为并没有产生影响；四是年龄较大丧失劳动能力的农民工多数会选择离开城市回到农村，这也难以从家庭生命周期理论中得到解释。

本研究受迁居的家庭生命周期理论启发，并试图对其进行拓展。家庭生命周期理论是家庭生命历程特别是家庭结构的变化，分为形成、扩展、稳定、收缩、空巢与解体六个阶段，在每个阶段，家庭表现出不同的住房需求，而住房需求的变化要通过迁居来实现，从而形成了家庭生命周期与迁居之间显著的规律。本研究从务工生命周期为切入，将北京外来农民工根据其来京务工年数的长短划分为不同的阶段，在不同的阶段农民工务工状况有很大差别，而这种务工状况的差异可能导致住房需求的差异，进而需要通过迁居来满足，从而建立起了务工生命周期与农民工迁居之间的逻辑关系。

需要说明的是，本研究提出的务工生命周期理论是一个尝试，从本质上讲，其仍可属于家庭生命周期理论的范畴，与务工生命周期一脉相承，是家庭生命周期理论在农民工中的一个拓展。首先，其逻辑框架较为接近，家庭生命周期理论是"家庭结构变化——住房需求变化——迁居"，而务工生命周期理论中是"务工状况变化——住房需求变化——迁居"。其次，其"周期"具有较为接近的理论意义，由于每个人家庭历程变化的年龄不同，使得仅以"年龄"为参照的研究很难达到精准，家庭生命周期的提出让社会学研究克服了这一限制；同样，在本研究中发现，农民工迁居特征与年龄间也存在一定的相关性，但又有许多难以解释的案例，因此可以认为年龄不是最根本的影响因素，而是具有同样迁居特点的人共同具有的一个表面特性，基于此，本研究按照农民工务工阶段的不同将其划分为孕育期、成长期、成熟期和准定居期，与家庭生命周期类似，这些阶段具有笼统的年龄区间，可由明确的"事件"来划分，但住房需求对阶段变化的响应并不是即时的，而是有一定时滞，并且不同个体的时滞可能不同。

然而，务工生命周期理论不可以用家庭生命周期来替代，由于农民工进城的"务工导向"，这与城市居民的"生活导向"有很大差别。这也使得相比于城市居民的"家庭"为核心，农民工是以"务工"为核心，生存的压力使其被迫将家庭的位置"阶段性放低"。因此尽管这与家庭生命周期理论较为接近，但仍要区分看待，它是家庭生命周期理论在农民工迁居上的拓展。

5.6.4 务工生命周期与居住需求

农民工进城务工生命周期的划分主要从三个方面出发，一是农民工对生产和生活、事业和家庭的态度的变化；二是农民工融入城市经济（生产）和社会（生活）的进程，即市民化的进程；三是农民工居住需求的差异和迁居的特点。基于此，按照来京务工年数将农民工迁居划分为：孕育期、成长期、成熟期、准定居期四个阶段。

（1）孕育期的居住需求

农民工刚进城时具有更为明显的"重生产轻生活"特征，"无暇顾及居住需求"，居住是其"进城务工"的派生需求，生活上艰苦一些也无所谓，生活上的艰苦突出表现在住房条件上，在调查中经常听到"凑合"、"无所谓"等词汇。城乡的消费差异使其觉得"钱不经花"。同样，他们也不适应这种高房租，他们在消费时经常会跟其在农村时进行比较，而这种比较使得其更不愿增加支出，包括租金支出。刚进城时工作不稳定，与之相对应的是收入上的不稳定，"没钱花"的境地制约了其对住房的支出预算。

这一阶段的住房需求停留在生理需求层次，只要能够满足最基本的遮挡、避寒的功能就可以，只要满足了这些需求，住房就不会成为他们进入城市的限

制条件。接受访谈的农民工中，在他们被问到来北京之前对在北京住房的要
求时，受访者都显得很"随意"，几乎不会提到太多要求。

小肖，女，21 岁，护士

Q："来北京之前对在北京的住房条件有什么样的预计或想法吗？"

A："也没抱太大希望啊，以前在老家工作的医院住的条件就不太
好。我想北京是首都啊，肯定房租特贵，没想到也有比较便宜的，就
像现在住的这里。这里就是环境不好，又脏又乱的，还不安全。不过
这不便宜吗，有得就有失吧。再说来北京也是想找个工作，赚点儿钱，
住的条件差点也没什么了。我这样已经比很多外地来打工的人好多了，
别人好多都是几个人住一间屋呢。我也觉得在房子上花的钱太多了，
能找个人跟我合租就好了。"

在这个阶段，他们所关心的主要是住房价格而非住房本身的各种条件。他
们希望房租能够越便宜越好，他们宁愿忍受不好的生活条件，也不愿花钱满足
自己住房上更高层次的需求。访谈中发现，在谈到为什么来北京工作、来北京
后主要考虑的问题时，农民工几乎没有涉及居住问题，他们更多地谈到了工作
和收入等问题。可见农民工来京后最重视的是收入，因为有了收入才能满足吃
饭穿衣等基本生理需求，相比之下住房需求还没有**"觉醒"**，只要有一个歇脚的
地方就可以了，无所谓居住环境、也无所谓设施条件，只要能有张床，就可以
将就。

小李，男，23 岁，健身教练

Q："为什么来北京工作？"

A："这边生活条件好，工资高，发展好。我学的这个东西，那边
用不上，我们那边健身房少，档次还都很低。我的同学要不去干保安，
要不去当兵，还有跟人做保镖的，做保镖收入高啊，一个月至少五千，
就是太危险了，简直是提着脑袋在玩。

在老家的一个健身房工作一年，那里做得半死不活的，你知道那
里的月卡多少钱吗？才 60，都没什么人去。"

在孕育期，农民工中由单位提供住房的比例要高于其他阶段，与亲友合住的比例也很高。其居住选择过程与就业过程是捆绑在一起的，居住处在一个完全被动的位置，住房对他们来说只是一个"睡觉的空间"。

（2）成长期的居住需求

这一时期随着对进城务工的认识更为深入，"关于未来"已经有了一个初步的打算，多数在心里盘算了一个中期的规划，如"再奋斗5年，不行的话就回去"。"重生产轻生活"在这一阶段仍较为明显，但与前一个阶段相比存在一定差异，这个阶段的农民工多少会有一些储蓄，他们具备了小幅改善住房的能力，更多地表现为了工作的发展，无暇顾及居住条件的改善，只有在工作更换的过程中顺便实现居住条件的小幅改善。可以看出：

首先，与前一阶段的"无暇顾及居住需求"不同，这一阶段最突出的特征是"居住围绕工作转"，在促进工作的过程中实现居住的小幅改善。"租金便宜"、"到工作地近"仍然是其居住选择时要考虑的最主要因素。

其次，在居住区位选择上，与前一阶段的主要受"生活成本驱动"不同，这一阶段该因素的影响逐步下降，主要受工作驱动和社会关系网络驱动[1]，在住房需求上希望能"接近机会"，或者"强化稳定性"，即通过居住区位调整来促进发展，可以说这一阶段的居住选择并不是因为住房本身，而是选择这个住房后所带来的对工作的促进。

最后，尽管这一阶段农民工具备了一定的改善居住状况的能力，但由于未来还具有不确定性（留城或返乡），他们仍然不会增加住房预算；增加住房预算只有一种可能，那就是"对工作有利"，能赚到更多的钱，或者是更接近赚钱[2]，增加的预算不会用在房屋条件的改善，而是用在区位的改善上。

尽管农民工对"房屋租金"、"到工作地距离"、"周边生活成本"等的关注逐渐下降，对"设施、环境、条件"等关注逐渐上升，但这种愿望并没有转为行动。这主要是出于未来的不确定性，这种不确定性来自主观的"观望"，即有愿望、没把握（能力）。如果在城市的发展状况没有达到自身预期，他们最终还是要返乡，这样就不会增加居住支出（这种状况下经常被认为是没有必要的）。

小冯，男，24岁，汽车维修店雇员

Q："以后打算留在北京吗？"

---

[1] 社会关系网络的目的仍然是发展工作，其本质上仍属于工作驱动的范畴。
[2] 即在有预期收益的情况下，才会增加投入。

A："看我以后的发展了，如果发展得好就留下来。"

Q："在你看来，什么样才算发展好？"

A："就是赚钱多，能养活老婆孩子，能买房买车。汽车还好说，这房子，我估计够呛，现在北京的房价，估计我奋斗一辈子也买不起。"

（3）成熟期的居住需求

这一阶段居住需求受到重视，大多数农民工开始关注自己的居住条件，在工作和生活之间，对生活的关注开始增强，会考虑在自己的居住和未来的打算之间的关系，会主动关注、打听和住房相关的信息，并且这些信息也会与其住房需求产生互动。

成熟期的农民工主观上对居住条件的满意度较高，但仍有一定的改善居住条件的愿望，希望自己生活得更好一些，但这种愿望也有矛盾性，担心这种改善会带来经济负担。对于改善居住条件的愿望中，农民工提到较多的是对于拥挤程度的改变，即居住面积的增加，而对于房屋设施条件则多关注较为基本的卫生条件等。

小刘，男，35 岁，饭馆老板

Q："近期有租一个条件更好的住房的计划吗？"

A："有，肯定是有的，也想住更好的房子，楼房小区的条件多好啊，不过这得店里生意好才成，赚的钱多了肯定就换更好的房子。"

老崔，男，39 岁，装潢装修

Q："对这里的居住环境满意吗？"

A："……满意吧，要说不满意吧，这里没有通暖气，其他设施也比较差。但房租便宜啊，而且能两口子住在一起，已经很满足了。跟我干活的这些人，即时老婆在北京，有的还没法一起住呢，有的是因为俩人上班的地方隔得太远，有的即使近也没钱单独租房，住老板提供的多好啊，对我们来说能省点是点。对我们外地人来说，有个地方安身就不错了，还有什么满不满意的，像我和我老婆这样能住在一起的还不多呢！"

这一阶段的农民工对居住状况满意度较高也可能是因为安于现状，他们觉得目前的居住状况与自身能力比较匹配，但这种主观满意程度高于客观环境状况。无论从拥挤程度、家中设施、生活方便上讲，还是从整洁卫生、邻里关系、整体环境上讲，农民工的客观状况还是处于比较低的水平，但是，他们对于这种较为平衡稳定的生活状态还是比较珍惜的，对于住房条件也比较满意。

农民工对住房需求的关注，有来自两方面的参照：一是从主观上看，其收入和经济实力的提高使其逐渐产生了"告别苦日子"的念头，而积累的经济基础使他们进一步摆脱了租金的束缚，使得这种改善的愿望具有可行性；二是从客观上看，其社交群体的居住条件和居住观念会对其产生潜移默化的影响，他们要向圈子看齐。同前两个阶段纵向与自己在农村时比较和横向与农民工工友比较不同，在这一阶段他们已经将目光伸向了城市居民，会关注城市居民的居住理念和条件，这种关注反过来又会对他们的决策产生影响。

（4）准定居期的居住需求

处于准定居状态的农民工，他们基本上除了户籍以及由此产生的差异以外，其他情况都和当地居民比较相似，会考虑在一个地方常住时会考虑到的问题，这个阶段的农民工也希望有一个安居之地，结束他们在城市的不安全感及漂泊感。对于条件较好的农民工来说，他们会选择在小区中租住甚至买房，对于条件不好的农民工来说，他们也会希望有一个比较稳定的住房。

不管是条件好还是差，处于这一阶段的农民工已经把住房当作是一个标志，相比于在家乡的生活，相比于城市居民的生活，他们对于自己在城市中的居住条件会有更高的期望，并且认为这个愿望是他们努力能够做到的，是比较切合实际的意愿，他们期望这种意愿能够实现。这一阶段农民工住房满意度反而降低了，不管是从自身纵向比较还是群内横向比较，特别是与城市居民的横向比较，这些比较加剧了其住房满意度的下降。

自豪而尴尬的位置。自豪的是，他们相对于处于其他阶段的农民工，生活状态最为稳定，并且能够较长时间在北京工作和生活下去；尴尬的是，他们与城市居民还存在着根本差异——既有户籍制度使他们很难真正融入城市，他们享受不到市民能享受的许多福利，在精神文化层面也很难与市民沟通，这种矛盾性使得他们对住房居住状况产生不满。

> **老沈，男，47岁，杂货店主**
> Q："对现在的住房条件满意吗？"
> A："不满意（坚定地）。这里卫生条件太差了，卫生间上了锁还经常被人撬开，搞得乱七八糟的。

我们这种（很差）房子一个月还要400块呢，后面就一小间屋，刚好能放下个床。晾个衣服也不方便，后面房子太密了，房东倒好，为了出租把后面的小院子都搞成了房间，衣服总不能晾到大街上吧，(在屋里晾)冬天还好，夏天有时候会发霉。

我女儿他们那房子就不错，一个月600，两间屋，还有个单独的卫生间。他们那里安静。我们这里主要有铺面，所以这么小，还贵。但我们不可能到那里（他女儿那）开店啊，都没人去买东西了。"

社会交往和亲情的权重开始提高，这一阶段的农民工多数与配偶一起进城，并且居住在一起，因此对于起居、做饭等设施会有要求。另外有些农民工把子女接到北京上学，这样在空间上就需要靠近小孩就读的学校。"与家人生活在一起"是这一阶段农民工的一个重要特点，正是出于希望与家人生活在一起，才产生了相应的住房需求，并且通过迁居来实现这种需求。

务工生命周期与农民工住房需求　　　　　　　　　表5-40

	来京务工年数	住房的空间属性	居住状态
孕育期	1~2 年	睡觉的空间	·重生产轻生活，住房需求"未觉醒"，居住条件"无所谓"
成长期	3~5 年	工作的空间	·"居住围绕工作转"，"租金便宜"、"到工作地近"仍然是其居住选择的最主要因素，居住改善意愿未转化为行动，在促进工作的过程中实现居住的小幅改善
成熟期	6~10 年	居住的空间	·对生活的关注开始增强，住房需求来自两方面的参照：自身纵向比较和群内横向比较，居住改善愿望开始转化为行动
准定居期	10 年以上	生活的空间	·在城市找到了自己的"位置"，住房需求由个体需求向家庭需求转变，关注"环境"、"设施"、"条件"，有向城市居民看齐的意愿

5.6.5 务工生命周期与迁居

（1）孕育期（1~2 年）

农民工在城市的"重生产轻生活"特征在其刚进城时表现尤为明显。只要能拿到预期的收入，生活上艰苦一些也无所谓，生活上的艰苦突出表现在住房条件上，在调查中经常听到"凑合"、"无所谓"等词汇。居住是其"进城务工"的派生需求，"生活围绕工作转"，其居住的目的是为了工作，特别是不能因为居住而影响了工作，长期以来中国勤俭的传统使得他们工作上要"勤"，生活上要"俭"。

在这一点上农民工区别于农民，或者说区别其在农村的状态，事实上，随着我国农民收入的提高，农民对居住条件的改善愿望也很强烈。在调查中了解到，超过 60% 的男性农民工表示 3 年内有盖新房的打算。这表明其内心对居住条件是非常在乎的，但其在城市却表现出"无所谓"，这可以引出另一个问题，"是否希望留在城市"或"觉得自己能否留在城市"。农民工的现实性使得他们觉得"既然不能生活在城市"也就没必要浪费钱，"还不如留着钱回到家里改善生活"。

除了"重生产轻生活"外，刚进入城市的农民工对城乡的产品和服务价格的巨大差距尚未适应，也是导致其这一阶段迁居特征的重要因素。当前我国城乡市场割裂严重，商品价格上，由于农村市场多为低档次、低价格的产品，而城市特别是大城市中多为高档次、高价格的商品，导致他们一时难以接受；服务上由于高租金的存在导致餐饮、理发、洗澡等价格也远高于农村和小城镇，他们普遍的感受是"钱不禁花"。同样，他们也不适应这种高房租，他们在消费时经常会跟其在农村时进行比较，而这种比较使得其更不愿增加支出，包括租金支出。

这一阶段他们工作上多处于不稳定阶段，一方面他们还没有务工时间的长短，还在继续考虑；另一方面工作变化频繁，有的是雇主项目结束所致，有的是自身对收入增长的需求所致。不稳定的工作导致不稳定的收入，"没钱花"的境地制约了其对住房的支出预算。

"没钱花"、"舍不得花"、"不愿花"共同构成了这一阶段迁居的特点，即在迁居动因上受工作变化、租金影响显著，迁居模式上呈现出很强的被动性和生存性，迁居前后居住条件无改善；决策周期较短，空间上多呈现出离心特征，对老乡等内生社会关系网络的依赖性较强，呈现出内生社会关系网络指向。

（2）成长期（3~5 年）

与孕育期的被动性不同，成长期的迁居带有一定的主动性，但这种主动是基于工作目的。这一时期随着对进城务工的认识更为深入，"关于未来"已经有了一个初步的打算，多数人在心里盘算了一个中期的规划，如"再奋斗 5 年，不行的话就回去"。"重生产轻生活"在这一阶段仍较为明显，但已经不是失业等被动地更换工作，而是出于提高技能、增加收入、增加机会等以职业发展为目的的主动迁居。

增加和接近机会是这一阶段迁居的主要特点。来京 3~5 年，他们多已摆脱了"没钱花"的状态，但仍然不愿增加住房预算，很多人希望"攒点钱做个买卖"，比如批发零售、住宿餐饮业的在熟悉了业务之后，非常希望能攒点钱自己做，而那些个体户也希望有本金能做得更大些。即便是没能接近机会，这一阶段他们也多希望通过居住的调整来强化在城市的稳定性。无论是"接近机会"还是"强化稳定性"，都只需要空间上的调整，而不需要房屋本身的调整，因此可以说这一阶段的"迁居不是因为房子"。

增加住房预算只有一种可能，那就是这一行为对工作有利，能赚到更多的钱，或者是更接近赚钱，增加的预算不会用在房屋条件的改善，而是用在区位的改善上。因此，成长期农民工迁居的特点是以"职业发展为目的、以区位调整为核心"，其更多的是一种广义的职住关系的调整，而迁居前后居住条件不会发生变化。迁居模式上属于发展型迁居，迁居决策时间较长，空间上呈现出社会关系网络指向和就业中心指向，呈现出集聚特征。

（3）成熟期（6~10年）

与成长期的区位调整为核心不同，成熟期的迁居是以改善居住条件为核心的。即在保证职业发展的区位不受影响的前提下，通过迁居来提高居住条件。

经过6~10年的打拼，农民工在城市中有了相对稳定的就业，积累了一定的经济基础，形成了一定新的社会关系网络。其对居住条件的需求来自两个方面，一是从主观上看，其收入和经济实力的提高使其逐渐产生了"告别苦日子"的念头，而积累的经济基础使他们进一步摆脱了租金的束缚，使得这种改善的愿望具有可行性；二是从客观上看，其社交群体的居住条件和居住观念对其产生潜移默化的影响，要向圈子看齐。

同前两个阶段纵向与自己在农村时比较和横向与农民工工友比较不同，在这一阶段他们已经将目光伸向了城市居民，会关注城市居民的居住理念和条件，这种关注反过来又会对他们的决策产生影响。产生这一变化是因为，在孕育期和成长期，由于和城市居民居住条件上的巨大落差，他们只能将目光收回到自己和自己身边的人（相比较），而在成熟期，经济基础的积累、就业稳定性的提高、岗位层次的提高，农民工与城市居民、特别是城市中低收入居民的差距缩小，与他们进行比较开始变得现实、可操作。

不可忽视的是，其在京务工的经历也对这一阶段的迁居产生影响。6~10年的风风雨雨，他们在身体或是心理上有一些难以磨灭的记忆，或者是因为过于勤奋工作而使身体遭受创伤，或是因为身边的人患病、离去等，伴随年龄的增长，他们对生活的认识和理解开始发生转变，更加关注"劳动力的再生产"，对"重蹈覆辙"的排斥促使他们试图摆脱重复的、低水平的迁居，开始进入"以更好地维持劳动力再生产为目的，以改善居住条件为表征"的迁居阶段。在空间上呈现出社区指向与向心特征，居住条件的改善使得他们在空间上与城市居民更为接近和融入，整体上呈现出分散的趋势。

（4）准定居期（10年以上）

在京务工10年以上的农民工，基本上都在城市中找到了自己的**"位置"**，尽管"位置"没有保障，但在尚具有劳动能力的情况下，只要他们"想"，就能保持甚至巩固这个"位置"。这个"位置"不仅是工作上的位置，也不只是其在居住条件上的位置，而是一种综合的"位置"，可以理解为在城市社会阶层中的位置，这个"位置"有其对应的工作、收入、生活、消费水平、社会关系网络等，是一个相对完整的、活的具象。

这个"位置"还具有相对性，是在其能力之下、期望之上的一个"位置"。取得了这个"位置"后，农民工在城市就没有了压迫感，任何一种进步都会被认为是额外的福利。这个阶段农民工对居住的认识会有两个参照，一个是城市居民的参照，另一个是其在农村时的参照，并试图希望将其在农村的生境"复制"到城市，并且不是一种简单的复制，而是希望其在农村时"有"的东西，在城市也能有。

家庭是个不可回避的命题，找到了"位置"的农民工，更希望与家人生活在一起。打拼过程的孤独和爱的缺失使得他们更加渴望与家人生活在一起。而"位置"使家庭进城成为可能。这就使得这一时期的迁居受家庭影响较为显著，配偶进城务工、子女进城就学，使得其对居住地和居住条件选择增加了一些新的考量因素，同时个人决策开始转化为家庭决策[1]。这个时候住房（无论是租住还是购买的住房）的性质发生了重大变化，它不再仅仅是睡觉的地方，也不仅仅是居住的地方，而开始变为生活的地方。

由于农民工不具有城市户籍以及户籍内涵的各种保障，因此当他们不再具备劳动能力时，就会失去这个"位置"。因此即便是准定居阶段的农民工，其在城市仍然具有不确定性，这种不确定性既受自身生命体征的影响，同样也受制度的限制。在既有制度短期内不可改变、生命体征规律又不可抗拒的情况下，农民工只有自我调整来进行应对。这就需要引入"**代际**[2]"的分析，这具有普遍性，即不管是农民工还是体制内职员，都希望将自己的"位置"能得以**"传承"**，把自己的"位置"作为台阶，让子代获取更好的"位置"。准定居阶段的农民工即希望让子代"至少"能获得这个"位置"，因此即便他们不能真正留下来，但在他们丧失劳动能力之前不会回到农村去，甚至不会去别的城市，目的是给子

---

[1] 由于本书的分析主要以"个人"而不是家庭为对象，因此，没有从一开始就考虑家庭进城，而是从个人在城市中的发展过程进行抽象，但这一理论抽象仍然能解释家庭进城的情况，即无论是个人进城还是家庭进城，在获得"位置"之前，住房的意义几乎是一样的，睡觉的地方、居住的地方，而不是生活的地方，可以看作是被绑定的两个个体，在居住选择或迁居决策时增加一个权衡（如两人通勤距离的权衡、两人居住需求偏好的权衡），他们仍然是个体的叠加，而不能被看作一个整体、不能被视作一个家庭。

[2] 一般认为，代际有两个概念，一是社会层面的，如"三年一代""80后"、"90后"等，是宏观上的纵贯审视；二是个体层面上的，如"父代"和"子代"等，具有血缘、种族繁衍关系的。此处指后者，即微观的、个体层面的代际。

代更有力的助推。

准定居阶段的农民工迁居上呈现出以传承"位置"为动力、以改善生活质量为表征的特点,空间上具有社区指向和学校指向等特征,分散、向心,迁居决策时间相对较长,迁居频率相对较低。

需要特别指出的是,这一阶段的农民工迁居呈分散化特征,但由于这一阶段的农民工开始由"流"变为"核",即他们开始对其他"后来"农民工产生集聚影响。

务工生命周期与农民工迁居 表 5-41

务工阶段	来京务工年数	住房的空间属性	迁居动机参照	突出特征	主要约束
孕育期	1~2 年	睡觉的空间	自我纵向比较	被动性	租金约束
成长期	2~5 年	工作的空间	群内横向比较	职业发展导向的区位调整	工作约束
成熟期	5~10 年	居住的空间	圈内横向比较	区位内部的居住改善	区位约束
准定居期	10 年以上	生活的空间	城乡纵横比较	生活质量与改善	制度约束

5.6.6 务工生命周期的政策含义

长期以来,对农民工的住房政策支持,一直是将其作为一个整体出发进行制度设计的,然而考虑到这个群体庞大的规模,以及越来越复杂的内部分异,这使得如果仍将其作为一个整体进行制度设计势必难以形成更有针对性的政策,政策的对象不明、措施含糊影响了实施效果。

分群体进行制度设计是适应当前农民工发展趋势的必然要求。前文已述,农民工呈现出年龄上的年轻化、性别上的均衡化、行业上的三产化、形式上的家庭化、意愿上的留城化。无论是人口学特征还是社会学特征都呈现出日益复杂的趋势,同时,经过若干年的发展,农民工内部的分异越来越明显,这些特征都使得在制度设计上需要对群体内部进行细分,分群体制定相应的政策和措施。

群体的划分需要一个指标和相应的标准,业内提得较多的是年龄,如针对新生代农民工进行了若干专题调研,并酝酿出台相应的政策;职业也是一个常用的指标,如针对特定行业的农民工设计相应的政策支持等。然而,无论是按年龄划分还是按职业划分,都存在一定的弊端,如研究新生代农民工问题时,如果只考虑年龄,那么这个群体是越来越大的,当老一代农民工逐渐退出历史舞台后,农民工群体必将全是新生代,这缺少动态视角;按照职业划分同样缺少了动态视角,对于相当比例的农民工来讲,其职业是不断变化的,按照职业划分的制度设计势必难以应对农民工职业的变迁。

理论上讲，指标选取得越多，群体划分得就越细，政策设计也就会更为精准，然而这也增加了制度设计成本，操作起来很难。比较理想的方案必然是在政策效果与政策成本间的折中，基于前文的分析结论，农民工在城市的居住行为与务工生命周期（来京务工年数）存在密切的相关关系，因此本研究建议**可将务工生命周期（来京务工年数）作为农民工住房政策设计的重要依据**。

事实上，务工生命周期并不是一个新鲜事物，长期以来，工龄一直是劳动者工资待遇和享受相关福利的重要依据之一。计划经济时期，"工龄"存在于所有的非农部门；市场经济体制下，体制外的行业或企业多不再将工龄作为劳动者报酬和享受福利的参照指标，但"工龄"仍广泛存在于体制内的企事业单位。工龄这一指标在特定的历史时期的社会管理和福利分配中发挥了重要的作用，本研究认为，在农民工问题上有必要重启这一措施，建立"企业间可接续、城市间可转换"的农民工工龄档案信息，从而为住房支持政策设计乃至城镇化政策设计提供重要依据。

6 北京外来农民工的空间聚居

关于农民工在城市局部地区的分布，社会学者、地理学者已经开展过一些研究（胡兆量，1997）。研究发现，农民工进入大城市后，在各大城市的城乡结合部逐步形成了一些聚集区域，称之为农民工的聚居空间[1]。聚居空间的形成受社会关系网络的影响（石忆邵，2001），呈现出同源聚居、同业聚居等不同特征。国外的研究也表明外来低收入人口存在着类似的聚居特征（Levine，1999）[2]，加利福尼亚地区低收入和少数民族存在显著的聚居特征。

基于此，本章试图研究：北京市外来农民工在空间上的聚居程度如何，呈现出怎样的格局；各群体如性别、职业、年龄等在空间上的聚居有何差异和独特性？是什么动力驱使农民工空间聚居，为什么会形成在特定地域？农民工聚居空间在城市地域上的演化呈现出什么样的特征？前文提到的务工生命周期与农民工聚居的关系如何？

在内容安排上，首先对北京外来农民工聚居的是空间格局进行概括，其次，结合文献数据对1990~2010年间北京农民工聚居空间演化过程进行分析；再次，从主体差异分析、交通影响分析、职业差异分析和职住关系分析四个方面研究北京外来农民工聚居的空间机理，最后对农民工聚居空间形成、演化的动因和机制进行概括。

---

[1] 有的研究中称之为聚居地，本书对此概念不作专门讨论。

[2] Levine n. The effects of local growth controls on regional housing production and population redistribution in California[J]. Urban Studies，1999，36（12）：2047-2068.

6.1 北京外来农民工聚居的时空间格局

本节对农民工聚居的是空间格局采用流动人口的统计数据[1]，主要从四个方面进行研究，一是以区县为单元，采用密度指数和比重指数从截面上测算流动人口聚居的宏观格局；二是根据街道的流动人口与本地人口的比例关系，测算其微观地域上的聚居状况；三是采用人口集中指数、洛仑兹曲线、基尼系数、人口再分布系数测算其历史变化；四是将北京与上海、广州、南京等地的农民工（流动人口）研究结果进行比较，研究其聚居的空间形态。

6.1.1 聚居的宏观格局：近郊集聚

对聚集度的合理测度更显必要。已有相关研究中测度方法差别很大，人口规模与比例是最常用的指标（吴维平，2007），也有采用空间分布密度与比例分别测度，或因子生态分析法（赵渺希，2005）。概而言之，已有研究多采用绝对指标，实际上是分布状况的测度，而不是聚集程度的测度。

为克服这一问题，本研究采用与区域平均值相比的相对指标。鉴于流动人口对特定的社会空间形成影响必须具备两个必要条件：①在一定区域内，其数量应达到一定的累积度；②在一定区域内，流动人口占总人口的比例应达到一定的数值。因此，在测度其空间聚集程度时，流动人口的空间分布密度以及占统计区域总人口的比例可以被看作两个基本指标。前者表达的是流动人口的"空间聚集度"，后者表达的是流动人口的"社会聚集度"。

具体评价方法为：首先，对某一统计单元流动人口的密度（Df）及占总人口的比重（Rf）两个指标进行去量纲处理，得到流动人口"密度指数"（Id）与"比重指数"（Ir）。

统计单元 i 的**流动人口密度指数**（Id_i）计算公式为：$Id_i = \dfrac{Df_i}{\mathrm{Avg}\,(Df_i)}$，即某一统计单元的流动人口密度与全市各统计单元流动人口密度均值的比值作为该统计单元的流动人口密度指数（Id）。

统计单元 i 的**流动人口比重指数**（Ir_i）计算公式为：$Ir_i = \dfrac{Rf_i}{\mathrm{Avg}\,(Rf_i)}$，即某一统计单元的流动人口比重与全市各统计单元流动人口比重均值的比值作为该统计单元的流动人口比重指数（Ir）。

---

[1] 以北京 1‰ 人口抽样调查数据（2005）。

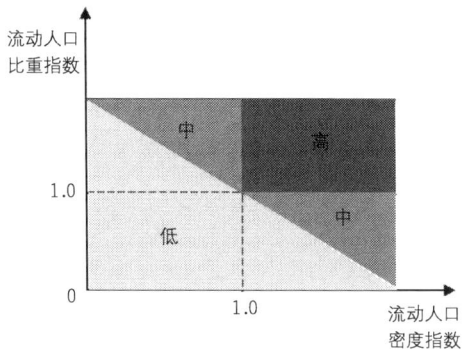

图 6-1　以聚集指数进行的流动人口聚集区类型划分

其次，（如图 6-1 所示）用标准化处理后的指数构建坐标系统，横轴为流动人口密度指数，纵轴为流动人口比重指数；最后对该坐标系进行不同聚集程度的划分。密度指数均值与比重指数均值交汇点右上方，即密度指数与比重指数均高于均值的统计区，划为流动人口高度聚居区（数学表达式为 $Id_i>1$，$Ir_i>1$）；考虑到在一定范围内，如果流动人口在密度下降的同时，其比重上升（或相反），流动人口对该社会空间影响程度相当，即衡量流动人口聚居程度的指数不变，据此以密度指数均值与比重指数均值交点为参考点，绘出斜率 $k=-1$ 的直线，直线右上方区域（除高度聚居区外）的范围为流动人口中度聚居区（数学表达式为 $Id_i \geq 1$，$Ir_i<1$ 且 $Id_i+Ir_i \geq 2$ 或 $Id_i<1$，$Ir_i \geq 1$ 且 $Id_i+Ir_i \geq 2$）；直线左下与坐标轴围成的三角形区域为流动人口聚居度较低的区域（其数学表达为 $Id_i+Ir_i<2$）。从而将流动人口聚居状况分为高中低三种类型。

北京市流动人口分布状况（2005）　　　　　　　表 6-1

区县	人数（万人）	占常住人口的比例（%）	流动人口密度（人/km²）	比重指数（无量纲）	密度指数（无量纲）
全市	357.3	30.3	212.6	1.00	1.00
东城区	10.2	22.8	4129.6	0.75	19.42
西城区	11.8	21.8	3933.3	0.72	18.50
崇文区	5.1	19.6	3207.5	0.65	15.09
宣武区	9.3	21.2	5636.4	0.70	26.51
朝阳区	84	42.8	1784.2	1.41	8.39
丰台区	36.6	30.4	1203.2	1.00	5.66
石景山区	14.9	39.7	1821.5	1.31	8.57
海淀区	73.7	39.9	1730	1.32	8.14
昌平区	21.9	38.9	153.1	1.28	0.72
大兴区	25.3	40	250	1.32	1.18
通州区	19.7	29.4	226.2	0.97	1.06

续表

区县	人数 （万人）	占常住人口的比例 （%）	流动人口密度 （人/km²）	比重指数 （无量纲）	密度指数 （无量纲）
顺义区	15.6	28.1	159.2	0.93	0.75
房山区	11.9	15.8	63.7	0.52	0.30
门头沟区	4.1	17.4	30.8	0.57	0.14
平谷区	2.4	6.2	22.3	0.20	0.10
怀柔区	5.3	19.7	20.7	0.65	0.10
密云县	3.5	8.7	15	0.29	0.07
延庆县	2	7.7	10.1	0.25	0.05

数据来源：北京市统计局.北京区域统计年鉴，2006.

近郊集聚特征显著。朝阳、海淀、丰台、石景山、大兴5个区属于高度聚居地区，其比重指数和密度指数均大于1；东城、西城、崇文、宣武、昌平、通州属于中度聚居地区，其中东城、西城、崇文、宣武4区的密度指数大于1而比重指数小于1，而昌平、通州2区的密度指数小于1而比重指数大于1;顺义、房山、门头沟、平谷、怀柔、密云、延庆7个区县的比重指数和密度指数均小于1，属于低度聚居地区。

各区县流动人口聚居程度评价汇总   表6-2

聚居类型	区县
高度聚居	朝阳、海淀、丰台、石景山、大兴
中度聚居	东城、西城、崇文、宣武、昌平、通州
低度聚居	顺义、房山、门头沟、平谷、怀柔、密云、延庆

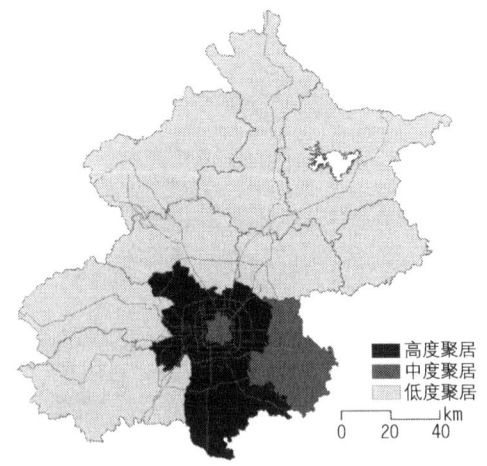

图6-2 北京市流动人口聚居程度的空间格局

6.1.2 聚居的微观格局：聚居地集聚

北京流动人口在一些特定的微观地域上聚居现象显著。将流动人口过万的街道定义为聚居地，2000 年北京流动人口聚居地有 102 个，占北京街道总数的 30.4%；在这 102 个聚居地的流动人口占北京总流动人口的 74.4%（侯佳伟，2010）。

从聚居地数量来看[1]，近郊区最多，其次是远郊区，再次是中心城。从区县来看，朝阳和海淀的聚居地数量最多，其次是丰台区，再次是西城区和昌平区。

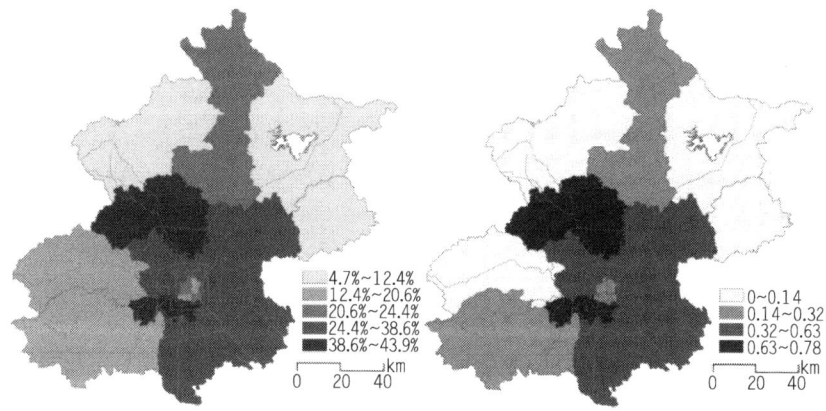

（a）聚居地流动人口 / 常住人口的比重　　　　　（b）聚居地流动人口 / 户籍人口

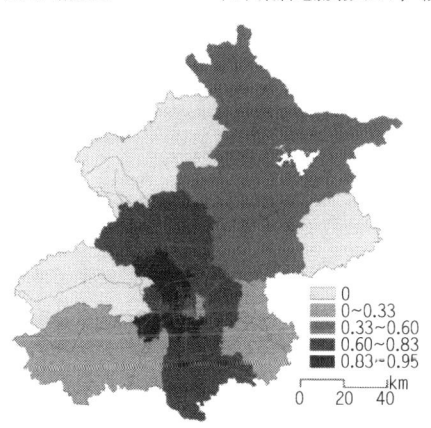

（c）聚居地流动人口 / 该区县流动人口

图 6-3　聚居地流动人口与常住人口及户籍人口之比的区域差异
数据来源：国家统计局人口和社会科技统计司.中国乡、镇、街道人口资料.北京：中国统计出版社，2002.

---

[1] 东城、西城、崇文、宣武为中心城区，朝阳、海淀、丰台、石景山、昌平为近郊区，其他区县定义为远郊区。

从聚居地分布密度上看，中心城的流动人口密度最大，西城区和宣武区分布较为集中，分别有 7 个和 3 个，这些聚居地分别集中了这两个区流动人口的 80.4% 和 60.4%。近郊区的流动人口聚居地最多，聚居地达 76 个，同时，流动人口在这些地区也高度集中，这 5 个区县中，至少有 78.3% 的流动人口集中在这些聚居地。

从聚居地的规模上看，2000 年时，聚居地流动人口以 1~3 万人 / 街道居多，占 80.4%，个别聚居地流动人口数量达到 4~5 万人，如海淀区的学院路街道、丰台区的卢沟桥乡等。中心城由于地理面积较小，（流动人口过万人的）聚居地流动人口数量较少，84.6% 的在 1 万～2 万人。远郊区的规模也较小，近郊区规模较大，3 万以上的街道有 17 个。流动人口聚居地数量增长迅速，以朝阳区为例，1990 年没有一个街道流动人口过万，2000 年增长为 25 个，2005 年达到 30 个，占街道总数的 70%。

这些流动人口过万的街道中，流动人口占常住人口的比重明显高于其他街道，以丰台区为例，这些街道中流动人口占到常住人口的 43.89%，而其他街道中流动人口只占常住人口的 16.47%。

6.1.3　聚居的历史变化：集聚减弱

运用人口集聚指数、洛仑兹曲线、基尼系数、人口再分布指数等对 1997、2000 和 2005 三个年份 [1] 的流动人口空间分布状况进行对比分析，探寻聚居行为在时间维度上的演变特征。

（1）人口集聚指数

人口集聚指数是用以反映人口分布集聚趋势的指标，计算公式为：

$$C=\frac{1}{2}\sum |P_i-S_i|$$

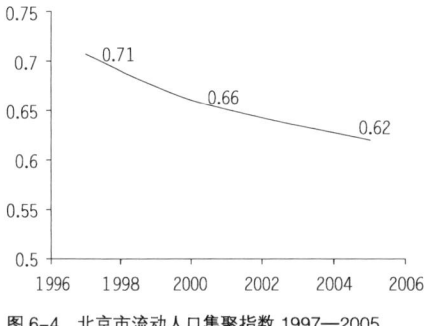

图 6-4　北京市流动人口集聚指数 1997—2005

其中，P_i 为各地区人口在总人口中所占的比例；S_i 为相应地区土地面积在土地总面积中所占的比例；C 即为人口集聚指数。如果一个地区人口均匀分布的话，那么 C 值应该为 0，如果一个地区人口完全集聚在一点的话，C 值为 1。C 值越小，人口数量相对于土地分布越均匀；C 值越大，则越不均匀。

---

[1] 数据来源：根据 1997 年北京市外来人口普查数据、2000 年北京市人口普查数据和 2005 年 1‰人口抽样调查数据计算而得。

从集聚指数来看，流动人口比户籍人口更为集聚[1]，但从 1997 年 ~2005 年，流动人口集聚指数不断下降。由于这一结果是市域范围内以区县为单元的总体状况，指数下降表明在市域范围内各个区县的分布更为均衡，对此的解释是：这一阶段城市向外不断拓展，一些产业和就业岗位向郊区（包括近郊区和远郊区）转移，导致这一地区的流动人口数量增加；另外，这一阶段北京流动人口数量快速增长，新增流动人口的空间区位选择一定程度上促进了这种均衡。但无论从哪个角度来看，这种均衡都不能理解为流动人口与城市居民的混杂居住。大杂居、小聚居的状况尚未改变（侯佳伟，2010）。

（2）洛仑兹曲线和基尼系数

洛仑兹曲线在经济学中常被用来研究收入分配的平衡性，可以用来观察两种现象分布之间的对应关系。人口分布的洛仑兹曲线是使用人口密度和土地面积两项指标来反映人口分布均匀情况的坐标图。其绘制方法是：先将各地区按人口密度高低顺序排列，对于人口密度的任意区分了的每一等级，计算各地域人口累积比重和土地面积累积比重，然后以人口的累积百分比为纵轴，相对应的土地面积累积比重为横轴，画出其轨迹，即为人口分布的洛仑兹曲线，曲线离从原点出发的对角线越近，表明人口分布越均匀，反之则越不均匀。

洛仑兹曲线可以从视觉上观察人口分布的均衡状况，从计量上可以计算曲线和对角线之间的面积，或称之为基尼系数，计算公式为：

$$G = \left(\sum P_i S_{i+1} \right) - \left(\sum P_{i+1} S_i \right)$$

这里 P_i、S_i 分别表示经过排序；到地域的人口累积比重和面积累积比重。

洛仑兹曲线和基尼系数反映出与人口集中指数相同的分布状况和变动趋势。从图 6-5 可以看出，三条曲线离对角线都比较远，反映出流动人口分布不均衡，呈现出集中的特征。但这种集中特征随时间变得缓和、趋向均衡。1997 年离对角线最远，2000、2005 年依次逐渐接近对角线，2005 年离对角线最近，说明分布集中性变弱。同样，从 1997 年 ~2005 年基尼系数一直处于下降状态，尽管从 1997 年的 0.81 下降到 2005 年的 0.77，基尼系数仍然是比较高的。这表明，流动人口分布正朝着均等方向变化，但是依旧处于高度集中状态。

（3）人口再分布指数

流动人口这种分布不均衡的状态再分布的活跃程度如何呢，换句话说，流动人口趋于分散的活跃程度如何呢？可用人口再分布指数进行计算。计算公式为：

[1] 2005 年流动人口集聚指数为 0.6198，户籍人口的集聚指数为 0.5428。集聚指数数值越大，集聚程度越高。

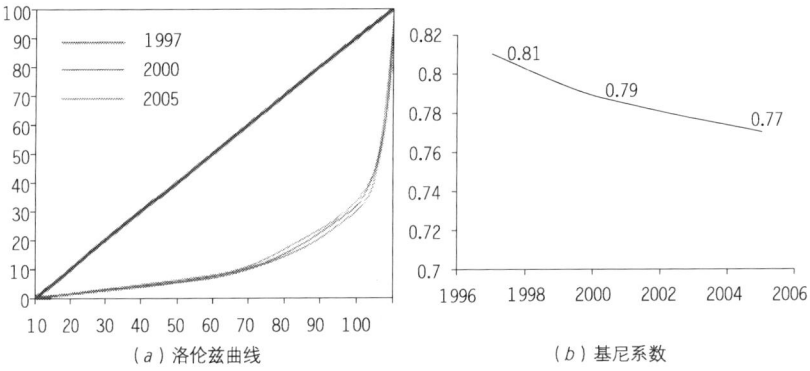

（a）洛伦兹曲线　　　　　　　　　（b）基尼系数

图6-5　北京市流动人口洛伦兹曲线和基尼系数（1997—2005）

资料来源：侯佳伟（2010）

$$A=\frac{1}{2}\sum|P_i^n-P_i^{n+m}|\times100$$

其中，P_i^n为第 n 年 i 地区人口在总人口中所占的比重，P_i^{n+m}为第 $n+m$ 年 i 地区人口在总人口中所占的比例；A 值越大，人口再分布越活跃，反之人口再分布不活跃（孟向京，2006）。

近年来，北京市流动人口再分布情况更加活跃，1997~2000 年的再分布指数为8.06，2000~2005 年升高到9.07，这与产业布局调整、旧城改造、住宅区建设等有很大关系（侯佳伟，2010）。

6.1.4　聚居的空间形态：环状放射

将北京农民工（流动人口）的聚居空间形态进行归纳,并与其他学者对上海、广州、南京等地的流动人口聚居形态研究结论进行比较，可以发现其空间形态规律较为一致。

北京:对北京市农民工居住空间特征和聚居状况的研究可以看出（见后文），有三个特点，一是与主要交通线存在显著的距离衰减关系，离交通线越近，农民工越密集；二是交通线等级越高，农民工越密集；三是农民工空间聚居呈现出"环状放射"的形态。这与北京道路体系呈环状放射结构密不可分，主要是沿4环、5环附近呈环状，沿京石、京承、京藏、京通、京沪等高速路呈放射状。

上海:上海流动人口聚居区在空间上呈"环状轴向"格局，即为"环状结构"和"放射状结构"相叠合。其中高度密集的地区呈环状相对集中分布于内外环线之间；中度密集地区主要分布在外环线两侧，并向外环外侧递减；"放射状结构"主要是指流动人口中度密集区沿中心城向周边区县行政商业中心的交通联系干道呈放射状分布（罗仁朝、王德，2008）。此外，上海流动人口聚居区正在从传统的城郊边缘带向远郊区蔓延。

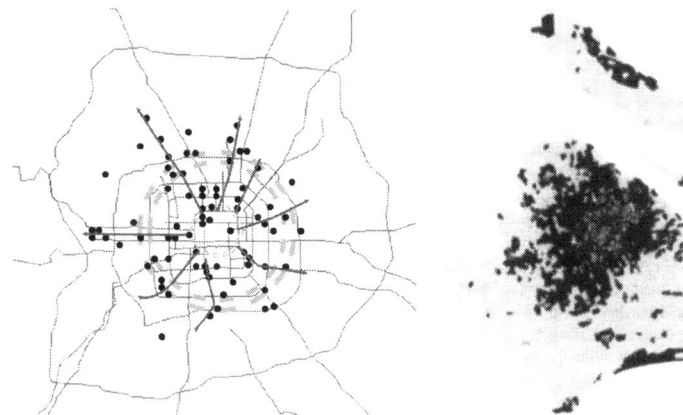

图6-6 北京市流动人口聚居的环状放射结构

图6-7 上海市流动人口不同聚集程度空间分布
资料来源：罗仁朝、王德（2008）

　　广州：流动人口的分布方式总特征是：以城乡结合部为中心环带，向外呈环状发射（姚松华、许学强等，2010）。可能有一些突破口（如交通便利之处），以原有农村的自然村为依托，大分散、小聚居，形成了一个又一个的流动人口聚居区。在广州，这样的流动人口聚居区约30个，约70%的流动人口居住在这样的聚居区里。

　　南京：流动人口的分布总体上已形成由玄武湖向周边递增的圈层式与放射状相结合的形态格局。它以规模最低的鼓楼区和玄武区部分街道为核心，规模最高的街道则主要集中在近郊区的城郊结合部以及白下区和秦淮区的老城南一带，在南北两翼呈放射状分布（徐卞融、吴晓，2010）。

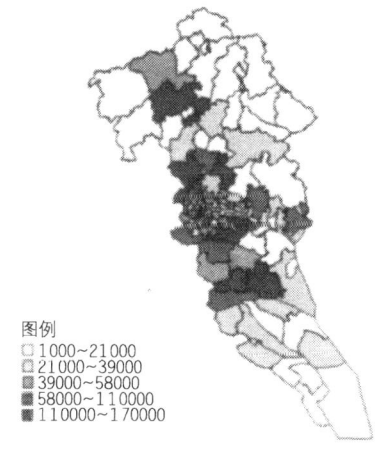

图例
□ 1000~21000
□ 21000~39000
▨ 39000~58000
▩ 58000~110000
■ 110000~170000

图6-8 广州市流动人口街道分布
资料来源：姚华松、许学强等（2010）

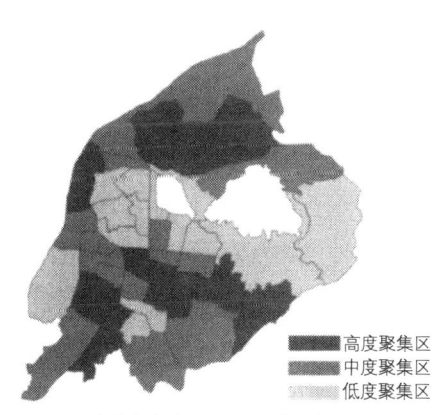

图6-9 南京市流动人口不同聚集程度空间分布
资料来源：徐卞融、吴晓（2010）

6.2 北京外来农民工聚居空间演化

无论是自身动因还是空间动因，其微观的表现为聚居地的产生和发展，其在城市空间的宏观表现为聚居地在城市空间的集聚与扩散的演化。演化的研究需要有时间维度的纵向数据，尽管本研究问卷调查时设置了纵贯分析的问题，但从问卷结果来看只有 2001 年以后的才具有统计意义，而 2001 年之前各年份的样点数据太少。不过，不同时期关于北京市流动人口的研究，为本研究提供了基础。这样 2000 年之前的数据采用文献数据整理，2000 年以后的数据采用本研究问卷调查数据整理，可以对不同时间维度上的农民工（流动人口中的主体）聚居地进行对比，分析其在空间上集聚与扩散的规律。

需要指出的是，尽管由于这些文献在研究视角、研究目的上的差异降低了它们之间的可比性，但仍然可以通过比较，寻找总体的、趋势性的规律。

6.2.1 聚居空间演化的历史过程：1990~2010

（1）1990 年——聚居空间开始出现

20 世纪 90 年代，流动人口聚居地主要分布在二环和三环沿线。在 1990 年前后，丰台区的大红门乡和南苑乡，海淀区的公主坟西侧的沙窝、大钟寺和五道口以及朝阳区的大郊亭与劲松东口分别形成了温州服装个体户的聚居地。1993 年左右在石景山区的古城又出现了一个温州人的小型社区（项飙，2000）。

从图 6-10 可以看出，当时在北京存在 7 个较为显著的流动人口聚居区，主要来自浙江、河南、安徽、新疆等地。这些聚居地形成的原因：一是"这里有大量的闲房可供出租"。二是这些人是"经济型"的（其流动不是逃荒，而是要从事经济活动），以商业和小工业为主，因此与市中心的远近对他们经商、务工有重要影响，而不会住到闲房更多的远郊区县或纯农村地区。三是因为"这一居住格局有着更为直接的体制原因，城乡结合部的行政管理相对薄弱"。四是"城乡结合部的土地利用模式往往比城市和农村远为多样和复杂"，这为外来人口生存提供了更大的缝隙（项飙，2000）。

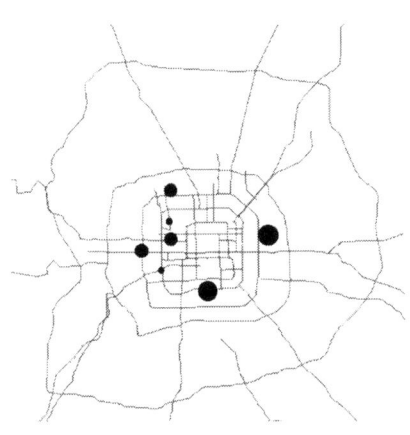

图 6-10 北京市流动人口聚居地分布图：1990
资料来源：根据项飙．跨越边界的社区——北京"浙江村"的生活史．北京：生活·读书·新知三联书店，2000．绘制。

项飙（2000）还认为，温州人初来北京时，根本就不存在理性的选址，基本上没有意识到它的离城近等优点，更没有意识到这里多样的土地利用方式能让他们今后做"大生意"（盖大院和市场）。他们当时只是觉得，在市区可能不让住，要到"边"（城乡结合部）上去。真正重要的是他们的实践过程本身，外在的条件只不过强化了他们的实践而已。其迅速扩张，主要是外来人口的后天努力而致。

（2）1995年——聚居空间数量增加

1995年北京市外来人口聚集的重点地区有25个（王举等，1995），分布在朝阳区4个，即南磨房、大屯、将台、太阳宫地区；海淀区6个，即万寿路、甘家口、北太平庄、大钟寺、海淀镇、东升地区；丰台区6个，即大红门、岳各庄、六里桥、南苑镇、东铁匠营、樊家村地区；石景山区2个，即八宝山、苹果园地区；东城区1个，即东华门地区；宣武区2个，即大栅栏、广内地区；大兴县1个，即黄村地区。

从上述文献的研究来看，1990~1995年间，北京是农民工（外来务工）聚居地的数量有所增加，而与此同时，却没有出现消亡的聚居地，这与当时快速发展的总体社会和制度背景关系密切，本书对此不作展开研究。

（3）2000年——轴向放射、内城聚居空间逐渐消亡

相比与1995年，2000年农民工聚居地在空间上的变化具有几个特点：一是近郊区较为密集；海淀、朝阳、丰台、石景山、大兴等近郊区的四环、五环周边较为密集。二是北部较南部更为密集，长安街以北集中了71%的聚居地，而以南只有29%，与北京"南贫北富"的格局趋同；三是环线或主要干道周边，聚居地数量较多，特别是四环、三环、二环，周边的聚居地数量分别为21、19和15个。

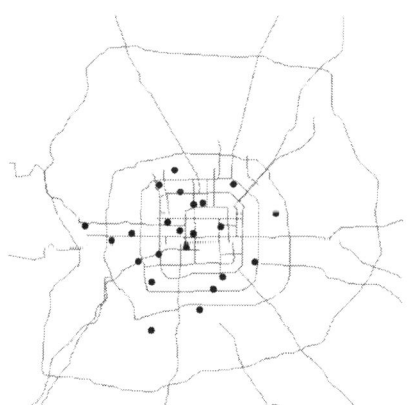

图6-11　北京市流动人口聚居地分布图：1995
资料来源：根据"王举等.对全市25个外来流动人口聚集地区情况的调查与分析.北京人民警察学院学报.1995，（4）."绘制。

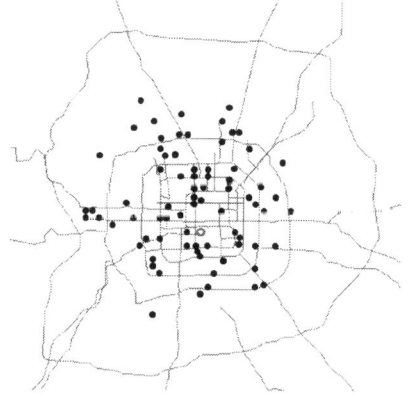

图6-12　北京市流动人口聚居地分布图：2000
资料来源：根据"国家统计局人口和社会科技统计司.中国乡镇街道人口资料.中国统计出版社，2002"绘制。

这一时期是北京市流动人口数量急剧膨胀的阶段，从 1995 年的 150 万人左右，迅速增加到 2000 年的接近 300 万人。对比 1995~2000 年的聚居地空间变化来看，主要有三个特点：一是农民工（流动人口）聚居地数量不断增多，空间拓展的趋势是沿主要交通线路，由于这一时期四环尚未建成通车，其环状拓展的态势不显著，而主要呈现出放射性拓展的形态；二是内城开始出现**消亡的聚居地**，在北京申奥过程中的城市改造和建设进程加快，内城的农民工聚居地受到一定威胁；三是其他原有聚居地都得以保留并进一步强化。

（4）2005 年——环状扩散、内城聚居空间加速消亡

2000~2005 年间，北京流动人口规模持续增加，至 2005 年流动人口规模已超过 350 万人。一方面体制转型初期的人口流动的"红利"已经释放完毕，流动人口增长速度开始放慢。与此同时，北京办奥运过程中，城市改造建设力度不断加大，产业结构调整进程继续加快，城市持续接纳就业能力也有所下降。这一时期北京农民工聚居地空间变化主要有以下三个特征：一是内城的聚居地消亡的进程加快，这一现象不仅出现在二环内外，在三环附近也较为普遍地出现；二是近郊区四环路、五环路附近的聚居地逐渐增加和增强，主要沿环路和对外交通线放射型发展态势，且城北拓展的速度要快于城南；三是远郊区六环路附近也开始出现一些聚居地，农民工聚居地继续向外扩散。

（5）2010 年——内城聚居地的消亡与重现并存

与 2005 年相比可以发现这一阶段，农民工聚居空间演化具有以下几个特点：一是内城（二环以内）聚居地的消亡与重现并存，一方面持续的旧城改造使得既有聚居地继续遭到破坏、走向消亡，另外一方面，早期改造的旧城区品质开始呈现下降，或者是北京市层面难以拆迁改造的中央机关单位用地开始承接内城中被拆迁的农民工，内城出现新形成的农民工聚居地。二是近郊区农民工

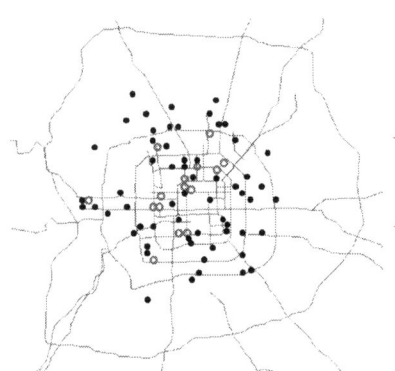

图 6-13　北京市流动人口聚居地分布图：2005
（数据来源：本研究问卷调查样本的历史居住地数据）

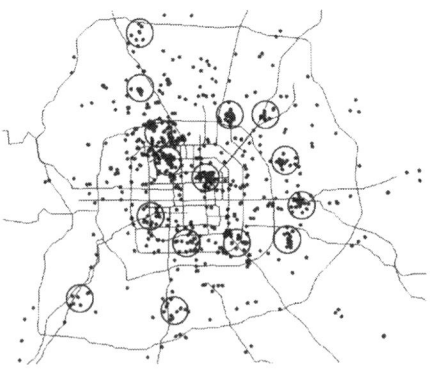

图 6-14　北京市农民工聚居地样点分布图：2010
（数据来源：本研究问卷调查数据，圆点为样本居住地）

聚居地持续增强，特别是朝阳、海淀的增长速度最快，这与这些区的经济发展水平、就业机会和空间承载能力密切相关。三是五环与六环之间的农民工聚居地数量显著增加，这主要是由于这一时期该地区发展加快，成为主要的城乡结合部。

6.2.2　聚居空间演化的总体特征：梯度推移扩散

由于聚居空间存在"诱发—壮大—复制—重构—消亡"的发展过程，以及这一过程在不同城市地域的不同时性，共同构成了农民工聚居空间在整个城市空间中的"梯度推移扩散"规律。主要包括以下几个方面：

（1）中心城的聚居地先于郊区形成

二环左右的聚居地先于二至四环和四至六环产生和发展；在这些聚居地产生时，这一地区尚属于与中心城交通联系较为发达的郊区农村地域（项飙，1995），而随着城市不断向外发展和农民工数量的增加，在三环、四环附近也开始出现农民工聚居地。

（2）轴向放射扩散与环状梯度推移交替，聚居地数量由内向外此消彼长

一方面由于城市向外拓展，原有农民工聚居地不断被改造，这些圈层的聚居地数量逐渐减少，而另一方面，由于农民工数量的增加和对居住地的需求，在新的城乡结合部地区出现了许多新的聚居地，从而在宏观上呈现出聚居地数量在不同圈层此消彼长的状况。

（3）聚居地密集地区从中心向外围梯度推移演化

聚居地密集地区从二环附近开始逐步向外梯度推移，到二至四环、五至六环附近，而农民工数量的增长导致整个城市空间内聚居地数量的增加和规模的增长，这种梯度推移规律从表面上看是受城市规划、拆迁改造等政策的影响，但本质上还是市场机制在起作用，特别是以公共服务设施配置为动力的租金过滤。

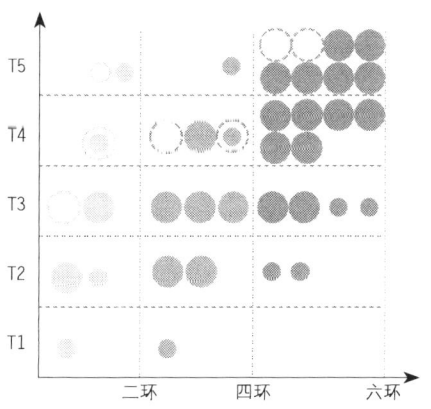

图6-15　不同空间地域农民工聚居地的演化

6.2.3 聚居空间演化的局部特征：弱回波现象

从 1990~2010 年北京农民工聚居空间的演化过程来看，存在局部的弱回波现象。即在中心城区会重新形成一些农民工相对密集地区，主要分布在二环以内的衰落社区，三环附近的大型市场附近。这说明在内城就业岗位大量存在的情况下，农民工对内城居住空间仍然有强烈的需求，尽管旧城改造在不断实施，但仍会在这一区域的其他地方产生新的聚居空间。

6.3 北京外来农民工聚居：主体差异分析

运用 GIS 的空间分析功能，对农民工空间聚居状况与农民工的性别、年龄、职业、工种、学历、收入的相关性进行分析。该分析是运用 Spatial Autocorrelation 工具，该工具的原理是计算每个点周围属性值相同的点出现的概率，以此判断该属性值与空间分布的相关性（见表 6-3）。其值越小表示空间分布对该属性程随机性分布。

根据相关性的不同，进一步研究性别、年龄、职业、工种、学历、收入等内部差异，有 Z-score、平均距离和期望平均距离之比两个指标来衡量，其中 Z-score 是运用 ArcGIS 的 Average Nearest Neighbor 工具，其原理是计算区域内点分布的集聚程度，其值为负表示为集聚分布，且绝对值越大集聚性越强，值为正且绝对值越大表示越接近于均匀分布，值为 0 表示为随机分布。平均距离与期望平均距离之比是运用 Average Nearest Neighbor 工具，平均（最邻近）距离是计算每个点到与其最近的点的距离的平均值，期望平均（最邻近）距离是根据点数目和点集合外包矩形的面积计算出点随机分布时的理论平均（最邻近）距离，二者的比值表明了点的分布特征，比值小于 1 表示为聚集分布，值越小聚集性越强；比值大于 1 表示为平均分布，值越大平均型越强；比值为 1 表示为随机分布。

农民工聚居的各属性空间相关性分析　　　　　　　　　　　　　　表 6-3

属性	分布相关性（系数）
性别	1.55
出生年份	1.57
学历	2.82
职业	13.37
工种	3.63
总收入	0.46

图6-16可以看出，聚居程度与职业相关性最强，这与农民工在城市的"重生产轻生活"的特征较为一致，由于农民工务工特征，职业与其空间聚居的相关性最为显著，主要表现为同业集聚，如破烂村等。学历、工种也和聚居程度有较强的相关性，与之相对应

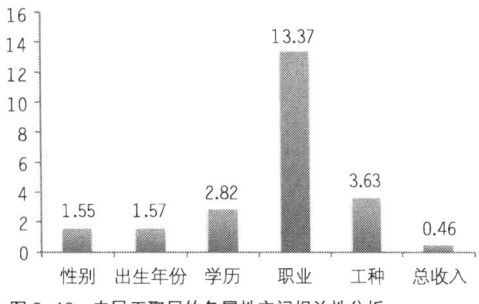

图6-16 农民工聚居的各属性空间相关性分析

的是农民工的生活理念、社会阶层的差异，反映出生活理念、阶层相近的农民工更容易聚居在一起。性别、年龄等与聚居程度弱相关，收入与聚居程度相关性较差，反映出农民工群体内部在城市中**并没有出现基于收入的空间分异**。

6.3.1 建材销售、服装销售等行业聚居显著

表6-4可以看出，从职业来看，建材销售、服装销售、住宿餐饮、其他生活性服务业的空间聚居程度较为显著，其Z-score值均小于−5；制造业、建筑业、电脑销售、其他等行业也呈现出聚居状态，其Z-score值均小于0；而保安、装修装潢、其他批发零售的空间聚居程度不够显著，分布相对均衡，其Z-score值均大于0。

不同职业农民工的聚居程度　　　　　　　　　　　表6-4

职业	Z-score	平均距离 / 期望平均距离
合计	−33.92	0.36
制造业	−1.43	0.9
建筑业	−3.11	0.78
装修装潢	2.39	1.24
住宿餐饮	−4.16	0.77
保安	1.62	1.22
其他生活性服务业	−5.06	0.68
其他	−2.43	0.82
电脑销售	−2.27	0.86
建材销售	−12.65	0.5
服装销售	−9.21	0.57
其他批发零售	0.73	1.06

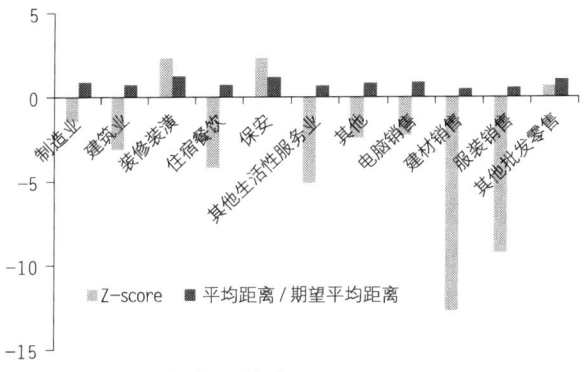

图 6-17 不同职业的空间聚居程度

从职业的视角看农民工聚居现象，主要有以下两个特点：

（1）以就业隔离为特征的行业聚居。如制造业、建筑业等，主要由单位提供住宿，甚至许多是不允许自己到外面租房住，这些人的居住选择行为自由度不高，与城市的融入程度也较低，被局限在特定的空间范围之内，呈现出显著的"**镶嵌**"特征。他们的聚居主要是以企业区位选择和生产组织为基础、雇主或单位为动力的居住空间行为，农民工自身的选择性不大。

（2）以知识外溢为特征的行业聚居。建材销售、服装销售、电脑销售、其他生活性服务业等，这些从业人员的就业地相对集中，如在一些市、区级的专业化市场。一方面，由于受职住关系的约束，他们多数需在工作地（这些专业化市场）周围选择居住地；另一方面，由于受职业发展愿望的影响，他们选择跟同行居住较为邻近，这样更方便获取行业信息等，呈现出显著的知识外溢效应驱动。此外，其社会交往对象的同质性，也决定了他们在住房区位选择信息上的局限性和趋同性。

保安、其他批发零售等行业较为特殊，其行业特点决定了其就业地受"市场区"分割的影响，从而在空间上呈现出相对的均质性，相应地，其居住地在整个城市空间内也呈现出一定的均匀分布格局。

6.3.2 学历、工种层级越低，聚居程度越强

许多研究表明，社会分异与空间分异存在密切关系，不同群体之间社会距离的差距形成了不同群体间的隔离，是社会经济地位、社会文化心理等价值取向分化的结果（Otis，B.Duncan，1950；A.Simkus，1970）。

农民工工种、学历等社会属性分异使得其在空间聚居特征上也呈现出一定的差异，不同工种层级的空间聚居程度不同，普通雇员、个体户、私营业主呈现出显著的聚居性，而管理人员、技术人员的聚居状况不显著。

不同工种农民工的聚居程度　　　　　　　表 6-5

工种	Z-score	平均距离 / 期望平均距离
普通雇员	-27.62	0.41
技术人员	1.07	1.11
管理人员	282.27	43.59
个体户	-4.64	0.75
私营业主	-1.9	0.84

　　不同学历农民工的聚居差异性也较为显著，随着学历的提高，其聚居程度逐渐降低，初中及以下的聚居程度最高，Z-score 值为 -15.37，高中与中专为 -13.07，大专为 -5.13，大学及以上为 -2.62。这反映出，随着学历的提高，农民工社会交往能力更强，心理调节能力也更强，融入城市的愿望也更强烈，因此其也更不愿与农民工群体聚居在一起，聚居程度逐渐下降。

不同学历农民工的聚居程度　　　　　　　表 6-6

学历	Z-score	平均距离 / 期望平均距离
初中及以下	-15.37	0.59
高中、中专	-13.07	0.6
大专	-5.13	0.72
大学及以上	-2.62	0.77

6.3.3　女性农民工的聚居程度超过男性

　　如果站在个体而不是家庭的基础上进行研究，那么性别是个不可忽视的因素。本部分运用女性主义地理学（Feminist Geography）理论对其进行分析，女性主义地理学诞生于对传统地理学研究的批判，它关注城市社会中存在的性别差异和不平等状况，认为应当研究女性独特的地理认知和生活经验。传统的人文地理学往往是"性别盲"的研究，对女性作为一个独立群体的重视程度不够。

　　女性主义地理学主要是从地理学的视野关注资本主义的性别不平等、两性关系的差异化，以及性别身份及其认同等问题。女性地理学最早主要是通过对男性中心主义的批判以发展自身，更多的是站在妇女的角度揭示城市空间结构的潜在矛盾[1]。20 世纪 70 年代末女性主义地理学开始从马克思主义的思想体系中吸收理论养分以解释资本主义制度下地理、两性关系和经济发展之间的相互

---

[1] R.J.Johnston.The Dictionary of Human Geography [M]. Oxford：Blackwell，2000.

依赖[1]。到了 20 世纪 80 年代晚期，女性主义[2]本身开始出现了多重意识形态立场同时并存的趋向[3]，后结构主义思想的影响促成了女性主义地理学的第二次转型，进入了差异化的女性主义地理学阶段[4]。

女性的空间意愿和认知与男性有显著差异，西方研究表明，与男性倾向于郊区不同，女性更希望居住在内城（Rose，1993），女性居民的工作地比男性居民离家更近，她们的通勤距离和通勤时间也比男性居民更短（Hanson，1985；Howe，1982）。此外，如女性对医疗设施的关注最早（Learmonth，1978）等。正是由于这些特征，导致女性在城市内呈现出区别于男性的空间特征。

然而对于城市居民来讲，由于其居住空间决策经常是家庭行为，其决策行为往往是家庭成员内部权衡的结果，性别分异特征并不显著。但女性农民工却有很大差别，他们的居住决策经常是个人行为（占 79.2%），而不是家庭行为（占 20.8%），这就使得女性对空间的意愿和认知被**无干扰地展现出来**。具体来讲，女性农民工有以下几个特征：一是年轻，女性农民工的平均年龄低于男性，30 岁以下的超过 80%；二是绝大多数未婚（65.69%）；三是群居，他们多与工友、同乡或配偶住在一起，居住决策的群体性特征或家庭特征显著。

女性农民工在空间上的聚居程度超过男性，这主要是其内在需求导致的，Boal（1976）认为群体内部的集聚性往往是由于四个方面的需求而存在的：防卫、支持、维护、攻击。这可以很好地解释聚居程度的性别差异，女性由于个体生理体征较弱，因此其对抵御安全侵袭的考量较重，通过群体聚居可以相互支持来满足各自基本生活需求，抵御外部攻击。

居住意愿向心化和居住区位离心化的矛盾是女性农民工空间聚居的另一个显著特征。这与西方女性主义地理学的郊区化研究结论较为一致，即女性更倾向于靠近市中心的区位，但由于女性农民工难以负担市中心高昂的租金，因此其不得不聚居在郊区，特别是其迁居的过程也是逐步向郊区迁移的过程，尽管这是市场过滤机制下的固有现象，但由于女性农民工就业地较男性更靠近市中心，因此，其不得不进行较长距离的通勤，另外，其不断向郊区转移的过程也进一步增强了其与城市居民的隔离，"向心"的愿望更加难以实现（图 6-18）。

[1] D Massey.Human Geography Today [M]. Cambridge：PolityPress，1999.
[2] 女性主义（feminism）是 20 世纪 70、80 年代以后西方最重要的社会理论流派之一，女性主义空间研究的核心是"性别"（gender）和"平等"（equality）。"性别"不单纯指男女之间的生理、心理等自然性差异，还包括了由此所产生的经济、行为、情趣等社会性差异。"平等"正是建立在所有性别差异基础上的平等，而非相等。女性主义所倡导的平等观念实际上是一个差异观念。
[3] L Servon，M Castells. The Feminist City：A Plural Blueprint[A]. 王志弘编译. 空间与社会理论译文选. 台北：自印，1995.
[4] 克拉克著. 刘卫东译. 牛津经济地理学手册 [M]. 北京：商务出版社，2005.

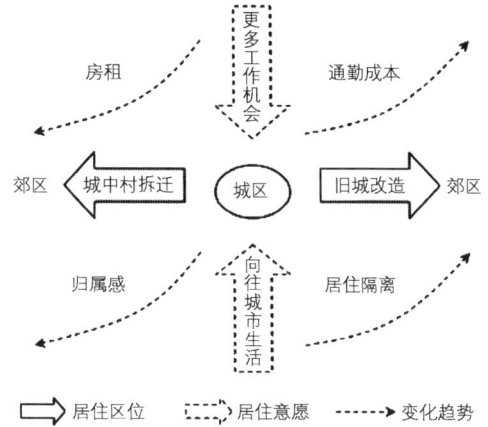

图 6-18　女性农民工的居住意愿向心化和居住区位离心化
资料来源：卫欣（2008）

6.3.4　年龄增长聚居程度下降

不同年龄阶段的人口有不同的生活及精神需求，新老农民工有显著差异，老一代农民工外出务工时年龄较大，大多已婚，他们为了实现挣钱的目标，大多不得不对情感精神生活采取忽略或无所谓的态度。而新生代农民工平均年龄为 23 岁左右，初次务工的年龄多不足 18 岁，正处于婚恋期、思想彷徨期和情感高依赖期，他们更渴望在外出就业的同时，爱情能够有所收获，思想可以交流，困扰能够倾诉。

一方面，不熟悉农村和农业，有更强烈的城镇化的取向，有更强烈的变为市民的意愿，在建筑工地的 80、90 后的新生代农民工较少，他们对城市生活有追求。另一方面，他们由于社会经济地位的差距和城乡二元制度的障碍，他们在经济基础、生活方式、就业能力、社会交往等方面存在着巨大差距，使得他们城市融入的努力受阻。然而，这些处于婚恋期、思想彷徨期和情感高依赖期的新生代农民工，需要思想的交流和困扰的倾诉，这些都促使其空间上更倾向于和同年龄段居住在一起，使得其聚居程度高于其他年龄段。

聚居程度的年龄差异　　　　　　　　　　　　　　表 6-7

出生年份	Z-score	平均最邻近距离 / 随机过程期望平均最短距离
≥ 1990	−8.77	0.59
[1980，1990）	−21.11	0.43
[1970，1980）	−6.15	0.71
[1960，1970）	−3.17	0.79
<1960	1.58	1.21

6.3.5 来京务工年数越长，聚居程度越低

运用 GIS 的空间分析功能，测算不同来京务工年数农民工居住地距城市中心（天安门）的平均距离，总体来看，来京务工年数 1~2 年的距市中心距离较近，在 2~5 年之间的到市中心距离逐渐下降，5~10 年之间的到市中心距离逐渐上升。

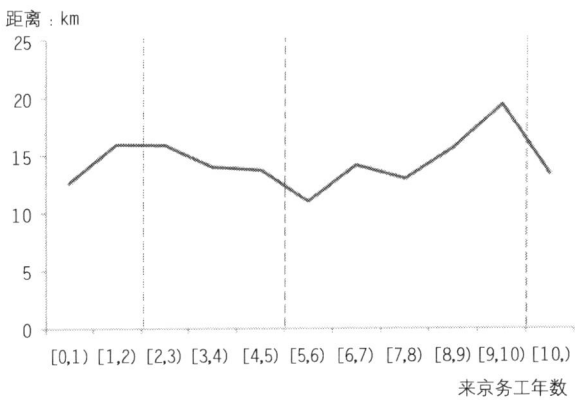

图 6-19　不同来京务工年数农民工居住地距城市中心的距离变化（km）

随着来京务工年数的增加，聚居程度降低。运用 GIS 的 Spatial Autocorrelation 工具对不同务工生命周期的农民工聚居程度进行分析可以发现，来京务工年数越长，其聚居程度越低。这表明来京务工年数长的农民工由于其工作稳定、收入提高，对内生社会关系网络的依赖性下降，能够独立应对生产生活中的困难，同时其与城市居民的经济社会联系增强，外生社会关系网络得以构建，更加降低了对内生社会关系网络的依赖，从而聚居程度降低。

不同务工生命周期的农民工聚居程度　　　　　表 6-8

来京务工年数	Z-score	平均最邻近距离 / 随机过程期望平均最短距离	数量
[0,2)	−11.41	0.58	200
[2,5)	−16.09	0.48	263
[5,10)	−3.49	0.85	147
≥ 10	−6.68	0.58	69

6.4　北京外来农民工聚居：交通影响分析

本节主要采用 GIS 空间分析，以问卷样本为数据基础，分析其居住地与主要道路、地铁站点之间的空间关系。包括三部分内容，一是分析农民工聚居程

度与主要道路距离的变化规律；二是农民工聚居程度与到地铁站点距离的变化规律；三是对比分析主要道路和地铁站点对农民工聚居程度影响的强弱。

6.4.1 随距主要道路的距离指数衰减

采用样本数据，运用 GIS 作缓冲区分析，如图 6-20 所示，以主要道路为中心，向外以每 500m 为间隔作 8 个缓冲区，分析每个区域内的人口密度。结果发现（如图 6-21 所示），人口密度随到主要道路的距离增加而降低，且距道路近时密度降低的速度很快，距道路距离远时密度降低的速度逐渐放缓，呈现出显著的距离指数衰减规律。

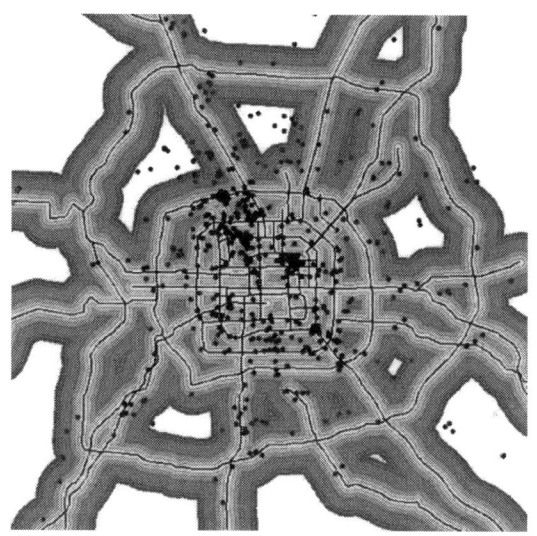

图 6-20　样点居住地的道路缓冲区分析

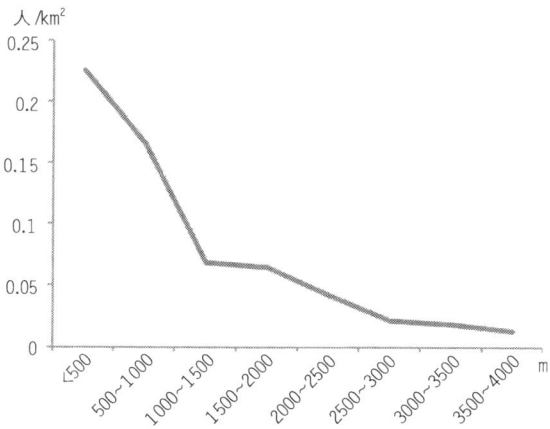

图 6-21　随主要道路距离的密度变化

6.4.2 随距轨道交通站点距离迅速衰减

采用样本数据，运用 GIS 作缓冲区分析，如图 6-22 所示，以已开通的地铁站点为中心，向外以每 500m 为间隔作 8 个缓冲区，分析每个缓冲区的人口密度。

可以看出，随着到站点距离的增加，样点密度逐渐降低，且在距站点 0~1500m 间密度降低最为迅速，距离越远，密度降低越来越平缓。也呈现出显著的距离衰减规律。

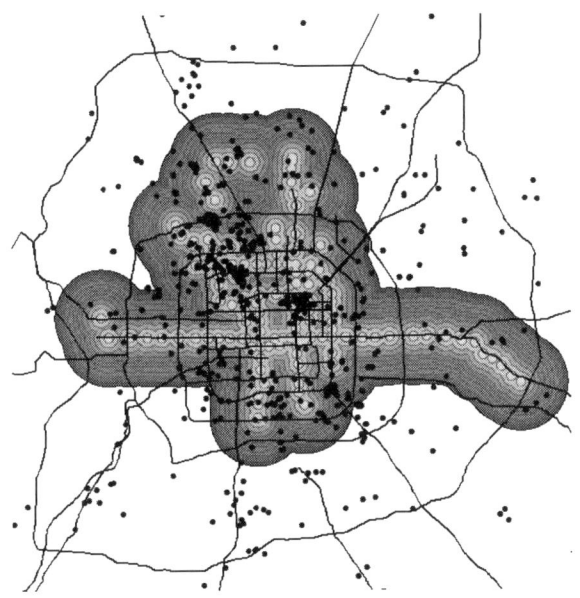

图 6-22　样点居住地的地铁站点缓冲区分析

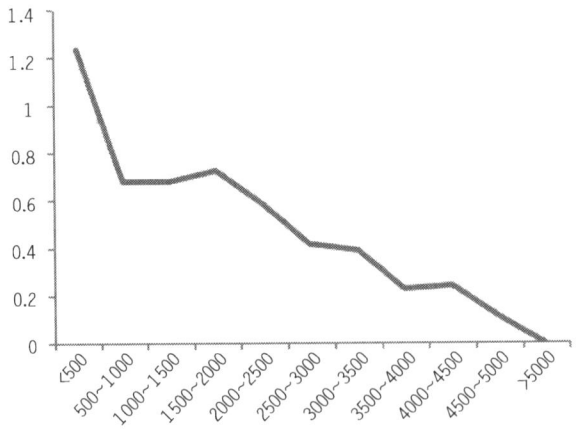

图 6-23　随到轨道交通站点距离的居住点比重变化（人／km²）

6.4.3 道路比轨道交通的影响更显著

在对农民工通勤方式的分析中发现，主要是步行和公交车，而乘坐轨道交通通勤的比重较低。此处将距主要道路与轨道站点不同距离的样本数占总样本的比重进行分析，可以发现主要道路与轨道站点较为显著的差别。

如图 6-24 所示，样点比重随到主要道路距离呈阶梯减少，500m 之内约占 45%，500~1000m 约占 26%，1000~1500m 约占 15%。而比重随轨道交通站点的变化趋势却不够显著，500m 之内约占 20%，500~1000m 约占 25%，1500~2000m、2000~2500m 分别约占 10%，而在 5000m 以上的占 25% 左右。

这一现象反映出，**农民工居住地受道路的影响要比受轨道交通的影响要大**。换句话说，农民工在选择居住地时，对道路交通便捷程度的考虑权重要高于对轨道交通便捷程度的权重。

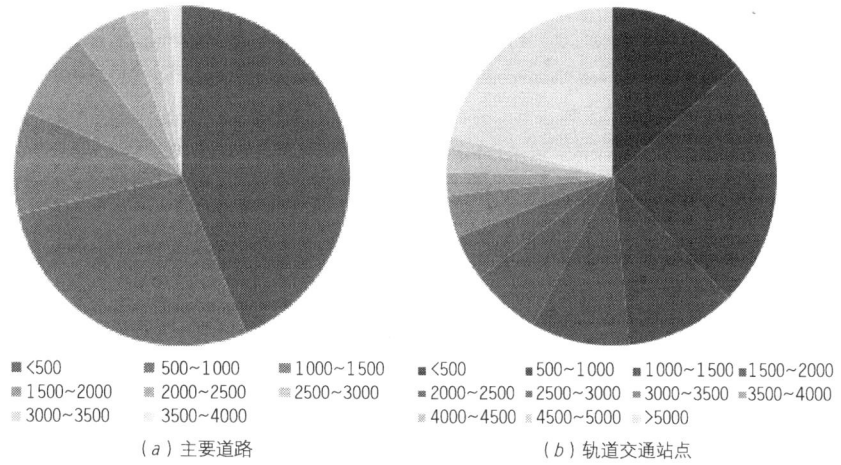

（a）主要道路　　　　　　（b）轨道交通站点

图 6-24　样本居住地随轨道交通和主要道路的距离衰减对比

6.5　北京外来农民工聚居：职业差异分析

对不同职业农民工居住的空间集中程度进行分析，可以发现分别呈现出集中分布、大分散—小集中分布、分散分布三类。

6.5.1　集中分布：建材、服装、电脑销售业

建材销售业农民工居住空间上也呈现出集中分布，主要居住在大型建材市场周围，如大钟寺、十里河、四季青桥、东坝等地，也有部分沿主要交通线向城市中心和外围郊区延伸。

服装销售业农民工居住空间上也呈现出集中分布，主要集中在市场周围，但由于服装销售市场周围房租普遍较高，因此居住在市场周围的比例较前两个要少很多，在郊区的轨道站点周围居住得也比较多，如宣武门、新街口、西苑、新宫、枣园等地，还有一个特点是，有一部分居住在城市中心区的衰落社区中。

电脑销售业农民工居住空间上呈现出集中分布，主要居住在专业市场（中关村）外围沿主要交通线向郊区延伸，如西苑、上地、北安河一带，而在其靠近城市中心方向上居住的人数较少。

6.5.2　大分散—小集中分布：制造业、建筑业

制造业、建筑业多为用工单位提供住宿，因此其居住区位的就业地指向显著。制造业农民工主要在北京近郊区的工业园区附近集中分布，如亦庄、通州、昌平、大兴、房山等地的工业园区。

而建筑业则主要为单位提供的临时工棚，这取决于建筑工地的位置，近郊区建设工地较多，而中心城区旧区改造工地以及地铁、道路等建设工地也分布较多，其较制造业在空间上呈现出更为分散的小集中格局。

6.5.3　分散分布：住宿餐饮、保安等生活性服务业

住宿餐饮、保安、其他批发零售，以及美发、娱乐等其他生活性服务业农民工在空间上呈分散分布。这些为居民服务的行业具有市场指向，且其服务半径都较小，经过空间充分竞争后，基本呈现出在城市空间较为均质的分散分布。

住宿餐饮业一般由用工单位提供住宿，多在宾馆或餐馆周围租住城市居民的房屋集体居住，或是在社区缝隙里寻找低租金的住房。保安一般由用工单位安排在小区地下室、门房等居住，其在空间上也具有分散性。水果、蔬菜、杂货店等批发零售业多为个体经营，多数居住在自租的门店里。

而美发、娱乐等生活服务业如果是单位提供住宿，则其空间特点与住宿餐饮业较为类似；如果是自租，则在靠近市中心（如三环以内）和靠近近郊（如四环附近）呈现出不同的特点。靠近市中心的，多在工作地附近租住城市居民的房屋，而靠近郊区的则会相对远离工作地，到交通方便的城乡结合部地区租住房屋。

职业视角下农民工空间聚居特征　　　　　　　　　　　　　　表 6-9

空间类型	行业	主要区位
集中型	电脑销售	专业市场外围沿主要交通线向郊区延伸，如中关村就业者主要居住在西苑、上地、北安河一带
	建材销售	专业市场周围或沿主要交通线向城市中心和外围郊区延伸，如大钟寺、十里河、四季青桥、东坝等地
	服装销售	专业市场周围、中心城的衰落社区、郊区的轨道站点周围，如宣武门、新街口、西苑、新宫、枣园等地

续表

空间类型	行业	主要区位
大分散— 小集中型	制造业	主要集中分布在郊区工业园，多在五环以外
	建筑业	在中心城和郊区都有分布，用工单位提供，工地周围
分散型	住宿餐饮、保安	用工单位提供，就业地附近，多在中心城分散分布
	其他批发零售、 其他生活服务业	中心城社区缝隙，或在成熟社区中群租；
	其他	分散分布

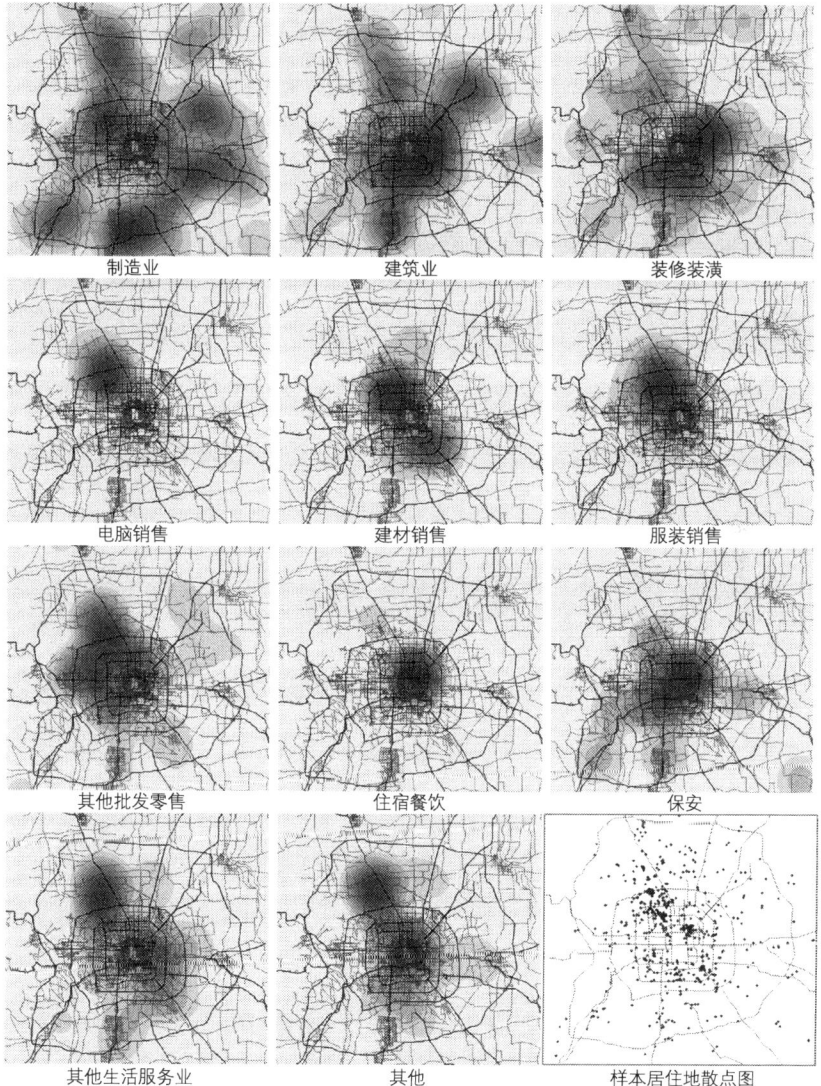

制造业　　　　　　　　　　建筑业　　　　　　　　　　装修装潢

电脑销售　　　　　　　　　建材销售　　　　　　　　　服装销售

其他批发零售　　　　　　　住宿餐饮　　　　　　　　　保安

其他生活服务业　　　　　　其他　　　　　　　　　　样本居住地散点图

图6-25　样本农民工分行业聚居空间状况

总结北京外来不同行业农民工的空间区位特征发现，其与国外典型的几种模式（文献中已述）不太一致，无论是伯吉斯还是霍伊特的模型中，低收入群体都是靠近市中心的区位，而北京外来农民工则呈现出在郊区城乡结合部地区相对集中的状况，Kearsley 等人对三大经典模型修正后的模型，也难以解释北京的现象。

这与北京公共服务设施配置空间不均衡密切相关，教育、医疗、地铁等设施在城市中心区相对集中配置，外围地区与中心区的差距较大，在空间竞争中，城市高收入群体凭借其经济社会优势，仍然占据这一位置，农民工作为外来、低收入群体在竞争中处于弱势，只能选择可支付得起的空间，形成了在城乡结合部地区相对集中分布的格局。但并不是所有农民工都居住在城乡结合部地区，单就行业来看，制造业分布在城乡结合部更靠外围的地区，而生活性服务业则在城市空间相对均衡地分散分布。

6.6 北京外来农民工居住空间特征：职住关系分析

6.6.1 总体特征

总体上呈现出职住近邻、离心居住、向心工作的特征。大部分观点认为，农民工在城市的居住地受工作地影响显著，本研究运用 GIS 的空间分析功能，测算了职住距离及其向心、离心状况。其中向心是指居住地较工作地靠近市中心（选取天安门广场北侧中央贴近长安街处为中心），反之则为离心。结果显示，北京外来农民工平均职住距离为 5661m，其中 64.96% 的样本居住地较工作地远离市中心，而 35.04% 的样本居住地较工作地更靠近市中心。

应该说，平均职住距离比预想的要大，导致通勤距离较长的原因主要是部分在中心城区工作的农民工难以支付高昂的房租，因此被过滤到近郊区，但与之伴随的是长距离的通勤。受此拉动，导致农民工平均职住距离较长。

"居住地较工作地离心大于向心"[1] 这一结论与预期较为一致，但仍有 35.04% 的人居住地较工作地接近市中心，研究中试图寻找北京城市居民的这一数据进行比较，但未找到合适的可供参考，但可判断认为这一比例高于城市居民，也就是说，与城市居民相比，农民工并没有表现出更强的"向心工作、离心居住"的特征，这一结论有待进一步证明。

---

[1] 离心是指居住地较工作地远离市中心，反之为向心

6.6.2 通勤方式

从通勤方式上来看，**主要以步行和公交车为主**，分别占 41.11% 和 35.99%，两者之和超过总数的 3/4；其次是"骑自行车"占到 10.10%；乘地铁或"地铁 + 公交"的仅占 7.96%；其余"单位班车"、"驾/乘私家车"、"不上班"的合计占 4.84%。与北京城市居民相比，农民工乘"私家车、单位班车、地铁、自行车"上班的比例低于城市居民，而步行、乘公交车的比例远高于城市居民（见表 6-10）。

本研究调查样本的通勤方式结构与通勤时间　　　　表 6-10

	样本数	比例	平均通勤时间（min）	北京市民通勤结构
步行	594	41.11%	9.51	16.2%
骑自行车	146	10.10%	19.04	22.8%
乘公交车	520	35.99%	43.04	22.7%
乘地铁或"地铁 + 公交"	115	7.96%	50.45	9.1%（地铁）
单位班车	17	1.18%	31.67	6.9%
驾/乘私家车	45	3.11%	21.30	16.8%
不上班	8	0.55%	0.00	5.5%（其他）
合计	1445	100.00%	26.37	100.0%

注：北京市民通勤结构数据引自张艳，柴彦威（2009）[1]，该文对北京市内 10 个典型居住区中 600 个家庭、842 位就业居民的日常通勤行为问卷的调查数据。

从通勤时间上看，**农民工通勤时间较短，低于普通市民**。农民工通勤单程耗时平均为 26.37min，而城市居民为 36.7min（张艳、柴彦威，2009）、37.56min（郑思齐，2007）[2]。有约 50% 在 15min 以内，约 75% 在 30min 以内，95% 在 1h 以内；而根据冯健（2004）对北京城市居民的调查，25% 的居民通勤时间在 15min 以内，50.1% 的居民通勤时间在 30min 以内，75.5% 的居民通勤时间在 1h 以内[3]。农民工通勤时间与北京市民形成了较为鲜明的对比。

不仅如此，**北京农民工的通勤与美国城市低收入者有很大差别**。农民工通勤时间低于城市居民，而美国城市中黑人的通勤时间高与白人。对于低收入的就业者而言，1990 年白种工人单程通勤平均花费 26min，而黑种工人平均花费 30min（O'Regan and Quilgley，1998）。在剔除诸如收入、房价，以及邻里舒适

---

[1] 张艳，柴彦威.基于居住区比较的北京城市通勤研究 [J].地理研究，2009，（5）.

[2] 郑思齐，张文忠.住房成本与通勤成本的空间互动关系——来自北京市场的微观证据及其宏观意义.地理科学进展，2007，26（2）：35-421.

[3] 冯健，周一星.郊区化进程中北京城市内部迁居及相关空间行为——基于千份问卷调查的分析.地理研究，2004，23（2）：227-241.

度这些因素之后，加布里埃尔和罗森塔尔（1998）得出结论：高中毕业生中的黑人通勤距离大约比有同等技能的白种工人多 22%，通勤的较远距离降低了黑种工人的净工资，减少了他们用于工作和其他活动的时间。

具体而言，北京外来农民工通勤方式和时间有以下几个特点。

（1）通勤以步行为主，且平均通勤时间较短。步行占 41.11%，平均通勤时间是 9.51 分；再加上占总数 10.10% 的"骑自行车"，平均通勤时间 19.04 分钟。当前城市居民正把步行、自行车通勤作为一种时尚，在这一方面农民工无疑是最潮的，是一种健康、时尚的通勤方式，我们需要透过这一现象重新审视我们的物质观、发展观。另外这一特点也反映出这部分农民工就业地与居住地距离非常近。这其中以单位安排住宿的农民工为主，也有一些餐饮、娱乐等下班时间较晚、不宜远离工作地的农民工。住在自己租的店面里的也被归属为这一类。

（2）公共交通在农民工通勤中扮演了重要角色。35.99% 的人选择"乘公交车"，在采访中了解到，许多农民工认为**"北京公交车发达，很晚了还有公交车，一些县城、地级市等中小城市在这方面就很不方便，因此不愿意到中小城市去发展"**。虽然近年来北京地铁建设取得了长足发展，但仍只有 7.96% 的人选择乘地铁或"地铁 + 公交"，这与北京本地居民产生巨大差异（卫欣，2008），虽然北京公共汽车价格下降了很多，但地铁价格变化不大，相对"高昂"的地铁价格对于农民工来讲依然需要考虑，因此，**地铁通勤比例偏低**。

小李，24 岁，服装销售，江苏人

Q："你平时怎么上下班？"

A："乘坐公交车。"

Q："你住的地方和上班的地方都离地铁站挺近的，地铁也更快更准时，为什么不坐地铁上下班？"

A："地铁贵啊，来回 4 块钱，一个月就要 100 多，一年就是 1000 多……"

"便宜"依然是他们通勤方式选择的主要考量因素。同时，这个案例从公共交通价格变化引发了对低收入群体保障问题的思考。公共交通价格下降，收益最大的是城市低收入群体和农民工，大大缩减了他们的日常开支。试想如果从这个角度出发，通过降低基本公共服务产品价格，从而提高和改善城市低收入群体和农民工的生活质量，可能是一种事半功倍的途径。

（3）作为"生产资料"的私家车。有 3.11% 的人驾 / 乘私家车上下班，与城市居民将私家车作为交通工具、代步工具不同的是，这些农民工的私家车是生产资料。他们有的是装修工人，需要靠私家车运载施工工具；有的是物流、快递、搬家等行业"靠车吃饭"的；也有的是蔬菜、水果等摊贩，需要靠车运载商品。

（4）不上班的待业者和"SOHO"族。选择不上班的比例较小，其中有 3/4（6 个样本）是刚到京还未找到工作，或刚结束了上一个工作、正处于待业状态的；也有 1/4（2 个样本）**是从事"网络商店"的**，他们不需要上班。我们暂时无法估算这部分群体的准确比例，但随着社会分工的进一步发展，此类"工种"的比例很可能会逐步扩大；由于这种形式比较特殊，并且有别于"前店后舍"的"住在自己租的店面里"的形式，因此被单列归于此类。

6.6.3 群体差异

（1）建筑业、制造业、生活服务业等农民工职住距离近，批发零售业职住距离远

从职业上看，职住距离可以分为四档：住宿餐饮、保安、其他生活服务业的职住距离较近，平均在 3000m 以内；制造业、建筑业的职住距离平均在 4000m 以内；装修装潢、其他批发零售的平均迁居距离在 5500~6600m 之间，而电脑销售、建材销售、服装销售的职住距离较远，在 7300m 以上。

职住方向上，除住宿餐饮向心比例高于离心外，其他行业均为离心大于向心，其中制造业、电脑销售、装修装潢等行业的离心比例超过了 80%。

不同职业的职住关系　　　　　　　　　　　　　　　　表 6-11

职业代码	平均距离	离心比例	向心比例
制造业	3869	92.45%	7.55%
建筑业	3313	71.43%	28.57%
装修装潢	5786	81.48%	18.52%
电脑销售	8170	93.34%	6.66%
建材销售	7347	48.26%	51.74%
服装销售	7863	69.53%	30.47%
其他批发零售	6568	77.78%	22.22%
住宿餐饮	1726	23.86%	76.14%
保安	2536	53.33%	46.67%
其他生活性服务业	2842	75.71%	24.29%
其他	5869	68.75%	31.25%
总计	5661	64.96%	35.04%

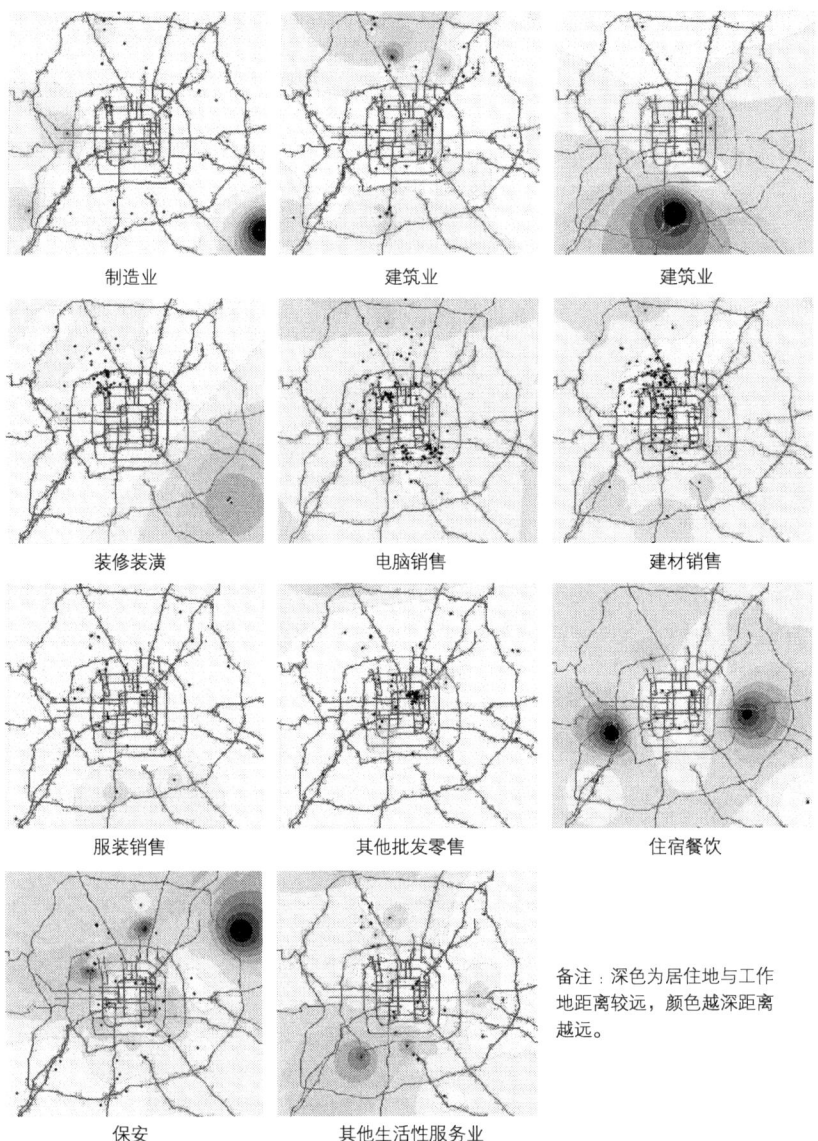

制造业　　　　　　　　建筑业　　　　　　　　建筑业

装修装潢　　　　　　　电脑销售　　　　　　　建材销售

服装销售　　　　　　　其他批发零售　　　　　住宿餐饮

保安　　　　　　　　　其他生活性服务业

备注：深色为居住地与工作地距离较远，颜色越深距离越远。

图6-26　不同职业的职住关系空间状况

（2）女性职住距离远，向心比例高

从性别上看，女性职住距离高于男性，女性的职住平均距离为7018m，而男性仅为4477m。而从空间关系上看，女性离心比例略低于男性，分别为63.69%和66.27%；显示出女性较男性略倾向于市中心居住。

不同性别的职住关系   表6-12

性别	平均距离（m）	离心比例	向心比例
男	4477	66.27%	33.73%
女	7018	63.69%	36.31%

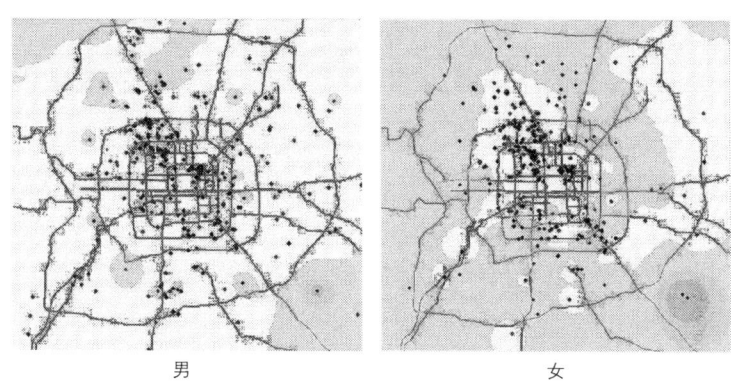

男   女

图6-27 不同性别职住距离的空间插值分析

（3）职住距离随收入增加，高收入的离心比例高

从收入上看，职住平均距离随收入的增加而增加，显示出收入的提高有助于农民工选择居住地时摆脱工作地束缚。且高收入的离心比例高于低收入。

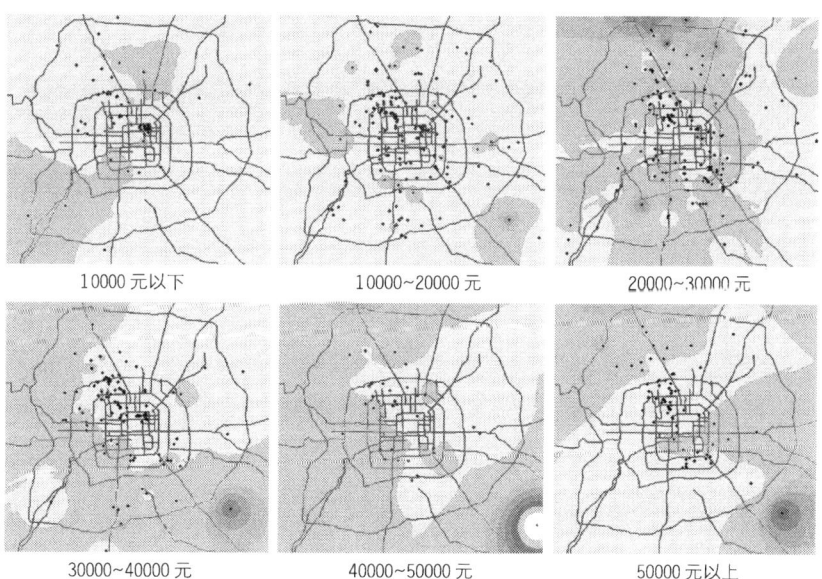

10000 元以下   10000～20000 元   20000～30000 元

30000～40000 元   40000～50000 元   50000 元以上

图6-28 不同收入农民工职住距离的空间插值分析

不同收入的职住关系　　　　　　　表 6-13

收入	平均距离	离心比例	向心比例
[0，10000）	5467	50.00%	50.00%
[10000，20000）	3962	66.67%	33.33%
[20000，30000）	6234	70.37%	29.63%
[30000，40000）	5718	63.04%	36.96%
[40000，50000）	8510	70.00%	30.00%
≥ 50000	7419	61.73%	38.27%

（4）随年龄增加，职住距离降低，离心比例提高

从年龄上看，职住平均距离随年龄增加而降低，显示年长者较年轻者更倾向于在工作地附近选择居住地；而从向心离心关系上看，总体上，随着年龄的增加，离心比例越来越高，显示出年轻人较年长者更倾向于居住地靠近市中心。

不同年龄的职住关系　　　　　　　表 6-14

年龄	平均距离（m）	离心比例	向心比例
90 后	5459	63.36%	36.64%
80 后	6213	65.05%	34.95%
70 后	5857	66.67%	33.33%
60 后	3047	71.23%	28.77%
50 后	3076	41.18%	58.82%

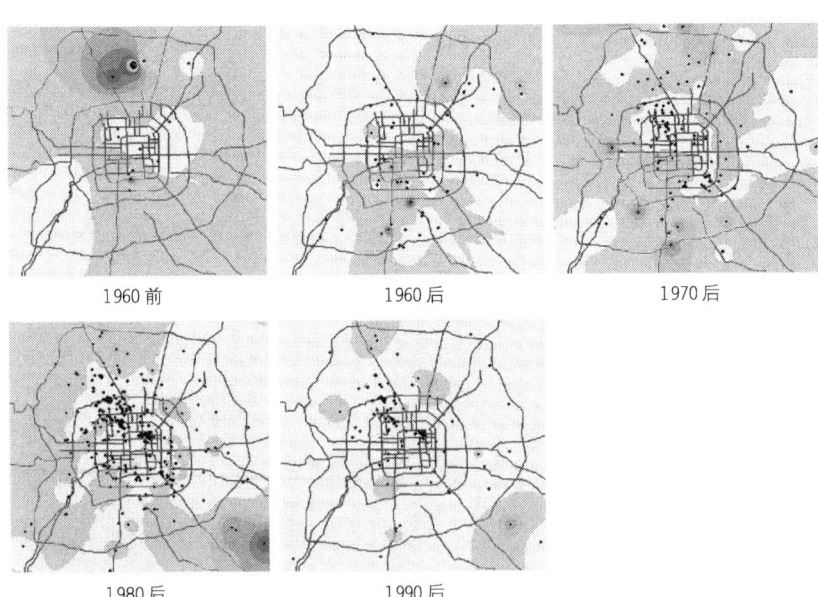

1960 前　　　　　　　　1960 后　　　　　　　　1970 后

1980 后　　　　　　　　1990 后

图 6-29　不同年龄的职住关系的空间插值分析

（5）随来京务工年数，职住距离先增后减，离心比例波动提高

从来京务工年数上看，职住平均距离随来京务工年数呈现出一定的波动性，1年以下的平均距离最短，而2~7年之间的总体上职住距离较远，而7年以上的职住距离略低于2~7年的；而从向心离心关系上看，总体上，随着来京务工年数的增加，离心比例越来越高，显示出来京务工年数与农民工居住区位选择存在较强的相关性。

不同来京务工年数的职住关系　　　　　　　　　表6–15

来京务工年数	平均距离	离心比例	向心比例
[0，1）	2632	60.00%	40.00%
[1，2）	6618	71.69%	28.31%
[2，3）	5781	65.91%	34.09%
[3，4）	6008	66.67%	33.33%
[4，5）	6308	71.43%	28.57%
[5，6）	5201	50.91%	49.09%
[6，7）	6912	65.79%	34.21%
[7，8）	4661	60.00%	40.00%
[8，9）	3732	76.00%	24.00%
[9，10）	5377	80.00%	20.00%
≥10	6107	54.55%	45.45%

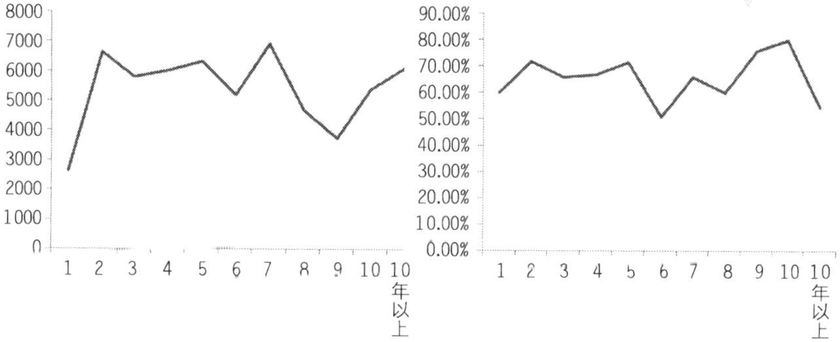

图6–30　不同来京务工年数职住平均距离和方向

6.6.4　职住关系：一个微观案例

在数据库中分别提取就业地在大钟寺建材市场、动物园服装市场、中关村电脑市场的农民工居住地属性，运用GIS分析其居住地与工作地之间的空间关系。

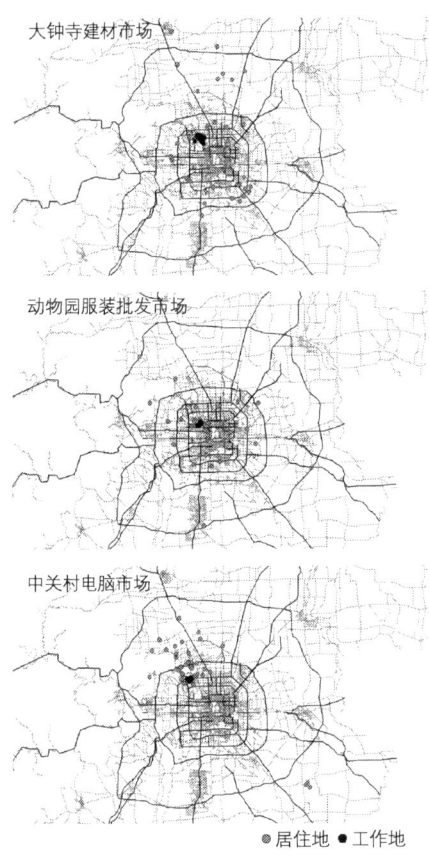

图 6-31　建材、服装、电脑销售业居住地空间状况
（注：深色为居住地和工作地距离较远，颜色越深距离越远）

之所以选取这三个就业较为集中的地区，是考虑到其空间位置，分别位于二环（动物园）、三环（大钟寺）、四环（中关村），并且代表了不同的业态，而且这部分群体的收入在农民工中相对较高，市民化愿望更为强烈，是未来城镇化政策调整过程中最有可能进入政策支持范畴的群体之一，具有一定代表性。

大钟寺建材市场

其职住关系呈现出两个导向：一是就业地导向，即在就业地附近集聚，这主要是出于促进工作的目的，建材市场中经常要半夜装卸车，居住地不宜距市场太远；靠近市场也便于获取商业信息，对于业务发展有促进作用。二是交通条件导向，由于大钟寺地处北三环中路，有地铁 13 号线、三环上的 300 路公交等公共交通，这使得其居住区位选择一定程度上摆脱了就业地约束，有许多居住在南三环甚至南四环附近，也有一些居住在地铁 13 号线的郊区站点如上地、回龙观等附近。

动物园服装市场

其职住关系有两个特点：一是有大量农民工"向心居住"，即居住在靠近城市中心一侧，这主要是动物园服装市场靠近城市中心，二环内存待改造平房，或设施不完善的衰落社区，为其提供了低价位房源，使之向心居住成为可能。二是有一部分居住在其他服装市场周围，如木樨园等地；其中有的是之前在该地开店（或工作），后转到动物园开店后尚未更换居住地；有的是其配偶或亲属在木樨园开店，他们居住在一起；还有一种情况是其有两个或多个门店分布在不同的服装市场，选择在其中一个附近居住。

中关村电脑市场

其职住关系有两个特点：一是有少量居住在工作地附近，主要是其附近科学院小区、稻香园小区等相对较旧的社区。二是"离心居住"显著，绝大部分人选择在远离市中心的一侧居住，多分布在干道附近或地铁站点附近等交通条件较好的区域，如西苑、北安河、上地等地的村民出租屋。

6.7　北京外来农民工聚居的动因和形成机制

农民工聚居的动因可以分为三个层面[1]，一是制度层面，包括户籍制度、土地制度、体制转型等；二是主观层面，主要是指农民工自身的聚居需求；三是空间层面，包括空间不同地域的产业、社会、居住等的非均质性（如图6-32所示）。

已有研究中对制度的探讨比较多，角度、方法和结论也较为接近，如刘海泳、顾朝林（1999）将北京流动人口聚落的形成机制归结为经济、社会、文化三方面原因，其"经济"主要是指制度方面，包括土地有偿使用制度导致中心城区和郊区土地价格的差异、城市管理松弛等都是特定地域上形成流动人口聚落的原因。吴晓（2001）将流动人口聚居区生成机制总结为外在条件和内在机制，其"外在条件"主要是指流动人口管控制度变迁、城镇等级体系分布等制度性

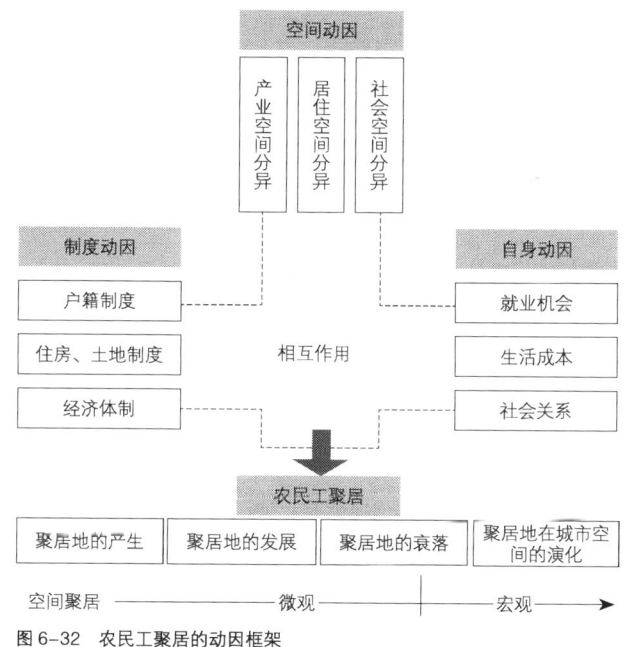

图6-32　农民工聚居的动因框架

---

[1] Boal（1976）将聚居的动因可分为外生和内生两方面，其中外生动力是指制度变迁、经济社会形势变化等，内生动力则是指人们的社会经济地位、价值取向及其他因素如地缘、亲缘等形成。与之相对应，本书中的制度、空间动因属于外生动力，农民工自身动因属于内生动力。

原因。而在西方关于少数群体的研究中，长期多从社会学的观点来探讨，其空间层面没有受到应有的重视（Hong，2009）。

本研究承认制度原因是农民工聚居空间形成的原因之一，但对此不作过多展开。这主要是由于已有研究中关于制度层面的宏观研究较多，研究视角和研究方法也较为接近，而微观研究相对较少，重点关注微观的内生动力有助于完善该领域的理论体系。

因此，本节在对农民工自身（主观）因素和空间（客观）因素的分析的基础上，分别从微观和宏观角度，对农民工聚居空间的形成机制、农民工聚居空间在城市中的演化机制进行提炼。试图回答三个问题，一是从农民工自身来看，是什么因素驱动他们聚居？二是从空间角度来看，分析农民工会在哪聚居，为什么会在这些地方聚居？三是从城市的角度看，这些聚居地在城市空间上的演化机制如何？

6.7.1 农民工聚居的自身动因

农民工在城市主要有生产和生活两个方面，其中生活又可以分为物质生活和情感生活。以此为出发点，分析农民工聚居的内在动力。从本质上讲，农民工之所以聚居是因为有集聚收益的存在，传统理论认为，集聚收益包括收益提高和支出降低两个方面。对于农民工来讲，收益的提高主要表现为就业机会的增加、就业稳定性的提高、工作收入的增加，支出降低主要表现为生活成本的降低、居住成本的降低、交通成本的降低等方面。农民工聚居的内在动力可以概括为三点：

（1）以报酬递增和知识外溢为核心的就业驱动

就业是当前农民工在城市的核心，就业也是农民工居住空间集聚的重要驱动因素，以规模报酬递增和知识外溢为核心的就业集聚与职住关系的相互作用，共同导致了聚居的就业驱动。如建材销售、电脑销售、服装销售等行业，存在显著的规模报酬递增效应，即市场规模越大、空间上越集中，客流量就越大，效益相应越好，该行业的就业机会的集聚会促使居住空间的集聚，无论是就业集聚还是居住集聚都会减少信息传播摩擦，发挥知识外溢效应。而如水果摊主、蔬菜摊主、装修装潢等从业者，尽管他们的工作地在空间上比较分散，但在某一空间尺度内的这些从业者呈现出显著的聚居状态，这是由于集聚使他们便于及时掌握市场信息，有助于职业发展和收入提高。需要指出的是，并不是所有行业都能从就业驱动中得到解释，市场区范围越小的行业受就业驱动的影响越小。

（2）以自我服务体系为核心的生活成本驱动

尽管生活是农民工在城市的派生行为，但也是不容忽视的。对大多数农民工来讲，由于城乡生活用品和服务价格、档次的巨大差异，他们一时很难接受城市市场供给下的价格，因此存在较为强烈的降低生活成本诉求，因此农民工在居住地选择时增加了对生活成本的考虑。由于聚居地具有经过长期发展而建立起的面向农民工的、以非正式市场为特征的**自我服务体系**[1]，农民工可以从中以较为低廉的价格获得需要的几乎所有产品和服务，所以农民工在低生活成本驱动下，向具有这些自我服务体系的聚居地集聚。

（3）以亲缘地缘为核心的社会关系网络驱动

农民工有接近亲友、老乡的需求，主要有三个方面的考虑，一是与亲友、老乡们在文化背景、观念意识、生活习惯等方面更为接近，为他们在城市中提供了一个相对熟悉的小社会，这使得他们对城乡环境认知的差距缩小，有助于他们迅速地适应城市并立足于所在城市。二是农民工的情感诉求，但由于语言和习惯上的差异，无论是与城市居民还是其他源地的农民工之间较难建立起有效的沟通途径，只有与同乡甚至亲戚居住邻近才有助于他们的感情宣泄和身心健康，正因为如此，有超过 3/4 的人选择倾向于与老乡、朋友住地邻近。三是便于信息的传播，与老乡居住邻近，使得他们更容易获得就业机会和行业信息，促进了其职业发展。正是出于上述三方面考虑，农民工的聚居呈现出较为显著的社会关系网络驱动[2]。

这三者之间并不是相互孤立的。一方面，由于现实中并不是所有的聚居地都能满足农民工上述三方面诉求，因此只能在三者之间进行权衡选择，或者是先实现当前阶段最为关切的核心诉求，再随着自身情况的变化通过迁居来逐步实现所有诉求。而另一方面，农民工的聚居地往往能同时满足他们上述多方面的诉求，因此其聚居也呈现出上述三种动力的不同组合。从这个角度上看，农民工聚居地是一个复合的空间，在这个空间中，无论是工作还是生活或是社会交往都能得到不同程度的增强。同时，上述三方面动因驱动都存在正向循环的"**自增强机制**"。如同业集聚会增强聚居地对该行业从业者的吸引力，就会有更多的同业者选择该聚居地，进而使其吸引力进一步增强。而三个动力之间又存在一定程度的"**互增强机制**"，即同业集聚使生产得到更好的维系，而**榜样的带动**使得这种集聚不断地沿着社会网络进行延伸，强化了社会网络的驱动能力；随着同业集聚规模的扩大，会使得更多、更高等级的服务达到门槛，如杂货店、理

---

[1] 经常地，这些自我服务体系的从业者也为农民工。

[2] 许多研究表明，乡土社会网络在农民工的流动特别是首次流动过程中发挥了重大作用。他们的信息来源、寻找工作的方式等，都更多地依赖亲缘地缘社会关系网络。这种依赖的主要原因是出于节约流动资本和交易资本，以获得更高经济收入之目的（李培林，1996；应千飘，2003）。但在随后再次职业社会流动的过程中，原有乡土社会网络的作用大大下降，新的业缘关系网络、就业市场信息等途径开始起到更大的作用（李强，1999）。

发店、小饭馆等，这使得自我服务体系得以进一步增强，进而增强了生活成本驱动能力。

在务工生命周期的不同阶段，其主导动力不同。这种差异只有在三者不能同时得到满足时才会显化[1]。总体上看，刚进入城市的农民工需要社会网络的扶持，要与老乡等保持较为近便的联系。而随着其在城市的逐步熟悉，但受收入限制，生活成本驱动开始发挥主导作用；而随着对城市的进一步熟悉，以及经济基础的不断积累，就业驱动开始发挥主导作用。而当城市中不存在能同时满足上述三种诉求的聚居地，或既有聚居地遭到破坏时，就会出现"空间的生产"。

6.7.2 农民工聚居的空间动因

聚居在哪里发生是需要关注的另一个问题，大量研究认为，农民工会在城中村和城乡结合部聚居（李强，2000；李俊夫，2005），这为本研究提供了基础，但这些结论的地理学空间意义欠缺，并没有说明为什么城中村、城乡结合部会分布在这些特定地区，为什么这些地方会出现农民工聚居空间？本研究将分析农民工聚居空间的产生和发展，进而对上述问题给出解释。概括而言，以下几类地区容易产生并形成农民工聚居空间。

（1）非正式就业机会相对充足的地区

非正式就业机会相对充足的地区更容易产生聚居地。与国外的贫民在城市中聚居不同，农民工进入城市大多不是生活所迫，而是寻求更好的就业机会、追求更好的经济回报，因此获得就业岗位是其进入城市的首要目的。靠近就业机会相对充足的地区是形成农民工聚居地的重要原因之一。王德（2009）等人对上海嘉定区的研究表明，有高达56.1%的流动人口在工厂附近居住，并且无论未来居留意愿如何，流动人口的通勤范围大多在5km、30min以内（分别占83.2%、86.3%）。而本书对农民工迁居的研究也发现，"更换工作"是其迁居的最重要原因之一，也就是说，无论是过去、现在还是将来，农民工中的大多数都会选择在工作地附近居住，由于在城市空间内就业机会分布是不均衡甚至是集聚的，因此就会形成农民工聚居地产生的原始动力。

（2）非正式住宅租赁相对活跃的地区

非正式住宅租赁市场相对活跃的地区更容易形成聚居地。本书的研究表明，由于农民工难以承受大城市高昂的房租，因此转向通过非正式住宅租赁市场来满足住房需求，调查表明，有超过50%的农民工选择城郊村民的出租屋。由此

---

[1] 前文述及，这三方面驱动力经常交织在一起共同发生作用。

可以推断，房源相对充足的地区更容易形成聚居地，城乡边缘带的居民往往拥有面积较大的宅基地和一定数量的空房，当农民工开始进驻这一区域后就开始形成了聚居地，并通过社会关系网络和业务关系得以增强，随着聚居地吸引力的增加，房屋需求也开始增加，城郊村民在房屋出租收入的驱使下，有强烈的动力来在自己的宅基地上建造私房出租。这种以住房市场过滤为前提，以供求关系为基础的非正式住宅租赁市场进一步活跃，从而使聚居地规模不断扩大。在这一过程中，无论是城郊村民（房东）还是农民工（租客）的效用都是提高的，农民工通过这一非正式市场以较低的价格满足了居住需求，而城郊村民通过这一非正式市场进行房屋出租增加了收入。

（3）公共服务设施配置不协调的地区

许多研究认为，基础设施和公共服务设施配置不足是导致农民工聚居地形成的重要原因，即所谓的**"城中村洼地"**或**"城乡结合部洼地"**。

对此进一步分析发现，农民工并没有选择那些基础设施和公共服务设施完全没有配置的地区（如郊区的山地），而是选择了那些有道路、公共交通、水等设施配置，但医院或学校、公园绿地等配置不足或没有配置的地区。这类地区的共同特点是基础设施、公共服务设施等配置不够协调，导致这一空间地域达到了农民工的需求门槛，但没有达到城市居民的需求门槛，进而形成了农民工聚居空间。而如果各项服务都已配置，则城市居民也会关注此区域，农民工在与其空间竞争时势必会处于劣势，因此也无法在此空间形成集聚。

公共服务投入不协调的地域在空间上有两种类型，一是旧城，由于基础设施投入欠账太多，使得旧城在给排水、环境卫生、社会治安等方面存在一定问题；二是城乡结合部地区，这一地区是城市未来的拓展区域，然而由于发展的时序问题，有的设施已经配置，如道路等，而另外一些设施还没有配置，如集中供暖、集中供气等。无论是哪类区域，都难以达到城市主流社会的需要，但在"夹缝

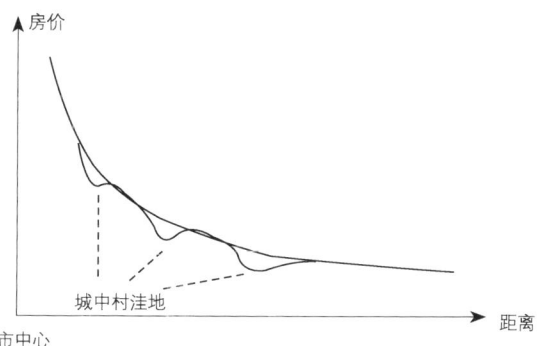

图6-33 缺乏政府公共服务投入的城中村居住空间质量洼地
资料来源：仝德（2008）

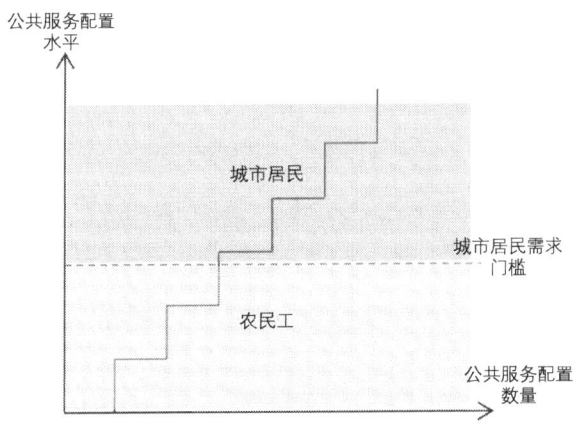

图 6-34　农民工与城市居民服务设施需求差异

中生存"的农民工即敏锐地发展了这一空间,进而占据这一空间。**这些已经提供、但尚未完全提供的基础设施和公共服务设施的外部性,使得农民工获得了额外的福利,是聚居地产生和发展的最根本原因。**

（4）城乡缝隙、管理较为薄弱的地区

城乡管理体制的分割导致出现了管理缝隙或薄弱地区。北京市在市区实行"单位和街道—居委会"的管理体制,在农村实行"乡镇—行政村—自然村"的管理秩序。而在城乡结合部则两种体系混杂,然而这种混杂并没有使两种管理力量相互得到强化,却往往致使社会控制的弱化,甚至有的地方出现了"行政管理真空"。管理缺失还有另外一种现象,即某地的规划已纳入北京市城市总体规划中考虑,但却未制定过渡期的规划,当地政府和投资商经常认为该地反正是早晚要拆的,也就没有部门愿意投入资金进行建设和维护。管理缺失还导致违法搭建大量出现,大量增加的出租屋致租金下降,进而吸引更多流动人口进驻。如此循环使得流动人口聚居地规模不断扩大。不仅是行政地域管理的缺失,对农民工管理的缺失也促使了聚居地的形成,长期以来,政府对外来流动人口防范为主、服务为辅的指导思想使得数额庞大的流动人口的居住问题长期被政府忽略（仝德,2008）,由于政府没有充分考虑为这部分人在城市中寻求合适的居住场所,因此当城中村接纳了大量流动人口之后,政府也无法像对待城市一般房地产市场那样通过财政和管理手段对居住空间内的居住主体进行管理和服务。

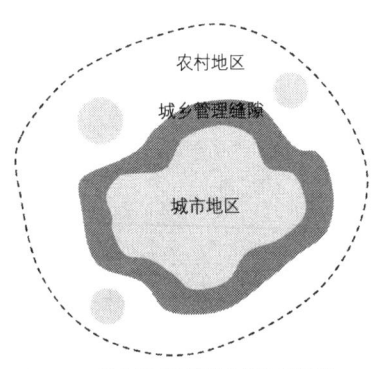

图 6-35　城乡管理缝隙的空间位置示意

（5）农民工与城市居民空间认知差异的地区

空间认知是行为地理学重要研究内容，认知地图为住房搜寻过程提供了便利和行为约束，亚当斯（Adams）认为居住迁移的方向偏差（Directional Bias）很大程度上依赖于住户的意境地图，迁移者在紧邻现居所，从现居所到市中心和城市边缘的一个楔形感知空间是住房搜寻主要空间。图安（Tuan）则认为心理略图（mental schemata）比智能图（mental map）更适合描述住房搜寻行为，因为其代表了认知结构和编码体系，使个人可以回应环境刺激转变；研究者可通过个人建构理论（Personal Construct Theory）建立个人心理略图，探索个人与环境联系的意义；艾肯特（Aitken）运用个人建构理论，研究了安大略省伦敦市租房迁移者的空间略图、独特的寻找行为和住房子市场结构，发现租房迁移者的环境和独特行为与心理建构有密切联系。

城市居民空间认知与农民工空间认知的差异，使得城乡结合部成为聚居地的重要承载空间。农民工的空间认知与其在城市的活动经历密切相关，以工作为核心，以及由工作伴生的吃、住、行等活动，而对于休闲娱乐等活动较少，这就导致农民工与城市居民的空间认知上存在巨大差异，农民工对如医院、影院、剧场、高级商场等设施不关注，而这些则是城市居民非常关注的要素。在农民工关注的空间中又可以分为两类，一类是负担得起的空间，另一类是负担不起的空间。受经济能力的制约，农民工只能在负担得起的空间中选择居住地，前文述及，城郊村民的非正式住宅租赁市场的存在为其选择这类空间提供了可能，因此大量农民工在城郊的"农村地域"聚居。

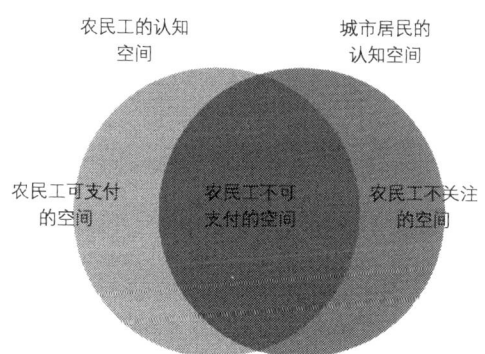

图 6-36 农民工与城市居民的空间认知差异

6.7.3 农民工聚居空间的形成机制

农民工聚居空间的形成是制度动因、空间动因和自身动因互相作用的结果，但需要有一个诱发的因素，这种诱发来自农民工自身，可以有就业诱发、社会关系诱发、就业服务体系诱发及其相互作用诱发等多种形式。但无论是什么力量诱发，正如城市的产生一样，理论上存在一类这样都符合条件的空间，但最终只是发生在其中特定的一个[1]。因此，从结构主义的角度很难给出解释，除了就业机会、社会关系、服务体系驱动外，还需要加入初来者的个人因素，包括信仰、文化、理念、规划等，这具有一定的偶然性，是一个**有条件的偶然事件**[2]，即形成聚居的地理空间必须具备前书中提到的空间动因中的一个或多个条件。在起初阶段，具备这样条件的地方并没有全都形成农民工聚居空间，但随着农民工数量的增加或城市空间拓展，这些满足条件的区域都可能成为农民工聚居空间。

偶然事件，可能是由于社会关系，如一个城郊村民找一个农村亲戚来帮忙打理生意等，或者是一个进城农民工偶然选择了此地。也可能是由于社会关系，如一个城郊村民找一个农村亲戚来帮忙打理生意等，或者是一个进城农民工偶然选择了此地，本书对此不作过多讨论。

某一地域符不符合"条件"是制度安排的结果，这与前文居住选择研究中的社会制约较为一致，农民工的聚居空间也只能是在这一制度框架约束下、在符合"条件"的区域产生，而农民工自身对空间的改造并不能突破这一约束。

自我服务体系的建立是农民工聚居空间壮大的主要原因。农民工既是生产者，也是消费者。他们在为城市居民提供服务的同时，自身也有被服务的需求，这就刺激了为农民工服务的行业的产生。聚居空间一旦形成，会通过生产关系和社会关系网络进一步吸引更多的农民工来此居住，当某类服务的需求规模达到一定的门槛值时，这类服务便会在该地设置，从而派生出专门的为外来人口服务的农民工。比如在聚居空间内往往都有为流动人口服务的小卖部、餐馆、理发店、浴室、菜场等设施，大一些的聚居空间还会建有学校、诊所、商贸市场等，北京市现有的上百所打工子弟学校基本都分布在农民工聚居空间中。北京市还有一些农民工专门收购拾捡废旧衣物，经过处理后在建筑工地等附近进行销售，尽管这是不合法的市场，但也折射出了农民工作为消费者的需求，也就是说，聚居促使自我服务体系的建立和完善，而自我服务体系的完善又进一步加强了聚居。

图6-37勾勒出农民工聚居空间的形成和过程，即由于一个有条件的偶然事件，一个或一群农民工居住到城市中的某地，通过劳动关系、服务关系、社会关系等网络延伸，更多的农民工进入该地，受规模报酬递增和知识外溢效应的影响，开始形成了门槛产业，就业岗位的增加和人口的集聚增加了对服务的需求，

[1] 正如项飚对浙江村的研究，可以说明浙江村的产生，但理论上讲，还有一些地方比南苑乡大红门一带更具备条件。
[2] 一个有条件的偶然事件：农民工聚居空间的诱发具有偶然性，但这种偶然性是有条件的，即受上述就业、社会关系、服务体系的驱动，只有具备上述条件的地区才具备发生这一偶然事件的条件。

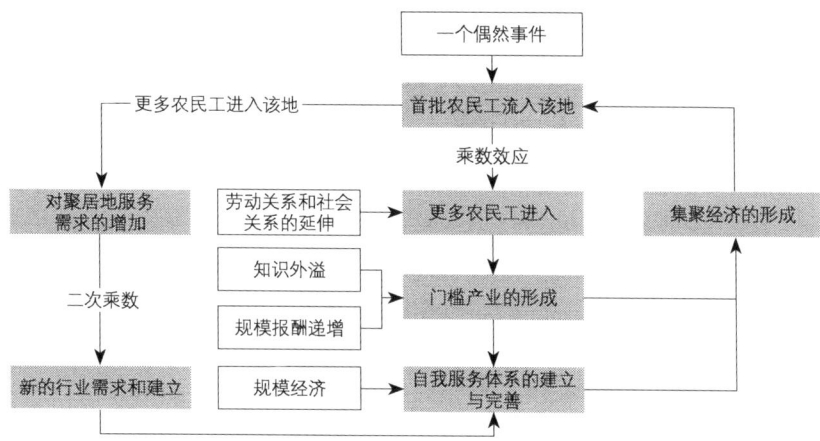

图 6-37 农民工聚居空间的形成过程和机制

该地开始出现专门为农民工服务的一些服务部门，自我服务体系开始建立，规模经济形成。这时候该聚居空间的吸引力得到增强，有更多的农民工被集聚而来，人口的进一步增加，使得新的服务部门达到了门槛，从而服务部门日益增多，服务体系日趋完善，聚居空间规模扩大，集聚能力增强。

劳动关系的延伸，是聚居空间壮大的重要原因。以销售业为例，起初是一个老板带着一个员工进行商品销售活动，几年后，随着员工行业经验和经济能力的积累，其逐渐试图自己做老板，这样就由一个老板和一个员工变成了两个老板和两个员工。

社会关系网络的延伸，也是聚居空间壮大的重要原因，其中亲缘地缘发挥主导作用，榜样的效应不可忽视，即农民工进城务工的效果会给源地村民形成一种**榜样效应**，务工经历的成功会使更多同乡追随进城，从而使该农民工承担支点作用，是一个集聚核。而该务工者在城市的社会关系网络，如其他老乡等之间会经常沟通工作、居住、生活等情况，信息交流与沟通会使得他们能更充分的比较，其结果也多由分散走向集聚。

无论是劳动关系的延伸还是社会关系的延伸，都是由于农民工自身有聚居的动力，正如前文所述，农民工可以通过聚居获得规模报酬递增、知识外溢或是生活成本下降、安全感等**聚居收益**。继续对此进行分析，为什么农民工会希望获得聚居收益呢？换句话说，获得聚居收益对于农民工意味着什么？是提高了收入或者节省了开支，而净收入的提高有助于提高他们应对社会制约的能力，也就是说，农民工聚居是为了提高其应对社会制约的能力。由此可以看出，从**微观上讲，农民工聚居空间的产生和发展过程，是农民工所受的社会制约和其破解社会制约的努力之间互动的结果**。社会制约使其聚居空间只能出现在有限

的地域范围内 [1]，而其破解社会制约的努力则使得在这有限的地域范围内的特定区域形成了聚居空间。

6.7.4 农民工聚居空间的演化机制

农民工聚居空间在整个城市中的演化过程包括空间上的演化、功能上的演化、等级体系上的演化等方面，本研究重点关注其在空间上的演化，前文的研究结论表明，从城市空间范围来看，1990~2010 年间北京外来农民工聚居空间呈现出整体上的梯度推移扩散和局部的弱回波现象。基于这种现象，对其形成机制进行分析。

（1）城市空间圈层放射拓展是导致"梯度推移扩散"的主要原因

北京作为中国的首都，政府行为始终在区域城市化过程中起着主导作用。计划经济体制下通过强有力的人口政策（如户籍制度）、投资倾斜、土地的征用和划拨等措施严格执行城市规划，控制着区域的城市化进程。20 世纪 90 年代初期以后逐渐进入由计划经济体制向市场经济体制的转型时期，土地有偿使用制度等行为开始引入市场机制来影响区域的城市化进程。21 世纪以来，调整产业结构、扶持第三产业发展、兴建高科技工业园区、改造城市和建设区域基础设施等政府行为仍然在区域城市化进程中起着举足轻重的作用。

与这种发展模式相对应，城市空间上呈现出环状放射拓展的格局（见图 6-38），建设用地的发展从中心城向外围蔓延拓展，其分布的集中度、建设的强度以及建设用地的结构都表现出明显的圈层特征 [2]。2004 年，朝阳、海淀、丰台、大兴、昌平、顺义、通州的出让总面积达到了北京市总出让面积的 66%，合同地价款总额也占到了北京市总价款的 74% 之多（黄大全，2006）。城市向外围拓展意味着，一是城市建设伴随着交通等基础设施也向外围延伸，城市空间扩大的同时，使得"公共服务设施配置不协调的地区"发生变化；二是产业空间调整伴随的非正式就业空间变化，特别是"退二进三"背景下，制造业向郊区工业园区转移和集中，中心城区以服务业为主，这在客观上导致以行业差异为特征的聚居空间演化，如在此过程中，制造业农民工不断向郊区迁移，而服务业从业者多在中心城内进行重新分布，这促使了农民工聚居空间在城市中出现了两种类型的演化；三是城市空间管制强度格局的变化，城乡缝隙、管理较为薄弱地区的空间分布发生变化；四是与原有城乡结合部拆迁相伴随的"农民工与

---

[1] 马克思曾说："人们自己创造自己的历史，但是他们并不是随心所欲地创造，并不是在他们自己选定的条件下创造，而是在直接碰到的、既定的、从过去继承下来的条件下创造"。
[2] 根据遥感手段分析，1986~2001 年间，新增建设用地量最大的地区是五环路以内的中心城以及顺义、通州、亦庄、黄村等与中心城距离较近的新城。资料来源：北京市土地利用总体规划专题成果 [R].北京大学，北京市城市规划设计研究院.2006

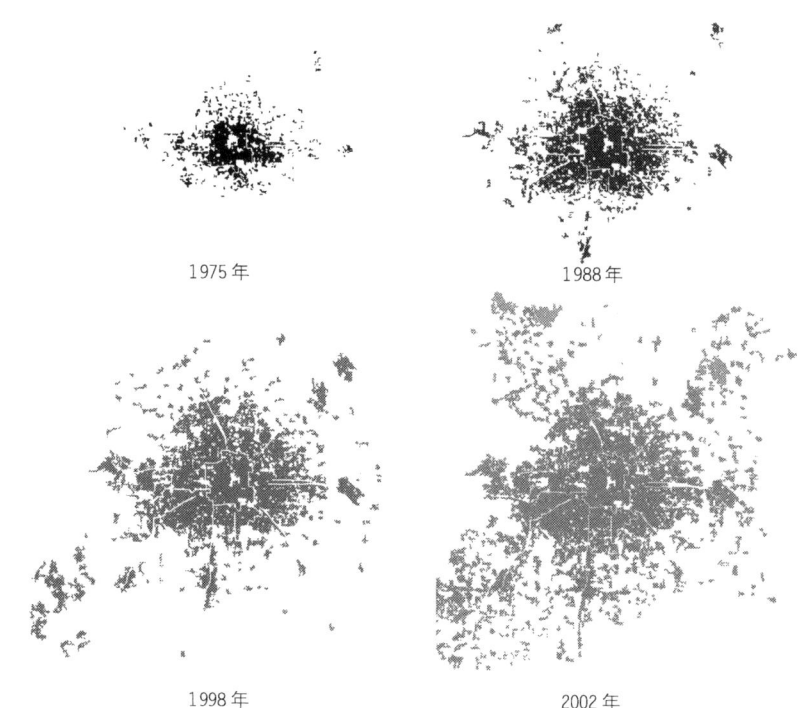

1975 年　　　　　　1988 年

1998 年　　　　　　2002 年

图 6-38　北京城市建设用地拓展：1975~2002

城市居民空间认知存在差异的地区"发生变化。

　　城市空间拓展及其伴随的种种变化，共同导致了符合聚居空间形成"条件"的地区在空间上向外围逐渐推移，这是导致农民工聚居空间在城市中"梯度推移扩散"的主要原因。

　　（2）危旧房改造和拆迁加速了"梯度推移扩散"

　　这一阶段，城市不断向外拓展的同时，内城的大片危旧房得到改造[1]，1990年北京市政府确定的北京危旧房改造的第一批危改片共 37 片，其中城市中心区22 片，近郊区 11 片，远郊区 4 片，占地 360 余 hm^2，有危旧房 160 多万 m^2，5万多户。北京建委综合开发办公室确立的第二批立项危改项目共 72 片，其中城市中心区 52 片，近郊区 17 片，远郊区 3 片。危旧房改造使得居住这些房屋里的农民工被迫离开，这种过滤作用使得其中的一部分向外围迁居，加剧了农民

[1] 主要集中在内城的原城墙根一带，如东二环路的西侧，西二环路东侧，前三门大街南侧（包括前门、大栅栏地区）；外城的坛根附近，即天坛东侧和北侧的法华寺、金鱼池一带，先农坛北侧的天桥、虎坊桥、南横街一带；以及德胜门、西直门、阜成门、朝阳门、广安门、永定门等城外关厢地区。此外，在皇城内外及后三海地区也有一些危旧房片。资料来源：引导北京房地产发展的规划策略与调控措施 [R]. 北京大学课题组 .2004.

工聚居空间演化的"梯度推移扩散"现象。

（3）农民工个体能动性对"梯度推移扩散"贡献不大

本研究的调查显示，农民工在居住区位意愿上呈现出一定的向心倾向，这在新生代农民工和女性农民工中表现得更为显著。在没有外力作用下，他们多不会自发向外围迁居，这在迁居研究中得到证实，农民工迁居中，向心迁居的比重要高于离心迁居。因此可以说，农民工个体选择对其聚居空间的"梯度推移扩散"贡献不大。

（4）农民工就业三产化是弱回波现象产生的经济动因

北京产业结构中服务业的比重不断提高，外来农民工中从事住宿餐饮、保安、家政、美容、娱乐等服务业的比重也有所增加，而这些就业岗位在城市空间上或是相对均质分布，或是在中心城较为集中，这些行业的工作性质决定了不适宜远距离通勤，内城就业岗位的大量存在驱动农民工就近居住，从而促进了局部的弱回波现象。同时，新生代农民工、女性农民工对城市中心的向往也促进了"弱回波现象"。

（5）农民工的向心性与融入受阻使得内城的聚居地不会彻底消亡

前文分析发现农民工迁居的向心大于离心，这使得农民工对内城聚居地仍然有强烈的需求，而由于农民工融入城市受阻，既有的城市社区难以实现农民工的居住需求，因此，在短时间内，尽管内城的聚居地不断受到拆迁的威胁，但仍会在这一区域的其他地方产生新的聚居地。

（6）农民工"克服社会制约能力的提高"促进了弱回波现象

前文的研究发现，农民工随着务工阶段的变化，其经济状况和社会地位有所上升，其克服社会制约的能力也相应提高，社会生态位势的变化导致空间位势的变化，这驱使农民工向更高的空间位势迁居，而在北京，城市中心意味着高的空间位势，这促进了农民工居住空间的弱回波现象。

综上所述，**农民工聚居空间在城市中的演化是"社会制约的重新安排"和农民工"克服社会制约能力的提高"共同作用的结果**。首先，"社会制约的重新安排"具有双重性质，一方面促进了农民工聚居空间的"梯度推移扩散"，另一方面也促进了"弱回波现象"，这在空间上形成矛盾，结果是总体聚居程度下降。其次，重新安排后"社会制约"更加强化，社会制约的重新安排使得农民工可选择的范围缩小[1]，也就是说制度变迁没有改进农民工居住状况（改善的可能），反而使其更加恶化。

---

[1] 注：原来城市空间尺度较小时，在内城就业的农民工可以选择住在郊区通勤，但社会制约重新安排（如城市向外拓展）后，这种通勤不再可能或不再经济，使其只能选择留在内城支付更高的房租，效用下降。

7 农民工住房政策启示与建议

　　由于我国幅员辽阔，不同地区和不同规模的城市在经济发展水平、资源环境承载力、产业结构、集聚辐射要素能力、住房供求关系、价格水平等方面存在巨大差异，因而在改善农民工住房条件方面所面临的困难和所具有的能力也各有不同。即便对于北京来讲，同样具有复杂性。因此本章对住房政策的研究，主要基于本书对农民工居住选择、流动、聚居的研究结论，不试图提出具体的政策，而是紧密结合本书结论——农民工的居住行为及其空间效应，检讨现有政策的不足，剖析制约农民工住房条件改善的关键问题（不是所有问题），进一步明晰未来的政策取向，提出政策设计时应注意的事项（而不是制定政策）。

7.1 各地农民工住房政策实践

随着我国城镇化进程的加快，农民工住房问题越来越引起各方面重视。2006 年国务院发布了《关于解决农民工问题的若干意见》（国发 [2006]5 号），2007 年住房城乡建设部、发改委、劳动保障部、国土资源部等联合发布了《关于改善农民工居住条件的指导意见》（建住房 [2007]276 号）。各省市根据自身特点，积极探索改善进城务工人员居住条件的措施。2010 年中央一号文件明确要求，把长期在城市就业与生活的农民工居住问题，纳入城市住宅建设发展规划，纳入城镇住房保障体系。为深入推进保障性住房建设，国家明确了建设用地划拨、财政预算安排和土地出让金净收益支持等相关优惠政策。各地也根据自身特点，积极探索改善农民工居住条件的措施。2009 年住房城乡建设部组织课题组对北京、重庆、广州、深圳、苏州、东莞等地的调研。概括各地政策举措，主要有以下几点：

7.1.1 加强出租屋治理

（1）成立专门机构，加快制定政策

广州、深圳、东莞针对农民工主要租住社会出租屋的特点，成立了"出租屋管理领导小组"，下设管理服务中心和管理服务站，加强对出租屋的整治和管理，改善居住质量。

重庆市颁布了《关于对农民购买商品住房实行契税优惠政策的通知》、《关于进城务工农民服务管理有关问题的通知》，同时在《重庆市经济适用住房管理暂行办法》和《重庆市人民政府关于进一步加强住房公积金管理的通知》中将进城务工人员纳入住房保障体系进行统筹考虑。东莞市先后出台了《东莞市出租屋及租住人员管理暂行规定》、《东莞市出租屋租赁管理实施细则》、《东莞市出租屋消防安全管理办法》等，逐步规范新莞人居住环境管理。

（2）加强出租屋管理，积极发展租赁市场

广州、深圳等地针对农民工大量租住在城中村和老旧住宅等社会存量房的特点，采取了出租屋综合整治，解决安全隐患，加强物业管理，有效改善了进城务工人员的居住环境。重庆市采取税费减免等优惠，鼓励社会单位和人员将闲置房屋改建为面向进城务工人员的低租金公寓，增加社会低租金住房的供应量。

广州市出租型住宅有 130 万套，绝大部分租给外来务工人员（主要是农民工），租住人员达 293 万人。广州市政府从 2004 年起用 3 年时间对出租屋进行全面整治。目前共整治出租屋 57 万套，另外对无法整治的 4.6 万套做停租处理。

深圳市积极推动"城中村"改造，大力推进老旧住宅区综合整治并引入规范物业管理，有效改善了进城务工人员的居住环境。

重庆市鼓励社会单位和人员将闲置房屋改建为面向进城务工人员的低租金公寓，可减免相关税费。实践表明比较可靠的方式是，以街道为载体，以社区为平台，将闲置社会房屋改造整治后成套出租给进城务工人员，减免租赁收益应缴纳的营业税、房产和企业所得税等，可将租金控制在市场价的 80%，以降低租赁人员的租房费用。

7.1.2 多渠道增加房源供给

（1）政府直接提供低租金住房

包括政府改造利用闲置公房、政府直接投资新建住房、政府"统包统租"社会出租屋等形式。如重庆市南岸区的"阳光公寓"、广州开发区员工大厦和东莞的塘厦镇科苑廉租公寓等。

重庆南岸区"阳光公寓"：采取改造闲置公房，低租金供给务工者居住的方式。区委区政府自筹资金 25 万，将闲置的区图书馆改造为"阳光公寓"，共提供约 100 个床位，人均居住面积约 8m²，单工租住仅需 1 元/床·天，家庭租住 200 元/月·间，阳光公寓已运营 4 年，街道办每月补贴 1000 元水电费，基本可维持收支平衡。南岸区已建成类似公寓 10 个。

广州市开发区员工大厦：是由政府直接投资建设和集中安置管理的进城务工人员公寓，总建筑面积达 8.6 万 m²，共有 1099 间标准房。房间规格多样，面积 40.32~56.62m²。每间可住 8~12 人，大部分配套设施免费为员工提供服务。

东莞市塘厦镇科苑廉租公寓：东莞市的塘厦、黄江、桥头、清溪、厚街、高炒、东坑、企石等镇（街）均采用"统包统租"的方式筹集大量房源。塘厦镇的科苑廉租住房小区试点项目，由村民按规划统一建设 930 套廉租住房，每套面积为 15~25m²。镇政府以 20 元 /m² 的价格统一承租，之后以每平方米 10~15 元 / 月不等的价格出租给新莞人，目前已出租 500 套，入住人员约 1100 人。

（2）政府引导民营资本建设管理

政府通过提供土地、税费、容积率等优惠政策，同时对房屋用途和租金进行有效管制，引导和鼓励民营资本投资建设进城务工人员公寓。如广州市的佳大时代公寓和万科万汇楼均属于这种类型。

广州市经济技术开发区佳大时代公寓：位于广州市经济技术开发区的佳大时代公寓，建筑面积 12 万 m²，提供从单人间至 8 人间的多种户型，每套面积为 40m² 左右，均有独立卫生间，月租金为 12 元 /m²，可容纳 1 万人以上居住。

（3）用工单位配建或合建员工宿舍

进城务工人员集中的企业或工业园区，采取企业配建或园区合建员工宿舍的方式。如重庆市建桥园区、广州市经济技术开发区和苏州昆山工业区，在园区统一规划、设计的前提下，由用工企业自行投资建设管理低租金员工宿舍。

重庆大渡口区建桥园区：一种模式是管委会自主投资建设"蓝领公寓"，竣工后按成本价出售给入园企业；另一种模式是将土地划拨给企业，在园区统一规划设计的前提下由企业自主建设。"蓝领公寓"均为中小户型，每户均有独立厨房、卫生间和阳台，可容纳 2 万多人居住。目前已有 312 套住房交付使用，2000 多名员工正式入住。园区配套建设了多种服务设施，入住员工的子女可免费就读配建的 9 年一贯制学校。

广州市经济技术开发区：广州市采取生产企业自建自管的方式建设务工人员宿舍，这种方式指在企业进驻筹建阶段，将企业员工宿舍纳入工业项目整体规划，由企业自行投资建设管理，目前仅广州市经济技术开发区就有 55 家企业建设了员工楼，建筑面积近 20 万 m²，入住员工 7 万人。

苏州昆山工业区：在苏州昆山，投资超过 5000 万美元、职工人数超过 3000 人的企业，按规定可建造集体宿舍，由企业自主管理。如南亚集团为解决部分员工的居住问题，建造了 11.47 万 m² 的集体宿舍楼，目前一、二期已竣工，入住率超过 95%。2009 年昆山市共有企业集体宿舍 206 万 m²，解决了 44.7 万务工人员的居住问题。

（4）村集体建设管理

部分农业用地已被征用转为城市建设用地的村庄，在自留经济发展用地上建设面向进城务工人员的出租公寓，如广州经济技术开发区的黄腪、玉树社区和东莞市的漳澎村新莞人居住中心。

广州市经济技术开发区黄腪、玉树社区：在坚持统一规划的前提下，由村集体经济组织利用征地补偿款和集体经济收益，在自留经济发展用地上建设外来务工公寓，并由区政府安排"农村扶贫专项资金"予以支持。

东莞市麻涌镇漳澎村新莞人居住中心：东莞市麻涌镇在企业较多、人口密度大的片区，由镇政府统一规划、村集体投资为企业建造大规模的员工宿舍，由企业分配给员工租住，村委会统一进行管理。例如漳澎村新莞人居住中心一期工程已建成集体宿舍 800 套，每套约 30m²，可住 6 人，有独立卫生间；每平方米租金 12 元 / 月，目前已有 1000 多人入住。

7.1.3 强化制度创新和保障

（1）居住证、居住证转户籍制度

农民工及进城务工人员的住房问题与城乡户籍制度及依附于户籍制度的各项社会保障制度密切相关。随着户籍制度改革的深化，目前我国已有 10 个城市开始以"居住证"代替"暂住证"，持有居住证后，进城务工人员将在医疗、教育、劳动保险、就业、社会保障等方面，逐步获得与本市户籍居民同等的待遇。同时，居住证制度也与户籍转换相挂钩，已实行居住证制度的城市中，大部分都提出外来人口持有居住证一定年限，且符合相关规定后，可在当地落户。居住证制度为进城务工人员户籍身份转换提供了新的渠道，有利于改变目前不完全城镇化的现象，改善外来务工人员的居住质量。

> **蓝印户口**：是指在某市进行投资、购买商品住宅或被该市单位聘用的外省市人员，具备一定条件的，可经公安机关批准登记加盖蓝色印章，以示户籍关系的凭证。最早出现在 1992 年，以中小城市居多。1994 年以后，沪深穗等地也开始实施。多数城市都规定蓝印户口在子女教育、市政设施等方面享有与本市居民同等待遇。
>
> **居住证制度**：居住证具有与暂住证类似的对外来人口登记和管理的职能，并根据其常住程度，增加了社会服务与保障两大功能，使之与户籍人口在劳动就业、医保、子女教育、住房保障等方面享有同等待遇。2002 年上海在全国率先实行居住证制度，一开始称"享受与上海市民完全同等的待遇"，但后来的相关办法中多增加了"可以"等建议性词语，而非"必须"等强制性词汇，居住证与户籍的待遇仍存在不同。2008 年深圳、长春等地废止暂住证，实施居住证；2009 年太原、大连取消暂住证，实施居住证；2010 年广州、东莞、佛山、珠海取消暂住证，实施居住证。
>
> **居住证转户籍**：目前已实施居住证管理的城市中，上海、广州、东莞、佛山、太原、珠海等明确规定，外来人口持有居住证一定年限，且符合相关规定后，可在当地落户。

（2）探索将稳定进城就业人员逐步纳入住房保障

深圳市提出依据缴纳社会养老保险年限和全市住房保障能力，将包括进城务工人员在内的非户籍家庭纳入公共租赁住房保障范围。重庆是要求"有条件的用工单位可为聘用的进城务工人员缴纳住房公积金"；将满足一定条件的进城务工人员纳入经济适用房供应对象。

> **深圳**：2007 年深圳市政府出台《关于进一步促进我市住房保障工作的若干意见》强调"加强和改善非户籍常住低收入人口的住房保障"。2008 年出台的《深圳市公共租赁住房管理暂行办法》进一步指出"家庭

成员部分或全部为深圳户籍的常住人口低收入住房困难家庭，可视其在深圳居住、缴纳社会保险和纳税情况，按年限逐步纳入公共租赁住房保障体系"。另外，《深圳市住房公积金改革方案》规定"非本市户籍在职职工所在单位可参照有关规定为非户籍职工缴存住房公积金"。

重庆：重庆市将进城务工人员纳入住房公积金和经济适用住房保障范畴。《重庆市关于进一步加强住房公积金管理的通知》规定"有条件的用工单位可为聘用的进城务工人员缴存住房公积金"。至 2008 年底，已有 150 个用人单位为约 4 万农民工缴存了住房公积金。《重庆市国土房管局关于进城务工农民住房服务管理有关问题的通知》规定"对于持有'重庆市流动人口居住证'且在主城区居住 5 年以上的农民工家庭，可按照本市经济适用住房政策规定购买经济适用房"。

（3）探索将外来务工人员住房问题纳入住房建设规划

北京和深圳均将进城务工人员住房问题纳入住房建设规划，但相关规定还比较模糊，多属于引导性规定，而非强制性规定；量化指标较少，即便是规定了的量化指标，较待解决人员也显得微不足道。

北京：在《北京住房建设规划（2006-2010）》中多次提及新城住房建设需考虑外来人口居住需求，住房供应中要综合考虑外来人口住房要求优化套型比例，在住房保障体系中切实保护进城务工人员的居住权益。

深圳：在《深圳市住房保障发展规划（2006-2010）》中，将包括农民工在内的非户籍常住人口住房需求纳入住房保障整体需求范畴，提出依据缴纳社会养老保险年限和全市住房保障能力，预计在规划期内，可将 2.12 万户包括农民工在内的非户籍常住家庭纳入深圳市住房保障范围。

7.2 当前农民工住房政策检讨

当前农民工住房问题的困境，可以概况为"政府缺位、企业失位、市场失灵"三个方面，即政府没有在农民工住房问题上承担起应有责任，企业不愿也没有能力承担相应责任, 农民工只好转向市场, 市场上没有与其支付能力匹配的、充足的租赁房源, 市场也不会自动产生与这种需求相匹配的供给。这样, 农民工只能租住城乡结合部的农民私房, 或市中心价格相对低廉但条件差的房屋。

7.2.1 "发展中小城镇"与"农民工大城市指向"的矛盾

最近一个阶段城镇化的政策指向是要逐步放开户籍, 鼓励农民(包括农民工)到中小城市落户。希望通过发展中小城市来缓解大城市的人口压力, 推进城镇化。但是从问卷的结果来看, 超过80%的北京外来农民工表示不会或不希望到中小城市去买房、落户。这在很大程度上表明, 既有政策指向与实际情况存在显著偏差。

在调查中了解到, 由于大城市就业机会多、公共服务水平高、工资水平相对较高, 因此对农民工的吸引力也就更大。而习惯上认为的"农民工在大城市打工赚钱、到小城市买房定居"无疑是一厢情愿, 由于小城市的就业承载能力有限, 只要农民工尚具备劳动能力, 他们就会尽可能地到大城市务工, 哪怕其在劳动力市场上不再具有竞争力, 也会倾向于大城市的低端工作岗位, 而不是小城市的工作岗位。而当他们失去劳动能力时, 他们更倾向于回到农村老家, 而把城镇化的希望寄望于子代。因此, 当前的城镇化政策指向对于改善大城市农民工住房状况贡献有限, 特别是当前资源、要素向大城市集聚的不均衡战略, 中小城市在一定时期内仍然不具备吸引力, 因此农民工的大城市指向不会得到根本改变, 而且农民工住房状况也难以得到根本缓解。

7.2.2 "个体的暂时性"与"群体的稳定性"的矛盾

关于农民工住房问题的认识, 容易犯短视的毛病, 经常会因为他们的流动性强而认识不到为他们提供住房支持的必要性。选取群体而不是个体、长期而不是短期的视角, 有助于加深对这一问题的认识。

对于一个农民工个体来讲, 尽管他们中的大部分要在京5~10年左右, 甚至持续更长的时间, 尽管他们中超过半数希望留在北京, 但最终能"留下"的尚不足5%, 他们在城市的居住始终是一个暂时性的行为。而从群体的角度来看, 一个个的农民工返乡的同时, 还有另外的农民工进入城市, 城市中这个群体的数量始终保持一定的稳定性, 甚至还在不断增长。

从城市的角度看, 尽管他们中有的人要"离开", 但由于城市对他们始终有稳定的需求, 因而其群体总量上具有稳定性, 这就要求城市中为这一稳定的群体提供相对稳定的住房供给。同时, 在现有的制度框架下, 由于城市居民对这些需求的存在与城市居民不愿从事这些行业, 也就导致城市、特别是大城市始终需要有农民工等外来人口来提供这些服务, 因此这一群体会长时间存在, 在很长一段历史时期内不仅不会消失，而且还具有相当的稳定性。

7.2.3 "单位主导解决"与"业态多元化"的矛盾

农民工在城市，特别是大城市，业态上具有多元化倾向，服务业的从业比重逐步提升，个体自由职业的比重逐步提升，制造业、建筑业从业比重的下降，这给《国务院关于改善农民工居住条件的指导意见》提出的"用工单位是改善农民工居住条件的责任主体"的政策框架提出了很大的挑战。由于许多农民工不存在用工单位，特别是在北京这样的大城市，这类群体的比重呈上升趋势，因此，这一政策框架势必会使数量上占多数，且在不断增长的"自谋职业者"处于政策之外。

应该说，用工单位为责任主体的思路在特定阶段、特定区域、特定行业具有较强的适用性和可操作性。而在北京、上海这样的大城市，这一思路是不是适用值得商榷（至少从本研究的分析中发现，尚具有片面性）。而随着"单位解决"的不断实践、总结和制度化，未来一段时间内，农民工住房政策的完善，应加强对服务业从业人员，特别是自由职业者和个体户的关注。

此外，现行用地政策制约了"单位主导"的农民工集体宿舍建设。目前，集中建设农民工集体宿舍的方式主要有三种：①开发区或工业园区内的企业利用出让的土地，在工厂生产区附近兴建职工宿舍；②由企业与农民集体组织通过多种方式合作，利用城乡结合部农民集体土地兴建农民工宿舍；③利用破产或倒闭企业的闲置厂房改造或修建农民工宿舍。但这三种方式都与现行土地政策**相冲突**：利用出让工业用地兴建农民工宿舍与现行工业用地政策相冲突，利用城乡结合部农民集体土地兴建农民工宿舍与现行集体建设用地流转政策相冲突，利用破产或倒闭企业的闲置厂房改造或修建农民工宿舍与现行土地收购储备政策相冲突。

7.2.4 "先上后下"的政策与"底层住房困难"的矛盾

目前各地在积极探索将农民工等进城务工人员纳入住房保障的各项政策，如满足一定工作年限或具有突出贡献的农民工可以落户或"有条件的用工单位可为聘用的进城务工人员缴纳住房公积金"、满足一定条件的进城务工人员纳入经济适用房供应对象，或"依据缴纳社会养老保险年限将非户籍常住家庭纳入住房保障范围"等。这些政策可以概括为"先上后下"策略，即在政府财力约束下，优先解决农民工群体中的高收入者的住房，后解决低收入、低层次农民工的住房。

但事实上，由于低收入、低层次的农民工住房条件更为困难，其解决和改善居住条件的能力更弱。因此"先上后下"的策略与"底层住房困难"之间存在较为突出的矛盾，而这几乎是所有城市在农民工住房政策上普遍存在的问题。

这一政策关注了一部分农民工的高层次需求却没有关注更需要关注的大部分农民工的基本需求；这一政策引导的结果是，只有农民工发生"向上流动"时，才能进入政策范围。

7.3 农民工趋势特征的住房政策启示

农民工住房政策设计要充分考虑到农民工自身的特点。当前我国农民工具有大城市指向，特别是三大都市区指向；年龄上呈现出年轻化趋势，新生代农民工已经成为主体；行业上呈现出三产化趋势，从事服务业的比重不断增加；进城形式上呈现出家庭化趋势，夫妻一起进城比例上升；意愿上留城化趋势明显，但部分城市房价上涨过快，使得农民工呈现"有意愿、没能力"的状况。为应对这些趋势和特点，本研究建议在政策设计上可采取以下思路。

7.3.1 优先解决大城市农民工住房困难

农民工及农民工住房问题是城镇化的结果，其问题的解决也需要从城镇化政策框架中去寻找出路。

由于农民工的大城市指向和部分大城市房价（租金）过快上涨，使得大城市外来农民工住房问题尤为突出。尽管当前城镇化"积极发展中小城市和小城镇"的政策取向已十分明显，但由于农民工的以务工为目的"重生产轻生活"的特征，当前及今后一段时期内大城市的发展速度、就业机会、公共服务水平要远远高于小城市，既有积极发展中小城市和小城镇的政策，难以对大城市外来农民工形成有效疏解和对冲，这就使得今后一定时期内大城市外来农民工住房问题仍会非常突出。

要按照"大小互动、城乡互动"的思路，发挥大城市周边小城镇和大城市城郊农村的作用，提供解决农民工住房问题的物质空间载体。当前城镇化动力与20世纪80年代末、90年代初有很大差别，当时离土不离乡的特点决定了就地城镇化为主，中小城市由于其对农村地域的接近性，具有优先发展的动力基础，而当前以全球地域分工为基础的外向型经济发展模式，使得城镇发展的动力上出现先大后小、自上而下的异地城镇化为主的特征。而大城市农民工居住问题要通过城镇体系的大小互动、城乡地域间的互动统筹来寻求出路，在源地中小城市和小城镇对农民工引力有限的情况下，大城市郊区小城镇和农村应该成为值得关注和期待的地域。在城郊农村农民工聚居的地区，鼓励其提供部分面向农民工的低租金住房，有条件的地区可纳入廉租房统一管理。

尽管重庆、成都等地已开始探索"土地换社保"、"宅基地换保障"等模式，但政策对象尚局限在本地郊区居民，而对于外来农民工尚没有可推广的政策实践。从政策方向来看，还是要在探索城乡土地制度之间建立衔接上寻找突破，特别是要充分发挥大城市郊区农村和小城镇在连接大城市和外地农村地域的跳板和纽带作用。

7.3.2 改变由单位主导解决的总体思路

用工单位为责任主体的思路在特定阶段、特定区域、和特定行业具有较强的适用性和可操作性。而当前以北京为代表的大城市外来农民工中服务业比重增加，其中有相当比例是个体户、自由职业者，单位主导解决势必会将这部分群体排除在外。此外，单位主导解决也面临许多规划和用地政策约束。

建筑业、制造业可沿用单位主导解决的思路，一是加强对用工单位的政策支持，二是要加强对单位宿舍、工棚等居住质量的监管。住宿餐饮、保安可提倡由用工单位主导解决，同时政策上应放开对"群租"的限制。

批发零售、其他生活服务业可由农民工自主解决，政策上给予支持，按照提供住房与提供服务相结合的原则。一要加快中低端住房租赁市场培育和管理，扩大房源，提高市场信息的可得性、透明性，降低农民工住房搜索交易成本；可探索建立"政府支持、市场主导"的农民工住房信息支持机构和平台，考虑到农民工住房租赁的板块化，可在各农民工主要聚居地设立分支，为农民工提供便捷的住房信息的同时，也有利于掌握农民工住房市场动态，为政策改进提供数据和技术支撑。二要探索实施农民工住房补贴制度，根据其务工年龄和纳税情况给以不同力度的租金支持。三要通过建立农民工基本居住条件标准，并通过资金支持和政策监管，引导房东"达标"，关注农民工房屋设施的改进。四要加强农民工聚居空间的规划建设引导，增加公共厕所、浴室等设施配置，优化农民工子弟学校的配置等。

此外，已有研究和政策多关注如何拓展房源，本研究认为，应将提供住房与提供服务相结合，与修建房屋相比，服务提高可起到事半功倍的效果。在既有住房状况下，设施改进对提高农民工居住质量的边际贡献很大，特别是自来水、取暖、降温、燃气、洗浴等。可尽快出台相应的房屋租赁标准，通过有效的激励机制引导房东改善居住条件，如统一配置必要的风扇、电暖气、衣柜等。

7.3.3 完善需求导向型的住房供应体系

从本研究的分析结论可以看出，不同群体农民工在住房需求和选择上有很大差异。提高农民工居住质量，政策制定上要充分考虑到农民工的职业分异、年龄分异、性别分异和收入分异。

大城市外来农民工存在业态多元化的趋势，不同行业的农民工居住需求有很大差异。制造业、建筑业多为用工单位提供住宿，他们居住质量的提高，需要从用工单位切入，通过政策支持用工较多的企业配套建设员工宿舍。而住宿餐饮、批发零售等则多需从市场上租赁低租金房屋，这需要通过扩大廉租房保障范围和低租金住房供应。

农民工住房需求的年龄分异也较为显著。特别是新生代农民工与老一代农民工有较大差异，新生代农民工对居住条件有较高的期望，住房支出预算也相对较高，区位上对中心城更加向往。鉴于新生代农民工比重大且在不断增长，新生代农民工的居住问题将更为突出，因此，农民工住房政策的制定上要对新生代农民工更为重视，从房屋条件、租金、区位入手，加大符合其需求特征的房源供给。

农民工住房需求的性别分异也较为显著。女性农民工对居住条件有较高的期望，区位上对中心城区更加向往，居住形式上聚居特征较为显著。**女性农民工居住条件的改善对于促进家庭进城乃至城镇化具有重要意义**，因此，在农民工住房政策制定中，需对这一群体给予重点关注和适当倾斜。

7.4 农民工居住选择双重分异的政策启示

农民工居住选择具有双重分异现象，即在面对社会制约时发生被动分异，在此基础上再根据个人需求和偏好发生主动分异。从政策制定的角度看，应重点关注社会制约下的被动分异，经过社会制约的各种约束，农民工被分化为两类群体，一类工作不稳定、收入较低的农民工难以实现基本居住需求，居住质量普遍较差；而另一类工作稳定、收入较高、有一定购买力的农民工落户城市愿望较为强烈，但又无法支付市场上的高房价。

受限于当前城市财政能力，难以全面铺开推进，只能循序渐进。本书建议，**对于有产权房需求的农民工可采取"先上后下"的思路解决**，即优先将工作更稳定、经济条件更好、对城市贡献更大的农民工纳入经济适用住房、限价商品房等产权房的保障范围。**而对于租住住房的基本需求，则应采取"先下后上"的思路**，优先为那些工作更不稳定、收入更低、经济条件更差的农民工提供住房保障或帮扶，以满足他们的基本居住需求。

7.4.1 优先解决最困难农民工住房问题

对于租住住房的基本需求，则应采取"先下后上"的思路，优先为那些工作更不稳定、收入更低、经济条件更差的农民工提供住房保障或帮扶，以满足他们的基本居住需求。对于"先下后上"的非产权房，除了扩大廉租房、经济租赁房的覆盖范围外，还要增加城市低租金住房供给，低租金住房供给应充分利用存量住房，包括政府闲置公房的改造和利用、原有低租金社会出租房屋的规范管理和环境整治等，提高资源利用效率。在存量住房供给不足的城市，应多渠道增加供给，包括用工单位新建员工宿舍、政府引导建设廉租房以及社会力量提供等方式，缓解低租金住房供需矛盾。

在提供房源的基础上还要注重提供服务，缺少信息支持、法律支持和监管是农民工租房中的重要困难，需要增加对农民工住房的中介服务支持。另外，还要注重对房屋设施的改进和提供，如统一配置必要的风扇、电暖气、衣柜等，可以在房屋不变的情况下大大提高居住效用。

7.4.2　积极推动有条件的农民工市民化

对于有产权房需求的农民工可采取"先上后下"的思路解决，即优先将工作更稳定、经济条件更好、对城市贡献更大的农民工纳入经济适用住房、限价商品房等产权房的保障范围，以促进其市民化。产权房的"先上后下"需要加大经济适用住房、限价商品房等建设力度，同时结合住房补贴制度、财税支持制度、金融服务制度、土地供应制度、规划保障制度等的不断改进。

考虑到北京等大城市的人口承载能力，即便是这些有条件的农民工也未必能全部被城市接纳。这其中既要靠市场的优胜劣汰，也需要靠政策引导。而政策、文献中常述及的"让这些大城市的农民工完成经济积累之后，到中小城市去实现市民化"，但本研究的问卷调查显示，**这一思路不被农民工所欢迎**，其根本原因在于，我国广大中小城市配套服务设施特别是产业服务不健全，农民工在小城市的收入远低于大城市，并且小城市没有其在大城市所从事的行业。从这个角度看，促进有条件的农民工的市民化是一个非常复杂的过程，需要培育一批具有吸纳能力和吸引力的次级中心城市，特别是像武汉、南京、沈阳、西安、重庆等城市，要通过加快产业转移和服务提升来创造就业岗位，增强其在吸纳农村剩余劳动力转移中的作用。

探索农民工在城市住房保障权利与农村土地承包权、宅基地使用权等互动机制，研究促进农民工市民化的土地制度创新机制。

7.4.3　逐步破解农民工住房的社会制约

农民工的居住选择是"社会制约下的有限能动"，提高农民工居住质量，扩大农民工居住选择空间，就需要破解社会制约。本研究的分析认为，农民工居住选择时面临的社会制约有强弱之分，如来自**雇主的刚性约束、租金的弹性约束、工作地的柔性约束**等。从政策设计的角度看，应该遵循先易后难的顺序，逐步通过制度改进来破解这些社会制约，从而提高农民工居住选择的空间。

应优先破解工作地对农民工居住选择的柔性约束。由于工作地对于农民工居住选择具有柔性约束，因此多数农民工倾向于在工作地周围选择住房，然而从供给的角度看，多数工作地周围缺少农民工支付得起的住房，这造成农民工不得不退而求其次，选择支付得起但距工作地较远的区位。

因此应从"职"和"住"两个角度调整农民工的职住关系，破解工作地对居住选择的约束。应该优化就业地的布局，如服装、建材、电脑销售等就业集中地的区位需进行重新考量，探讨通过工作地的区位调整来优化农民工职住关系；另一方面，既有就业集中地周边要加大农民工**"可支付空间"**的建设，让农民工不再为安居而烦恼，实现乐业。

7.5 务工生命周期对农民工住房政策的启示

本研究发现，务工生命周期对农民工居住选择和迁居具有重要影响，农民工在务工的不同阶段有不同的住房需求，并通过迁居来满足这些需求。因此住房政策设计上，要充分考虑这一规律，在农民工进城务工的不同生命周期，给予有差别的政策支持。

7.5.1 建立"企业间可接续、城市间可转移"的务工档案

尽管《国务院关于解决农民工问题的若干意见》中早就指出，充分利用和整合统计、公安、人口计生等部门的资源，推进农民工信息网络建设，实现信息共享，为加强农民工管理和服务提供准确、及时的信息。然而由于农民工的复杂性给统计造成很大困难。本研究认为，建立"企业间可接续、城市间可转移"的务工档案是当前迫切需要加快推进的基础性工作。

企业间可接续、城市间可转移的务工档案，可以作为未来农民工社保、医保乃至住房保障的基础信息系统，可根据农民工务工时间的长短给予不同的住房支持政策。并且这个档案可以在企业间接续、城市间转移，这有助于保障农民工基本权益，减少农民工城市间流动障碍。为未来形成城市间互动的外来农民工住房保障体系提供基础。

7.5.2 对不同务工阶段的农民工采取差异化住房政策支持

进城务工初期的农民工多数工作不够稳定、收入不高，居住最为困难。在这个阶段需要更多的政策支持，可重点针对这类亚群体的住房需求特征给予较强的政策支持，以保障其基本住房需求，使其在安居的基础上做到乐业，为城市发展做出更大的贡献。在这一阶段给予**强政策支持**的另一层含义是，降低了非农化门槛，对于促进农村剩余劳动力的流转，优化生产要素配置、提高生产效率具有促进作用。对于这一阶段的农民工，住房支持政策倾向应重点关注其

基本住房需求，从房源、信息服务、租金补贴等多方位进行支持。鼓励有条件的企业建设提供集体宿舍，鼓励郊区村民向农民工出租具备基本条件的低价位房屋等。

进城务工中期的农民工工作相对稳定，且具备了一定能力，已经基本能实现基本住房需求。同时，随着对城市了解的加深，其改善居住状况的愿望开始萌发。尽管这一群体对住房改善的愿望是最强烈的，但本研究认为，对处于这一阶段的农民工在政策取向上可采取较弱的政策支持。这是由于，一方面城市政府尚没有足够的财力对所有的农民工都给予较强的支持，因此只能有所选择，这一阶段的农民工具备一定的自身改善能力，可运用市场途径进行调节，优胜劣汰，通过这一阶段的竞争之后，再给予强的政策支持，这样可使有限的政策资源效果达到最大。**弱政策支持**的主要内涵是，不对这一阶段的农民工进行住房的实物或货币补贴，用工单位提供宿舍且较为紧张的，可建议用工单位优先为新雇员提供宿舍，鼓励老雇员自租。但政府和社会各界仍要对这一群体提供信息、服务等支持。

进城务工后期的农民工，在城市有稳定的工作，好多是举家外出，收入较高而且比较稳定，市民化意愿和能力都很强，且具备一定住房支付能力。对这类群体，应给予**强政策支持**，鼓励其市民化，从而完成其城镇化历程。应取消购房限制，鼓励购房。同时，应将这部分农民工纳入住房公积金政策范围，提供住房公积金贷款，落实好企业的住房补贴制度，根据其收入状况，符合条件的允许购买经济适用房、限价商品房等产权房。没有能力购买产权房的，可将其纳入廉租房、经济租用房保障范围。

7.6 农民工空间聚居的住房和规划政策启示

数量大、比例高、规模稳中有升的农民工在城市规划中尚未得到重视。其居住空间受到城市发展、拆迁的冲击，被动迁居频繁。农民工梯度推移扩散规律意味着城市发展的过程也是原有靠近中心城区的农民工聚居空间不断受到拆迁、新的聚居空间在更远的地区不断形成的过程。农民工聚居空间不断受到破坏，造成了资源的极大浪费。而与此同时，聚居空间向郊区的推移，使得部分农民工通勤距离变长，给城市交通带来很大压力，造成城市总体效率的不经济。

本研究建议，应从社会总体福利和城市长期效率的角度看待这一问题，结合郊区村庄改造，为农民工预留一定居住空间；中心城可适当保留或规划建设农民工聚居空间；在空间提供的基础上运用多种手段加强规划引导，包括：基础设施建设协调推进，避免在不恰当的地方形成农民工聚居区，要注重农民工职住关系，聚居空间的引导要与就业集中地的空间调整相结合，城市拆迁中要引入农民工利益保障机制，通过临时安置、信息支持等多种途径避免拆迁对农民工生产和生活的冲击。

7.6.1 郊区村庄改造要为农民工预留空间

城郊村是农民工重要的聚居空间之一，农民工聚居空间演化的梯度推移扩散规律意味着城市发展的过程也是原有靠近中心城区的农民工聚居空间不断受到拆迁、新的聚居空间在更远的地区不断形成的过程。农民工聚居空间不断受到破坏，造成了资源的极大浪费。

郊区村庄改造中，可安排一定比例用地，在政府指导下、以村民为主体、建设面向农民工的低租金出租屋，这样不仅可以为农民工等外来务工人员提供承受得起的租房房源，也可为郊区村民提供稳定的收入来源，同时解决了农民工的基本居住问题，也解决了郊区失地村民的社会保障问题，城市政府在此过程中的土地收益也不会损失太多。

7.6.2 中心城可适当保留农民工聚居空间

农民工聚居空间在城市中的弱回波现象，反映出个体在城市中社会阶层的向上流动以及与此相应的空间区位调整。另一方面随着农民工从事服务业的比重提高，在中心城区工作的农民工比重不断增加，其在中心城区居住的愿望更为强烈，这种局部弱回波正是其空间写照。

不同于拉美地区的城市化过程中的贫民窟，也不同于美国城市中心的低收入群体聚居区，北京的这种现象具有积极意义，反映出农民工对向上社会流动的向往，因此可以在中心城区适当保留或规划建设农民工聚居区，**具有一种象征意义**，可以引导和促进农民工不断进取，进而带来良好的社会效益。

如果中心城区没有与农民工相适应的居住空间，必将将其挤出至郊区，使得其通勤距离变长，加大了城市交通压力，造成城市总体效率不经济。从这个角度看也需要在中心城适当保留农民工聚居空间，或通过规划，选择一些适当的区位（如农民工就业较为集中的地区）建设农民工聚居区。

7.6.3 多种手段加强规划引导和建设管理

聚居空间的引导要与就业集中地的空间调整相结合。当前农民工在大城市面临两个障碍，一是包括北京在内的大城市逐步加强人口管理，收紧户籍政策；二是城市建设和改造进程加快，农民工聚居空间不断受到"破坏"。在地区发展差异、收入差异和就业岗位差异仍然存在的背景下，人口流动是个必然趋势。本研究认为，人口的疏解需要找到其抓手，这个抓手就是产业、功能的疏解，特别是就业岗位的疏解；而城市改造中，要将居住空间的改造和就业空间的调整结合起来进行。农民工的务工特征及其职住紧密的关系，使得在就业空间不调整的情况下，单调整居住空间的效果不显著，一个聚居空间的拆迁改造，势必伴随着附近另一个（有时是多个）聚居空间的形成；而只有与就业空间调整相结合，才能从根本上提高规划引导的空间效果。

基础设施、公共服务设施等建设要协调推进。基础设施建设不协调是导致特定区域容易产生农民工聚居空间的重要原因。一些设施已经配置、而另外一些设施尚未配置的区域，由于未达到城市居民的需求门槛但符合农民工的需求特征，往往成为农民工聚居的区域，因此要想提高规划实施效果，避免在不恰当的区域形成农民工聚居地，需要在区域开发中处理好各项基础设施建设时机，做到协调推进。

拆迁中应引入农民工利益保障机制。从产权的角度看，城市拆迁与农民工没有太大关系。但从影响的角度看，城市拆迁特别是农民工聚居空间的拆迁，常常使得其没有足够的时间寻找合适的住所，既有的租金均衡和职住平衡被打破，生产和生活受到很大影响。因此，应尝试建立拆迁中的农民工利益引入机制，一是要提前通知，给农民工充足的时间进行住房搜索；二是要制定拆迁中农民工的过渡方案，条件允许的情况下，可探索建设**临时安置点**，以减少对农民工的影响；三是要加大信息、服务等方面的支持，帮助其找到合适居所；四是在规划允许的情况下，可考虑在改造方案中适当配置农民工负担得起的低租金住房。

8　研究结论与展望

8.1 主要结论

本书采用行为主义与实证主义分析范式，采用"现象—抽象—演绎"的逻辑思路，从居住行为的角度研究住房问题，构建了"选择—迁居—聚居"的居住行为分析框架，运用离散选择模型、事件史模型的纵贯分析、质性研究与行为分析、GIS的空间分析等方法，研究了北京外来农民工居住行为的"静态—动态—空间"状况。

本书的数据基础是，以在北京所做的问卷调查数据（2010）为主体，以北京市统计年鉴（2000-2009）、北京1‰人口抽样调查数据（2005）等多源数据为补充，并建立GIS数据库。

本书主要研究结论有：

8.1.1 样本及其居住状况

（1）对北京外来农民工的现状和趋势进行了总结，发现北京外来农民工：新生代农民工比重上升，年龄上呈年轻化趋势；女性农民工比重上升，性别上呈均衡化趋势；服务业从业比重上升；以家庭形式进城务工比例上升；务工时间上呈现出长期化趋势；农民工群体内部收入上的差距拉大，出现分化趋势；留城意愿较强。

（2）对其居住状况进行总结发现，北京外来农民工以租住郊区、平房为主，以市场途径租赁为主，单位提供住宿的比例在下降；人均居住面积小，以多人合租为主；住房信息来源渠道有限；房屋结构简陋，设施欠缺。

8.1.2 居住选择

按照住房的法律属性、经济属性、自然属性（不可移动性）、使用功能，将居住选择分解为住房权属选择、住房租金选择、住房区位选择、房屋条件选择四个维度，构建起农民工居住选择的基础框架。以农民工的性别、年龄、收入、婚姻状况、职业、学历等为自变量，运用多项逻辑特模型（Multinomial Logit Model），研究农民工在上述每个维度的选择上的特点及其内部差异，从截面上和结果上分析农民工居住选择的特点。按照"分解—归纳"的思路，即先作单一维度的影响因素与程度分析，再将四个维度进行整合，从而归纳出农民工居住选择的主要影响因素。

（1）定量分析结果发现：居住选择各维度上呈现出较为一致的规律：①个人因素中年龄、性别等对农民工居住选择影响最为显著；②社会因素（工种层级）对农民工居住选择的影响要大于经济因素（收入）；③现有制度因素（单位补贴）

对于农民工住房状况的改善影响有限。

（2）研究了农民工居住选择在各维度上的决策行为发现，住房权属选择决策主要表现为希望单位提供住宿和工作机会之间的权衡；住房租金选择决策主要表现为房租支出和提高储蓄之间的权衡，住房区位选择决策主要表现为生活成本和通勤成本之间的权衡；房屋条件选择决策表现为房屋面积与设施条件之间的权衡。

（3）研究了农民工居住选择的内在逻辑发现，农民工居住选择具有不完整性，是社会制约下的有限能动，其中社会制约主要包括雇主的刚性约束、租金的弹性约束和工作地的柔性约束，在这些约束的基础上，农民工才可以作出基于自身偏好的主观能动选择。社会制约的存在使得农民工个体由于克服社会制约的能力的不同而产生被动分异，在社会制约的基础上基于个体偏好产生主动分异，两者共同构成了农民工居住选择的双重分异机制。个体克服社会制约的能力取决于其社会生态位势，这解释了社会因素（工种层级）与农民工居住选择较为显著的相关性；而个人偏好下的主动分异解释了年龄、性别等个体因素与农民工居住选择间较强的相关性。

8.1.3 迁居研究

从频率差异、时空间特征、动因、决策、阶段性五个方面建立分析框架，研究北京外来农民工迁居的主体差异、空间特征、决策机制和阶段性规律。主要有以下结论。

（1）北京外来农民工迁居频繁，以短距离迁居、向心迁居为主，以被动迁居为主，迁居前后居住状况未有显著改善，但对工作的促进显著。

（2）迁居频率的主体差异分析表明：女性迁居频率高于男性，迁居频率随年龄波动下降，随收入的提高而下降，随着在京务工时间的增长，其迁居频率逐渐下降，建筑业、保安的迁居频率较低，装修装潢、服装销售的迁居频率较高。

（3）迁居的空间分析表明：从区位上看，越是农民工密集的地区，其平均迁居距离越小，住房市场板块化特征显著。从历次迁居动态来看，历次迁居距离越来越短，个体的向心迁居与群体的离心化并存，而交通设施的完善促进了离心化，在郊区的一些交通条件较好的地区成为农民工的迁入地区。按照二、四、六环将空间分为4个圈层来看，圈内迁居的比例最高，向邻近圈层迁居比例高于跨圈层迁居，向邻近内圈迁居的比例要高于向邻近外圈的比例。而迁居行为促进了空间上的聚居。

（4）基于迁居的动因和结果，将农民工迁居划分为五种类型：即被动型、生存型、发展型、改善型、家庭型，并对各类型迁居的决策行为进行研究，发现：①被动型迁居主要受政府拆迁和市场过滤驱动，其空间效用是离心化，而居住条件一般未获改善，多数下降；②生存型迁居主要受不稳定的工作变动驱动，反映出农民工在职住关系上的反复平衡，空间上呈现出"环状同势移动"和"扇状减势移动"的特点，迁居前后居住条件一般会下降；③发展型迁居是以职业发展为驱动，空间上呈现出两个特点，一是流向（好）工作机会更多的区域，二是强化与社会关系网络的联系，在空间上靠近这些社会关系网络，其迁居后居住条件一般会得到一定改善；④改善型迁居是以改善居住条件为动力的迁居，空间上向心大于离心，而迁居前后居住条件会得到大大改善；⑤家庭型迁居是由于家庭（包括配偶、子女）变化而迁居的，多以短距离迁居为主，迁居后居住条件多有一定程度改善。

（5）家庭生命周期理论只能解释家庭型迁居决策，而来京务工年数与农民工迁居在各维度上都呈现出显著的规律性，随着来京务工年数的增加，迁居频率逐渐降低，住房搜索时间先增加后减少，被动型迁居的比例下降，改善型迁居的比例逐渐增加，向心迁居的比例不断增加。基于此，本书对家庭生命周期理论进行拓展，尝试提出农民工迁居的务工生命周期理论，随着务工阶段的变化，农民工社会生态位势得以提升，其克服社会制约的能力有所提升，其居住需求也呈现出阶段性变化，通过迁居来满足居住需求。

务工生命周期与农民工居住选择、迁居　　　　　　表 8-1

务工生命周期	来京务工年数	住房的空间属性	迁居动机参照	突出特征	主要约束
孕育期	1~2 年	睡觉的空间	自我纵向比较	被动性	租金约束
成长期	2~5 年	工作的空间	群内横向比较	职业发展导向的区位调整	工作约束
成熟期	5~10 年	居住的空间	圈内横向比较	区位内部的居住改善	区位约束
准定居期	10 年以上	生活的空间	城乡纵横比较	生活质量与改善	制度约束

8.1.4　空间聚居

（1）北京外来农民工在空间上存在较为显著的聚居现象。表现为近郊聚居、聚居地聚居、北部多于南部、聚居程度有所减弱，形态上呈现出环状放射的格局，聚居地的经济发展水平指向显著，呈现出"环状 + 放射"的格局，这与学者们关于上海、广州、南京等地的研究结论较为一致。

（2）从主体差异的角度分析发现，职业因素最为显著，建材销售、服装销售等行业聚居显著；学历越低，聚居程度越显著；工种层级越低，聚居程度越显著；女性聚居程度强于男性，而年龄与聚居关系不显著。

（3）进一步分析职业差异进行空间分析发现，行业的聚居类型与该行业的空间集中程度密切相关，并受就业地导向和交通导向双重驱动，建材销售、服装销售、电脑销售等行业属于集中分布，建筑业、制造业属于大分散—小集中分布，住宿餐饮、保安等生活性服务业呈分散分布格局。

（4）交通影响分析发现，农民工聚居空间与主要道路、地铁站点距离衰减，受道路影响比轨道交通更显著。

（5）就业机会、生活成本、社会关系网络是导致农民工聚居的自身动因，而在其各阶段又有差异，在初期社会关系网络占据主导地位，中期生活成本占据主导地位，而后期就业机会占据主导地位。

（6）从职住关系上看，北京外来农民工空间聚居总体上呈现职住近邻、离心居住、向心工作的特征，但行业上差别较大，制造业、建筑业职住距离近，建材销售、服装销售、电脑销售职住距离远；进一步分析发现，行业的生产组织和空间布局对于职住关系有很大影响，行业的集中度越高，其从业者在空间上的聚居程度越显著。通过一个微观案例比较了位于二、三、四环上的动物园服装市场、大钟寺建材市场和中关村电脑市场的从业农民工居住空间区位选择发现，在靠近市中心的就业地与靠近郊区的就业地的农民工在居住区位选择上有较为明显的差异。

（7）从空间上看，聚居一般发生在非正式就业机会和非正式房屋租赁市场相对充足的地区、公共服务设施配置不协调的地区、城乡缝隙、管理较为薄弱的地区以及农民工与城市居民空间认知存在差异的地区，而自我服务体系的建立和完善会强化聚居空间的吸引力。

（8）农民工聚居空间的产生和发展过程，是农民工所受的社会制约和其破解社会制约的努力之间互动的结果。社会制约使其聚居空间只能出现在有限的地域范围内，而其破解社会制约的努力则使得在这有限的地域范围内的特定区域形成了聚居空间。

（9）农民工聚居空间在城市中的演化的"梯度推移扩散""弱回波"现象是"社会制约的重新安排"和农民工"克服社会制约能力的提高"共同作用的结果。"社会制约的重新安排"一方面促进了农民工聚居空间的"梯度推移扩散"，另一方面也促进了"弱回波"现象，这在空间上形成矛盾，表现为总体聚居程度下降。而重新安排后"社会制约"更加强化，使得农民工可选择的范围缩小，也就是说制度变迁并没有改进农民工居住状况（改善的可能）。

8.1.5 政策启示

本书在对农民工留京意愿进行了分析，对国内城市农民工（或流动人口）住房政策进行了梳理。

（1）对农民工住房政策进行了审视，认为存在四个矛盾：一是"发展中小城镇"与"农民工大城市指向"的矛盾；二是"个体的暂时性"与"群体的稳定性"的矛盾；三是"业态多元化"与"单位主导解决"的矛盾；四是"先上后下"的政策与"底层住房困难"的矛盾。

（2）针对当前我国农民工的三大都市区指向、年龄上的年轻化、行业上的三产化、进城形式上的家庭化、意愿上留城化等趋势性特征，基于本书研究的启示，提出了相应的住房政策建议。主要有：优先解决大城市农民工住房困难、改变由单位主导的解决思路、优先解决最困难农民工基本居住需求、逐步破解农民工住房的"社会制约"、建立"企业间可接续、城市间可转移"的务工档案、根据务工阶段采取差别化政策；并建议可结合郊区村庄改造为农民工预留一定空间，中心城可适当保留农民工聚居空间；通过疏导产业和功能、调整职住关系、协调推进基础设施建设、拆迁中引入农民工利益平衡机制等多种途径加强对农民工聚居空间的规划引导和建设管理。

8.2 研究的不足与展望

本书基于问卷调查数据，以社会地理学、城市社会学理论，借助 GIS 工具研究农民工在北京的居住选择、迁居与聚居，得到了一些基本结论。但鉴于该问题非常复杂，且受数据和篇幅所限，仍在一些环节存在不足。

（1）从北京的具体实际来看，其资源环境承载能力势必无法满足如此大规模的农民工"市民化"需求，因此需要从我国城镇化的宏观历史进程来看待此问题，需要通过国家层面城镇体系的合理安排和有机协调，来化解大城市农民工的居住问题。而本书认同这一观点，但并未将此纳入分析框架，需要在今后的研究中探索如何将其纳入分析框架。

（2）本书没有对户口（即户籍制度）进行深入分析，这主要是考虑到在当前情况下，户口还不是影响农民工居住的主要因素，即便不存在户口障碍，在北京这样的城市，农民工仍然不能定居，即便他们被纳入了现有的住房保障体系，住房保障提供的选择和他们的需求之间仍存在巨大差距（主要是供给总量和需求总量的差距、供给结构和需求结构的差距），因此本书没有对户籍制度展开讨论。但随着城乡统筹步伐的不断加快，从长远看，户口仍然将会是解决农民工住房问题中不可逾越的关键环节，因此建议在未来研究中进一步深化这方面的内容。

（3）本书从微观的角度，特别是从人的行为、心理等方面研究了农民工居住选择、流动和聚居的过程，但事实上，除了微观因素外，宏观的社会经济变化，特别是制度、政策、经济形势等因素对农民工的居住行为（选择、流动和聚居）也有很大影响，但一方面由于数据和篇幅所限，另一方面已有研究也主要侧重于宏观分析，因此本书将宏观因素作为一个整体、未作展开，今后应在此方向进一步加强。

（4）本书对在京农民工迁居情况的问卷调查中调查了历次迁居的时间、地点，以及整个迁居过程导致的租金、上班距离、舒适度的变化情况，而对其历史居住状况（如面积、设施、租金等）和历史收入、职业等属性未进行调查，而是采用访谈的方式进行补充，建议今后的研究中，可在此方向进行深化。

（5）本书在对农民工居住选择、流动的定量研究中，主要是以农民工个体为单元开展的（这是由于本书问卷数据中与配偶住在一起的只占总体样本的14.23%）另外，居住选择的定量分析中并没有讨论配偶工作地对与同居者居住区位选择的影响，只是给出了定性的说明。因此在研究中选取的对象是个体，而不是家庭。但随着农民工家庭迁移呈上升态势（蔡禾，2005；朱明芬，2007），因此未来研究中如有可能，可开展以家庭为单元的农民工居住选择、流动的定量研究。

（6）社会人文等条件变化迅速，农民工的文化素质变化很大，其能力和行为均有改变，同时北京市的产业结构也在迅速转变，这必然会引起农民工住房需求的变化。然而，本书虽对北京外来农民工结构变化的规律和趋势特征进行了归纳，但并未对近、中远期的农民工结构变动进行定量预测。

参考文献

[1] ［爱尔兰］瑞雪·墨菲（Rachel Murphy）. 农民工改变中国农村 [M]. 浙江人民出版社，2002

[2] ［美］戴维·波普诺. 社会学 [M]（第十版）. 李强等译. 中国人民大学出版社，1999.

[3] ［美］诺克斯，平奇著. 城市社会地理学导论 [M]. 柴彦威等译. 北京：商务印书馆，2005

[4] 鲍思顿，段成荣. 北京市流动人口数量变动历史趋势分析 [J]，西北人口，2001（01）.

[5] 北京市统计局. 2005 年北京市 1% 人口抽样调查主要数据公报 [R]. 2006-03-17.

[6] 北京市外来人口普查办公室编. 1997 年北京市外来人口普查论文集 [C]. 北京：北京出版社，2000

[7] 蔡昉，都阳. 迁移的双重动因及其政策含义——检验相对贫困假说 [J]. 中国人口科学，2002（4）.

[8] 蔡昉. 迁移决策中的家庭角色和性别特征 [J]. 人口研究，1997（2）.

[9] 蔡禾主编. 城市社会学：理论与视野 [M]. 广州：中山大学出版社，2003

[10] 柴彦威，周一星. 大连市居住郊区化的现状、机制和趋势 [J]. 地理科学，2000，20（2）：127-132.

[11] 柴彦威，胡智勇，仵宗卿. 天津城市内部人口迁居特征及机制分析 [J]. 地理研究，2000，（04）.

[12] 柴彦威，刘志林，李峥嵘，等. 中国城市的时空间结构 [M]. 北京：北京大学出版社，2002：237-247.

[13] 柴彦威，颜亚宁，冈本耕平. 西方行为地理学的研究历程及最新进展 [J]. 人文地理，2008，（6）.

[14] 柴彦威. 城市空间 [M]. 北京：科学出版社，2000.

[15] 柴彦威. 以单位为基础的中国城市内部生活空间结构——兰州市的实证研究 [J]. 地理研究，1996，15（1）：30-38.

[16] 柴彦威. 中日城市内部空间结构比较研究 [J]. 人文地理，1999，14（1）：6-10.

[17] 柴彦威等. 中国城市的时空间结构 [M]. 北京：北京大学出版社，2002.

[18] 柴彦威等. 天津城市内部人口迁居特征及机制分析 [J]. 地理研究，2000，19（4）：391-399.

[19] 柴彦威等. 中国城市女性居民行为空间研究的女性主义视角 [J]. 人文地理，2003，18（4）：1-4.

[20] 陈璐.基于女性主义视角的城市住房与住区问题初探——以南京市为例 [J]. 人文地理, 2005

[21] 陈伟明，城市形态与居民出行（一）[J]. 城市规划汇刊，1987，48（3）.

[22] 陈怡，潘蜀健.广州城乡结合部管理问题及对策 [J]. 城市问题，1999，（05）.

[23] 程茂吉.南京市流动人口的特征、影响与对策 [J]. 城市问题，1998（2）.

[24] 仇保兴.集群结构与我国城镇化的协调发展 [J]. 城市规划，2003，（06）.

[25] 崔功豪，吴启焰.《大城市居住空间分异研究的理论与实证》序 [M]. 北京:科学出版社. 2001.

[26] 董黎明，冯长春.城市土地综合经济评价的理论方法初探 [J]. 地理学报，1989，44（3）: 323−333.

[27] 董黎明等.城镇土地定级原理与方法 [M]. 北京：地震出版社，1992.

[28] 董黎明等.南平市土地等级的划分 [J]. 城市规划，1990，14（5）: 18−22.

[29] 董黎明.中国城市土地有偿使用的地域差异及分等研究 [J]. 地理学报,1993,48（1）: 1−10.

[30] 董昕.城市住宅区位及其影响因素分析 [J]. 城市规划，2001，（02）.

[31] 杜杰.都市里村庄的世纪抉择：关于深圳市罗湖区原农村城市化进程的调查报告 [J]. 城市规划，1999，（09）.

[32] 段成荣等.跨世纪的北京市流动人口.北京市 2000 年第五次全国人口普查课题论文 集 [C]，2004.

[33] 段进.城市空间发展论 [M]. 江苏科学技术出版社，1999.

[34] 房庆方，马向明，宋劲松.城中村：从广东看我国城市化进程中遇到的政策问题 [J]. 城市规划，1999，（09）.

[35] 冯健，周一星.杭州市人口的空间变动与郊区化研究 [J]. 城市规划，2002，26（1）: 58−65.

[36] 冯健，周一星.近 20 年来北京都市区人口增长与分布 [J]. 地理学报，2003b，58（6）: 903−916.

[37] 冯健，周一星.中国城市内部空间结构研究进展与展望 [J]. 地理科学进展，2003a，22（3）: 304−314.

[38] 冯健，刘玉.转型期中国城市内部空间重构：特征、模式与机制 [J]. 地理科学进展，2007，（04）.

[39] 冯健，周一星，程茂吉.南京市流动人口研究 [J]. 城市规划，2001（1）

[40] 冯健，周一星，王晓光，陈扬.1990 年代北京郊区化的最新发展趋势及其对策 [J] 城市规划，2004，（03）.

[41] 冯健，周一星.杭州市人口的空间变动与郊区化研究 [J] 城市规划，2002，（01）.

[42] 冯健.杭州市暂住人口的空间分布格局及其演化 [J]. 城市规划，2002，26（5）: 57−62.

[43] 冯健.西方城市内部空间结构研究及其启示 [J]. 城市规划，2005，29（8）: 41−50.

[44] 冯健.转型期中国城市内部空间重构 [M]. 北京：科学出版社，2004

[45] 冯长春.城市土地区位与城市土地收益分析 [J]. 北京大学学报（哲学社会科学版）， 1988（6）: 77−82.

[46] 付磊，唐子来．上海市外来人口社会空间结构演化的特征与趋势 [J]．城市规划学刊，2008，（1）：69-76．

[47] 高向东，江取珍．对上海城市人口分布变动与郊区化的探讨 [J]．城市规划，2002，（01）．

[48] 辜胜阻，成德宁．农村城镇化的战略意义与战略选择 [J]．中国人口科学，1999（3）．

[49] 顾朝林，C．克斯特洛德．北京社会计划与空间分异研究 [J]．地理学报，1997，52（5）：385-393．

[50] 顾朝林，陈田，丁金宏，虞蔚．中国大城市边缘区特性研究 [J]．地理学报，1993，48（4）：317-328．

[51] 顾朝林．城市社会学 [M]．南京：东南大学出版社，2002：172-180．

[52] 郭鸿懋等．城市空间经济学 [M]．北京：经济科学出版社，2002．

[53] 国家统计局．2005 年全国 1% 人口抽样调查资料 [Z]，中国统计出版社，2007．

[54] 洪小良．城市农民工的家庭迁移行为及影响因素分析 [J]．中国人口科学，2007（6）．

[55] 侯佳伟．北京市流动人口聚集地：趋势、模式与影响因素 [M]．北京：光明日报出版社，2010．

[56] 胡华颖．城市·空间·发展——广州城市内部空间分析 [M]．广州：中山大学出版社，1993．

[57] 胡宇娜，陈忠暖，甘巧林．西方女性地理学的发展与启示 [J]．云南地理环境研究，2006，18（4）：105-108．

[58] 胡兆量，福琴．北京市人口的圈层变化 [J]．城市问题，1994，（4）．

[59] 胡兆量．北京"浙江村"——温州模式的异地城市化 [J]．城市规划汇刊，1997（3）．

[60] 胡兆量．中国区域发展导论 [M]．北京：北京大学出版社，1999．

[61] 黄春晓，顾朝林．基于女性主义的空间透视：一种新的规划理念 [J]．城市规划，2003，27（6）：81-85

[62] 黄大全．北京郊区土地利用演变及动力机制研究 [D]．北京：北京大学博士学位论文．2006．

[63] 黄吉乔．上海市中心城区居住空间结构的演变 [J] 城市问题，2001（04）．

[64] 黄怡．城市社会分层与居住隔离 [M]．上海：同济大学出版社，2006．26．

[65] 黄昭雄，王雅娟．女性与规划：一种新的规划视角 [J]．国外城市规划，2004，19（6）：36-39．

[66] 江曼琦．城市空间结构优化的经济分析 [M]．北京：人民出版社，2001．

[67] 敬东．"城市里的乡村"研究报告：经济发达地区城市中心区农村城市化进程的对策 [J]．城市规划，1999（09）．

[68] 蓝宇蕴．我国"类贫民窟"的形成逻辑：关于城中村流动人口聚居区的研究 [J]．吉林大学社会科学学报，2007，（5）．

[69] 李俊夫．广州城中村土地利用研究 [M]．北京：科学出版社，2005．

[70] 李克强．论我国经济的三元结构 [J]．中国社会科学．1991（3）

[71] 李培林．流动民工的社会网络和社会地位 [J]．社会学研究，1996（04）．

[72] 李培林．巨变：村落的终结——都市里的村庄研究 [J]．社会学月刊，2002（4）：168-179．

[73] 李强．关于"农民工"家庭模式问题的研究 [J]．浙江学刊．1996（1）

[74] 李强.关于城市农民工的情绪倾向及社会冲突问题 [J].社会学研究,1995(04).

[75] 李强.农民工与中国社会分层 [M].北京:社会科学文献出版社,2004.

[76] 李强.影响中国城乡流动人口的推力与拉力因素分析 [J].中国社会科学,2003,1:125-136.

[77] 李若建.地位获得的机遇与障碍:基于外来人口聚集区的职业结构分析 [J].中国人口科学,2006,5:69-78.

[78] 李晓蕴,朱传耿.我国对城市社区分异的研究综述 [J]城市发展研究,2005(05).

[79] 李亚琴,李开荣.基于农民工定居性迁移有效性的研究 [J].农村经济,2007(2).

[80] 李志刚,吴缚龙.转型期上海社会空间分异研究 [J].地理学报,2006,61(2):199-211.

[81] 廖邦固,徐建刚,宣国富,祁毅,梅安新.1947-2000年上海中心城区居住空间结构演变 [J].地理学报,2008(02).

[82] 刘冰,张晋庆.城市居住空间分异的规划对策研究 [J].城市规划,2002(12).

[83] 刘丹,华晨.从女性主义角度探寻城市规划理论的新发展 [J].城市规划,2005,29(4):78-82.

[84] 刘江涛,杨开忠,冯长春.城市边缘区土地利用规制——源起·失灵·改进 [M].北京:新华出版社,2005.

[85] 刘君德,张玉枝,刘均宇.大城市边缘区社区的分化与整合——上海真如镇个案研究 [J].城市规划,2000(04).

[86] 刘梦琴.石牌流动人口聚居区研究——兼与北京"浙江村"比较 [J].市场与人口分析,2000(5).

[87] 刘世定,王汉生,孙立平,郭于华.政府对外来农民工的管理——"广东外来农民工考察"报告之三 [J].管理世界,1995(6).

[88] 刘旺,张文忠.国内外城市居住空间研究的回顾与展望.人文地理,2004,19(3):6-11.

[89] 陆学艺(主编).当代中国社会流动 [M].社会科学文献出版社,2004.

[90] 罗仁朝,王德.上海流动人口聚居区类型及其特征研究 [J].城市规划,2009,(02).

[91] 罗仁朝,王德.基于聚集指数测度的上海市流动人口分布特征分析 [J].城市规划学刊,2008(4):81-86.

[92] 马航.我国城中村现象的经济理性的分析 [J].城市规划,2007(12).

[93] 马九杰,孟凡友.农民工迁移非持久性的影响因素分析 [J].改革,2003(4).

[94] 马清裕等.北京城市贫困人口特征、成因及其解困对策 [J].地理研究,1999,12(4):400-406.

[95] 孟繁瑜,房文斌.城市居住与就业的空间配合研究——以北京市为例 [J].城市发展研究,2007(06).

[96] 孟延春,曹广忠.北京南部"浙江村"的结构、定位和特征研究 [J].人文地理,1997(4).

[97] 千庆兰,陈颖彪.我国大城市流动人口聚居区初步研究——以北京"浙江村"和广州石牌地区为例 [J].城市规划.2003,27(11):60-64.

[98] 乔观民.大城市非正规就业行为空间研究 [D].华东师范大学博士学位论文,2005.

[99] 盛来运.国外劳动力迁移理论的发展 [J],统计研究,2005(8).

[100] 宋国臣,顾朝林.女权主义地理学——西方人文地理学的一个重要流派 [Z].内部

交流稿，1998.

[101] 宋迎昌，武伟.北京市外来人口空间集聚特点、形成机制及其调控对策 [J].经济地理，1997，17（4）：71-75.

[102] 孙昊.低收入流动人口居住空间结构规划初探 [D].中国城市规划设计研究院硕士学位论文，2006.

[103] 孙中锋.流动人口聚居区的形成机制及其社会特质研究 [J]，华东理工大学学报，2005（01）.

[104] 唐子来.西方城市空间结构理论研究的理论和方法 [J].城市规划汇刊，1997（6）：1-11.

[105] 田方，陈一筠.外国人口迁移 [M].北京：北京知识出版社，1986.

[106] 田剑平，许学强，赵晓斌，等.城市低收入移民安置与自上而下城市化发展 [J].地理科学，2002，22（4）：12-21.

[107] 田莉."都市里的乡村"现象评析——兼论乡村－城市转型期的矛盾与协调发展 [J].城市规划汇刊，1998（5）.

[108] 仝德，冯长春.国内外城中村研究进展及展望 [J].人文地理，2009，（06）.

[109] 仝德.深圳特区城中村居住空间特征及驱动机制研究 [D].北京：北京大学博士学位论文，2008.

[110] 王春光.社会流动和社会重构——京城"浙江村"研究 [M].杭州:浙江人民出版社，1995.

[111] 王汉生，刘世定，孙立平，项飚."浙江村"：中国农民进入城市的一种独特方式 [J].社会学研究，1997（01）.

[112] 王兴中.城市居住空间结构的演变与社会区域划分研究 [J].城市问题，1995（01）.

[113] 王兴中.中国城市社会空间结构研究 [M].北京：科学出版社，2000.

[114] 王旭，黄柯可（编）.城市社会的变迁——中美城市化及其比较 [M].北京：中国社会科学出版社，1998.

[115] 王旭.美国城市史 [M].北京：中国社会科学出版社，2000.

[116] 卫欣.北京外来农民工居住特征研究 [D]，北京：北京大学博士学位论文，2008.

[117] 魏立华，丛艳国."自利性"户籍制度对中国城市社会空间演进的影响机制分析 [J].规划师，2006，22（6）：68-71.

[118] 魏立华，李志刚.中国城市低收入阶层的住房困境及其改善模式 [J].城市规划学刊，2006（02）.

[119] 魏立华，闫小培."城中村"：存续前提下的转型—兼论"城中村"改造的可行性模式 [J].城市规划，2005（07）.

[120] 魏立华，闫小培.中国经济发达地区城市非正式移民聚居区——"城中村"的形成与演进—以珠江三角洲诸城市为例 [J].管理世界，2005，8：48-57.

[121] 魏清泉，周春山.广州市区人口分布演变与城市规划 [J]，城市规划汇刊，1995，98（7）.

[122] 吴明伟.我国城市化背景下的流动人口聚居形态研究——以江苏省为例 [M].南京：东南大学出版社，2005.

[123] 吴启焰，崔功豪.南京市居住空间分异特征及其形成机制 [J].城市规划，1999，23（12）：23-26，35.

[124] 吴启焰，朱喜钢. 城市空间结构研究的回顾与展望 [J]. 地理学与国土研究，2001，17（2）：46-50.

[125] 吴启焰. 大城市居住空间分异研究的理论与实证 [M]. 北京：科学出版社，2001.

[126] 吴维平，王汉生. 寄居大都市：京沪两地流动人口住房现状分析 [J]. 社会学研究，2002（03）.

[127] 吴晓，吴明伟. 国内外流动人口聚居区之比较 [J]. 规划师，2003（12）：96-101.

[128] 吴晓，吴明伟. 物质性手段：作为我国流动人口聚居区一种整合思路的探析 [J]. 城市规划汇刊，2002（02）.

[129] 吴晓. "边缘社区"探察——我国流动人口聚居区的现状特征透析 [J]. 城市规划，2003（07）.

[130] 吴晓. 城市中的"农村社区"——流动人口聚居区的现状与整合研究 [J]. 城市规划，2001（12）.

[131] 吴兴陆. 农民工定居性迁移决策的影响因素实证研究 [J]. 人口与经济，2005（01）.

[132] 吴洋. 北京"浙江村"扫描 [J]. 瞭望，1993（35）.

[133] 武进，马清亮. 城市边缘区空间结构演化的机制分析 [J]. 城市规划，1990（02）.

[134] 项飚. 传统与新社会空间的生成——一个中国流动人口聚居区的历史 [J]. 战略与管理，1996（6）：99-111.

[135] 项飚. 跨越边界的社会——北京"浙江村"的生活史 [M]. 三联书店，2000.

[136] 项飚. 社区何为——对北京流动人口聚居区的研究 [J]. 社会学研究，1998（6）：54-62.

[137] 许学强，胡华颖，叶嘉安. 广州市社会空间结构的因子生态分析 [J]. 地理学报，1989，44（4）：385-396.

[138] 许学强，周一星，宁越敏. 城市地理学 [M]. 北京：高等教育出版社，1996.

[139] 薛凤旋. 北京：由传统国都到社会主义首都 [M]. 香港：香港大学出版社，1996.

[140] 闫小培，魏立华，周锐波. 快速城市化地区城乡关系协调研究——以广州市"城中村"改造为例 [J]. 城市规划，2004，28（3）：30-38.

[141] 杨贵庆. 城市旧住区居民的心态与价值取向 [J]. 城市规划汇刊，1992（1）.

[142] 杨上广. 中国大城市社会空间的演化 [M]. 上海：华东理工大学出版社，2006

[143] 姚华松，许学强，薛德升. 中国流动人口研究进展 [J]. 城市问题，2008（06）.

[144] 虞蔚. 城市社会空间的研究与规划 [J]. 城市规划，1986（6）：26-27.

[145] 翟振武，段成荣，毕秋灵. 北京市流动人口的最新状况与分析 [J] 人口研究，2007（03）.

[146] 张呈琮. 人口迁移流动与农村人力资源开发 [J]. 人口研究，2005（1）.

[147] 张枫. 流动人口计划生育属地化管理机制研究 [J]. 人口研究，2006（5）.

[148] 张海敏，贾津生. 中国城市"贫民窟"形成的潜在压力及阻断机制分析 [J]. 云南师范大学学报（哲学社会科学版），2006（04）.

[149] 张鸿雁. 侵入与接替：城市社会结构变迁新论 [M]. 南京：东南大学出版社，2000.

[150] 张京祥，罗震东，何建颐. 体制转型与中国城市空间重构 [M]. 南京：东南大学出版社，2007.

[151] 张庭伟. 1990 年代中国城市空间结构的变化及其动力机制 [J]. 城市规划，2001，25

（7）：7-14.

[152] 张文佳，柴彦威.基于家庭的城市居民出行需求理论与验证模型 [J].地理学报，2008，（12）.

[153] 张文新，朱良.中国大城市人口居住郊区化现状与对策 [J] 北京师范大学学报（自然科学版），2003（03）.

[154] 张文忠，刘旺，李业锦.北京城市内部居住空间分布与居民居住区位偏好 [J].地理研究，2003（06）.

[155] 张文忠，刘旺.北京市住宅区位空间分异特征研究 [J].城市规划，2002，26（12）：86-89.

[156] 张文忠，孟斌，吕昕，刘旺.交通通道对住宅空间扩展和居民住宅区位选择的作用 [J].地理科学，2004（01）.

[157] 张文忠.城市居民住宅区位选择的因子分析 [J].地理科学进展，2001，20（3）：268-275.

[158] 张文忠等.北京城市内部居住空间分布与居民居住区位偏好 [J].地理研究，2003，22（6）：751-759.

[159] 张琰.流动人口城市住居——住区共生与同化 [D].南京：东南大学硕士学位论文，1999.

[160] 张子珩.中国流动人口居住问题研究 [J].人口学刊，2005，（02）.

[161] 赵渺希.上海市中心城区外来人口社会空间分布研究 [J].地理信息世界，2006（1）：31-38.

[162] 赵敏.国际人口迁移理论述评 [J].上海社会科学院学术季刊，1997（4）.

[163] 郑静等.广州市社会空间的因子生态再分析 [J].地理研究，1995，14（2）：15-26.

[164] 郑思齐，符育明，刘洪玉.城市居民对居住区位的偏好：支付意愿梯度模型的估计 [J].地理科学进展，2005（01）.

[165] 郑思齐，符育明，刘洪玉.利用排序多元 Logit 模型研究城市居民的居住区位选择 [J].地理科学进展，2004（05）.

[166] 周春山，许学强.广州市人口空间分布特征及演变趋势分析 [J].热带地理，1997，17（1）：53-60.

[167] 周春山，许学强.西方国家城市人口迁居研究进展综述 [J].人文地理，1996（4）：19-25.

[168] 周大鸣.外来工与二元社区——珠江三角洲的考察 [J].中山大学学报，2000，40（2）：107-112.

[169] 周皓.中国人口迁移的家庭化趋势及影响因素分析 [J].人口研究，2004（04）.

[170] 周江评."空间不匹配"假设与城市弱势群体就业问题：美国相关研究及其对中国的启示 [J].现代城市研究，2004（09）.

[171] 周林.换一个视角看深圳特区的城中村 [J].开放导报，2005（03）.

[172] 周素红，蓝运超.人本思想综述及其在城市规划中体现 [J].现代城市研究，2001（2）：25-28.

[173] 周文娜.上海市郊区县外来人口社会空间结构及其演化研究 [D].上海：同济大学硕士学位论文，2006.

[174] 周晓虹. 流动与城市体验对中国农民现代性的影响——北京"浙江村"与温州一个农村社区的考察 [J]. 社会学研究, 1998（5）.

[175] 周一星, 孟延春. 沈阳的郊区化：兼论中西方郊区化的比较 [J]. 地理学报, 1997, 52（4）: 289-299.

[176] 周一星, 孟延春. 中国大城市的郊区化趋势 [J]. 城市规划汇刊, 1998,（3）: 22-27.

[177] 周一星. 北京的郊区化及引发的思考 [J]. 地理科学, 1996, 16（3）: 198-205.

[178] 周一星. 对城市郊区化要因势利导 [J]. 城市规划, 1999, 23（4）: 13-17.

[179] 周一星等. 北京千户新房迁居户问卷调查报告 [J]. 规划师, 2000, 16（3）: 86-95.

[180] 朱传耿, 顾朝林. 中国城市流动人口的特征分析 [J]. 人口学刊, 2001（02）.

[181] 朱介鸣. 城市居住人口分布及再分布的基础研究（一）（二）（三）（四）[J]. 城市规划汇刊, 1986, 45, 46, 47, 48.

[182] 朱明芬. 农民工职业转移特征与影响因素探讨 [J]. 中国农村经济, 2007（06）.

[183] 邹兰春（主编）. 北京的流动人口 [M]. 北京：中国人口出版社, 1996

[184] Abu-Lughod J, M M Foley. The Consumer Votes by Moving [A]. In Urban Housing [C]. In William L C Wheaton, Grace Milgram and E. M. Margy, 175-171. New York: Free Press, 1966.

[185] Adam Millard-ball. Gentrification in a Residential Mobility Framework: Social Change, Tenure Change and Chains of Movesin Stockholm [J]. Housing Studies. 2002 (6): 83-856.

[186] Adams J S. Directional Bias in Intra-urban Migration [J]. Economic Geography, 1969 (45): 302-345.

[187] Aitken S C. Households Moving within the Rental Sector: Mental Schemata and Search Spaces [J]. Environment and PlanningA, 1987 (19): 369-383

[188] Aldrieh, J., Nelson, F. D. Linear Probability, Logit, and Probit Models [M]. Newbury Park, CA: Sage Publications, 1984.

[189] AlonsoW. Location and Land Use [M]. Cambridge, MA: Harvard University Press, 1964.

[190] Ambe J Njoh. Urban Planning, Housing and the Socio-economic Development of Womenina Develop in Country. Planning Perspectives [J]. 1998 (13): 1-21.

[191] Andrew, M., Haurin, D. & Mumasib, A. Explaining the route to owner-occupation: A transatlantic comparison [J]. Journal of Housing Economics, 2006, 15 (3): 189-216.

[192] Aoki Keith. Race and Place: the Relation between Architectural Modernism, Post-modernism Urban Planning and Gentrification [M]. Fordham Urban Law Journal, 1993.

[193] Arnott R. Economic theory and housing[M], in: E. 5. MILLS (Ed)Handbook of Regional Urban Economics, 1987, 959-988.

[194] Baker R. Place Utility Fields [J]. Geographical Analysis, 1982 (14): 10-28

[195] Banerjee B. Social networks in the migration process: empirical evidence on chain migration in India [J]. Journal of Developing Areas, 1983, 17: 185-196.

[196] Barrett F. Residential Search Behavior (Geographical Monograph No. 1) [M] Toronto: York University, 1973.

[197] Berner E. Learning from informal markets; innovative approaches to land and housing provision[J]. Development in Practice, 2001, 11 (2&3): 292-307.

[198] Bourassa, S. C. &Yin, M. Tax deductions, tax credits and the homeownership rate of young urban adults in the United States. Urban Studies, 2008, 45 (5−6): 1141−1161.

[199] Boyle P. Public Housing as a Barrier to Long−distance Migration[J]. International Journal of Population Geography 1995, (1) : 147−164.

[200] Boyle, P. Migration and housing tenure in South East England [J]. Environment and Planning, 1998 (30): 855−866.

[201] Bradley, D., Green, R. K. & Surette, B. J. Diserimination in metropolitan housing markets[J]. Real Estate Economics, 2007, 35 (4): 451−478.

[202] Brown H J. Changes in Workp lace and Residential Locations [J]. Journal of American Institute of Planner, 1975 (41): 3−39.

[203] Brown L A, Holmes J. Intra−urban Migration Lifelines: a Spatial View [J]. Demography 1971 (8): 103−122

[204] Brown L A, Moore E G., the Intra−urban Migration Process: a Perspective [J]. Geografiska Annaler, 1970 (52): 1−12.

[205] Bruce, Barret, S. Gregory Lip ton. the Determinants of Gentrification in the U. S: A City level Analysis [J]. Urban Affair Quarterly, 1986, (21): 369−387.

[206] Burgess E. The Growth of the City[A]. In R Park E. Burgess, R McKenzie (Eds), the City[C]. Chicago: University of Chicago Press, 1925.

[207] C Webster, G Glasz, K Frantz. The global spread of gated communities[J]. Environment and Planning B, 2002, 29 : 315−320.

[208] Capeau B., Deeoster A., Vermeulen F. Homeownership and the life cycle and ordered logit approach, Center for Economics Studies, University of Leuven, 2003.

[209] Carloyn and Jessica. Empowering the "Victim" ? Gender, development, and women in China under reform [J]. Journal of Geography 1999 (98): 283−294.

[210] Castell. M. Immigrants Workers and Class Struggle in Advanced Capitalism: The West European Experience[J]. Political and Society, 1975 (5).

[211] Chan RCK, Yao YM, Zhao SXB. Self−help Housing Strategy for Temporary Population in Guangzhou, China[J]. Habitat International, 2003, 27 (1): 19−35.

[212] Cho, C. Joint Choice of Tenure and Dwelling Type: A Multinomial Logi Analysis for the City of Chongju[J]. Urban Studies, 1997, 34 (9): 1459−1473.

[213] Clara Greed. Promise or Progress: Women and Planning [J]. Built Environment, 1996 (2).

[214] Clark W A V., Burt J. the Impact of Work place on Residential Relocation [J]. Annals of the Association of American Geographers 1980 (70): 59−67

[215] Clark W A V., Dieleman F M. Households and Housing: Choice and Outcomes in the Housing Market [M]. CUPR Press, Rutgers, State University of New Jersey, 1996.

[216] Clark W A V., Measuring Racial Discrimination in the Housing Market: Direct and Indirect Evidence [J]. Urban Affairs Quarterly, 1993 (4): 641−649.

[217] Clark W A V., Residential Preferences and Neighborhood Choices in a Multiethnic Context [J]. Demography, 1992 (29) : 451−466.

[218] Clark W A V., Smith T R. Housing Market Search and Expected Utility Theory II: the

Process of Search [J]. Environment and Planning A, 1982 (14): 717−737

[219] Clark W A V., Smith T R. Modeling Information Use in a Spatial Context [J]. Annals of the Association of American Geographer, 1979, (4): 575−588

[220] Clark W. A. V., Deurloo, M. C. & Dieleman, F. M. Tenure changes in the context of micro−level family and macro−level economic shifts [J]. Urban Studies, 1994 (31): 137−154.

[221] Colom, M. C. & Moles, M. C. Comparative analysis of the social, demographic and economic factors that influenced housing choices in Spain in 1990 and 2000[J]. Urban Studies, 2008, 45 (4): 917−941.

[222] Conway D. Changing perspective on squatter settlements: intra−urban mobility and constraints on housing choice of the Third World urban poor [J]. Urban Geography, 1985 (6): 170−192.

[223] Curran C, Carlson L, Ford D A. Theory of Residential Location Decisions of Two Worker Households [J]. Journal of Urban Economics, 1982 (5): 329−345.

[224] Desbarats J. Spatial choice and constraints on behaviour[J]. Annals of the Association of American Geographers, 1983, 73 (3): 340−357.

[225] Deurloo, M. C., Dieleman, F. M. & Clark, W. A. V Tenure choice in the Dutch housing market[J], Environment and Planning A, 1987 (19), 763−781.

[226] Deurloo, M. C., Clark, W. A. V& Dieleman, F. M. The move to housing ownership in temporal and regional contexts[J], Environment and Planning A, 1994 (26), 1659−1670.

[227] Donaldson B. an Empirical Investigation into the Concept of Sectoral Bias in Mental Maps, Search Spaces and Migration Patterns of Intra−urban Migrations [J]. Geografiska Annaler, 1973 (550): 13−33.

[228] Dory Reeves. Woman and the Environment [J]. Built Environment, 1996 (1).

[229] Duncan O D, Duncan B A. A methodological analysis of segregation indexes [J]. American Sociological Review, 1955, 20 (2): 210−217.

[230] Dusansks, R. The capital gains effect in the demand for housing[J]. Journal of Urban Economics, 2007, 61: 287−298.

[231] Fallis, G. Housing Tenure in a Model of Consumer Choice: A Simple Diagrammatic Analysis[J]. Aieuea Journal, 1983 (3): 30−44.

[232] Fan, Cindy C. Interprovincial Migration, Population Redistribution and Regional Development in China: 1990 and 2000 Census Comparisons[J]. The Professional Geographer, 2005, 57 (2): 295−311,

[233] Tekade, Wubalem. Deficits of Formal Urban Land Management and Informal Responses Under Rapid Urban Growth, An International Perspective[J]. Habitat International, 2000 (2): 127−150.

[234] Ford R G, Smith G C. Spatial Aspects of Intra−urban Migration Behavior in a Mixed Housing Market [J]. Environment and Planning A, 1981 (13): 355−371

[235] Freeman L. Does spatial assimilation work for black immigrants in the US? [J]. Urban Studies, 2002, 39 (11): 1983−2003.

[236] Frey W H., Central City White Flight: Racial and Nonracial Causes [J]. American Sociological Review, 1979, (44) : 425−448.

[237] Frey W H., Speare A. Regional and Metropolitan Growth and Decline in the United. States [M]. New York: Russell Sage Foundation, 1988.

[238] Fu, Y., Tse, D. K. & Zhou, N. Housing Choice Behavior of Urban workers in China's Transition to a Housing Market[J]. Journal of Urban Economics, 2000 (47): 61−87

[239] Galster G C. A Bid−Rent Analysis of Housing Market Discrimination [J]. American Economic Review, 1977 (67): 144−155.

[240] George C. Lin, and Sammuel P. S. Land System and Land Development Processes in Contemporary China[C]. Annals of the Association of American Geographers, 2005, 95 (2): 411−436.

[241] Getis and J. Getis. The United States and Canada: The Land and the People [M]. WMC. Brown Publishers, 1995

[242] Gilbert A, Varley A. Renting a home in a Third World city: choice or constraint? [J]. International Journal of Urban and Regional Research, 1990 (14): 89−108.

[243] Gilbert A. A home is forever−Residential mobility and homeowner−ship in self−help settlements [J]. Environment and Planning A, 1999, 31 (6): 1073−1092.

[244] Gillian Rose. Progress in Geography and Gender, Or Something Else. Progress in Human Geography, 1993, 17 (4): 531−537.

[245] Golant Sttephen M. Adjustment Process in a System: a Behavioral Model of Human Movement [J]. Geographical Analysis, 1971 (3): 203−220.

[246] Golledge R G, Stimson R J. Spatial Behavior: a Geographic Perspective [M]. The Guilford Press New York, 1997.

[247] Graham S, Marvin S. Splintering Urbanism: Networked Infrastructures, Technological Mobilities and the Urban Condition[M]. London: Routledge, 2001.

[248] Gray. F. Non−explanation in Urban Geography [J]. Area, 1975 (7): 27−35.

[249] Gu C L, Wang F H, Liu G L. The structure of social space in Beijing in 1998: A socialist city in transition[J]. Urban Geography, 2005 (25): 167−192.

[250] Hamnett C. The Relationship between Residential Migration and Housing Tenure in London, 1971−1981: a Longitudinal Analysis [J]. Environment and Planning A, 1991 (23): 1147−1162.

[251] Hanushek Eric, John Quigley. Housing Market Disequilibrium and Residential Mobility[A]. In Population Mobility, Residential Change [C]. Edited by W A V Clark, E. Moore, 51−99.

[252] Harvey D. From managerialism to entrepreneurialism: the transformation in urban governance in late capitalism. Geografiska Annaler. Series B, Human Geography, 1989, 71 (1): 3−18.

[253] Harvey D. Social justice and the city[M]. Oxford: Blackwell, 1973.

[254] Harvey Luskin Molotch. The city as a growth machine: Toward a political economy of place. American Journal of Sociology, 1976 (82): 309−332.

[255] Hempel D M. Search Behavior and Information Utilization in the Home Buying Process [J]. Proceedings of the American Market ing Association, 1969 (30): 241−249.

[256] Henderson, J. V & Ioannides, Y. M. A model of housing tenure choice[J], The American Economic Review, 1983 (73), 98−113.

[257] Henderson, J. V & Ioannides, Y. M. Owner occupancy: investment vs consumption demand [J]. Journal of Urban Economics, 1987 (21): 228−41.

[258] Henderson, J. V & Ioannides, Y. M. Tenure choice and the demand for housing, Economica, 1985 (53): 231−246.

[259] Hongyu Liu. Government Intervention and the Performance of the Housing Sector In Urban China. Journal of the Asian Real Estate Society, 1998, 1 (1): 127−149.

[260] Hoyt H. the Structure and Growth of Residential Neighborhoods in American Cities [M]. Washington, DC: Federal Housing Administration. 1939.

[261] Huang, Y. & Albany, S. Renters' housing behavior in transitional urban China[J]. Housing Studies, 2003, 18 (1): 103−127.

[262] Huang, Y. & Clark, W. Housing Tenure Choice in Transitional Urban China: A Multilevel Analysis[J]. Urban Studies, 2002, 39 (1): 7−32.

[263] Huff J O. Geographic Regularities in Residential Search Behavior[J]. Annals of Association of American Geographers, 1986 (2): 208−227.

[264] Hughes M. Formation of the impacted Ghetto: evidence from large metropolitan areas: 1970−1980 [J]. Urban Geography, 1990, 11 (3): 265−284.

[265] Hump reys J S Whitelaw J S. Immigrants in an Unfamiliar Environment: Location Decision−making under Constrained Circumstances [J]. Geografiska Annaler, 1979 (61): 8−18.

[266] Ioannides, Y. M. & Kan, K. Structural Estimation of Residential Mobility and Housing Tenure Choice[J]. Journal of Regional Science, 1996 (3): 335−363.

[267] Ioannides, Y. M., Rosenthal, S. Estimating the consumption and investment demands for housing and their effect on housing tenure transition[J]. The Review of Economics and Statistics, 1994, 76 (1): 127−141.

[268] Iwarer, L. J. &Williams, J. E. A Micro−Market Analysis of Tenure Choice UsingThe Logit Model[J]. The Journal of Real Estate Research, 1991 (6): 327−340.

[269] J. L. Paterson. David Harvey's Geography[M]. Croom Helm Ltd, 1984· 163· 166.

[270] Jiang, L. Living Conditions of the Floating Population in Urban China[J]. Housing Studies, 2006, 21 (5): 719−744.

[271] Johnson, D. G. : Provincial Migration in China in the 1990s[J], China Economic Review, 2003 (14): 22−31.

[272] Johnston L C. Feminist or Gender Geography in Australasia [J]. Journal of Geography in Higher Education, 1989 (13): 85−88.

[273] Jones, L. D. Testing the Central Prediction of Housing Tenure Transition Model[J]. Journal of Urban Economics, 1995 (38): 50−73.

[274] Kan, K. Dynamic Modeling of Housing Tenure Choice[J]. Journal of Urban Economics,

2000, 48 (1): 46-69.

[275] Katleem Peleman. The impact of residential segregation on participation in associations: The vase of Moroccan woman in Belgium[J]. Urban Studies, 2002 (39): 727-747.

[276] Kempen R V, Ozuekren A S. Ethnic segregation in cities: New forms and explanations in a dynamic world [J]. Urban Studies, 1998, 35 (10): 1631-1656.

[277] Kirk W. Problems of geography[J]. Geography, 1963, 48: 357-371.

[278] Knox P, Pinch S. Urban Social Geography: An Introduction [M]. London: Prentice Hall, 2000.

[279] Krumm, R. J. Household Tenure Choice and Migration[J]. Journal of Urban Economics, 1984, 211 (16): 259-271.

[280] L S Bourne. The Geography of Housing [M]. Edward Arnold Ltd 1981.

[281] Leaf M. A tale of two villages globalization and peri-urban change in China and Vietnam. Cities, 2002, 19 (1): 23-31.

[282] Lee S W., Myers D., Park H S., An Econometric Model of Home ownership: Single-family and Multifamily Housing Option [J] , Environment and Planning A, 2000 (32): 1959-1976.

[283] Lefebvre, H, translated by Nicholson-Smith, N. The Production of Space[M]. Oxford: Blackwell, 1991.

[284] Leonie Sandercock and Ann Forsyth. A Gender Agenda: New Directions for Planning Theory[J]. APA Journal Winter, 1992.

[285] Li S M. Housing consumption in urban China: a comparative study of Beijing and Guangzhou[J]. Environment and Planning A, 2000 (32): 1115-1134.

[286] Li, S. The Housing Market and Tenure Decisions in Chinese Cities: A Multivariate Analysis of the Case of Guangzhou[J]. Housing Studies, 2000, 5 (2): 213-236.

[287] Li, S., Li, L. Life Course and Housing Tenure Change in Urban China: A studies of Guangzhou[J]. Housing Studies, 2006, 21 (5): 653-670.

[288] Liang, Zai; White, M. J. : Internal Migration in China, 1950-1988[J]. Demography, 1996, 33 (3): 375-384.

[289] Linda McDowell. Space, place and gender relations: Part II. Identity, difference, feminist geometries and geographies [J]. Progress in Human Geography, 1993 (3): 305-318.

[290] Linden J. Editorial: Where do we go from here?[J]. Third World Planning Review, 1994, 16 (3): 223-230.

[291] Liu Xiaoli, Liang Wei. Zhejiangcun: Social and spatial implications of informal urbanization on the periphery of Beijing[J]. Cities, 1997, 14 (2): 95-108.

[292] Long L. Residential Mobility Difference among Developed Countries [J]. International Regional Science Review, 1991 (20): 133-147.

[293] Long Migration and Residential Mobility in United States [M]. New York: Russell Sage Foundation, 1988.

[294] Ma L J C, Xiang B. Native place, migration and the emergence of peasant enclaves in Beijing [J]. The China Quarterly, 1998, 155 : 546-581.

[295] Maisel S J. Rates of Ownership, Mobility and Purchase[A]. In Essays in Land Economics [C]. Los Angeles: Univ. of California Press. 1968: 76–108.

[296] Marshall, Jiobu. Residential Segregation in the United States Cities: a Causal Analysis [J]. Social Forces, 1975, 53: 449–460.

[297] Massey D S, Kaniaupuni S M. Public housing and the concentration of poverty [J]. Social Science Quarterly, 1993, 74: 109–121.

[298] Massimo Quaini. Geography and Marxism [M]. Basil Blackwell Publisher Limited, 1982: 156–159.

[299] McHugh Kevin E, Patrcia Gober, Neil Reid. Determinants of Short and Long term Mobility Expectations for Homeowners and Renters [J] , Demography, 1990 (27): 81–95.

[300] McLafferty S. and Preston V. Gender, race and commuting among service sector workers [J]. Professional Geography, 1991 (3): 1–15.

[301] Meyer, R. & Wieand, K. Risk and Return to Housing, Tenure Choice and the Value of Housing in an Asset Pricing Context[J]. Real Estate Economics, 1996, 24 (1): 113–131.

[302] Michael J Broadway, Gillian Jesty. Are Canadian inner cities becoming more dissimilar? an analysis of urban deprivation indicators [J]. Urban Studies, 1998, 35 (9): 1423–1438.

[303] Michelson W. Environment Choice, Human Behavior and Residential Satisfaction[M]. New York: Oxford University, 1979.

[304] Miraftab F. Revisiting informal–sector home ownership: the relevance of household composition for housing options of the poor [J]. International Journal of Urban and Regional Research, 1997 (21): 303–322.

[305] Mok, D. K. The life stages and housing decisions of young households: an insider Perspective[J]. Environment and Planning, 2005, 37: 2121–2146.

[306] Mona Domosh. Geography and Gender: the Personal and the Political[J]. Progress in Human Geography, 1997 (1): 81–87.

[307] Moore E G, M W Rosenberg. Migration, Mobility and Population Redistribution [A]. In Changing Social Geography of Canadian Cities [C]. Edited by L S Bourne, D F Ley. 1993: 121–137.

[308] Morrow–Jones, H. A. The housing life cycle and the transition from renting to owning a home in the United States: a multi–state analysis[J]. Environment and Planning A, 1988 (20): 1165–1184.

[309] Mulder C H, MWagner. Migration and Marriage in Life Course: a Method for Studying Synchronized Events [J]. European Journal of Populations, 1993 (9): 55–76.

[310] Muth R. the Causes of Housing Segregation [A]. In Issues in Housing Segregation U. S. Commission on Civil Right [C]. Washington D C: US. Government Printing Office, 1986.

[311] Myers D. Cohort Longitudinal Estimation of Housing Careers [J]. Housing Studies, 1999 (4): 473–490.

[312] Ozyldrm, S., Onder, Z. &Yavas, A. Mobility and optimal tenure choice[J]. Journal of housing Economics, 2005 (14), 336–354.

[313] Painter, G. Tenure Choice with Sample Selection: A Note on the Differences among Alternative Samples[J]. Journal of Housing Economics, 2000 (9): 197−213.

[314] Painter, G., Yu, Z. Leaving gateway metropolitan areas in the United States: Immigrants and the housing market[J]. Urban Studies, 2008, 45 (5): 1163−1191.

[315] Park. R. E., Burgess. E. W. et al. The City Chicago[M]. Chicago University Press, 1925, .

[316] Plaut, , S. E. The timing of housing tenure transition[J]. Journal of Urban Economics, 1987 (21): 312−322.

[317] Preston V and McLafferty S, Hamilton E. The impact of family statue on black, a white and Hispanic women's commuting [J]. Urban Geography, 1993 (3): 228−250.

[318] Robin Law. Beyond−Women an Transport: Towards New Geographies of Gender and Daily Mobility[J]. Progress in Human Geography, 1999 (4): 567−588.

[319] Rose H M. The development of an urban sub−system: the case of the negro ghetto [J]. Annals of Association of American Geographers, 1970, 60: 1−17.

[320] Rossi P H. Why Family Move: A Study in the Social Psychology of Urban Residential Mobility [M]. New York: The Free Press, 1955.

[321] Rudel, T. K. Housing price inflation, family growth, and the move from rented to owner− occupied housing[J]. Urban Studies, 1987, 24: 258−67.

[322] Russell King. Marxist and Radical Geography Literature in Eng−lish: An Introduction[M]. Massimo Quaini. Geography and Marxism. Basil Blackwell Publisher Limited, 1982: 175− 176.

[323] Sabagh, Van Arsdol, Butler. Some Determinants of Intra−metropolitan Residential Mobility: Conceptual Consideration [J]. Social Forces, 1969 (48): 88−98.

[324] Salvo, P. D. & Ermisch, J. Analysis of the Dynamics of Housing Tenure Choice in Britain[J]. Journal of Urban Economics, 1997 (42), 1−17.

[325] Scott J South, Kyle D. Crowder, Residential Mobility between Cities and Suburbs: Race, Suburbanization, and Back−to−the−city Moves[J]. Demography, 1997 (4): 525−538.

[326] Sen S. Housing NPOs, the state and the poor: the case of India[J]. Third World Planning Review, 1992, 14 (2): 149−166.

[327] Shen, Jianfa: Internal Migration and Regional Population Dynamics in China[J]. Progress in Planning, 1996 (45): 123−188.

[328] Simmons JW. Changing Residence in the City: A Review of Intra−urban Mobility [J]. Geographical Review, 1968 (58): 622−651.

[329] Skaburskis, A. Modelling the Choice of Tenure and Building Type[J]. Urban Studies, 1999, 36 (13): 2199−2215.

[330] Smith T R, Clark W A V, Huff J. Shapiro P. Decision Making and Search Model for Intra−urban Migration [J]. Geographical Analysis, 1979 (11): 1−22.

[331] Song, Y, Zenou, Y&Ding, C. Let's not throw the baby out with the bath water: The role of urban villages in housing rural migrants in China[J]. UrbanStudies, 2008, 45 (2): 313− 330.

[332] Spear A, J r Goldstein S, Frey W H. Residential Mobility, Migration and Metropolitan

Change [M]. Cambridge Mass: Ballinger Publishing Company, 1975: 177−182.

[333] Speare A J. Residential Satisfaction as an Intervening Variable in Residential Mobility [J]. Demography, 1974, (11) : 173−188.

[334] Strait J B. An examination of extreme urban poverty: the effect of metropolitan employment and demographic dynamic [J]. Urban Geography, 2000, 21 (3): 514−542.

[335] Sykora, L. Processes of socio−spatial differentiation in post−communist Prague[J]. Housing Studies, 1999, 14 (5) : 679−701.

[336] Tan, T. Determinants of homeownership in Malaysia[J]. Habitat International, 2008, 32: 318−335.

[337] Timmermans H, Golledge R G. Application of behavioral research on spatial problemsII: preference and choice[J]. Progress in Human Geography, 1990, 14: 311−354

[338] Tu, Y., KWee, L. K. & Yuen, B. An empirical analysis of Singapore households, Upgrading mobility behaviour: from Public homeownership to private homeownership[J]. Habitat Iniemational, 2005, 29 (3), 511−525.

[339] Tuan Y. Images and Mental Map s[J]. Annals of the Association of American Geographers, 1975 (65): 205−213.

[340] Turner J F C. Housing Priorities, Settlement Patterns, and Urban Development in Modernizing Countries[J]. Journal of the American Institute of Planners. 1968, 34 : 354− 363.

[341] Victoria A. Lawson, Hierarchical households and gendered migration in Latin America: feminist extensions to migration research[J]. Progress in Human Geography, 1998 (1): 39− 53.

[342] Wang Y. P., Living Conditions of Migrant In Inland Chinese Cities[J]. The Journal of Comparative Asian Development, 2003, 2 (l): 47−69.

[343] Wang Y. P., Housing reform and its impacts on the urban poor in China[J]. Housing Studies, 2000, 15 (6): 845−864

[344] Wang Yaping. Housing reform and its impacts on the urban poor in China[J]. Housing Studies, 2000, 15(6): 845−863.

[345] Wang, Y. P., Murie, A. Social and spatial implications of housing reform in China. International Journal of Urban and Regional Research, 2000, 24 : 397−417.

[346] White P. The West European City[M]. Harlow, Essex, UK: Longman. 1985.

[347] White, M American neibourhoods and residential differentiation[R]. stage foundation, New York, 1987.

[348] Wolpert Julian Behavioral Aspects of the Decision to Migrate[J]. Papers of the Regional Science Association, 1965, (15): 159−169.

[349] Wolpert Julian. Migration as an Adjustment to Environmental Stress [J]. Journal of Social Issues 1966 (22): 92−102.

[350] Wood, G, Watson, R. & Flatau, P. Microsimulation modeling of tenure choice and grants to Promote homeownership[J]. Australian Economic Review, 2006, 39 (I): 14−34.

[351] Wu F L. Socio−spatial differentiation in urban China: Evidence from Shanghai's real estate

markets[J]. Environment and Planning A, 2002, 34 : 1591-1615.

[352] Wu F. Changes in the structure of public housing provision in urban China[J]. Urban Studies, 1996, 33(9): 1601-1627.

[353] Wu F. China's Changing Urban Governance in the Transition: Towards a More Market-oriented Economy[J]. Urban Studies, 2002 (7): 1071-1093.

[354] Wu Fulong. China's great transformation: Neoliberalization as establishing a market society [J]. Geoforum, 2008, (39): 1093-1096.

[355] Wu W Migrant Intra-urban Residential Mobility in Urban China[J]. Housing Studies, 2006, 21 (5): 745-765.

[356] Wu, W. Migant Housing in Urban China: Choices and Constraints[J]. Urban Affairs Review, 2002, 38 (l): 90-119.

[357] Xu H. Commuting Town Workers: The case of Qinshan, China[J]. Habitat International, 2001, 25 (1): 35-47.

[358] Yu, Zhou, Housing Tenure Choice of Taiwanese Immigrants: A Different Path To Residential Assimilation[C]. 2003 Annual Meeting of the Population Association of America, 2003, 5.

[359] Zhang L, Simon X B, Tian J P. Self-help in housing and Chengzhongcun in China's urbanization[J]. International Journal of Urban and Regional Research, 2003, 27 (4): 912-937.

[360] Zhang, K Honglin; Song, Shunfeng: Rural-urban Migration and Urbanization in China: Evidence from Timeseries and Cross-section Analyses[J]. China Economic Review, 2003, 14: 386-400.

[361] Zheng, S., Liu, H., Wu, J. Housing Tenure Choice of Young and Highly-Educated People in Urban China[C]. In the Eighth AsRES Conference, 2003.

[362] Zhu J M. Urban Development under Ambiguous Property Rights: A Case of China's Transition Economy[J]. International Journal of Urban and Regional Research, 2002, 1 (3): 41-57.

附录：本书的调查问卷

北京市外来人口居住状况与期望调查表

您好！我们正进行北京市外来务工人员住房政策研究，需进行相关调研。如果您在北京工作，且为外地户口，请回答以下问题，**您的回答将会对到政府住房保障政策产生影响**。本项调查需时约20分钟，请在您认为合适的选项前方框内打勾或在相应横线上填写所需内容，我们将会对您的回答严格保密。对于您给予的支持与合作，我们万分感谢！

日期：____年__月___日　　地点：_____　　问卷发放人：_____

1. 您的个人资料

性别	□男	□女	您的户籍所在地	_____（省、市、自治区）	
您的户口是	□城市户口	□农村户口	您的出生年份	19____年	
您的学历	□小学以下	□小学	□初中	□高中	□中专(含技校)
	□大专(公办)	□大专(民办)	□本科(公办)	□本科(民办)	□研究生
您的职业：_____	□制造业	□建筑业	□装修装潢	□建材销售	□服装销售
_____	□电脑销售	□其他批发零售	□住宿餐饮	□保安	□交通运输
	□环卫、清洁	□快递物流	□美容美发等	□文化艺术	□休闲娱乐
	□金融保险	□家政服务	□无工作	□其他(请注明)____	
您的工作岗位层次	□普通雇员	□技术人员	□管理人员	□个体户	□私营业主
2009年，您个人的年收入是	□_____元		□平均每月生活费	□_____元	
婚姻状况	□已婚	□未婚	(已婚请在A栏填写，未婚请在B栏填写)		
(A)家庭结构(已婚)	□父亲(外出务工)	□母亲(外出务工)	□配偶(外出务工)	□( )个儿子( )	□( )个女儿( )
(B)家庭结构(未婚)	□父亲(外出务工)	□母亲(外出务工)	□( )个兄弟姐妹( )		
您外出务工总共多少年?	□_____年		其中在北京打工共几年?	□_____年	

注：平均每月的生活费：不含房租；

家庭结构：前面的括弧为总数，后面的括弧填写在外务工的数量，例如，有2个儿子，其中一个在外务工，则记为：(2)个儿子(1)

2. 您目前的居住状况

您居住在几环之间？	□二环以内　□二环与三环间　□三环与四环间　□四环与五环间 □五环以外
您居住在哪个区？	□崇文　　　□宣武　　　□东城　　　　□西城　　　　□朝阳 □海淀　　　□丰台　　　□石景山　　　□昌平　　　　□通州 □顺义　　　□大兴　　　□其他区县　　　在京居住地邮编
您的居住地址	＿＿＿＿＿＿＿＿＿＿＿＿＿＿＿＿＿＿＿＿（非常重要！）
您的工作位置	＿＿＿＿＿＿＿＿＿＿＿＿＿＿＿＿＿＿＿＿（非常重要！）
房屋类型	□楼房，共（　）层　　□平房　　　□地下室　□临时工棚 □自己租的门店里　　　□其他＿＿＿
房屋来源	□单位提供　　□自租，单位补贴　　□自租，没有补贴 □自己买的房　□其他＿＿＿
房屋性质	□临时工棚　　　□城郊村民的出租屋　　□机关或单位的房子 □普通市民的房子
现住的房子是谁介绍的	□老乡介绍　　　□同事介绍　　　　□单位安排 □自己找的　　　□其他＿＿＿
您几人合住？	＿＿＿＿人；　　是否跟配偶住在一起？□是　　　　□否
住房总面积	□＿＿＿＿＿平方米　　人均住房面积　□＿＿＿＿＿平方米
若您正租房	您自己承担的月租金为？	□＿＿＿＿元／月 （非常重要！注意提醒：是自己承担的房租，即平均每人的房租）
	您缴纳房租的方式为？	□每月一交　□每季（3个月）一交　□半年一交　□一年一交
房屋设施（可多选）	□下水　　□供自来水　□供煤气　□供暖　　　□有有线电视　□有网络
房屋结构（可多选）	□有客厅　□有厨房　　□有厕所　□有洗澡间　□有阳台
洗浴设施情况	□个人家庭单独使用　□许多人共用　□只有凉水　□只能去外面浴室 □其他＿＿＿
厕所情况	□个人家庭单独使用　□3-5人共用　□5-10人共用　□10人以上共用 □其他＿＿＿
上班交通方式	□步行　□骑自行车　□乘公交车　□乘地铁　□单位班车 □驾／乘私家车　□不上班
上班单程耗时	＿＿＿＿分钟

3. 在租房时，总体来讲，您认为哪些因素比较重要？

	非常重要	重要	一般	不重要
房屋租金便宜	3	2	1	0
房屋地段好	3	2	1	0
周边环境及配套设施完善	3	2	1	0
交通便利	3	2	1	0
房屋状况好	3	2	1	0

具体来讲，您认为以下因素的重要性如何？（每项都打分）

		很重要	重要	一般	不重要		很重要	重要	一般	不重要
区位因素	到市中心远近	3	2	1	0	商场、超市、餐厅等设施	3	2	1	0
	到工作地远近	3	2	1	0	到医院近，看病方便	3	2	1	0
	周边生活成本低	3	2	1	0	KTV、影院、剧场等娱乐设施	3	2	1	0
	社区治安状况好	3	2	1	0	环境整洁、安静	3	2	1	0
	周边社区档次高	3	2	1	0	物业管理水平	3	2	1	0
	离老乡和朋友近	3	2	1	0	有学校，子女上学方便	3	2	1	0
交通条件	距地铁站近	3	2	1	0	有自来水	3	2	1	0
	距公交站点近	3	2	1	0	有暖气	3	2	1	0
	公交线路数量多	3	2	1	0	上厕所方便	3	2	1	0
	距主干道近	3	2	1	0	洗澡方便	3	2	1	0
	附近有停车场	3	2	1	0	门窗牢固、房屋安全	3	2	1	0

(右侧区位分类：配套设施、房屋状况)

4. 搬家的情况

您在北京换过几次住处	□0 次　　□1 次　　□2 次　　□3 次　　□4 次　　□5 次以上
历次居住地点 （按时间顺序）	（1）_____区_____路_____号（入住时间：_____年） （2）_____区_____路_____号（入住时间：_____年） （3）_____区_____路_____号（入住时间：_____年） （4）_____区_____路_____号（入住时间：_____年）
搬家时，租房信息的来源：	□房屋中介　□报纸、小广告　□网络　□朋友介绍　□老乡介绍 □其他_____
从开始找房子到搬家，您一般经过多长时间？	□一个星期　□半个月　□1 个月　□2 个月 □3 个月及以上
找房子时的困难主要是什么？	_____
您搬家找房子时，一般从哪些区域找的？	□原先住的地方周围　　　　□上班的地方周围 □其他_____
经过几次搬家，您是不是觉得住得更舒服了？	□更舒服　□不如以前舒服　□没太大变化
经过几次搬家，对您上班或工作更方便吗？	□方便　□不方便　□没太大变化
经过几次搬家，您的房租上升了还是下降了？	□上升了　□下降了　□基本没变

请每次搬家的主要原因是什么?

	第一次搬家	第二次搬家	第三次搬家	第四次搬家	第五次搬家
□原来的房子提高了房租	□	□	□	□	□
□原来住的房子拆迁了，不得不搬	□	□	□	□	□
□想换更大的面积	□	□	□	□	□
□原来的房租太高，想找个低点的	□	□	□	□	□
□原来的住处周围太脏乱了，治安也差	□	□	□	□	□
□更换工作，上班太远	□	□	□	□	□
□那边就业信息多，有利于发展	□	□	□	□	□
□孩子过来上学，搬到离学校近的	□	□	□	□	□
□配偶也来京，要一起住	□	□	□	□	□
□想跟老乡近些，生活更方便	□	□	□	□	□
□其他原因（请注明）					

5. 居住期望

对目前居住状况满意否	□非常满意　□比较满意　□一般　□不满意　□很不满意	
对目前房屋满意之处（选2项）	□交通方便　　　□租金便宜　　　□到上班地点近 □跟老乡们近　　□生活方便	
不满意之处（只选1项）	□交通不方便　　□租金太贵　　　□到上班地点远 □跟老乡们远　　□生活不方便	
您希望自己居住在?（单选）	□市中心的商业区附近　　　　　□郊区村民的出租房	
您希望自己居住在?（单选）	□和老乡和朋友住的近些　　　　□和北京本地人生活在一起	
您希望的居住面积是	□5平方米左右/人　□10平方米左右/人　□15平方米左右/人 □20平方米左右/人　□25平方米左右/人	
您希望的租金是（人均）	□大约50元/月　　　□大约100元/月　　　□大约150元/月 □大约200元/月　　□大约250元/月 □大约300元/月　　□大约350元/月　　□大约400元/月 □大约450元/月　　□约500元/月及以上	
您能接受的房租上限是	＿＿＿元/月　未来5年内有在北京购房打算吗?　□有　□没有	
到过北京人家里吗?	□去过　□没去过	觉得他们住得怎么样?　□羡慕　□不羡慕

6. 关于未来

长远来看，未来希望留在北京吗？	□希望	□不希望
为什么？ （请选择最重要的3项）	□北京生活比家里有意思 □在北京挣得多 □对下一代好 □习惯了这里的生活，回家不习惯 □能提高自己的技能和素质 □发展机会多	□房子太贵，买不起 □挣得多，花的也多，不如在老家攒钱多 □生活不习惯，城里人对我们有歧视 □家里有老人需要照顾 □老家有房子和地，更有保障 □年纪大了，还是落叶归根好
中小城市收入也不低，房子也便宜，有没考虑有将来到一些中小城市生活？	□希望　　　□不希望	
为什么不考虑去中小城市生活？	□工作机会少　　　□收入低　　　□其他_____	
您希望政府针对外来务工人员，应制定什么方面的住房保障政策？	□修建专门的租金便宜的廉租房　□发放租金补贴	
如果政府给您发放每月100元的补贴，您会把它用来改善居住状况吗？	□会　　　　　　　　□不会	
如果每月补贴是200元呢？	□会　　　　　　　　□不会	

● 聊聊孩子（没子女的不用填）

孩子在哪上学？	□老家农村中小学　　□老家城里中小学　　□京外中专/技校 □京外大学/大专及以上 □北京的普通中小学　　□北京的打工子弟学校　　□北京的大学大专 □北京的中专技校
有没有孩子考上大学？（含大专）	□无　　　□有（□一本　□二本　□三本　□专科）
有孩子在北京读中小学吗？	□有　　□没有　｜在什么样的学校？｜□打工子弟学校 □北京的普通中小学
为什么不把孩子接到北京来上学？	□费用太高，承受不起 □没有熟人，不能入学 □怕转学导致成绩下降 □工作忙，没时间照顾

● 农村户口的

您在老家有几处宅基地?	□ 1 处	□ 2 处	□ 3 处	□ 4 处及以上
您在老家现在住的宅子有几间房?	□ 3 间左右	□ 5 间左右	□ 7 间左右	□ 9 间及以上
您未来 5 年打算在老家盖新房或翻盖旧房吗?	□ 不打算	□ 打算		
您老家的房子现在怎么处理的?	□ 家人在住	□ 租出去了	□ 卖掉了	□ 闲着
如果城市有优惠政策让您购房,对于老家的房子和宅基地您怎么打算?	□ 卖掉　　　　□ 肯定不卖 □ 暂时放着,看看政府政策再说			
如果宅基地可以抵押贷款,您愿意把它抵押进行贷款吗?	□ 愿意　　　　□ 不愿意			
您在老家人均多少亩地?	□ _____ 亩 / 人	您在老家的农田,怎么处理的?	□ 家人种着 □ 承包出去了,租金 _____ 元 / 亩	
现在不收农业税了,您觉得这两年种地赚钱吗?	□ 赚钱　　　□ 不赚钱　　　□ 看年景,有赔有赚			
您觉得把地租给别人种,跟您自己种相比,产量会更高吗?	□ 租给别人产量更高　　　□ 我自己种产量更高 □ 产量差不多			

● 城市户口的

您在老家城市的房屋面积	□ _____ 平方米	
如果政策允许您在北京购买保障房,但要求您必须卖掉老家的房子,您会卖掉吗	□ 会	□ 不会

如您对以上问题有意见或疑问,请联络我们
电话：(略)
EMAIL：(略)

感谢您对我们工作的支持与配合!
祝您在京工作顺利,身体健康!

注：

1. 为避免调查对象对"农民工"这个称谓的抵触和反感,问卷中称之为"外来务工人员",再根据本书农民工的定义从其中选取有效问卷。

2. "本项调查需时约 15 分钟"——为避免因为预计耗时过长而被拒绝接受问卷,在问卷中将该时间写得较短,事实上每份问卷约需 20~30 分钟。

结　语

　　我想我是幸运的，刚工作的第一项任务，就是有幸参加城镇化规划的起草。在此过程中，有幸接触了城镇化领域的诸多专家，也加深了对城镇化问题的认识。随着思考的逐步深入，越发感觉，关于城镇化的研究，仅从宏观层面切入是不够的。城镇化需要一个很漫长的过程，十年甚至几十年，一代人甚至几代人。农民工从进入城市到融入城市，需要克服很多困难，也需要自身的不断成长。本书以农民工的住房问题为切入点，运用行为地理学的相关理论，以居住状况作为参照，再现了农民工市民化的过程，同时也结合城市经济学理论，分析了农民工在城市内部的迁居和聚居对城市空间的影响。笔者将这个研究归结为从微观层面研究城镇化的一次尝试。

　　在本书得以出版之际，首先感谢周一星教授的著作、论文和课程的启蒙，让我了解并喜欢上这个领域。感谢我的导师北京大学冯长春教授对本书在思路框架上的悉心指导，他卓越的视野、严谨的学风、勤勉的态度、求新的精神、宽容、和蔼、内敛的人格魅力，无疑是我今后为人、处事、治学的楷模，能够师从先生是我一生最大的荣幸。同样感谢北京大学吕斌教授、柴彦威教授、林坚教授、李贵才教授、贺灿飞教授、曹广忠副教授、孟晓晨副教授等对本书提出的宝贵意见。在本书写作期间，有幸以"生命周期视角下进城农民工居住空间研究"为题，获得国家自然科学基金项目资助，在此表示感谢。

　　在写作本书的过程中，还得到了领导和同事的关心，感谢国家发改委国土开发与地区经济研究所的肖金成所长、高国力副所长、申兵主任、汪阳红主任、张庆杰主任、李忠主任、陈龙桂主任、欧阳慧副主任的帮助。感谢国家发改委宏观经济研究院陈东琪院长、宋立所长、史育龙副主任对本书的提出意见和建议。作为本书的责任编辑，中国建筑工业出版社的焦扬在本书出版过程中付出了大量的劳动，在此表示特别感谢。感谢我的家人和朋友在本书写作过程中给予的理解和支持。最后，特别要把这本书献给我去世的父亲，那场运动夺去了他对梦想的追逐，青春虚掷的枉然和不曾表露的遗憾促使我思考，社会变迁下个体的渺小与乏力，然而这也让我倍加珍惜这个稳定富足的年代。

　　作为自己的第一本书，也是对自己从事这个领域 10 年的一个纪念，因此特别希望能够写好，写作的过程中也是这样去要求自己的，从最初与出版社达成意向，到最终交稿出版，经历了太长时间。微观研究是我向往的，但并不是我擅长的，行为地理对我来说更是个全新的挑战，正因为如此，写作过程中时常伴着兴奋与不安，在不断地建构和解构中摇摆，时而沾沾自喜，时而万念俱灰。由于本人水平有限，书中难免会有疏漏，比如在一些表述上还显得不够严谨，在一些理论尝试上还显得有些轻率，这些都请读者包涵并不吝赐教。

刘保奎

2015 年 9 月